Deutschunterricht Grundwissen Literatur

Band 4

D1919815

Studienbuch zur Analyse und Didaktik literarischer Texte

von

Swantje Ehlers

2. korrigierte Auflage 2011

Schneider Verlag Hohengehren GmbH

Deutschunterricht Grundwissen Literatur

Hrsg.: Swantje Ehlers

Umschlaggestaltung:

Regina Herrmann, Esslingen a. N.

Bibliografische Information der Deutschen Nationalbibliothek

Die Deutsche Nationalbibliothek verzeichnet diese Publikation in der Deutschen Nationalbibliografie; detaillierte bibliografische Daten sind im Internet über ›http://dnb.d-nb.de‹ abrufbar.

ISBN: 978-3-8340-0894-7

Schneider Verlag Hohengehren GmbH
Wilhelmstrasse 13
D-73666 Baltmannsweiler

„Das Werk und seine Teile sind urheberrechtlich geschützt. Jede Verwertung in anderen als den gesetzlich zugelassenen Fällen bedarf der vorherigen schriftlichen Einwilligung des Verlages. Hinweis zu § 52 a UrhG: Weder das Werk noch seine Teile dürfen ohne vorherige schriftliche Einwilligung des Verlages öffentlich zugänglich gemacht werden. Dies gilt auch bei einer entsprechenden Nutzung für Unterrichtszwecke!"

© Schneider Verlag Hohengehren, Baltmannsweiler 2011
Printed in Germany. Druckerei Bercker, Kevelaer

Inhaltsverzeichnis:

Vorwort

Die Reihe „Deutschunterricht. Grundwissen Literatur" zielt darauf, elementares fachwissenschaftliches und fachdidaktisches Wissen im Bereich Literatur zu vermitteln. Sie wendet sich an Studierende des Faches Deutsch für die verschiedenen Schulformen, Referendare, Lehrende und Multiplikatoren.

Es werden weitere Einzelbände angeboten zu den Grundlagen des Faches.

Zur Konzeption der Reihe gehört:

1. Zielsetzung

Angestrebt ist der Aufbau von Kompetenzen und Fachkenntnissen, die Lehrende im Bereich von Literatur-, Lese- und Sprachdidaktik brauchen. Fachwissen wird entsprechend seiner Sachlogik elementarisiert und im Hinblick auf die Lehrpraxis strukturiert. Zwischen den Gegenstandsbereichen der Literaturwissenschaft und den Lernzielen/Kompetenzen des Literaturunterrichts in der Sekundarstufe werden explizite Bezüge hergestellt. Auf diesem Grundwissen kann vertiefendes und weiterführendes Fachwissen zu den einzelnen Komponenten des Faches aufbauen.

2. Adressaten

Die einzelnen Bände können als Basislektüre in modularisierten Studiengängen der Einführungsphase und zur Prüfungsvorbereitung eingesetzt werden. Sie dienen der Sicherung und Überprüfung von Grundwissen, das für die Lehrpraxis relevant ist, dem Selbststudium für Lehrende des Faches Deutsch und der Lehrerfortbildung.

3. Aufbau und Darstellungsverfahren

- Die Grundlagen des Faches werden deskriptiv, auf einfache und verständliche Weise dargestellt und entwickelt. Das Vorgehen ist in der Herleitung von Begriffen, ihrer Verankerung in der Theorie und der Entwicklung von Analysekategorien induktiv, anschaulich und präzise. Elementare Begriffe eines Gegenstandsbereiches werden schrittweise hergeleitet, erläutert, definiert und in systematische Zusammenhänge integriert.
- Zu Beginn der einzelnen Kapitel eines Bandes werden Lehr-/Lernziele und Kompetenzen, die für die Leser und Benutzer dieser Publikationen angestrebt sind, definiert.
- Die Bände haben Arbeitsbuchcharakter, d. h. sie enthalten Aufgaben und bieten zur Selbstkontrolle am Ende einen Lösungsschlüssel an. Die Aufgaben sind durch Einrahmung und graue Farbunterlegung kenntlich gemacht.

- Exemplarische Modellanalysen zeigen die Anwendung von Analysekategorien und Deutungsschritten und möchten damit den Transfer von der Theorie in die Praxis sichern.
- Der gegenwärtige Forschungsstand wird gemäß einem Grundlagenbuch und einer ersten Orientierung für Studierende skizziert.
- Fachliteratur zu den einzelnen Themenschwerpunkten findet sich am Ende des Bandes.

4. Vernetzung mit anderen Fachkomponenten

Das Ziel des vorliegenden Bandes besteht darin, Studierenden der Literaturwissenschaft und Literaturdidaktik eine Einführung in zentrale Gegenstände des Faches zu geben. Da für das literaturwissenschaftliche und – didaktische Studium und den Literaturunterricht die Analyse erzählender, dramatischer und lyrischer Texte von grundlegender Bedeutung ist, werden die dafür erforderlichen Kategorien, Strukturen und wissenschaftlichen Verfahren schrittweise erarbeitet und so systematisiert, dass sie zum Lesen und Verstehen von Texten befähigen. Es sollen Beschreibungs- und Analyseverfahren bereitgestellt werden, die zu begründeten Deutungen eines Textes führen.

Der Band ist so angelegt, dass Praxisbezüge mitgedacht sind und eine Reihe von Kompetenzen vermittelt werden, die zum Lesen und Deuten literarischer Texte und zur Strukturierung von Lernprozessen der Aneignung von grundlegendem Wissen und Verfahrensweisen der Textanalyse befähigen. Zur Verfügung gestellte Kompetenzen sollen von Nutzen für die Interpretationspraxis in verschiedenen Institutionen sein, die einen professionellen Umgang mit literarischen Texten pflegen, vor allem aber auch zur Intensivierung der Lektüreerfahrung und des Lesevergnügens beitragen.

Der Band führt kapitelweise in die Forschungsliteratur, in theoretische Diskussionen, Gattungsfragen, elementare Kategorien und Systematiken der Erzähltext-, Dramen- und Lyrikanalyse ein. Zu jedem Kapitel gehört ein didaktischer Teil, der operationale Kriterien, Interpretationsstrategien und Konzepte der Literaturdidaktik vorstellt.

Der Band ist nicht nur für Studienanfänger gedacht, die sich ein grundständiges fachwissenschaftliches und fachdidkatisches Wissen und analytisches Beschreibungsinstrumentarium für die Analyse und Interpretation literarischer Texte und den unterrichtlichen Umgang mit ihnen aneignen möchten, sondern auch für Lehrer, die ihre Kenntnisse auffrischen möchten und nach Anregungen und fundierten Konzepten für ihren Literaturunterricht suchen. Angesprochen sind auch Studierende im höheren Semester, die sich bestimmter Grundlagen der Literaturwissenschaft vergewissern möchten. Die einzelnen Kapitel stellen zudem Bausteine dar, die als Module innerhalb des Studiums auch für Lehrende fungieren können.

1 Grundlagen der Erzähltheorie I: Die erzählte Geschichte

1.1 Ziele

Dieses erste Kapitel zielt darauf, elementare Erzählstrukturen und -kategorien zu vermitteln, die erzählende Texte von anderen Textsorten abgrenzen und eine Grundlage für die Analyse und Interpretation von erzählten Geschichten bieten. Leser sollen Regeln, die dem Geschichtenverstehen zugrunde liegen, kennen lernen und damit ein theoretisches Fundament für die Bestimmung narrativer Verstehensfähigkeiten erwerben. Über die Ebene der Geschichte hinaus werden weitergehende Konzepte vorgestellt, die konstitutiv sind für eine erzählte Welt, die weitaus mehr umfasst als Geschichtenstrukturen. Es wird zudem ein Überblick über die Erzählforschung und ihre Entwicklung gegeben. Konkret sollen Leser

1. Merkmale des Erzählens als einer spezifischen Form von Kommunikation kennen lernen.
2. über Geschichtenstrukturen und -kategorien verfügen und diese in Erzähltexten identifizieren können.
3. Einblick in die Funktion narrativer Einheiten erhalten.
4. Gliederungssignale von Erzähltexten kennen lernen.
5. sich unterschiedliche Figurenkonzepte und Mittel des Figurenaufbaus aneignen.
6. an Raum- und Zeitkategorien der erzählenden Literatur herangeführt werden.
7. auf Mittel der Strukturierung der Leseerfahrung, wie Wirkungen, Spannung, Identifikationen, aufmerksam gemacht werden.
8. befähigt werden, eine narrative Analyse durchzuführen.
9. Konzepte einer Didaktik des Geschichtenverstehens vermittelt bekommen.

1.2 Was ist Erzählen?

Es gibt offensichtlich keine Kultur, in der nicht erzählt wird – von Göttern, Helden, erstaunlichen Begebenheiten, Schicksalen, dem Entstehen der Welt und ihrer Erkundung. Im Erzählen werden Erfahrungen verarbeitet, organisiert und weitergereicht. Je nach kulturellem Zusammenhang hat das Erzählen eine unterschiedliche Funktion. Es kann der Unterhaltung dienen, dem Weiterreichen von wichtigen Nachrichten oder einem Erfahrungswissen, das innerhalb einer Kultur einen Wert hat.

Erzählen ist eine Form der Kommunikation wie das Beschreiben oder Berichten. Es realisiert sich in unterschiedlichen Medien: in der Sprache (mündlich oder schriftlich), im Bild, im darstellenden Spiel. Es kann von tatsächlich

Geschehenem und Erlebten erzählt werden, wie im Alltagserzählen (faktisches Erzählen), oder von erdachten, geträumten, vorgestellten Geschehnissen, wie in der literarischen Erzählung (fiktionales Erzählen). Doch was unterscheidet das Erzählen von anderen Kommunikationsformen? Woran erkennen wir, dass jemand erzählt und nicht etwas anderes tut?

> Zwei Stationen hinter Dresden stieg ein älterer Herr in unser Coupé, grüßte höflich und nickte mir dann, aufblickend, noch einmal ausdrücklich zu wie einem guten Bekannten. /.../ Plötzlich sagte er unvermittelt:
> „Ich muß Ihnen doch erzählen, woher ich gerade komme. Denn diese Episode ist so ziemlich das Sonderbarste, was mir altem Kunstkrämer in den siebenunddreißig Jahren meiner Tätigkeit begegnet ist." (S. Zweig 2001, 408)

Dieser Beginn der Erzählung *Die unsichtbare Sammlung* von Stefan Zweig enthält bereits mehrere Elemente, die typisch sind für das Erzählen. Zunächst wird eine Kommunikations- und Erzählsituation geschaffen: ein Coupé, ein zusteigender älterer Herr, der nach der Begrüßung ankündigt, den Mitreisenden von einer Episode zu erzählen, die er offensichtlich gerade erlebt hat und die ihn zu bewegen scheint, da sie zu dem Sonderbarsten gehört, was ihm je begegnet sei. Ein Erzähler (*ein älterer Herr*) meldet sich zu Wort und wendet sich an Mitreisende als Zuhörer (*Ihnen*). Das Erlebte wird herausgehoben als singulär und sonderbar und damit in seiner Relevanz für den Erzähler markiert. Zugleich wird das Erzählen selbst als ein Akt thematisiert und es wird begründet, warum der Herr diese Episode erzählt. Die Aufmerksamkeit des Zuhörers wird durch die explizite Ankündigung auf die kommende Erzählung gelenkt. Die Ankündigung und der Hinweis auf den Ort, von dem der Herr gerade kommt, schaffen eine Distanz zwischen der Erzählsituation und der Erzählung. Zusammenfassend lässt sich das Erzählen folgendermaßen bestimmen: Zu den Merkmalen des Erzählens gehören ein Erzähler und Zuhörer, eine Kommunikationssituation, in die das Erzählen eingebettet ist; der Gegenstand des Erzählens: vergangene Ereignisse, die bedeutsam sind und als z.B. „sonderbar" hervorgehoben werden und den Erzählanlass bieten: Das Warum und Wozu wird die Geschichte erzählt.

Erzählen ist immer Erzählen von Geschichten und eine Geschichte weist eine spezifische narrative Struktur auf. Die Geschichte ist der Gegenstand des Erzählens. Sie kann wiederum auf unterschiedliche Weise erzählt werden: Von Beginn an, rasch voranschreitend und im zeitlichen Nacheinander der Geschehnisse oder aus der Rückerinnerung heraus. Es kann aus unterschiedlichen Perspektiven übergreifend, in großen Sprüngen erzählt werden oder verlangsamt und detailfreudig. Im Akt des Erzählens entsteht ein Erzähltext, der im Verhältnis zur erzählten Geschichte unterschiedlich expandieren kann und nach eigenen Regeln strukturiert ist. Bei einer Erzählung muss daher getrennt werden zwischen der Ebene des Erzählens, auch erzählerischer Diskurs genannt, und der Ebene der erzählten Geschichte. Ausgangspunkt für die Bestimmung des Narrativen ist, dass das Erzählen selbst eine kommunikative Handlung ist und in Abhängigkeit vom Kontext bestimmte Funktionen erfüllt. Das folgende Schema bietet eine erste Orientierung in Bezug auf Narrative.

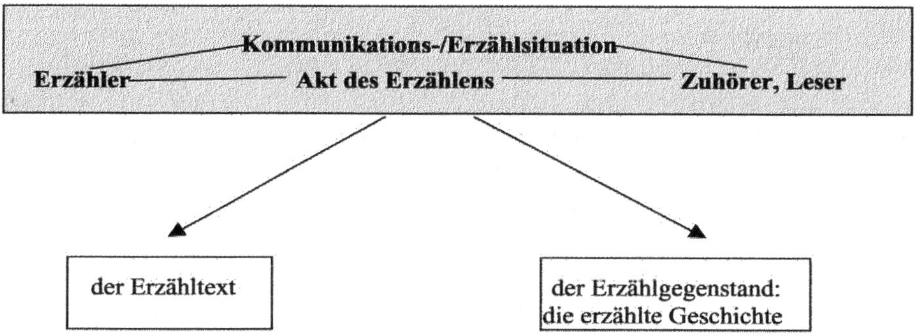

Abb. 1

Die Realisierung einer solchen Erzählsituation hängt davon ab, ob es sich um eine mündliche oder schriftliche Situation, um eine Alltagserzählung oder eine literarische Erzählung handelt. Beim mündlichen Erzählen liegt eine außersprachliche Situation vor. Beim schriftlichen literarischen Erzählen kann eine mündliche Erzählsituation wie zu Beginn der Zweig-Erzählung selbst fingiert werden, so dass Erzähler und Zuhörer als Figuren der erzählten Welt auftreten und die erzählte Geschichte eingebettet ist in die Erzählsituation. Diese kann auch wie beim novellistischen Erzählen zu einem Rahmen ausgeweitet werden. Die Erzählsituation muss jedoch nicht explizit und durch Erzählinstanzen markiert sein. Die erzählende Literatur verfügt über viele Strategien der Thematisierung und sprachlichen Umsetzung der obigen Komponenten, die im Laufe dieser Ausführungen schrittweise noch genauer herausgearbeitet werden. Zunächst jedoch sollen die erzählte Geschichte und ihre Konstituenten näher untersucht und die entsprechenden Forschungsansätze dazu vorgestellt werden. Da der Gegenstand des Erzählens durch das Erzählen konstituiert wird und sich sprachlich auf der Textebene manifestiert, werden teilweise Aspekte auch des Erzähltextes in diesem Kapitel einbezogen.

1 Analysieren Sie den folgenden Anfang einer Geschichte von H. Böll nach den genannten Merkmalen des Erzählens:

> **Die Geschichte, die ich Ihnen erzählen will, hat eigentlich gar keinen Inhalt, vielleicht ist es gar keine Geschichte, aber ich muss sie Ihnen erzählen. Vor zehn Jahren spielte sich eine Art Vorgeschichte ab, und vor wenigen Tagen rundete sich das Bild /.../.**

1.3 Zur Erzählforschung

Die Erzählforschung hat inzwischen eine lange Tradition. Mit dem mündlichen Erzählen und der Analyse von Geschichtenstrukturen haben sich vor allem die Strukturalisten, die kognitive Linguistik, Soziolinguistik, Psychologie, und Anthropologie befasst (u. a. V. Propp (1928); F. C. Bartlett (1932); C. Lévi-Strauss (1958); W. Labov/J. Waletzky (1973); T. v. Dijk (1976, 1980)), während die Literaturwissenschaft sich vorrangig auf das literarische Erzählen und den schriftlich vorliegenden Erzähltext konzentriert und hierzu umfangreiche theoretische Modelle und erzähltheoretische Konzepte entwickelt hat. Das Erkenntnisinteresse von kognitiver Linguistik, Soziolinguistik und Psychologie geht dahin, eine Theorie des Narrativen im Zusammenhang mit der sprachlichen Manifestation von Narrativen auf der Textebene und dem Verstehen zu entwickeln. Die Bemühungen gehen dahin, Grundstrukturen und -kategorien von erzählten Geschichten, die wiederum das Verstehen und Produzieren von Geschichten leiten, zu beschreiben und empirisch nachzuweisen. Bartletts frühe experimentelle Untersuchungen zum Behalten und Wiedergeben von Geschichten waren bahnbrechend für die Theorieentwicklung und für prozessorientierte Forschungen zum Verarbeiten von Geschichten und zum kindlichen Erzählerwerb. Ausgangspunkt der strukturalen Erzähltextanalyse ist die Arbeit von V. Propp (1928), dessen Ansatz im französischen Strukturalismus von C. Bremond (1964), T. Todorov 1972, 1973) und R. Barthes (1966) weiterentwickelt wurde. T. van Dijk knüpft ebenfalls an diese Traditionslinie von V. Propp und F. C. Bartlett und die soziolinguistischen Studien von W. Labov/J. Waletzky im amerikanischen Raum an. Neu in seinem Ansatz sind die handlungstheoretische Fundierung des Erzählens und eine Einbettung von Erzähltexten in Kommunikationszusammenhänge. Aspekte der Kommunikationssituation bei Alltagserzählungen in Gesprächen und die spezifische Interaktion zwischen Erzähler und Zuhörer bilden den Gegenstand von Untersuchungen von U. Quasthoff (1980). Die Erzähldidaktik hat auf diesen Ansätzen aufgebaut und sie teilweise weiterentwickelt, um Erzählfähigkeit zu operationalisieren und damit eine Grundlage für den Erwerb und die Entwicklung mündlicher Erzählfähigkeiten im Unterricht zu gewinnen (Boueke et al. 1995; Becker 2005). Da V. Propp in seiner Analyse von Märchen Prinzipien entwickelt hat, die von weit reichendem Einfluss auf die strukturalistische Erzähltextforschung waren, soll sein Ansatz als erstes skizziert werden.

1.3.1 V. Propps strukturale Märchenanalyse

Der russische Strukturalist Vladimir Propp hat in seiner *Morphologie des Märchens* (russ. 1928) eine Form-/Strukturanalyse durchgeführt, die die Erzähltextforschung nachhaltig beeinflusst hat. Gegenüber der älteren Märchenforschung, die thematisch und motivgeschichtlich orientiert war, geht V. Propp von einem anderen Ansatz aus. Die Beobachtung, dass Märchenstoffe über weite Zeiträume tradiert werden und trotz unterschiedlicher sprachlicher Realisierung ihre Identität bewahren, führte ihn zu der Frage nach den Varianten, nach dem, was sich historisch ändert, und den Invarianten eines Märchentextes, die seine Unverwechselbarkeit ausmachen. Zu den Invarianten gehören Handlungsfunktionen und Handlungsrollen. Anhand eines Korpus von russischen Zaubermärchen[1] arbeitete V. Propp 31 Handlungsfunktionen heraus, wie Verbot, Prüfung, Verbotsübertretung, Verfolgung und Rettung. Figuren werden durch die Funktionen, die sie übernehmen, bestimmt und nach ihren Handlungsrollen unterschieden in: Held, Gegenspieler, Helfer, Schädiger, gesuchte Zarentochter, falscher Held. Die Bedeutung von Funktionen wird durch ihre Position innerhalb des Handlungsablaufs bestimmt.

Die Anordnung der Handlungsfunktionen, von denen jeweils nur ein Teil in einem Märchentext realisiert ist, folgt bestimmten Regeln, z. B. kommen einige Funktionen vor anderen vor, wie das Verbot vor der Prüfung oder die Rückverwandlung nach der Verzauberung. Ein Märchen besteht aus einer Sequenz solcher Funktionen. Typischerweise beginnen Märchen mit einer Mangelsituation (Armut in *Hänsel und Gretel*, Kinderlosigkeit in *Dornröschen*); das Märchengeschehen zielt auf die Aufhebung dieses Mangels. Am Ende beschließen Funktionen, wie Rettung, Erlösung oder Hochzeit, die Handlung. Zu den variablen Märchenelementen gehören Eigenschaften handelnder Personen, wie Alter, Geschlecht, Stand und Äußeres, verwendete Zaubermittel, Namen/Bezeichnungen und die Art, wie eine Lösung herbeigeführt wird. Variabel sind die Gestalten und Erscheinungsformen von Figuren und Handlungselementen, so dass es auf der einen Seite eine Vielzahl von Erscheinungsformen in der erzählenden Literatur gibt, die aber identische Funktionen übernehmen, wie beispielsweise die Gegenspieler, die als Kriminelle, als Machtpotentaten, als Vertreter einer Gegenwelt, als Inkarnation des Bösen oder des Anderen auftreten. Sie dynamisieren das Handlungsgeschehen und führen zu Konflikten und Spannungen.

Über die Märchenanalyse hinaus ist der Ansatz von Propp insofern von Bedeutung, als funktionale Handlungselemente und ihre Anordnung auch in anderen Erzählformen vorkommen und je nach Gattung und Form schematisiert bzw. standardisiert werden können. Dem Kriminalroman liegt das typische Handlungsmuster von Tat (Verbrechen), Detektion, Auflösung des Falls und Überführung des Täters zugrunde. Zur Struktur des Abenteuerromans gehören der Aufbruch des Helden aus einer vertrauten Umgebung und die Grenzüberschreitung, indem er sich in unbekanntes Terrain begibt, dort Gefahren ausgesetzt ist und sich im Kampf erproben muss. Je nach historischem Kontext ändern sich die Art der Grenzüberschreitung und mögliche Erprobungen.

---

[1] Damit werden Märchen bezeichnet, die glücklich mit einer Hochzeit enden.

V. Propp hat bereits früh zwischen dem zugrunde liegenden Handlungssubstrat und der sprachlichen Manifestation einer Erzählung, dem Erzähltext, unterschieden. Diese Trennung ist grundlegend auch für die moderne Erzählforschung, die zwischen Geschichte (*story, histoire*) und Erzähltext (*discours, récit*) trennt. Eine Begrenztheit des Ansatzes von Propp besteht darin, dass er Handlungseinheiten nur auf der linearen Ebene, nicht jedoch die Hierarchisierung von funktionalen Einheiten betrachtet hat.

Wie schon erwähnt, war Propps Ansatz von hohem Einfluss auf die strukturale Erzähltextforschung, insbesondere im französischen Raum: C. Lévi-Strauss (1958), R. Barthes (1966), C. Bremond (1972), T. Todorov (1972, 1973), die sich wie Propp primär dem Handlungssubstrat und nicht der sprachlichen Realisierung einer Erzählung, dem Erzähltext, zuwandten, aber den Ansatz von Propp kritisiert und erweitert haben. Bremond bestimmt Handlungsfunktionen in Bezug auf handelnde Personen und rückt damit Personen in den Vordergrund, außerdem führt er die Kategorie der Handlungsalternative und die Definition einer Minimalsequenz ein, bestehend aus einer Ausgangssituation, der Realisierung einer Handlung und dem Resultat. Des Weiteren gehen Bremond (1964) und Todorov (1973) nicht von einer linearen Sequenz von Handlungsfunktionen aus wie Propp, sondern von einer hierarchischen Ordnung. R. Barthes (1966) zerlegt eine Erzählung in grundlegende funktionale Einheiten, die er zwei Klassen zuordnet: den Funktionen und den Indizes. Zu den Funktionen gehören zum einen das eigentliche Kerngerüst von Handlungen, die das Geschehen vorantreiben, die sogenannten kardinalen Handlungen (Kerne), zum anderen Elemente, die für die Entwicklung des Handlungsgeschehens nicht so wichtig sind und eher die Funktion haben, den narrativen Raum zwischen den Kardinalfunktionen zu füllen (Satelliten). Bei den Indizes handelt es sich um semantische Einheiten, die sich auf Figuren, Räume, Stimmungen, Gefühle beziehen:

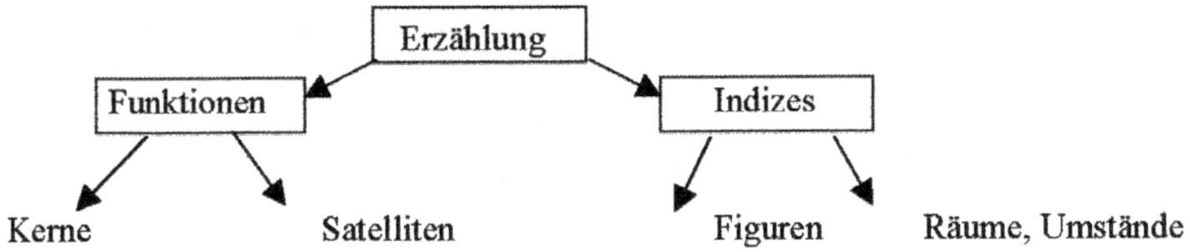

Abb. 2

Während sich die strukturalistische Erzählanalyse mit dem narrativen Text als Endprodukt befasst, haben sich andere Ansätze innerhalb der Linguistik und Psychologie dem **Prozess des Erzählens** und **Verstehens** zugewandt. Von besonderem Einfluss war die Analyse von Alltagserzählungen von W. Labov/J.

Waletzky (1973). Sie stellten fest, dass Erzählungen eine kanonische Struktur mit vier bis fünf Kategorien zugrunde liegt. Für die Zuordnung von narrativen Kategorien zu Inhaltsstrukturen haben W. Kintsch/T. van Dijk (1978) einen Beschreibungsansatz geboten. Texte und ihre Informationen lassen sich zu thematisch relevanten Inhalten zusammenfassen, die die übergeordnete Inhaltsstruktur eines Textes bilden. Diesen globalen thematischen Einheiten entsprechen narrative Kategorien. Um welche Kategorien es sich dabei handelt, ist das Thema des nächsten Abschnitts.

1.4 Geschichtenstrukturen

Geschichten beziehen sich auf Wirklichkeiten, Personen und Geschehnisse, in die sie involviert sind. Ihnen liegen Regeln zugrunde und sie haben einen besonderen Aufbau, wie an der folgenden Geschichte gezeigt werden soll:

> In der Nähe von F., einer kleinen Bergstadt Kalabriens, wurde an einem Junimorgen des Jahres 1412 die Leiche eines Mannes aufgefunden, der offenbar während der Nacht beraubt und ermordet worden war. Da der Tote nichts mehr bei sich trug, woraus man hätte entnehmen können, um wen es sich handelte, schaffte man ihn in die Stadt und stellte ihn im Leichenhaus zur Schau. Einige Leute, die ihn dort sahen, erklärten sogleich mit Bestimmtheit, dem Mann am Abend vor seiner Ermordung begegnet zu sein: im Gasthof, sagten sie, er habe erzählt, daß er Kaufmann und seiner Geschäfte halber unterwegs sei. Der Wirt, den der Richter darauf herbeiholen ließ, bestätigte das: der Fremde, fügte er hinzu, habe nach einer ausgiebigen Mahlzeit den Gasthof erst am späten Abend mit der Bemerkung verlassen, er wolle nun weiterreisen. Zusammen mit ihm seien zwei junge Leute aufgebrochen, die während des Essens am Tisch des Gastes gesessen und ihn unterhalten hätten; deren Zeche habe übrigens der Fremde bezahlt. Ob die beiden jungen Leute in F. wohnten? fragte der Richter. Ja, versicherte der Wirt und nannte die Namen; Urbini hieß der eine, Vigilio der andere. (H. Risse 1958, 115–118)

Dieses ist der Beginn der Erzählung *Das Gottesurteil* von Heinz Risse. Zunächst wird eine Situation geschildert mit Angaben zu Ort, Zeit und einer Mordtat. Darauf setzt eine Recherche nach der Identität des Toten und den näheren Umständen des Mordgeschehens ein, die Verlegung der Leiche, Befragungen/Verhöre, bis schließlich zwei Verdächtige gefunden werden. Aneinandergereiht wird eine Abfolge von Ereignissen (Verlegung der Leiche, Zur-Schau-Stellung, Befragung, Bericht vorhergehender Geschehnisse), die den Leser schrittweise in das Geschehen hineinführt.

Eine Geschichte besteht aus einer Kette von Ereignissen. Ein **Ereignis** wiederum ist eine Veränderung eines Zustandes mit dem Ergebnis einer neuen Zustandssituation. Da Veränderung etwas ist, das in der Zeit geschieht, sind Ereignisse dynamische Elemente, die die Geschichte vorantreiben, während **Situationen** statischen Charakter haben. Zu einer Zustandssituation gehören Figuren, allgemein Objekte und ihre Eigenschaften, sowie Anordnungen von Figuren oder Objekten und der raum-zeitliche Rahmen. Innerhalb einer solchen Situation geschieht zwar etwas, indem die Figuren kommunizieren, zusammensitzen, lesen u. a. m., aber diese Vorgänge verändern die Situation nicht in ihrer Grundkonstellation. Eine Veränderung wäre es dagegen, wenn eine handlungstragende Figur den Raum verlässt und somit eine neue Figurenanordnung entsteht. Zur gegebenen Situation gehört im oben zitierten Text: F., eine kleine Bergstadt in Kalabrien im Jahre 1412, die Leiche eines Mannes. Der Transport der Leiche in die Stadt verändert diese Situation mit dem Ergebnis, dass eine neue Situation zu einem späteren Zeitpunkt mit der zur Schau gestellten Leiche in der Stadt entsteht.

Ein Ereignis wiederum kann zweierlei sein: eine Handlung oder ein Geschehen. Eine **Handlung** ist dadurch definiert, dass sie einen Handlungsträger (eine Person, ein Tier, ein anderes Wesen) hat, zielgerichtet und intendiert ist und in bestimmten raum-zeitlichen Verhältnissen stattfindet. Das Kriterium der Intentionalität unterscheidet eine Handlung von anderen Tätigkeiten (*doings*). Im Rahmen von Handlungstheorien gilt, dass eine Handlung eine Zustandsänderung in einer möglichen Welt ist, die intentional herbeigeführt wird durch eine Person (van Wright 1967; van Dijk 1976). Bereits Todorov (1973) hat das Konzept der Veränderung in seine Erzählanalyse integriert, indem er die Transformation eines gegebenen Zustandes in einen neuen Zustand als ein Grundprinzip des Erzählens bestimmt.

In der Risse-Geschichte ist der Mord eine absichtsvoll durchgeführte Handlung, die offensichtlich darauf zielte, das Opfer zu berauben. Weitere Handlungen sind die Verlagerung der Leiche in den Nachbarort und die Recherche des Richters nach dem Täter. Allerdings gibt es auch Handlungen, die eine Veränderung gerade vermeiden wollen, um das Bestehende aufrecht zu erhalten oder einer möglichen Tat vorzubeugen, wie z. B. im Kriminalroman, wo der Detektiv Aktivitäten entwickelt, um einen Mord zu verhindern.[2]

Beim Begriff der Handlung bedarf es der Unterscheidung von Einzelhandlung, einer Sequenz von Handlungen, die einem Plan folgen, und einem übergeordneten Begriff, der das Gesamt der Handlung einer Erzählung meint. D.h., eine Handlung kann als Einzelhandlung oder Teil einer Handlungssequenz oder von Interaktionen und somit in größeren Zusammenhängen vorkommen. Eine andere Kategorie ist die **Tätigkeit** (*doings*), die im Unterschied zur Handlung nicht intentional ist.

Zu den Elementen der motivationalen Struktur einer Handlung gehören: Vorbedingungen/Voraussetzungen, die zu einer Handlung führen, eine Entscheidung, Wünsche, Sehnsüchte, Vorlieben, Ziele, Intentionen und langfristige Pläne einer Figur. Der Kriminalroman ist so konstruiert, dass die motivationalen Hinter-

[2] C. Doyle *Das gefleckte Band* ist ein Beispiel dafür.

gründe, die zu einem Verbrechen geführt haben, versteckt sind, und im Laufe der Erzählung durch den Detektiv erst rekonstruiert werden müssen. Je nach Komplexität einer Erzählung kann das zur Folge haben, dass sich die Haupthandlung verzweigt in mehrere Nebenhandlungen, die der Recherche dienen und in Hintergrundzusammenhänge führen, so dass in Bezug auf die Handlung unterschieden werden muss zwischen **einsträngiger** Handlung und **mehrsträngigen** Handlungen.

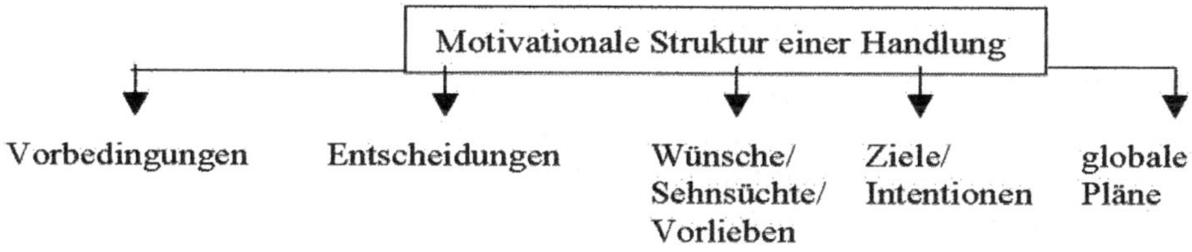

Abb. 3

Ein **Geschehen** ist im Unterschied zur Handlung etwas von außen Bewirktes, wie eine Naturkatastrophe. Bei einem Geschehen ist eine Figur eher in der Rolle des Objekts, des Betroffenen, während sie sich bei der Handlung in der Subjektposition befindet. Den Unterschied macht der folgende Erzählbeginn von Heinrich von Kleists Novelle *Das Erdbeben in Chili* (1807) deutlich:

> In St. Jago, der Hauptstadt des Königreichs Chili, stand gerade in dem Augenblicke der großen Erderschütterung vom Jahre 1647, bei welcher viele tausend Menschen ihren Untergang fanden, ein junger, auf ein Verbrechen angeklagter Spanier, namens Jeronimo Rugera, an einem Pfeiler des Gefängnisses, in welches man ihn eingesperrt hatte, und wollte sich erhenken. (H. v. Kleist 1977, Bd. 2, 144)

Gerade in dem Moment, in dem sich eine Figur, namens Jeronimo, in St. Jago im Jahre 1647 am Pfeiler eines Gefängnisses erhängen will, findet ein Erdbeben statt. Es ist das Geschehen, das von außen auf die Situation einwirkt und sie schlagartig verändert, indem Jeronimo daran gehindert wird, sich zu erhängen. Die Hintergründe, warum er sich im Gefängnis befindet und erhängen will, sowie die Folgen des Erdbebens werden im weiteren Verlauf der Novelle entwickelt. Während man bei der Handlung nach dem Warum und Wozu fragt, fragt man beim Geschehen nach den Folgen für jemanden oder etwas. Das Verhältnis von Figuren und Handlungen kann sehr unterschiedlich sein. Im einen Fall ist die Figur lediglich Handlungsträger, wie es typisch ist für das Märchen, in dem die Figuren einen rein funktionalen Wert innerhalb des Handlungsgeschehens erhalten. Im anderen Fall kann das Verhältnis psychologisch ausgestaltet sein und die Figur erhält charakteristische Züge, die wiederum ihr Handeln beeinflussen. Des Weiteren spielen Beziehungen zwischen Figuren eine Rolle, die sich nach sozialen Aspekten (Hierarchien, Abhängigkeiten, Status), nach Emotionen

(Liebe, Hass) und nach Formen von Kommunikation abstufen und beschreiben lassen. Das Verhältnis von Ereignissen und Zustandssituationen kann in der erzählenden Literatur unterschiedlich gestaltet sein. Am einen Ende der Skala von Möglichkeiten steht die Handlungsdominanz, am anderen Ende die Zurücknahme von Handlungsstrukturen zugunsten von Zustandssituationen, indem z. B. Landschaften und Objekte langatmig und anhaltend beschrieben werden, wie in Romanen des bürgerlichen Realismus.

1.4.1 Verknüpfung von Ereignissen

Wenn eine Geschichte aus einer Abfolge von Ereignissen besteht, stellt sich als weiteres die Frage, wie Ereignisse untereinander verknüpft sind. Es gibt zwei grundlegende Verknüpfungsprinzipien: **Zeitlichkeit** und **Kausalität**. Ereignisse folgen zeitlich aufeinander oder finden gleichzeitig statt. Zeitliches Nacheinander wird sprachlich ausgedrückt z. B. durch *und dann, danach*; simultane Geschehnisse durch *indessen, während*. Geschichten können chronologisch entsprechend dem natürlichen Verlauf von Ereignissen erzählt werden oder achronologisch, indem z. B. vom Ende her eine Geschichte aufgebaut oder etwas nachgetragen wird, was früher passiert ist, wie in der Kleist-Novelle: Das Hintergrundgeschehen, das zeitlich vor der Gefängnis-Szene liegt, wird erst nach dieser Szene mit dem Erdbeben erzählt. Auch können Geschichten in raschem Tempo, von einem Ereignis zum nächsten eilend, erzählt werden, oder verlangsamt, indem Zustandssituationen ausführlich beschrieben werden, bevor das nächste Ereignis eintrifft. Die Zeit ist ein zentrales Organisationsprinzip für das Erzählen von Geschichten, auf das ich in Abschnitt 1.7 zurückkomme.

Einfache Geschichten, wie Märchen, folgen dem Bedingungs-Folge-Verhältnis bzw. Ursache-Wirkungs-Verhältnis, bei dem das eine Ereignis eine Ursache für das folgende ist. So ist im Dornröschen-Märchen das Nicht-Einladen der 13. Fee eine Voraussetzung für die Verwünschung und der Stich an der Spindel die Voraussetzung dafür, dass sich der Fluch erfüllt, wenn auch gemildert durch die 12. Fee, so dass Dornröschen nicht stirbt, sondern in einen hundertjährigen Schlaf fällt. In der Risse-Geschichte *Das Gottesurteil* hat die Mordtat zur Folge, dass eine Recherche nach der Identität des Opfers und dem Täter in Gang gesetzt wird. Außer Sukzessivität und Kausalität gibt es jedoch noch weitere Beziehungen zwischen Ereignissen, wie die Finalität (etwas tun, um etwas zu erreichen), der Gegensatz und die Umkehr, indem sich Unglück in Glück oder Not in Rettung wandelt.

1.4.2 Aufbau von Geschichten

Die bloße Abfolge von Ereignissen und ihre Verkettung macht jedoch noch keine Geschichte. Vielmehr ist eine Geschichte strukturiert, und haben Ereignisse einen unterschiedlichen Wert/eine Funktion innerhalb einer Geschichte.

Geschichten haben einen Aufbau, der dadurch zustande kommt, dass Ketten von Ereignissen untergliedert werden, so dass Erzähleinheiten kleineren und größeren Umfangs entstehen. Aus der antiken Rhetorik stammt das formale Aufbauschema von Anfang - Mitte - Schluss, das im 19. Jahrhundert zur schulischen Norm erhoben wurde. Dem stehen neuere Forschungsansätze gegenüber, insbesondere der Ansatz von Labov/Waletzky (1973). Sie haben Alltagserzählungen untersucht und festgestellt, dass ihnen eine kanonische Geschichtenstruktur zugrunde liegt, bestehend aus den fünf Einheiten *Orientierung, Komplikation, Evaluation, Lösung, Koda.* Solche Geschichtenstrukturen sind wesentlich sowohl für das Erzählen als auch für das Verstehen von Geschichten (van Dijk 1980)[3]. Der Leser/Hörer verfügt offensichtlich über ein Wissen um solche kanonischen Strukturen, die es ihm ermöglichen, diese in einem Erzähltext zu identifizieren. Dieser Grundansatz war sehr einflussreich auf Forschungen zum kindlichen Erzählerwerb, Alltagserzählen und zur Erzähldidaktik (Boueke/Schülein 1988) und soll, wenn er inzwischen auch kritisiert und modifiziert wurde, vorgestellt werden; nicht zuletzt handelt es sich um narrative Grundkategorien, die für die Analyse von erzählten Geschichten und ihr Verständnis hilfreich sind.

Orientierung

Das mündliche und schriftlich-traditionelle Erzählen setzt typischerweise mit einer Ausgangssituation, einer Orientierung bzw. einem Rahmen (*setting*) ein, um einen Kontext zu schaffen für das folgende Geschehen. Es werden Figuren eingeführt und Raum-/Zeitangaben getroffen, wie in der zitierten Geschichte: Nähe von F., Bergstadt Kalabriens, 1412, Leiche eines Mannes. Die Sequenz wird abgeschlossen, indem zwei Verdächtige ausfindig gemacht werden und damit ein erstes Ergebnis der Recherche erreicht ist. Im modernen Erzählen entfällt oft die Orientierung oder sie ist nur implizit gegeben. Es wird unmittelbar in eine Situation hineingesprungen, ohne dass der Leser weiß, mit wem er es zu tun hat und wo er sich befindet.

Komplikation

Die nächste Erzähleinheit beginnt mit der Vorführung der beiden Verdächtigen und steuert direkt auf eine Komplikation hin:

> Der Richter ließ beide vorführen; obwohl sie erklärten, sich von dem Kaufmann schon am Tor des Gasthofs getrennt zu haben und obwohl auch eine sogleich vorgenommene Durchsuchung der von ihnen bewohnten Häuser nichts Belastendes

[3] Die Geschichtenstruktur unterscheidet eine erzählte Geschichte von einer Handlungsbeschreibung, die z. B. in argumentativen Texten vorkommen kann. Sie muss daher in die narrative Analyse einbezogen werden.

> ergab, ordnete der Richter an, daß sie in Haft zu bleiben hätten. An den folgenden Tagen vernahm er sie mehrfach, doch gelang es ihm nicht, wie geschickt er auch seine Fragen stellen mochte, nur den Schatten eines Schuldbeweises zu entdecken; schließlich gelangte er selbst zu der Überzeugung, daß weder Vigilio noch Urbini der Mörder des Kaufmanns sei. Trotzdem konnte er sich nicht entschließen, die über sie verhängte Haft aufzuheben.

Aufgabe des Richters ist es, die Mordtat aufzuklären und die Täter zu überführen. Verdächtigt sind die beiden Figuren, Urbini und Vigilio, denen der Richter jedoch keine Schuld nachweisen kann; dennoch bleibt ein Zweifel an ihrer Unschuld bestehen. Das Problem des Richters, das richtungsweisend für das weitere Erzählgeschehen ist, besteht nun darin, wie er die Schuld oder Unschuld der beiden Verdächtigen nachweisen kann.

Die Komplikation als der Kern der Geschichte (*narrative point*) hat unterschiedliche Ursachen und kann einfach oder komplex sein. Die Erzählforschung hat verschiedene Konzepte für die Komplizierung einer Situation bereitgestellt: In der einen Perspektive resultiert der Konflikt aus einem Gegensatz zwischen dem Helden, dem Protagonisten, und seinem Gegenspieler, dem Antagonisten, da beide gegensätzliche Ziele verfolgen. Aus dieser Polarität entsteht eine problemhaltige Situation. Die Spannung zwischen Protagonist und Antagonist dynamisiert das Geschehen und führt zu spezifischen Konfliktlagen.

Eine andere Art des Konflikt besteht darin, dass Heldenfiguren in eine Notlage geraten können, wie Robinson Crusoe, der auf eine einsame Insel verschlagen wird und um sein Überleben kämpft, ohne auf zivilisatorische Güter, wie Handwerkszeug oder Kleidung, zurückgreifen zu können. Der Konflikt kann jedoch auch aus einem Gegensatz zwischen Individuum und Gesellschaft und ihrem Normensystem resultieren, wie bei Heinrich von Kleists *Michael Kohlhaas* oder der Sonnenwirt in *Verbrecher aus verlorener Ehre* von Friedrich Schiller. Die Schwierigkeit einer Figur, einen Handlungsplan zu verwirklichen, ist ein weiteres Konzept, das auch die Situation in der Risse-Geschichte am besten charakterisiert. Die Suche nach der Wahrheit, nach dem Schuldigen und der zu erbringende Nachweis von Schuld sind die zu lösenden Aufgaben und damit das Handlungsziel des Richters.

Systematisiert lassen sich folgende **Konflikttypen** unterscheiden:

1. Gegensatz zwischen Figuren (Gut-Böse; konfligierende Ziele);
2. Gegensatz/Spannung innerhalb einer Figur (Wunsch vs. Pflicht, psychologische Motivierung);
3. Gegensatz zwischen Umfeld/Gesellschaft und Figur (Normen-/Wertsystem/Verpflichtung vs. Figuren-Wertsystem, Wünsche);
4. Konflikt aufgrund einer Gefahrensituation oder Notlage (Kampf ums Überleben).

Evaluation

Teilweise werden im Erzählen erzählerische Evaluationen eingeschoben. Durch bewertende Kommentare hebt der Erzähler die Bedeutsamkeit von Ereignissen für ihn hervor und gibt seine Meinung und Einschätzung von Geschehnissen wieder. Evaluationen müssen nicht in Geschichten vorkommen und wenn, müssen sie auch nicht als eine eigene Einheit abgegrenzt werden, sondern können innerhalb eines Erzähltextes verteilt sein.

Es gibt implizite und explizite Evaluationen. Bei den impliziten Evaluationen werden Einstellungen und Beziehungen des Erzählers zu Geschehnissen nicht direkt sprachlich ausgedrückt, sondern müssen aus der Art und Weise, wie erzählt wird, abgeleitet werden.

Bei expliziten Evaluationen verbalisiert der Erzähler seine Bewertungen von einzelnen Handlungen und Figuren oder der Geschichte insgesamt. Typisch für Alltagserzählungen sind Formulierungen, wie „Es ist etwas Schreckliches geschehen.“, durch die die persönliche Relevanz, die ein Ereignis für den Erzähler hat, markiert wird. In der zitierten Passage von S. Zweig hebt der Erzähler ein Erlebnis als sonderbar hervor und kennzeichnet es dadurch als bedeutsam für ihn.

Lösungsschritte

Auf die Komplikation folgt in der Regel die Lösung. Jedoch wird eine problemhaltige Situation zumeist nicht direkt in eine Lösung überführt, sondern es werden Zwischenschritte eingebaut (Lösungsschritte), die eine Spannung schaffen und die eigentliche Lösung hinausschieben. Im Märchen bestehen Lösungsschritte häufig aus drei Prüfaufgaben für den Helden/die Heldin, die er/sie bestehen muss, um den Zauber zu lösen. In der hier zitierten Erzählung von H. Risse werden die beiden verdächtigen Figuren nacheinander ebenfalls auf eine Probe gestellt. Der Richter befragt sie nach ihrem Traum, dessen Inhalt bzw. geträumte Szenerie am nächsten Morgen nachgestellt wird. Der Richter setzt auf das Gottesurteil, um die Wahrheit zu finden und unterzieht zunächst Urbini der Probe (1. Lösungsschritt), die dieser besteht, woraufhin er freigelassen wird. Im zweiten Lösungsschritt wird Vigilio auf die Probe gestellt und nach seinem Traum befragt:

> /.../ Der Gefangene lächelte. „Mir hat geträumt“, erwiderte er, „daß ich dem steinernen Löwen am Portal des Rathauses die Hand ins Maul legte.“
> Auch er ist unschuldig, dachte der Richter.
> „Der Löwe biss zu“, fuhr Vigilio fort.
> „Der steinerne Löwe?“ fragte der Richter verwundert und schüttelte den Kopf.
> „Es war eben ein Traum“, erwiderte der Gefangene.

Vigilio muss seine Hand in den steinernen Löwen stecken und besteht die Probe nicht; denn im Maul des steinernen Löwen hatte sich ein Skorpion versteckt, der ihn stach. Wie bei Urbini tritt auch hier etwas Unvorhergesehenes ein, das in diesem Fall jedoch zum Tode führt, während es Urbini gerettet hatte. Damit scheint der Schuldnachweis erbracht zu sein.

Lösung

Der zweite Lösungsschritt führt wider Erwarten zur Lösung: Urbini scheint als Mörder überführt zu sein. Die Geschichte selbst ist abgeschlossen; denn das Problem ist zumindest aus der Sicht des Richters gelöst, der den Tod Vigilios für ein Gottesurteil und damit für den Schuldnachweis hält. Die Lösung gehört strukturell mit zur Geschichte. Sie bildet nicht nur den Abschluss, sondern führt auch eine Stabilität, eine in Frage gestellte Ordnung wieder her, wie in diesem Fall die Überführung und Strafe für einen vermeintlichen Täter. Jedoch kann die Art der Lösung sehr unterschiedlich sein: Im Märchen ist es typischerweise die Entzauberung (Rückverwandlung aus der Tiergestalt in die menschliche Gestalt) mit der anschließenden Hochzeit. In Detektivgeschichten besteht die Lösung in der Aufklärung eines Verbrechens. Die Kurzgeschichte dagegen bietet zumeist keine Lösungen, sondern bleibt am Ende offen.

Strukturell muss unterschieden werden zwischen dem Ende einer erzählten Geschichte und dem Schluss einer Erzählung; beide Kategorien sind nicht gleichzusetzen. Nachdem die eigentliche Geschichte zu Ende gebracht ist, folgt bei H. Risse noch ein erzählerischer Kommentar, der berichtet, dass Vigilio und Urbini tatsächlich unschuldig gewesen waren und der wahre Mörder ein Mann aus Neapel war. Dieser Nachtrag, in der der Erzähler das Tatsächliche enthüllt, verändert nicht die Vorgänge innerhalb der Geschichte (zumal die beteiligten Figuren davon nichts erfahren), aber die Perspektive auf die Geschichte, da die Lösung sich als falsch erweist. Damit werden rückblickend tieferliegende Fragen nach der Schuld, dem Gottesurteil, dem Verhalten des Richters und der Gerechtigkeit aufgeworfen. Doch auch damit ist diese Erzählung noch nicht zum Abschluss gebracht.

Koda/Moral

An diesen Nachtrag schließt sich ein weiterer erzählerischer Kommentar zu der Geschichte an, der die Perspektive des Erzählers ins Spiel bringt:

> Selbst wenn es aber zu seiner Kenntnis gelangt wäre, so hätte ihm dennoch kein Zweifel kommen dürfen an der Gerechtigkeit der durch ihn weitergegebenen Entscheidung – denn wer vermag zu sagen, ob nicht die Strafe sich auf eine Tat beziehen sollte, von der er, der Richter, nichts wußte? Zusammenhänge, die man sehen kann, sind meist keine – überdecken die wahren –; der Mensch kann nur, wie der Richter es tat, seine Frage stellen. Ob er das Rätsel, das die Antwort ihm aufgibt, zu lösen vermocht hat, erfährt er selten.

Dieser Schlussteil bildet eine eigene Erzähleinheit, die sogenannte Koda oder Moral. Es handelt sich um einen Nachtrag, in dem als Fazit eine Konsequenz aus der Geschichte gezogen wird. Es kann sich dabei um eine Lehre/eine Moral wie in der Fabel handeln oder wie im obigen Fall um einen Kommentar des Erzählers, der die Sicht auf die Geschichte verschiebt. Die Koda steht in einer Meta-Beziehung zur eigentlichen Geschichte und ist von ihr zu trennen. Sie ist nicht obligatorisch, sondern kann wahlweise der Geschichte angefügt werden.

Varianten einer prototypischen Struktur

Geschichten sind strukturiert; sie bestehen aus narrativen Einheiten. Die genannten fünf Einheiten müssen jedoch nicht alle vorkommen und auch nicht in dieser Abfolge auftreten. Typisch für die europäische Erzähltradition ist der Dreierschritt: Orientierung/Ausgangssituation, Konflikt und Lösung. Bezeichnenderweise wird in dem breiten Bereich traditionellen Erzählens mit solchen Geschichtenstrukturen gearbeitet, die auf vielfältige Weise variiert werden. Das Fortlassen des Orientierungsteils ist ein typischer Zug modernen Erzählens und tritt insbesondere in der Kurzgeschichte auf, wie der Beginn von *Monolog eines Kellners* von Heinrich Böll zeigt:

> Ich weiß nicht, wie es hat geschehen können; schließlich bin ich kein Kind mehr, bin fast fünfzig Jahre und hätte wissen müssen, was ich tat – und hab's doch getan, noch dazu, als ich schon Feierabend hatte und mir eigentlich nichts mehr hätte passieren können. (H. Böll 1989, 773)

Hier wird direkt in eine Situation hineingesprungen, indem sich ein Ich zu Worte meldet, das fünfzig Jahre alt ist, und etwas getan hat. Der Leser erfährt nicht, wer dieses Ich ist, wo es sich befindet und wann sich was abgespielt hat. Im weiteren Verlauf werden teilweise diese fehlenden Informationen nachgeliefert. Vieles bleibt bei solchen Erzählanfängen offen, so dass der Leser nicht von Beginn an wie beim traditionellen Erzählen einen Vorstellungsraum aufbauen kann, in dem er orientiert wird. Da die Orientierung fortgelassen werden kann, bilden Konflikt und Lösung das obligatorische Grundschema einer Geschichte, ohne das nicht von einer Geschichte gesprochen werden kann.

Eine andere Variante von Geschichtenstrukturen besteht in der Umstellung von Geschichteneinheiten, indem z. B. die Geschichte mit einer Komplikation eröffnet wird und dann nachgetragen wird, wie es dazu gekommen ist. Dieser Einstieg kennzeichnet die Detektivgeschichte, die typischerweise mit einer Mordtat beginnt. Das Kriminalgenre lebt von dieser Spannung zwischen Tat am Anfang und der Aufklärung am Ende mit den eingeschobenen Zwischenteilen der Detektion.

Der formale Aufbau von Geschichten hat eine Folge für die Rezeption, aber auch für die Inhalte; z. B. fordert die Komplikation ein interessantes Ereignis, das etwas Planmäßiges und Erwartbares unterläuft.

Es gibt Erzählungen, in denen die Ereignisse selbst im Vordergrund stehen, und Erzählungen, in denen die Sicht auf die Ereignisse und ihre Deutung strukturbestimmend sind oder Zustandssituationen ein höheres Gewicht gegenüber den dynamischen handlungsbezogenen Elementen einer Erzählung erhalten.

2 Untergliedern Sie die Vorgeschichte des Rapunzel-Märchens in fünf Erzähleinheiten. Markieren Sie im Text jeweils die Zäsuren und ordnen Sie die entsprechenden Geschichtenkategorien zu:

Rapunzel

Es war einmal ein Mann und eine Frau, die wünschten sich schon lange vergeblich ein Kind, endlich machte sich die Frau Hoffnung, der liebe Gott werde ihren Wunsch erfüllen. Die Leute hatten in ihrem Hinterhaus ein kleines Fenster, daraus konnte man in einen prächtigen Garten sehen, der voll der schönsten Blumen und Kräuter stand; er war aber von einer hohen Mauer umgeben, und niemand wagte hineinzugehen, weil er einer Zauberin gehörte, die große Macht hatte und von aller Welt gefürchtet ward. Eines Tags stand die Frau an diesem Fenster und sah in den Garten hinab. Da erblickte sie ein Beet, das mit den schönsten Rapunzeln bepflanzt war, und sie sahen so frisch und grün aus, daß sie lüstern ward und das größte Verlangen empfand, von den Rapunzeln zu essen. Das Verlangen nahm jeden Tag zu, und da sie wußte, daß sie keine davon bekommen konnte, so fiel sie ganz ab, sah blaß und elend aus. Da erschrak der Mann und fragte: „Was fehlt dir, liebe Frau?“ „Ach, antwortete sie, „wenn ich keine Rapunzeln aus dem Garten hinter unserm Hause zu essen kriege, so sterbe ich.“ Der Mann, der sie lieb hatte, dachte ‘eh du deine Frau sterben lässest, holst du ihr von den Rapunzeln, es mag kosten, was es will.’ In der Abenddämmerung stieg er also über die Mauer in den Garten der Zauberin, stach in aller Eile eine Handvoll Rapunzeln und brachte sie seiner Frau. Sie machte sich sogleich Salat daraus und aß sie in voller Begierde auf. Sie hatten ihr aber so gut geschmeckt, daß sie den andern Tag noch dreimal soviel Lust bekam. Sollte sie Ruhe haben, so mußte der Mann noch einmal in den Garten steigen. Er machte sich also in der Abenddämmerung wieder hinab. Als er aber die Mauer herabgeklettert war, erschrak er gewaltig, denn er sah die Zauberin vor sich stehen. ‘Wie kannst du es wagen’, sprach sie mit zornigem Blick, ‘in meinen Garten zu steigen und wie ein Dieb mir meine Rapunzeln zu stehlen? Das soll dir schlecht bekommen!’ ‘Ach’, antwortete er, ‘laßt Gnade für Recht ergehen, ich habe mich nur aus Not dazu entschlossen. Meine Frau hat Eure Rapunzeln aus dem Fenster erblickt und empfindet ein so großes Gelüsten, daß sie sterben würde, wenn sie nicht davon zu essen bekommt.’ Da ließ die Zauberin in ihrem Zorne nach und sprach zu ihm ‘verhält es sich so, wie du sagst, so will ich dir gestatten, Rapunzeln mitzunehmen, soviel du willst; allein ich mache eine Bedingung: du mußt mir das Kind geben, das deine Frau zur Welt bringen wird. Es soll ihm gut gehen, und ich will für es sorgen wie eine Mutter.’ Der Mann sagte in der Angst alles zu, und als die Frau in Wochen kam, so erschien sogleich die Zauberin, gab dem Kinde den Namen Rapunzel und nahm es mit sich fort. Rapunzel ward das schönste Kind unter der Sonne. Als es zwölf Jahre alt war, schloß es die Zauberin in einen Turm, der in einem Walde lag und weder Treppe noch Türe hatte; nur ganz oben war ein kleines Fensterchen. Wenn die Zauberin hinein wollte, so stellte sie sich unten

> hin und rief 'Rapunzel, Rapunzel, laß mir dein Haar herunter.' Rapunzel hatte lange, prächtige Haare, fein wie gesponnen Gold. Wenn sie nun die Stimme der Zauberin vernahm, so band sie ihre Zöpfe los, wickelte sie oben um einen Fensterhaken, und dann fielen die Haare zwanzig Ellen tief herunter, und die Zauberin stieg daran hinauf. Nach ein paar Jahren trug es sich zu, daß der Sohn des Königs durch den Wald ritt und an dem Turm vorüberkam. Da hörte er einen Gesang, der war so lieblich, daß er stillhielt und horchte. Das war Rapunzel, die in ihrer Einsamkeit sich die Zeit damit vertrieb, ihre süße Stimme erschallen zu lassen. Der Königssohn wollte zu ihr hinaufsteigen und suchte nach einer Türe des Turms: aber es war keine zu finden. Er ritt heim. Doch der Gesang hatte ihm so sehr das Herz gerührt, daß er jeden Tag hinaus in den Wald ging und zuhörte. Als er einmal so hinter einem Baum stand, sah er, daß eine Zauberin herankam, und hörte, wie sie hinaufrief 'Rapunzel, Rapunzel, laß mir dein Haar herunter.' Da ließ Rapunzel die Haarflechten herab, und die Zauberin stieg zu ihr hinauf.
>
> (Brüder Grimm 1977, 104–106)

1.4.3 Funktion von Geschichteneinheiten

Das Erzählen ist eine soziale Aktivität und Teil einer kommunikativen Praxis, zu der der Erzähler, Leser-/Zuhörer, der Gegenstand des Erzählens gehören, und das bestimmte Funktionen erfüllt, wie unterhalten, eine Deutung von Welt geben oder ein Erfahrungswissen vermitteln. Jede der genannten Geschichteneinheiten erfüllt eine spezifische Funktion, die erst verständlich wird, wenn der soziale Kontext des Erzählens mit einbezogen wird. Die Funktionen beziehen sich auf:

1. den Erzähler und seine erzählerische Motivation
2. die erzählte Welt
3. den Adressaten, sein Verständnis, seine Neugierde, seine Aufmerksamkeit und seine Beteiligung.

Es gilt, den Zusammenhang von formalen narrativen Kategorien, Inhalten und pragmatischen Bedingungen, die den Leser mit einbeziehen, näher in den Blick zu nehmen.

Der Orientierungsteil zielt darauf, den Leser in die Geschichte einzuführen und eine gemeinsame Verständigungsgrundlage zwischen Erzähler und Leser/Hörer zu schaffen. Mit der Orientierung wird also einerseits der Gegenstand, von dem erzählt wird, etabliert, andererseits wird ein Bezug zum Leser/Hörer hergestellt und ein gemeinsamer Vorstellungsraum etabliert.

Auch die Komplikation hat eine spezifische Funktion. Sie bildet den Kernpunkt einer Geschichte, bringt eine Dynamik in das Geschehen, schafft Spannung und motiviert das Erzählen selbst. Der Konflikt macht die Geschichte erzählenswert und antwortet damit auf die Frage: Wozu/warum wird die Geschichte erzählt? Was ist der Punkt? Zugleich strukturiert diese Einheit die Beziehung zum Hörer/Leser, indem sie der Geschichte einen Interessantheitswert zuordnet und damit seine Aufmerksamkeit und Neugierde weckt.

Aber was macht eine Geschichte erzählenswert/-würdig? Diese Frage hat sehr viel Aufmerksamkeit in der Erzählforschung auf sich gezogen, die für die Erzählwürdigkeit einer Geschichte (engl. *reportability*) verschiedene Konzepte entwickelt hat (u. a. van Dijk 1980; Quasthoff 1980; Boueke 1995). Ein Konzept für Erzählwürdigkeit ist der Bruch, der den normalen und erwartbaren Ablauf von Alltagsgeschehnissen unterläuft und ein Ereignis als „neu", „unerwartet", „besonders" oder „rätselhaft" hervorstechen lässt und damit den Anlass für das Erzählen liefert. Diese Kategorien spielen in der Novellistik eine zentrale Rolle, weil die Novelle ihrer ursprünglichen Bedeutung nach von dem Neuen und noch nie Gesehenen oder Erfahrenen erzählt, aber auch beim Alltagserzählen, das ebenfalls einen Relevanzpunkt zum Anlass nimmt. Ein außergewöhnliches und sozial wichtiges Ereignis oder die Schwierigkeit eines Helden, ein angestrebtes Ziel/Vorhaben zu realisieren, sind weitere Definitionskriterien für Erzählwürdigkeit. Aus der Sicht des Lesers erhalten Ereignisse und Figuren eine Relevanz durch mögliche Identifikationen mit Figuren und Bedeutungen von Geschehnissen und Verwicklungen für das eigene Leben.

Auch durch evaluative Teile in der Erzählung kann die Bedeutung von Ereignissen und damit ihre Erzählwürdigkeit durch den Erzähler ausgedrückt werden. Evaluationen können das Ungewöhnliche und Fremdartige eines Ereignisses aus der Perspektive des Erzählers kenntlich machen und etablieren damit die Bezugnahme des Erzählers auf den erzählten Gegenstand. Sie geben dem Erzählten eine Signifikanz. Die zwischengeschobenen Lösungsschritte sind Verzögerungsmomente, die eine Spannung schaffen und das angestrebte Ziel einer Geschichte hinausschieben.

Die Funktion der Koda ist wiederum hörer-/leserorientiert, indem das Erzählte auf die Gegenwart bezogen und somit ein Lebensbezug hergestellt wird. Sie steht außerhalb der eigentlichen Geschichte und kommentiert diese, bzw. zieht eine Lehre aus der Geschichte.

Zusammenfassend erhalten wir folgende kanonische Struktur von Geschichten, die sich jetzt nicht nur auf formale Kategorien beschränkt, sondern ihnen Inhalte und Funktionen zuordnet (s. Tab. 1).

1.4.4 Episode

Das obige Geschichtenschema geht von einer linearen Ordnung einer Geschichte aus. Jedoch sind Geschichten auch hierarchisch aufgebaut, indem die großen Erzähleinheiten wiederum aus kleineren bestehen, den Episoden. Die Hinwendung zur hierarchischen Ordnung von Erzähltexten erfolgt innerhalb der Erzählforschung vor allem durch T. van Dijk (1976, 1980), der seinerseits an die Behaltensexperimente von Bartlett (1928) und dessen Beobachtung, dass die hierarchiehohen Einheiten beim Nacherzählen von Geschichten behalten werden, während die hierarchieniedrigen vergessen werden, anknüpft.

Tab. 1 Geschichtenstrukturen

Kanonische Struktur von Geschichten		
Geschichten-einheiten	**Inhalte**	**Funktionen**
Orientierung	Einführung von Figuren, Raum-/Zeitangaben	Orientierung für Leser/ Zuhörer; Schaffen einer Verständnisgrundlage
Komplikation	Ereignisfolge mit einer Handlungskomplikation; hat oft mehrere Komplikationsteile und endet mit einem Resultat; Konflikte resultieren aus einer Gegensatzbeziehung, etwas Unerwartetem, einem Bruch oder einer Notlage.	Motiviert das Erzählen, gibt der Geschichte einen Relevanzwert bzw. Interessantheitswert; Erzählwürdigkeit
Evaluation	Bewertungen des Erzählten durch einen Erzähler; gibt die Signifikanz und das Ziel einer Erzählung an	Herausstellen von Ungewöhnlichem/Fremdartigem
Lösung/ Resultat	Auflösung des Konflikts und damit Abschluss der Geschichte	Das Ziel einer Erzählung ist erreicht; Herstellen eines stabilen Zustandes
Moral/ Koda	Die Sprecherperspektive wird auf den Zeitpunkt der Gegenwart eingestellt; eine Art Lehre/Konsequenz aus einer Geschichte	Gegenwartsbezug; Aktualisierung

Eine Episode ist durch eine Folge von Handlungen bestimmt. Sie wird nicht immer, aber oft durch einen Rahmen bzw. eine Ausgangssituation eröffnet, darauf folgen eine problemhaltige Situation und die Lösung. In der Erzählung von H. Risse bildet die folgende Passage eine Episode:

Tab. 2 Episodeneinheiten

Text	**Episodeneinheiten**
An den folgenden Tagen vernahm er sie mehrfach,	Rahmen: schafft die Ausgangssituation
doch gelang es ihm nicht, wie geschickt er auch seine Fragen stellen mochte, nur den Schatten eines Schuldbeweises zu entdecken;	Problem: trotz Verhöre kein Schuldnachweis
schließlich gelangte er selbst zu der Überzeugung, dass weder Vigilio noch Urbini der Mörder des Kaufmanns sei.	Lösung: Schlussfolgerung des Richters

Eine Episode ist die kleinste Geschichteneinheit und besteht ihrerseits aus drei Teilen: einem Rahmen, einem Konflikt und einer Lösung. Episoden sind die erzählerischen Bausteine, die in größere Erzähleinheiten eingebettet sind und die zusammengenommen den Plot einer Geschichte ausmachen. Unter **Plot** wird die Ereignisabfolge oder auch der Handlungskern einer Geschichte verstanden. Wenn man eine Geschichte zusammenfasst und sie dergestalt auf ihre wesentlichen Bestandteile reduziert, erhält man den Plot einer Geschichte. Die narrative Struktur lässt sich im folgenden Schema wiedergeben:

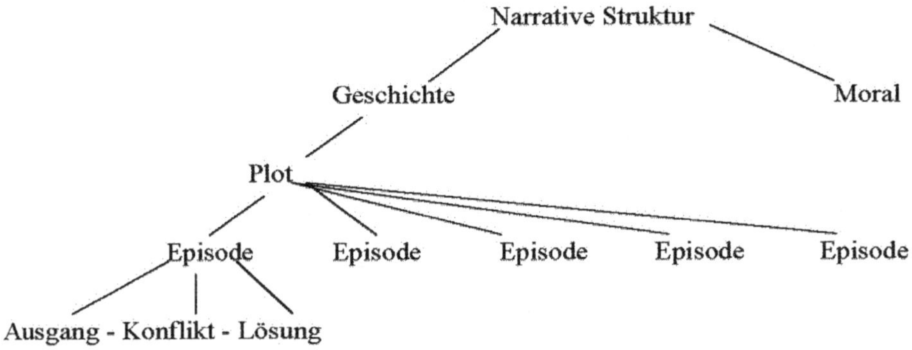

Abb. 4

Diese narrative Struktur findet sich in dieser Form nicht in einem Erzähltext, da die einzelnen Teile nicht unbedingt sprachlich ausgedrückt werden, sondern sie müssen aus dem vorliegenden Text und seinen Informationen abstrahiert werden. Es ist eine Aufgabe und Leistung des **Lesers**, dessen kooperativer Part in einer Erzählung mit strukturiert ist, aus der Linearität des Lesens heraus eine solche hierarchische Struktur aufzubauen, indem er von vielen Details absieht und übergeordnete Konzepte und Einheiten bildet. Kann ein Leser das nicht, dann ist sein Verstehen gerade auch bei längeren Erzähltexten beeinträchtigt, weil er nicht behalten kann, was er gelesen hat und damit keine Verstehensgrundlage für das weitere Geschehen hat. Das Zusammenfassen eines Textes spiegelt derartige Prozesse und bildet zugleich ein Testverfahren, ob die relevanten Geschichteneinheiten und Kategorien erfasst wurden oder nicht. Von literaturwissenschaftlicher Seite wurden solche Geschichtenstrukturen oft diskreditiert mit dem Hinweis, dass literarische Texte vielschichtiger sind und andere Bedeutungsbereiche damit nicht erfasst würden. Dem lässt sich entgegenhalten, dass die Relevanz solcher narrativen Grundstrukturen darin besteht, dass sie erstens die Basis des Verstehens von Erzähltexten bildet, zweitens von einem Kind erst erworben werden müssen und tiefer gehende Interpretationsprozesse darauf aufbauen und drittens die Voraussetzung, dass Leser diese Geschichtenstrukturen ungebrochen erfassen, angesichts eingeschränkter Lesekompetenzen bei einem großen

Teil von Schülern nicht mehr fraglos gegeben ist und somit in didaktischer Perspektive auf grundlegende Strukturen zurückgegangen werden muss, um ein Verständnis zu sichern.

3 Wo findet sich in dem zitierten Text des Rapunzel Märchens eine Episode und in welche drei Untereinheiten lässt sie sich untergliedern?

1.4.5 Gliederungssignale

Wie mehrfach betont, wird die Kette von Ereignissen segmentiert in Einheiten größeren und kleineren Umfangs. Die Frage ist, woher weiß der Leser, was zusammengehört und somit eine Einheit bildet, die sich wiederum von anderen Einheiten abgrenzt? Diese Frage führt auf einen ersten Zusammenhang zwischen dem Erzähltext (der Textoberfläche) und der tiefer liegenden Geschichte; denn der Leser ist auf das angewiesen, was schriftlich fixiert und somit lesbar ist. Sowohl auf der sprachlichen Ebene des Erzähltextes als auch auf der Ebene des Erzählten gibt es Gliederungssignale, die eine rezeptionslenkende Funktion haben (Gülich 1974). Sie zeigen dem Leser an, wo eine narrative Einheit beginnt und wo sie endet (= Grenzsignale). Sie sind bezogen auf Gegenstände, Sachverhalte, Raum und Zeit in der erzählten Welt. Eröffnet werden Erzähleinheiten oft durch das Auftreten eines neuen Handlungsträgers und den Wechsel des Themas. Z.B. ist im Rapunzel-Märchen zunächst von der Frau und dem Mann, der die Rapunzeln holt, die Rede. Dann heißt es: *Rapunzel war das schönste Kind unter der Sonne.* Hier wird die Figur *Rapunzel* neu eingeführt und bildet das Thema des Abschnitts. Sprachlich markiert wird die Einführung einer Figur durch die Verwendung des Eigennamens oder den unbestimmten Artikel: *eine Frau.*

Da die Zeit ein wichtiges Organisationsprinzip des Erzählens ist, gibt es eine Reihe von zeitlichen Gliederungssignalen, die den Beginn eines neuen Abschnitts markieren, wie im ersten Abschnitt des Rapunzel-Märchens:

> Es war einmal ein /.../ Eines Tages stand die Frau an diesem Fenster und sah /.../ In der Abenddämmerung stieg er also über die Mauer /.../. Als es zwölf Jahre alt war /.../

Zunächst das unbestimmte *einmal*, darauf die Eingrenzung auf einen bestimmten Tag (*eines Tages*) und danach auf einen Tageszeitpunkt (*in der Abenddämmerung*). Darauf folgt ein größerer zeitlicher Abstand von zwölf Jahren nach der Geburt des Kindes.

Ein anderes Gliederungsprinzip ist der Raum:

> /.../ so erschien sogleich die Zauberin, gab dem Kinde den Namen Rapunzel und nahm es mit sich fort.

Das Verlassen des Raumes durch die Zauberin markiert das Ende dieser Erzähleinheit. Ortsangaben zu Anfang einer Erzählung oder einer Episode sind z. B.: *Es lebte einst ein Kaufmann in Mailand.* Typische Signale, die den Erzählfluss in funktionale narrative Einheiten untergliedern und jeweils Anfang oder Ende markieren, sind in der erzählten Welt der Wechsel des Handlungsträgers, der Zeit und des Raumes.

Tab. 3 Grenzsignale

Grenzsignale	
sprachliche Signale	**Signale in der zählten Welt**
Rapunzel war das schönste Kind ... Eigenname	Wechsel des Handlungsträgers
Es war einmal ein Mann und eine Frau indefiniter Artikel	Einführung von Figuren zu Beginn
Nach ein paar Jahren	Zeitsprung
/.../ und nahm es mit sich fort	Figur verlässt den Raum: Ende einer Sequenz
/.../ schloß es die Zauberin in einen Turm, der in einem Walde lag	Wechsel des Raumes zu Beginn der folgenden Sequenz

Auch der Erzähltext insgesamt ist eine abgegrenzte Einheit mit einem Anfang und einem Ende. Es gibt typische Eröffnungs- und Schlussformeln, die eine Erzählung als Ganzes begrenzen, wie z. B. beim Märchen das *Es war einmal* und die Schlusssentenz *und wenn sie nicht gestorben sind, so leben sie noch heute.* Die Ausprägung von Anfang und Ende einer Erzählung hängt wiederum von einzelnen Gattungen und von der Epoche ab, in der erzählt wird.

Jedoch braucht der Leser nicht nur Signale, die die Grenzen zwischen narrativen Einheiten markieren, sondern auch Signale, die den Zusammenhalt von Geschehnissen und Vorkommnissen innerhalb von Einheiten anzeigen. Dazu gehören Fortsetzungssignale und Kohäsionsmittel. Ein typisches Signal, das Fortsetzung anzeigt, ist die Pronominalisierung von bereits eingeführten Handlungsträgern: *Rapunzel /.../ Als es zwölf Jahre alt war.* Des Weiteren ist die Verwendung von Eigennamen und des definiten Artikels ein Signal für die Kontinuität innerhalb einer narrativen Einheiten: *Es war einmal ein Mann und eine Frau, die wünschten sich /.../. Die Leute /.../.*

Das Erkennen von Erzähleinheiten größeren und kleineren Umfangs ist grundlegend für das Verstehen von Geschichten. Durch sie werden Inhalte organisiert und sie zeigen dem Leser Zusammenhänge an, in die sich einzelne Elemente einordnen lassen und damit für ihn verständlich werden. Signale haben eine rezeptionssteuernde und strukturierende Funktion.

Tab. 4 Kontinuitätssignale

Signale für den Zusammenhang innerhalb einer Erzähleinheit	
sprachliche Signale	**Signale in der erzählten Welt**
Pronominalisierung	Thema/Handlungsträger bleiben gleich
definiter Artikel	Einheit von Raum und Zeit

Betrachtet man nicht nur die erzählte Geschichte, sondern eine Erzählung insgesamt, so gibt es noch weitere Gliederungssignale, die auf einer übergeordneten Ebene zu der Geschichte liegen. Alle erzählerischen Hinweise und Ankündigungen, dass nun eine Geschichte erzählt werden soll, sind Gliederungssignale, die auf einer Meta-Ebene zur Geschichte liegen und Erzählrahmen oder fiktive Erzählsituation und Geschichte voneinander abgrenzen. Da hierin eine Kommunikation zwischen Erzähler und Leser/Zuhörer eröffnet wird, haben solche Äußerungen einen metakommunikativen Status.

1.4.6 Strukturierung von Leseerfahrungen

Im Erzählen wird die Erfahrung des Lesers mit organisiert. Dem Leser wird eine Orientierung in Bezug auf zeitlich-räumliche Verhältnisse, die Art der Wirklichkeit und Figuren zur Hand gegeben oder verweigert. Ereignisse ziehen den Leser in ihren Bann, lassen ihn miterleben, ziehen seine Aufmerksamkeit auf sich, wecken seine Neugierde oder verprellen und langweilen ihn. Figuren laden zur Identifikation ein oder veranlassen zu einer Distanzierung; der Leser kann mit ihnen leiden, sympathisieren oder auf Abstand gehen. Es werden Gefühle und Erwartungen hervorgerufen, die den Leser nach vorne ziehen. Durch Konflikte wird Spannung erzeugt, das Leserinteresse gebunden und zum Mitdenken eingeladen. Themen sprechen ihn an oder nicht, regen möglicherweise zu Vergleichen und Übertragungen auf die eigene Lebenswirklichkeit an oder rücken alles fern als das Andere und Fremde.

Erzählungen enthalten viele Leseanreize, Aufmerksamkeitszentren, Potenziale von evozierbaren Emotionen und verdichtete Erlebnisangebote, so dass die Lektüre selbst ein Ort von Erfahrung und Erleben von Gefühlen, von Beteiligung oder Distanz ist. Bindend für den Leser sind vor allem Themen, Figuren und Konflikte, in die Figuren verwickelt sind. Grundlegende und wiederkehrende Themen der erzählenden Literatur, wie Liebe, Tod, Sexualität, ziehen immer wieder die Aufmerksamkeit auf sich. Der Interessantheitswert einer Geschichte hängt nicht zuletzt von den Identifikationsmöglichkeiten mit Figuren, der Ungewöhnlichkeit von Ereignissen, der Wichtigkeit von Geschehnissen für das eigene Leben ab und wie weit Ereignisse prägnante Gefühle wachrufen, die eine nachhaltige Wirkung haben.

Auf vielfältige Weise wird der Bezug zum Leser innerhalb einer Erzählung mit strukturiert. Ob der reale Leser die Angebote annimmt und intendierte Wirkungen und Erlebnisse sich in ihm realisieren, ist eine ganz andere Frage und nur empirisch zu ermitteln. Hier geht es um den kommunikativen bzw. pragmatischen Aspekt des Erzählens, bei dem der Leser/Hörer immer schon mitgedacht und mit einbezogen wird als die Instanz, die durch ihr Wissen und ihre Erfahrungen kohärente Sinnzusammenhänge bildet und über nahe gelegte Identifikationen, Wirkungen und Evokation von Gefühlen und Wertungen angesprochen und beteiligt wird. Die erzählende Literatur verfügt über eine Reihe von Mitteln, um den Bezug des Lesers zum Text und zur erzählten Welt zu gestalten. Diese sollen im nächsten Schritt näher betrachtet werden:

Figur – Leser

Für eine identifikatorische Lektüre spielen Figuren eine zentrale Rolle. Je nachdem, wie eine Figur aufgebaut ist, lädt sie zur Identifikation ein oder bringt den Leser in eine Distanz. Ein Mittel der Gestaltung zwischen Figuren und Leser besteht in der Perspektivenführung. Liegt der Fokus auf einer Figur, so dass aus ihrer Wahrnehmung und ihrem inneren Erleben heraus Vorgänge beschrieben werden, dann legt das tendenziell eine Empathie mit der Figur nahe. Der Leser kann sich in die Figur hineinversetzen und ihre inneren Vorgänge nachvollziehen. Ebenfalls ist die Verwendung von Dialogen und inneren Monologen, bei denen die Figuren unmittelbar sprechen und sich in ihrem Inneren zeigen, ohne dass sich ein Erzähler einmischt, ein Mittel der Steuerung der Rezeption im Sinne der Empathie. Des Weiteren übernehmen Wertungen eine den Leser lenkende Funktion. Wertungen können ausdrücklich durch einen Erzähler oder eine Figur transportiert werden oder indirekt durch das Handeln selbst und die Charakterisierung einer Figur als Typ des Bösen, des Verbrechers oder des Geizigen.

Die Nähe von Figuren zum Leser ist in mehrfacher Hinsicht bedeutsam: Eine große Nähe zur Lebenswelt und den Erfahrungen des Lesers kann die Identifikation steigern, andererseits enthalten Figuren aus anderen Welten aufgrund ihrer Fremdheit und Ferne einen Reiz, der Neugierde weckt und Leser dazu veranlasst, sich intensiver mit ihnen zu befassen. Überhöhungen einer Figur stellen ebenfalls identifikatorische Möglichkeiten bereit. Es gibt eine große Bandbreite von identifikatorischen, distanzierenden und wertenden Prozessen, die erzählstrategisch gezielt ausgelöst werden.

Die folgende Übersicht mag den Zusammenhang von Erzählen, Geschichtenstruktur, Inhalten und Leserbezug verdeutlichen:

Tab. 5 narrative Strukturen, Lesererfahrungen

Narrative Struktur Geschichtenkategorien	**Geschichteninhalte**	**Wirkungen/Leserbezug**
	Themen	interessant, erfahrungsbezogen, fremd, fern
Orientierung		Leseerleichterung, Verständnissicherung
	Figuren	Identifikationen, Distanzierung, Sympathien, Antipathien
	Handlungen	konkret, anschaulich, nachvollziehbar, mit erlebbar
	Raum-Zeit-Verhältnisse	nah oder fern, orientierungsbildend
Konflikt	Gegensätze, Brüche	Spannung, Neugierde, Fragen, Reflexion
	Unerwartetes, besondere Ereignisse	Erwartungen, Aufmerksamkeit, Interessantheit
Lösungsschritte	Verzögerungen, Hindernisse, zu lösende Aufgaben	Spannung
Lösung	Resultat eines Konflikts	Befriedigung von Fragen/ Offenheiten
Koda	Moral, Lehre	Bezug zur eigenen Lebenswelt, Reflexionen

4 Welche Wirkung bzw. welcher Effekt wird durch die Beschreibung der Figur „Momo“ im folgenden Textauszug aus dem gleichnamigen Roman von Michael Ende beim Leser erzeugt. Was wird dem Leser nahegelegt? Wodurch?

Momos äußere Erscheinung war in der Tat ein wenig seltsam /.../. Sie hatte einen wilden, pechschwarzen Lockenkopf, der so aussah, als ob er noch nie mit einem Kamm oder einer Schere in Berührung gekommen wäre. Sie hatte sehr große, wunderschöne und ebenfalls pechschwarze Augen und Füße von der gleichen Farbe, denn sie lief fast immer barfuß. Nur im Winter trug sie manchmal Schuhe, aber es waren zwei verschiedene, die nicht zusammenpassten und ihr außerdem viel zu groß waren.

1.5 Figuren

Außer Handlungen, Geschehnissen und Situationen sind Figuren wesentliche Bestandteile der erzählten Welt. Als solche sind sie etwas Gemachtes, ein Ergebnis von Sprach- und Darstellungsprozessen, die eine Welt und ihre Bestandteile beschreiben bzw. erzeugen. Figuren werden unterschiedlich konzeptualisiert. Der Begriff „Figur", den R. Petsch bereits 1934 verwendet, bezieht sich auf Personen in der erzählten Welt und grenzt diese von Personen der Lebenswelt ab. Figuren können menschlich, übermenschlich oder übernatürlich sein. Eine Figur ist Teil der erzählten Welt, sie nimmt dort ihren Platz ein, spielt eine Rolle innerhalb eines Handlungsgeschehens, tritt in Interaktionen mit anderen Figuren, lebt in Beziehungen, durchlebt Gefühle und ist in lebensweltliche Zusammenhänge eingebunden. Sie ist charakterisiert durch bestimmte Eigenschaften, bleibt gleich oder verändert sich im Laufe einer Erzählung. Je nach Konzeption ist eine Figur mit Innenleben ausgestattet und wird das Handlungsgeschehen durch komplexe psychologische Zusammenhänge motiviert oder liegt der Schwerpunkt auf Äußerem, gesellschaftlichen Abhängigkeiten oder Einflüssen anderer aufgrund von Machtverhältnissen.

Eine Figurenanalyse und -interpretation untersucht zum einen, **was** von einer Figur erzählt/mitgeteilt wird und somit konstitutiv ist für die Figur, zum anderen **wie** eine Figur aufgebaut und präsentiert wird, welche Informationen über sie, wie und von wem mitgeteilt werden. Die Analyse bezieht sich auf Figuren als Teil der erzählten Welt, die Vermittlungsebene und Gattungen.

1.5.1 Figuren in der erzählten Welt

Figuren – Handlung

Zum Begriffsfeld von „Figur" gehören die Kategorien **Haupt- und Nebenfigur**, deren Unterscheidung auf dem Grad der Involviertheit einer Figur in das Handlungsgeschehen beruht. Hauptfiguren motivieren im Unterschied zu Nebenfiguren den Handlungsablauf oder sind Betroffene zentraler Geschehnisse. Weitere Begriffe für die Klassifikation von Figuren sind **Protagonist** und **Antagonist**, die jedoch stärker die Polarität zwischen Figuren betonen, die für das Handlungsgeschehen tragend ist. Hauptfiguren stehen in unmittelbarer Beziehung zur Komplikation; in der Regel werden Komplikationen durch Gegenspieler ausgelöst, während die Helden/Protagonisten um eine Auflösung bemüht sind und dabei oft auf stützende andere Figuren angewiesen sind.

Handlungen spielen eine bedeutsame Rolle für die Konzeption von Figuren. Eine erste Funktion besteht darin, dass Figuren als Handlungsträger agieren, doch darin erschöpft sich das Potenzial von Figuren nicht. Oft erfolgen explizite Zuschreibungen von Merkmalen zu einer Figur komplementär zu Merkmalen, die sich aus Handlungen und Verhaltensweisen ableiten lassen, aber sie können auch in Widerspruch zueinander treten, wenn das gute Bild einer Figur an ihrer „unmoralischen“ Handlung zerbricht. Welche Ziele Figuren anstreben, wie ihr Handeln und Verhalten motiviert ist, sagt etwas über die Figur aus. Neben dieser Art der kausalen Motivierung gibt es eine andere Art der Motivierung innerhalb von Erzählungen: die schicksalhafte Verknüpfung von Ereignissen, die das Leben und Handeln einer Figur bestimmen und von ihr nicht beeinflussbar sind. Max Frisch Roman *Homo Faber* zeigt eine solche Verstrickung des Protagonisten, dessen Handeln und Charakter in der Ambivalenz verbleibt, wie weit er durch seine Rationalität und Weltsicht die Geschehnisse (Verhältnis mit der eigenen Tochter) steuert und wie weit sich die Abläufe seinem Zugriff und seiner Planung entziehen und ihn in zufällige, schicksalhafte Lebenszusammenhänge treiben, die letztlich zum Scheitern führen. Figurenmerkmale können zu Komplikationen führen. In bestimmten Kontexten sind gesellschaftliche Normen und Verbindlichkeiten, denen eine Figur sich nicht entziehen kann, jedoch der Hauptauslöser für Verwicklungen. Ein Beispiel dafür ist das Motiv der Liebesbeziehung zwischen Angehörigen unterschiedlicher Standeszugehörigkeit, wie es thematisiert wird in Romanen von T. Fontane. In *Irrungen und Wirrungen* scheitert die Liebesbeziehung in erster Linie am Standesunterschied und an materiellen Gründen der Hauptfigur Botho, aber auch an dessen Schwäche, die ihm von außen attestiert wird.

Grundlegend für die Figuren und mögliche Konfliktbildungen ist immer wieder das Spannungsverhältnis von Innenwelten, als einem System von Wünschen, Sehnsüchten, Zielen, und Außenwelten, die Anforderungen an Figuren stellen, wie Pflichten, Handlungsnormen.

Figurenanordnungen und Merkmalsrelationen

Figuren treten in bestimmte Beziehungen zueinander, die sich in der Regel im Laufe einer Erzählung verändern. Durch die Stellung der Figuren und ihre Beziehung zueinander entstehen Figurenanordnungen. Die Beziehungen sind nicht zuletzt durch Merkmalszuschreibungen bestimmt. Häufig sind Figuren in der erzählenden Literatur nach gegensätzlichen Merkmalen, wie gut und böse, schön und hässlich, und nach Übereinstimmungen in den Weltbildern, Glaubensrichtungen und Wertsystemen charakterisiert und einander zugeordnet.

Figuren – Räume – Zeiten

Figuren sind auf besondere Weise mit Räumen verbunden. Ihre soziale Attribuierung fordert entsprechende Räume: Zum Bürger gehört das bürgerliche Ambiente seiner Wohnung/seines Hauses und die Stadt als Lebensraum; phantastische Figuren leben in bestimmten Genres in mythischen Räumen; typisch für den Abenteurer ist der Aufbruch in den wilden, unzivilisierten Raum. Nicht nur im Abenteuergenre verlässt der Held den Raum des Vertrauten und Bekannten, um in fremde Terrains vorzudringen und sich dort zu bewähren, sondern das Heraustreten und Überschreiten von räumlichen Grenzen des Gewohnten gehört auch zum Bildungs-/Entwicklungsroman. Merkmale, die hierbei transportiert werden, sind Mut, Zielorientiertheit, Erkenntnisinteresse, Selbsterprobung. Die Semantik des Raumes korrespondiert auf besondere Weise mit Heldenfiguren und ihrer Merkmalsausstattung.

Der Zusammenhang von Zeit und der charakterlichen und sozialen Ausstattung von Figuren spielt beim historischen Erzählen, aber auch im bürgerlichen Roman oder Zeitroman, der ein Bild der Gesellschaft geben möchte, eine wesentliche Rolle. In Fontanes Romanen tragen die Figuren Attribute, die direkt in Verbindung stehen mit dem Preußentum, seinem Militarismus und der Gründerzeit, so in *Schach von Wuthenow.* Schach ist Angehöriger des Eliteregiments *Garde du Corps* und einem zeitlich überholten Wertekodex und Ehrbegriff verpflichtet. Zudem ist er sehr stark abhängig vom Bild der anderen über ihn, was letztlich zur Konfliktbildung führt und sein Scheitern mit bedingt. Spielen Geschichten in historisch fernen Zeiten, dann müssen auch die Figuren in dieser Zeit und ihrem Kolorit durch entsprechende Charakterisierung ihres Äußeren, ihrer sozialen Rolle und ihren Abhängigkeitsverhältnissen verankert werden. Adel vs. Leibeigener, Ritter, Rüstung, Burg oder Hof prägen das Inventar und die Figuren in historischen Erzählungen, die im Mittelalter spielen.

1.5.2 Figurencharakterisierung

Für die Beschreibung von Figuren und die Art und Weise, wie sie in der erzählenden Literatur charakterisiert werden, hat F. Jannidis (2004) ein handhabbares Instrumentarium entwickelt. Danach lassen sich auf der Darstellungsebene Informationen zu einer Figur nach folgenden Kriterien unterscheiden:

- Explizitheit vs. Implizitheit
- Menge, Häufigkeit, Reihenfolge einer Information
- Dauer der Mitteilung von Informationen
- Dichte von Informationen (gemeinsam oder verstreut)
- Zuverlässigkeit

Explizitheit vs. Implizitheit

Eine erste Unterscheidung betrifft die Explizitheit vs. Implizitheit von Informationen zu einer Figur. Figuren werden in Erzählungen explizit durch direkt ausgedrückte Merkmalszuschreibungen oder implizit charakterisiert. Zu den expliziten Mitteln gehören die Benennung und Zuordnung von Merkmalen zu einer Figur der Art „X ist böse." Merkmale lassen sich klassifizieren nach dem Äußeren, dem Inneren einer Figur und nach sozialen Aspekten, wie ihre Identität als soziales Wesen. Äußerlich können Figuren nach ihrem Aussehen, ihrer Haar-

und Augenfarbe, Größe, körperliche Stärke, Kleidung, ihrem Geschlecht und Alter beschrieben werden. Davon zu trennen sind innere Merkmale einer Figur, die eigentlichen Charaktermerkmale, die oft stabil sind und die Figur in ihrer Identität und Persönlichkeit unverwechselbar machen: Ehrlichkeit, Willensstärke, Moral, Ethik, Gesinnung, Verlässlichkeit, Ehrgeiz, Machtorientiertheit. Eine weitere auf das Innere zielende Dimension betrifft die Emotionalität einer Figur und ihre kognitiven Fähigkeiten, aber auch ihre Orientiertheit in der Welt, ihre Weltbilder und Normen und Werte, die für sie verbindlich sind.

Mit der Beschreibung des Äußeren sind wiederum soziale Attribute verbunden: Die Kleidung markiert die Herrscherpersönlichkeit oder den Bauern, das Ambiente einer Wohnung kann Ausdruck bürgerlicher Wohnkultur und bürgerlichen Selbstverständnisses sein, wie bei den Buddenbrooks, oder Spiegel sozialen Elends, wie in Texten des Naturalismus. Zu den sozialen Merkmalen gehören der soziale Status und die Stellung einer Figur, die ökonomische Ausstattung, Ausbildung, Beruf, Machtposition und Abhängigkeitsverhältnisse, aber auch das Umfeld: Lebens- und Wohnraum, Autos oder Kutschen, Nachbarschaften, soziale Beziehungen sowie der Lebensstil und Habitus einer Figur. Eine explizite soziale Kennzeichnung einer Figur nach Rang, gesellschaftlicher Stellung, ökonomischer Ausstattung und Lebensform erfolgt zu Beginn von A. von Arnims *Der tolle Invalide auf dem Fort Ratonneau* an, wenn es heißt, dass der alte Graf vor dem Kamin in seinem Salon saß, während nebenan sein Diener schläft.

Oft sind Informationen, die eine Figur charakterisieren, nicht direkt sprachlich ausgedrückt, sondern nur implizit gegeben und müssen vom Leser aus dem Mitgeteilten erschlossen werden. Aus dem Handeln, Verhalten und den Reaktionen einer Figur auf bestimmte Geschehnisse können Rückschlüsse auf ihre innere Gefühlslage, ihre Absichten, Einstellungen, Normen und Werte, die das Handeln leiten, gezogen werden. Solche Schlussfolgerungen, auch Inferenzen genannt, spielen eine wesentliche Rolle im Aufbau der erzählten Welt und ihren Figuren, da durch sie erst sinnhafte Beziehungen und kohärente Zusammenhänge gestiftet werden. Die Schlussfolgerungen, die der Leser durchführen muss, stützen sich nicht nur auf explizite Informationen im Text, sondern auch auf sein mitgebrachtes Wissen über die Welt, Handlungen, die Texte und ihre gattungsstrukturellen Besonderheiten. Wenn hier vom Leser und seiner Aufgabe der Kohärenzbildung gesprochen wird, so handelt es sich nicht um den realen Leser, sondern um den impliziten Leser, ein Konstrukt, auf das in Kapitel 2.6.1 noch näher eingegangen wird.

Informationsverteilung

Wie zuvor ausgeführt wurde, gibt es verschiedene Mittel, um Figuren zu charakterisieren. Ein Mittel ist die Verteilung der entsprechenden Informationen zu Figuren auf der Textebene. Informationen variieren in der Dauer, Menge, Häufigkeit, Ordnung, Dichte und im Kontext (s. Jannidis 2004, 220ff.). Die Dauer bezieht sich auf die Zuordnung von Informationen zu einer Figur gemessen in der Lesezeit: Wie anhaltend wird eine Figur charakterisiert. Die Menge der Informationen kann abgestuft sein, ebenso wie die Häufigkeit, mit der eine Information wiederholt ins Spiel gebracht wird. Auch die Reihenfolge einer Information ist bedeutsam, da Informationen in Anfangs- oder Endposition hervorgehoben sind und dadurch ein stärkeres Gewicht erhalten. Die Dichte bezieht sich darauf, dass Informationen gebündelt in einer Textsequenz gegeben oder über einen Text verstreut sein können. Der Begriff „Kontext" bezieht sich auf die Kombinationen von Figureninformationen mit anderen, wie z.B. Zeiten, Räume, Handlungen. Die Frage, wie viel Informationen zu einer Figur explizit oder implizit gegeben werden und wie viel Einblick in das Innenleben einer Figur gewährt wird, hängt nicht zuletzt davon ab, aus wessen Perspektive erzählt wird. Der externe, auktoriale Erzähler hat Einblick in das Innenleben aller Figuren, ein Ich-Erzähler weißt letztlich nur, was in ihm selbst vorgeht.

Ein Beispiel für eine mögliche Informationsverteilung bietet T. Fontane in seinem Roman *Irrungen und Wirrungen*, wo die Hauptfigur Botho zu unterschiedlichen Zeitpunkten von anderen Figuren (Offiziere, Lene) in unterschiedlichen Gesprächssituationen als eher „schwach" beschrieben wird. Dadurch wird dieses Attribut von Schwäche über mehrere Textpassagen wiederholt und verstärkt, so dass auch der Leser veranlasst wird, der Figur Botho eben diese Eigenschaft zuzusprechen.

Zuverlässigkeit der Informationen

Die explizite Zuschreibung von Eigenschaften zu einer Figur können durch einen Erzähler oder durch andere Figuren innerhalb der erzählten Welt vorgenommen werden oder durch Selbstcharakterisierung der Figur. Bei Selbstaussagen einer Figur bleibt zu überprüfen, wie weit man der Figur glauben kann, ob es sich um eine interessengebundene Selbstdarstellung, um eine Selbsttäuschung oder um eine selbstkritische und reflektierte Haltung einer Figur sich selbst gegenüber handelt. Max Frisch präsentiert im *Homo Faber* eine Figur, die sich durch Rationalisierung von Erfahrungen und Interpretation von Tatsachen teilweise selbst belügt und vieles nicht wahrhaben will. Ähnliches gilt für die Aussagen anderer Figuren, so dass Charakterisierungen stets auf ihre Intentionen und ihren Wahrheitsgehalt zu prüfen sind. Auch Täuschungen und Irreführungen sind erzählstrategische Mittel, die je nach Gattung unterschiedlich funktionalisiert werden können. Im traditionellen Detektivroman angelsächsischer Prägung werden z.B. gezielt falsche Fährten für den Leser gelegt, sogenannte *red herrings*, die die Spannung erhöhen, Lösungen hinausschieben und zu seiner Verwirrung beim Mitraten des Lesers beitragen. Auch der Erzähler ist in seinen Aussagen nicht immer zuverlässig je nachdem, woher er sein Wissen bezieht (Näheres dazu im 2. Kap.).

1.5.3 Figurenkonzeption

Figuren unterscheiden sich in ihrer Komplexität. Märchenfiguren sind flächig, haben kein Innenleben, keine Psychologie und insofern keine charakterlichen Eigenschaften, hingegen Romanfiguren eher vielschichtig konzipiert sind. Die Komplexität im Aufbau einer Figur richtet sich nach der Zahl der zugewiesenen Merkmale zu einer Figur. Trägt die Figur nur ein Merkmal oder einen Grundzug, so ist sie eindimensionaler angelegt, als wenn ihr eine Vielzahl an Merkmalen zugeschrieben wird. Im ersten Fall spricht man von „Typ“, wie dem Typ des Geizigen oder des Wissenschaftlers, in Abgrenzung von einer reichhaltiger angelegten Figur, die oft auch als Charakter bezeichnet wird, um damit die stärkere Individualisierung auszudrücken.

Figuren nehmen eine unterschiedliche Repräsentanzfunktion ein: Sie können stellvertretend für eine soziale Gruppe stehen und einen Typ verkörpern oder als Individualcharaktere für sich stehen. Je nach Gattung und Typ einer Erzählung durchlaufen Figuren eine Entwicklung, indem sie durch Erfahrungen, oft auch Niederlagen, auf eine höhere Stufe ihrer Entwicklung als Mensch und Individuum gelangen wie im Bildungsroman. Lern- und Entwicklungsprozesse verändern Figuren, so dass sie am Ende nicht mehr die sind, die sie zu Anfang waren, auch wenn bestimmte Grundzüge eines Charakters stabil bleiben.

1.5.4 Figuren – Gattungen

Die Ausstattung und Funktion von Figuren in der erzählten Welt erfolgt in Abhängigkeit von Gattungen und ihrer historischen Ausprägung. Bei den einfachen Erzählformen, wie Märchen, Sage und Legende, sind Figuren reine Funktionsträger der Handlung und durch die Funktion, die sie für den Gang der Handlung einnehmen, bestimmt. Besonders deutlich wird das am Märchen, wie V. Propp herausgearbeitet hat. Max Lüthi (1947) bescheinigt den Märchenfiguren Flächigkeit, da sie kein Innenleben besitzen. In einzelnen Genres bilden sich typische Figuren heraus, wie der Detektiv oder Kommissar im Kriminalroman.

Je nach Gattung markieren die Informationen, die zu Figuren gegeben werden, den Status bzw. Modus der Figur: Handelt es sich um Figuren, die einen hohen Realitätsgehalt aufweisen, um phantastische Wesen in einer möglichen anderen Welt oder um subjektive Einbildung in Träumen und Phantasien einer Figur, wo nicht ganz sicher ist, ob die Figur wirklich existiert oder nur ein Traum- und Phantasiegebilde ist, wie der Engel in Jostein Gaarders *In einem Spiegel, in einem dunklen Wort.*

1.6 Raumstrukturen

Da Handlungen, Geschehnisse, Figuren und ihre Verhältnisse sich immer in raum-zeitlichen Zusammenhängen abspielen, soll der Raum als eine zentrale

Kategorie des Erzählens näher untersucht werden. Der Raum ist jedoch nicht nur konstitutiv für die erzählte Welt, sondern auch der Erzähltext ist räumlich organisiert. Zu unterscheiden sind daher der erzählte Raum und der Erzählraum. Zunächst zur Kategorie des Raumes in der erzählten Welt:

1.6.1 Der erzählte Raum

Der erzählte Raum meint den Raum der erzählten Welt bzw. den Raum, in dem eine Geschichte spielt. Es gibt konkrete Räume in der erzählten Welt, wie Häuser, Orte, Landschaften, Naturräume. Ein Haus kann ein Mietshaus sein mit mehreren Etagen, Wohnungen, Treppenhäusern und Fluren, oder ein Einzelhaus mit verschiedenen Zimmern. Zu den Orten zählen Dörfer, Kleinstädte, Großstädte, Vororte oder Siedlungen. Naturräume untergliedern sich u. a. in Meer, Wald, Gebirge, Tal, während zu Landschaften Garten und Park zählen. Ein Merkmal von Räumen ist ihre Umgrenztheit: Flüsse, Berge, Stadtmauern, Hecken, Zäune oder Staatsgrenzen begrenzen Räume und gliedern sie in ein Innen und Außen, ein Diesseits und Jenseits. Zu den Innenräumen gehören Häuser oder Höhlen, während zu den Außenräumen Landschaften, Felder, Ebenen, Meer oder Himmel gehören. Bekannte Mittel, um Grenzen zu überwinden, sind Brücken, Tore oder Pässe. Orte, Landschaften und Naturräume sind in sich wiederum durchkreuzt von Wegen, Pfaden, Straßen und Flüssen.

Der Raum ist strukturiert. Typisch für die **Gliederung des Raumes** sind Gegensätze: innen – außen; offen – geschlossen; oben – unten; hinten – vorne; diesseits – jenseits. Offene Räume, wie das Meer, sind durch Unbegrenztheit charakterisiert im Unterschied zu geschlossenen Räumen, wie Inseln, Häuser, Burgen, Höhlen. Durch die Gegenüberstellung von oben und unten werden oft Naturräume gegliedert: Berge vs. Ebene/Tal oder Himmel vs. Erde.

Räume in der Literatur haben eine unterschiedliche **Funktion**. Die primäre Funktion besteht darin, Schauplatz für Handlungen zu sein. Räume und Grenzziehungen innerhalb von Räumen sind oft funktional eingebunden in die Entwicklung eines Handlungsgeschehens, wie z. B. die um das Schloss wachsende Hecke im Dornröschen-Märchen. Die Hecke umschließt das Schloss, grenzt es somit nach außen ab, und hat innerhalb der Handlungslogik des Märchens die Funktion eines Hindernisses. Eine andere Funktion besteht darin, den sozialen und emotionalen Bereich zu gliedern. Zum einen markieren Räume soziale Gegensätze von arm und reich (Schloss vs. Hütte; Villa vs. Mietshaus), zum anderen sind mit Räumen bestimmte Erlebnis- und Gefühlsumstände verbunden wie Glück oder Unglück. Zu den Glücksräumen im Märchen gehört das Schloss; Unglücksräume dagegen sind Höhlen und die Hütte am Rande des Waldes, wo die Hexe wohnt. Figuren des Bösen werden bestimmten Terrains zugewiesen: Der Wolf im Märchen ist ein Bewohner des Waldes; der Zutritt zum Haus ist ihm verwehrt. Betritt er das Haus, geht eine unmittelbare Bedrohung von ihm aus, wie in *Rotkäppchen*. Typisch für die Erzählungen von Ludwig Tieck ist die Abgrenzung einer Gebirgswelt, die als unbewohnt, feindlich und fremd charakterisiert wird, von der Ebene, die bewohnt ist und als heimisch-vertraut gekennzeichnet ist. In der phantastischen Literatur kann das eigene Haus seine Schutzfunktion verlieren und zum Ort des Schreckens werden.

Mit räumlichen Gliederungen sind wiederum **Wertsysteme** verbunden: Was oben steht, ist zumindest im westlichen Kulturraum positiv besetzt, das Untere tendenziell negativ. So werden Glück und Reichtum in unserem Kulturraum „oben“ lokalisiert, hingegen Armut, soziales Scheitern und Unglück „unten“. Im Alltag drücken sich derartige Orientierungen in Formulierungen aus wie *Ich bin unten/ down.*; *Ich bin obenauf/high.*[4] Raumerfahrungen und Raummuster sind kulturspezifisch ausgeprägt. Während der westliche Kulturraum in seiner kognitiven Orientierung vertikal gegliedert ist, ist der indonesische Raum horizontal gegliedert: Die Götter kommen nicht von oben, sondern von drüben.

Helden sind auf charakteristische Weise mit Räumen und ihrem Inventar verbunden. Ihre Bewegung im Raum, die Wahl ihrer Routen und ihre Ziele folgen bestimmten Mustern. Im Abenteuergenre aber auch im Bildungsroman überschreitet der Held Grenzen des Vertrauten und Bekannten und tritt hinaus in ein fremdes Terrain, um dieses zu erschließen und sich dort zu bewähren. Da durch Grenzüberschreitungen der Raum des Gewussten und Erfahrenen erweitert wird und sich in verschiedenen Raumerfahrungen auch Wahrnehmungs-/Erfahrungsmuster einer Zeit spiegeln, gewinnt der Raum eine **Erkenntnis erschließende Funktion**. Eine veränderte Raumerfahrung thematisiert Adalbert Stifter in *Der Condor*. In der folgenden Szene befinden wir uns in einem Luftschiff und eine der Figuren schaut hinunter auf die Erde:

> – aber siehe, alles war fremd und die vertraute Wohnlichkeit derselben war schon nicht mehr sichtbar, und mithin auch nicht die Felder, die uns an ein teures, kleines Fleckchen binden, das wir Heimat nennen. Wie große Schatten zogen die Wälder gegen den Horizont hinaus – ein wunderliches Bauwerk von Gebirgen, wie wiegende Wogen, ging in die Breite und lief gegen fahle Flecken ab, wahrscheinlich Gefilde.
>
> (A. Stifter 1975, 20)

Der Blick von oben auf die vertraute Erde ist eine grundlegend neue Erfahrung und stellt alte Wahrnehmungsmuster, die am Abschreiten der Erde im zeitlichen Nacheinander orientiert waren, in Frage. Das Zusammenziehen entfernter Orte und die Distanz von oben legen einen anderen Maßstab zugrunde und machen das Vertraute und Heimische fremd.

Die Strukturierung des Raumes steht in engem Zusammenhang mit der Perspektive, aus der erzählt und der Raum wahrgenommen wird. Soll über die Raumgestaltung Angst und Schrecken vermittelt werden, so wird statt des distanten

---

[4] Die konzeptuelle Metapherntheorie (Lakoff/Johnson 1980/1998) hat derartige Metaphern für Raumerfahrung untersucht (s. dazu Kap. 4).

Blicks eines externen Erzählers die Wahrnehmungsperspektive betroffener Figuren eingenommen, um diese Erlebniszustände zu vermitteln und Spannung aufzubauen (interne Fokalisierung s. 2. Kapitel). Der wahrgenommene und gefühlte Raum gewinnt seine Bedeutung für den Betrachter und spiegelt psychische Momente seiner Erfahrung und Wahrnehmung. Der Raum ist doppelt strukturiert, insofern als einmal Bezug genommen wird auf ein Objekt im Raum und dieses Objekt in Beziehung zu einem Betrachter steht und in einem Netz von Erinnerungen, Assoziationen, Gefühlen und Wertungen seine Bedeutung erhält.

Die Wahl der Räume, ihre Ausstattung und ihre Gliederung sind gattungsabhängig. Typisch z. B. für den angelsächsischen Kriminalroman des 19. Jahrhunderts ist die Szenerie in einem abgelegenen Landhaus. Die Schauerliteratur spielt in geheimnisvollen Klöstern, Ruinen oder Burgen und arbeitet mit einer komplexen Binnenarchitektur von unterirdischen Gewölben, langen, dunklen Gängen, verwinkelten Treppen und Geheimtüren, hinter denen der Schrecken lauert. Sozialkritische Romane spielen eher im Arbeitermilieu (Kellerwohnung, Kammer, Bergwerke, Industriebetriebe). Kennzeichen der phantastischen Literatur, für die zumindest in einer bestimmten Ausprägung zwei Welten konstitutiv sind, eine der Alltagswirklichkeit nachgebildete und eine Welt, die deren Gesetzmäßigkeiten unterläuft, ist ebenfalls die Grenzüberschreitung ihrer Heldenfiguren, die entweder reversibel oder irreversibel ist. In Kirsten Boies Roman *Der durch den Spiegel kommt* (2001) gelangt die Protagonistin durch einen Spiegel in die andere Welt und wieder zurück.

Zu fragen bleibt, wie der **Leser** eine Vorstellung von den Räumen in der erzählten Welt gewinnt. Um sich in der erzählten Welt orientieren zu können, muss der Leser im Fluss des Lesens und aus der Linearität des Lesens heraus einen **Vorstellungsraum** aufbauen. Er muss rekonstruieren, wie der Raum aus wessen Sicht erlebt und wahrgenommen wird. Der Bezugspunkt, von dem aus ein solcher Raumaufbau erfolgt, ist das Hier und Jetzt des Lesens. Das Jetzt bezieht sich auf den Zeitpunkt des gegenwärtigen Leserblickpunktes und das Hier auf die Wirklichkeit des Textraumes. Von diesem Bezugspunkt aus wird der Leser mittels eigener deiktischer Mittel, wie *da, dort, hier, nun, da hinten, herab, herauf*, innerhalb eines fiktiven Raumes orientiert und veranlasst, in seiner Vorstellung einen komplexen Raum mit Standorten und Richtungsverläufen aufzubauen. Gegenstände werden innerhalb des Raumes lokalisiert, und Bewegungsverben, wie *herkommen, fortgehen, hinüber laufen*, geben Richtungsverläufe an. Karl Bühler (1934) spricht von der Deixis am Phantasma und meint damit den Phantasieraum als Verweisraum im Unterschied zur Wirklichkeit.

Die folgende Tabelle gibt einen Überblick über den erzählten Raum, seine Bestandteile und mögliche Funktionen:

Tab. 6 der erzählte Raum

	Erzählter Raum
Konkrete Räume	Naturräume: Meer, Wald, Gebirge; Zivilisationsräume: Städte, Orte, Dörfer
Gegenstände	Mobiliar von Wohnungen, Häuser in Städten, Bänke oder Statuen in Parkanlagen
Gliederung	oben – unten; nah – fern; drinnen – draußen; geschlossen – offen
sprachliche Strukturierungsmittel	Raumadverbien: hier, da, dort, drüben Zeitadverbien: jetzt, nun Bewegungsverben: herkommen, hingehen, hinüber laufen
Perspektive (räumlicher Standort)	von oben mit einem weiten Raumausschnitt und Panoramablick, von unten mit einem engen Raumausschnitt, innerhalb des Raumes z. B. mit Rundumblick
Semantik des Raumes	Glücks-/Unglücksräume, Heimat – Fremde, Kulturelle Wahrnehmungsmuster, Soziale Bedeutung von Räumen: arm – reich
Funktion	1. Schauplatz, **Handlungsraum** 2. **Stimmungsraum**: geheimnisvoll, bedrohlich, angenehm, warm, kalt, Angst erzeugend 3. **Erlebnisraum**: vertraut – fremd; nah – fern, Wertungen: positiv, negativ 4. **Wahrnehmungsraum** 5. **Erkenntnisfunktion**: Codierung von Wahrnehmungsmustern, Erweiterung des Wissens, 6. **narratives Kompositionselement**: zeitliche Strukturierung, Grenzziehungen, Polarisierungen, Grenzüberschreitungen von Helden, Überwindung von Entfernungen/Hindernissen, Bewegungen im Raum, Bewährungen
Raum – Held/Figuren	Zuordnung von Figuren zu Räumen: Wald – Hexe; Schloss – Prinzessin
Leser	Aufbau eines Vorstellungsraumes, Orientierungen im Raum, Bezugspunkt des Hier-Jetzt des Lesens

1.6.2 Der Erzählraum

Das Erzählen ist nicht nur ein Vorgang in der Zeit, sondern auch ein Vorgang, der Raum beansprucht. Die schriftsprachliche Manifestation des Erzähltextes nimmt Raum ein, der äußerlich ablesbar ist am Umfang des Textes (die Länge).

Doch wie ist der **Erzähltextraum** gegliedert? Auf einer ersten Ebene stehen die Elemente des Textes in einer Beziehung des Nacheinander, denen der Leser linear folgt. Hinzu tritt die Strukturierung in hierarchische Einheiten, wie Kapitel und Abschnitte. Der Textraum wird gegliedert durch Richtungsangaben und Ausdrücke wie *siehe Kapitel 2, im vorhergehenden Kapitel, wie oben gesagt, siehe oben, weiter unten, im Folgenden, auf der nächsten Seite, im nächsten Abschnitt.* Es handelt sich um textdeiktische Mittel der Standortbestimmung des Sprechers/Lesers und der Gliederung des Textraumes. Textdeiktische Angaben lokalisieren ein Ziel vom jeweils aktuellen Erzähl- und Lesepunkt aus.

Zeitliche Orientierungsangaben sind: *wie früher erwähnt.* Auf die faktische Textanordnung zielen Ausdrücke wie: *auf der folgenden Seite, nächste Seite.* Es handelt sich um Zeichen, die demselben Erzähltext angehören, auf den sie verweisen. Der Erzähler nimmt insbesondere beim auktorialen Erzählen auf die Ebene des Erzähltextes Bezug und gliedert dergestalt den Erzähltextraum. Damit lenkt er zugleich den Leseblickpunkt nach oben und nach unten, nach vorne und nach hinten.

Der Erzähler bewegt sich mittels textdeiktischer Angaben innerhalb des Erzählraumes hin und her. Wenn es zu Beginn des 3. Kapitels von *Tom Jones* von Henry Fielding heißt *Ich habe meinen Lesern im vorigen Kapitel erzählt, daß Mr. Allworthy ein großes Vermöge erbte; /…/* (1966, 19), dann bezieht sich der Erzähler zum einen auf die inhaltliche Ebene des Textes, die Erzählinhalte, zum anderen referiert er mit dem Hinweis *im vorigen Kapitel* auf die formale Ebene des Textes, das Schriftlich-Fixierte in Form eines Buches. Die hierin zum Ausdruck kommende erzählerische Distanz zu den Erzählinhalten und die damit verbundene Thematisierung der Erzähltextebene ist ein ästhetisches Mittel, das einen Illusionsbruch erzeugt und das Erzählte als Geschriebenes und Fingiertes kennzeichnet.

Die erzählende Literatur macht vielfältigen Gebrauch davon, den Erzähltextraum durch Richtungs- und Ortsangaben zu strukturieren. Da der Blickpunkt des Lesers wandert, muss der Leser immer wieder erneut ein räumliches Bezugs- und Orientierungssystem aufbauen. K. Ehlich (1985) hat einen solchen Raumaufbau am Beispiel von Eichendorffs Erzählung *Das Schloß Dürande* beschrieben.

Der Erzählraum meint nicht nur die sprachliche Manifestation als Erzähltextraum, sondern auch die räumliche Dimension der **fiktiven Rede-/Erzählsituation**. Der Raum des Erzählens kann durch Eigenreflexionen des Erzählers und souveränes Verfügen über Erzählinhalte in Vergangenheit, Gegenwart und Zukunft ausgeweitet werden. Eine Variante der Ausdehnung des Erzählraumes besteht darin, dass ein expliziter Erzähler immer wieder ankündigt, eine Geschichte zu erzählen, sich fortlaufend unterbricht, abschweift und über das Erzählen selbst räsoniert, so dass das Erzählen der eigentliche Geschichte verzögert wird. Denis Diderot setzt zu Beginn seines Romans *Jakob und sein Herr* (1796) mit dieser Technik ein.

Auf einer zweiten narrativen Ebene kann der Erzählraum durch **Fingieren einer Erzähl-/Kommunikationssituation**, wie dem Erzählrahmen beim novellistischen Erzählen, ausgeweitet werden. Das kann durch Einführung mehrerer Erzählfiguren geschehen, die im zeitlichen Nacheinander ihre Geschichten erzählen, oder aber die Erzählfiguren werden auf unterschiedlichen Zeitstufen eingeführt, um einen Erzählstoff weiterzugeben, so dass Schachtelungen und Einbettungen innerhalb einer Rahmenhandlung entstehen, wie Theodor Storm es im *Schimmelreiter* praktiziert, auf dessen Rahmentechnik noch näher eingegangen wird. Zusammengefasst gehören zum Erzählraum drei Konzepte: der Erzähltext, die räumliche Dimension des Erzählens, eine fingierte Erzählsituation.

5 Analysieren Sie im folgen Textbeginn von *Der Fall des Hauses Ascher* von E.A. Poe den Raum nach den Kategorien in Tab. 6:

Einen geschlagenen Tag lang, starr, trüb, tonlos & tief im Herbste des Jahres, war ich allein, zu Pferde, unter dem bedrückend lastenden Wolkenhimmel, durch einen ungewöhnlich öden Stich Landes dahingeritten; und fand mich endlich, da die Schatten des Abends sich anschickten heraufzuziehen, angesichts des melancholischen Hauses Ascher. Ich weiß nicht, wie es geschah – aber beim ersten flüchtigen Anblick des Baues beschlich ein Gefühl unleidlicher Düsternis meinen Geist. /.../ Ich blickte auf die Szene vor mir – das Gebäude selbst, und die kargen Linienzüge der zugehörigen liegenden Gründe – auf die unwirtlichen Mauern – die blicklosen Fensteraugen – ein paar geile Binsenbüchel – die wenigen bleichen Rümpfe verstorbener Bäume – und eine solche Verödung der Seele überkam mich, daß ich /.../

1.7 Zeitstrukturen

Die Zeit ist ein Organisationsprinzip des Erzählens. Eine Geschichte kann in raschem Tempo, von Ereignis zu Ereignis springend erzählt werden oder verlangsamt und innehaltend. Sie kann chronologisch entwickelt werden oder achronologisch, indem die Ereignisse nicht in ihrer ursprünglichen Abfolge präsentiert werden. In der Erzähltextforschung haben Günther Müller (1946) und später in seiner Nachfolge Eberhard Lämmert (1955) zwischen der erzählten Zeit und der Erzählzeit unterschieden, deren Verhältnis Genette (²1998) unter der Kategorie der Dauer charakterisiert. Genettes Ordnungsbegriffe von Zeit sind weitgehend identisch mit denen von Lämmert, an dessen grundlegende Unterscheidung zunächst angeknüpft werden soll. Die **erzählte Zeit** ist die Zeit, die innerhalb der erzählten Welt vergeht, während **Erzählzeit** die Zeit, die für das Erzählen einer Geschichte gebraucht wird, meint. Äußerlich kann man die Zeit des Erzählens am Umfang des Textes (Seitenlänge) oder aber an der zu erbringenden Zeit für das Lesen eines Textes abmessen. Zeit kann sehr unterschiedlich gegliedert werden. Je nach dem Verhältnis von Erzählzeit und erzählter Zeit wird unterschieden zwischen: Zeitdehnung, Zeitraffung, Zeitsprung, Zeitdeckung und Pause. Bei der **Zeitdehnung** überschreitet die Erzählzeit die erzählte Zeit. Sie ist eher selten in der erzählenden Literatur und findet dann statt, wenn Bewusstseinsvorgänge einer Figur geschildert werden, die breiten Raum einnehmen, während innerhalb der erzählten Welt die Zeit kaum voranschreitet. Die Erzählzeit wird auch gedehnt durch erzählerische Kommentare, die eingeflochten werden, durch ausführliche Beschreibungen von Landschaften oder Gegenständen, so dass die Lesezeit für diese Ausführungen viel Zeit in Anspruch nimmt, während innerhalb der erzählten Welt nur ein winziger Zeitmoment vergangen ist. In der Erzählung *Das geheime Wunder* von Jorge Luis Borges wird Zeit gedehnt:

> Die Gewehre waren auf Hladik gerichtet, aber die Männer, die ihn töten sollten, waren unbeweglich. Der Arm des Sergeanten verewigte eine unabgeschlossene Gebärde. /.../ Hladik versuchte einen Schrei, eine Silbe, die Drehung einer Hand. Er begriff, daß er gelähmt war. Kein noch so schwacher Laut erreichte ihn mehr aus der lahmgelegten Welt. Er dachte: *Ich bin in der Hölle, ich bin tot.* Er dachte: *Ich bin wahnsinnig.* Er dachte: *Die Zeit ist stehengeblieben.*
>
> (J. L. Borges 1970, 248–249)

Fokussiert wird auf das Bewusstsein der Figur, ihre Wahrnehmungen und Reflexionen, während zugleich die Zeit in der erzählten Welt stehenbleibt. Wenn im Vorhergehenden zwischen Ereignis und Zustand unterschieden wurde, dann korrespondiert der Dehnung der Erzählzeit die Ausweitung von Zustandssituationen in der erzählten Welt. Bei der Erhöhung des Erzähltempos schreitet der Erzähler demgegenüber rasch von Ereignis zu Ereignis voran und verkürzt dadurch die Zustandssituationen.

Längere Erzählungen und Romane, in denen die Geschehnisse sich über Monate, Jahre und ganze Lebensläufe erstrecken, müssen aus schreibökonomischen Gründen Zeitabschnitte in der erzählten Welt übergehen oder knapp zusammenfassen, so dass wenig Erzählzeit im Verhältnis zur erzählten Zeit aufgewendet wird. Ein Beispiel für das **Überspringen von Zeit** bzw. eines Zeitraumes in der erzählten Welt bietet der folgende Ausschnitt aus der Novelle *Hans und Heinz Kirch* von Theodor Storm (1882):

> Seitdem waren 15 Jahre hingegangen. Die kleine Stadt erschien fast unverändert; nur daß für einen jungen Kaufherrn aus den alten Familien am Markt ein neues Haus erbaut war, daß Telegraphendrähte durch die Gassen liefen und auf dem Posthausschilde jetzt mit goldenen Buchstaben „Kaiserliche Reichspost“ zu lesen war.
>
> (T. Storm Bd. II, 1967, 184)

Innerhalb der fiktiven Welt sind 15 Jahre vergangen, ohne dass geschildert wird, was in dieser Zeit passiert ist. Die Erzählzeit ist in Bezug auf die übersprungenen

Jahre gleich Null. Der Erzähler konstatiert lediglich den Zeitsprung und markiert den Zeitpunkt, zu dem das weitere Geschehen einsetzt. Die Ereignisse in dieser Zeit werden ausgelassen (narrative Ellipse), aber zugleich spiegeln die Veränderungen in der Stadt, dass Zeit vergangen ist: das neu gebaute Haus, die Telegraphendrähte und das neue Posthausschild, das den historischen Wandel markiert: die Gründung des Kaiserreichs. Es handelt sich um Zeitzeichen.

Werden Ereignisse und Geschehnisse in der erzählten Welt gerafft, indem sie kurz benannt und zusammengefasst werden, ist die Zeit für das Erzählen viel kürzer als die eigentliche Erstreckung der Zeit in der erzählten Welt. Ein Beispiel für die **Raffung von Zeit** findet sich in der Kalendergeschichte *Unverhofftes Wiedersehen* von Johann Peter Hebel (1811). Die Geschichte beginnt mit dem Tod eines jungen Bergmannes am Tag der Hochzeit; zurück bleibt seine Verlobte. Nach diesem Einschnitt im persönlichen Leben der Bergleute setzt der Erzähler mit einem Exkurs zur Weltgeschichte ein und reiht mehrere historische Ereignisse aneinander, wie das Erdbeben in Portugal, der Siebenjährige Krieg und die Teilung Polens. Diese Ausführungen über die Geschichte umspannen eine Zeit von 50 Jahren bis zu dem Tag, wo der tote Leichnam des jungen Verlobten gefunden wird. Die 50 Jahre werden nicht übergangen, sondern in großen Zügen zusammengefasst und zugleich durch bedeutende historische Ereignisse, die genau datierbar sind, erzählerisch eingeholt, um dann wieder auf das persönliche Schicksal der Brautleute einzugehen. Unterschreitet die Erzählzeit die erzählte Zeit, so liegt Zeitraffung vor.

Bei der **Zeitdeckung** fallen Geschehen und Wiedergabe zeitlich durch Verwendung von szenischer Darstellung und direkter Rede zusammen. Fontane bevorzugt in seinen Romanen Gespräche, so dass hier über weite Passagen eine Zeitdeckung vorliegt. Eine **Pause** im Erzählfluss entsteht z. B. durch allgemeine Erörterungen und Reflexionen eines Erzählers; das Handlungsgeschehen wird an diesen Stellen nicht weiter entwickelt, so dass keine erzählte Zeit vergeht.

Tab. 7 zeitliche Strukturen

Zeitdehnung:	Erzählzeit ist größer als die erzählte Zeit.
Zeitraffung:	Erzählzeit ist kleiner als die erzählte Zeit.
Zeitsprung:	Auslassen von erzählter Zeit; Erzählzeit = 0
Zeitdeckung:	erzählte Zeit ist gleich der Erzählzeit. Geschehen ist gleich der Wiedergabe.
Pause	Es wird erzählt, aber es vergeht keine erzählte Zeit.

Die unterschiedliche zeitliche Strukturiertheit des Erzählens und des Erzählten zeigt sich auch daran, dass der Erzähler das Erzählgeschehen in der Vergangenheit, Gegenwart und Zukunft verankern kann. Oft werden Geschehnisse nicht in ihrer ursprünglichen Abfolge erzählt, sondern achronologisch. Genette subsumiert diese Möglichkeiten der Strukturierung von Zeit unter die Kategorie der Dauer (1972/[2]1998). Typische Verfahren hierbei sind die **Rückblende** (Analepse) auf Geschehnisse, die vor dem Zeitpunkt der Gegenwartshandlung liegen, und die **Vorausschau** (Prolepse), bei der der Erzähler dem gerade stattfindenden Erzählgeschehen vorausgreift und berichtet, was später geschehen wird. Rückblenden und Vorausdeutungen können zu unterschiedlichen Zeitpunkten innerhalb der Erzählung erfolgen und haben unterschiedliche Funktionen, wie z. B. Spannungserzeugung, Erwartungsaufbau, Nachliefern von Informationen (Vorgeschichten, Entwicklungen einer Figur). Außer im zeitlichen Nacheinander können Handlungen und Geschehnisse gleichzeitig stattfinden, müssen jedoch in die zeitliche Sukzession des Nacheinander gebracht werden. Simultaneität wird sprachlich oft ausgedrückt durch *inzwischen, unterdessen*; an diesen Stellen trägt der Erzähler parallele Geschehnisse nach.

Eine andere Kategorie der Beschreibung von Zeitstrukturen ist die **Frequenz** (Genette 1972/[2]1998). Ereignisse können einmalig vorkommen oder wiederholt. Bezeichnenderweise verwendet das Märchen das Wiederholungsprinzip: Drei Mal müssen Helden eine Probe durchlaufen; die Probe ist als funktionale Einheit gedacht, die wiederholt wird, auch wenn sich die Inhalte der Probe ändern. Einmalige Geschehnisse können wiederum einmal erzählt werden oder mehrmals, und was mehrfach geschieht, kann einmal erzählt werden, wie z. B. wenn es heißt: Jeden Freitag spielte er Karten.

6 Handelt es sich bei dem folgenden Textauszug, um eine Zeitraffung, einen Zeitsprung oder eine Zeitdehnung?

Der Vater erlaubte mir endlich, zuweilen im Sommer eine Zeit hindurch entfernt von den Eltern auf irgend einem Punkte des Landes zu wohnen. Zum ersten Aufenthalte dieser Art wurde das Landhaus eines Freundes meines Vaters nicht gar ferne von der Stadt erwählt. /.../

Der zweite Aufenthalt im nächst darauf folgenden Sommer war viel weiter von der Stadt entfernt in dem Hause eines Landmanns.

Zu unterscheiden sind verschiedene Zeitkonzepte:

1. die subjektiv erlebte Zeit im Bewusstsein einer Figur
2. die objektiv messbare Zeit

Die Identifikation von Zeitkonzepten und zeitlicher Organisation in Erzähltexten setzt auf Seiten des Lesers Kenntnisse über **Zeitzeichen** voraus, wie Jahres- und Tageszeitenwechsel, Helligkeit/Dunkelheit, Lebenszyklen, Altern, Verfall, Ruinen, Blühen und Vergehen in der Natur, Gegenstände und Attribute, die historisch markiert sind (Verkehrsmittel, Kommunikationsmedien, Kleidung), sowie sprachliche und metaphorische Mittel, um Zeiterfahrungen auszudrücken.

Die Ausprägung von Zeitstrukturen erfolgt nicht zuletzt in Abhängigkeit von **Gattungen**. Beim Märchen stehen Erzählvorgang und erzählte Ereignisse in einer ikonischen Beziehung. Es kennt zudem keine Vergangenheit und daher auch keine Rückblende, sehr wohl aber die in die Zukunft verweisende Prophezeiung oder Verwünschung. Bezeichnend für biographische Romane ist die Rückblende. Die Struktur der Erinnerung liegt insbesondere den Romanen und Erzählungen von Theodor Storm zugrunde, um Vergangenes zu fiktionalisieren.

Die Kategorie der Zeit ist vor allem für jene Ausprägung der phantastischen Literatur, die das Motiv der Zeitreise verwendet, bedeutsam. In den *Sterntagebüchern* (1971) von Stanislaw Lem wird die Gegenwart vervielfältigt, so dass das Ich von heute jeweils auf sein Ich vom gestrigen Tag trifft. Die Erzählperspektive liegt immer beim Ich des letzten Tages, das zugleich einen Wissensvorsprung gegenüber seinem Ich vom vorhergehenden Tag hat und dieses Mehrwissen für die Lösung bestimmter Probleme nutzt. Dieser Roman zeigt, wie Zeitlichkeit, Wissensumfang einer Figur und Perspektive ineinander spielen.

Nach den bisherigen Ausführungen kann die zu Beginn dieses Kapitels eingeführte Grundsituation des Erzählens als einer kommunikativen Handlung ergänzt werden um weitere konstitutive Teile:

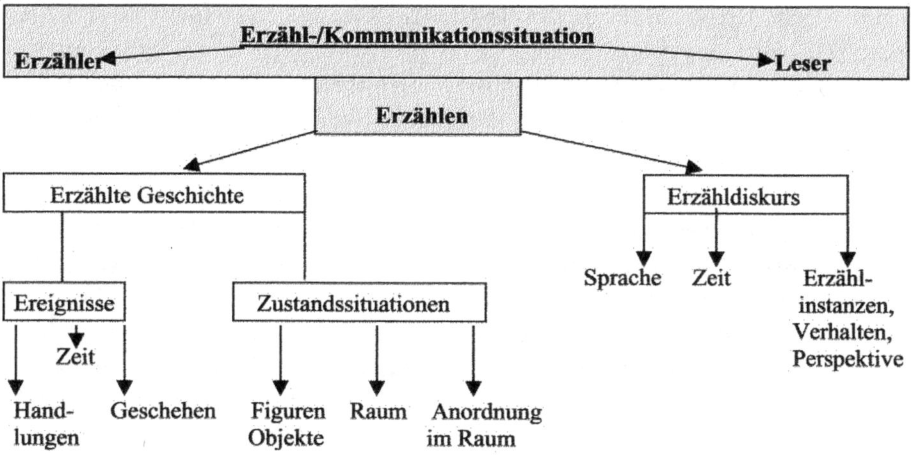

Abb. 5

1.8 Didaktik des Geschichtenverstehens

Aufgabe einer Didaktik erzählter Geschichten besteht darin, eine theoretische und praktische Begründung für die Organisation von Prozessen zum Erwerb von

Fähigkeiten des Verstehens und Deutens erzählender Texte zu geben. Das Geschichtenverstehen wird als elementare Ebene des Verstehens betrachtet, auf der eine Vertiefung aufbaut, um die erzählte Welt mit ihrem Inventar und ihren Eigenschaften zu erfassen. Voraussetzung dafür ist eine Theorie des Erzählens, wie sie im Vorhergehenden entwickelt wurde.

Historisch gesehen gehörte das Erzählen im Deutschunterricht des 19. Jahrhunderts in die Schreib-/Aufsatzdidaktik. Die Tradition des Nacherzählens von literarischen Texten hat sich bis in die 1970er Jahre lebendig gehalten. Es wurde dann zunehmend aufgrund seines normativen Charakters kritisiert und von Erzählschreibformen abgelöst, in denen das Schüler-Subjekt nicht Geschehnisfolgen nacherzählt, sondern seinen Gefühlen und seinem inneren Erleben in der Form der ichbezogenen Erlebniserzählung Ausdruck gibt (Klein 1978). Die Konzentration auf das Schreiben von Selbsterlebtem wurde zunehmend erweitert um Ansätze, die die funktionalen, kommunikativen Aspekte des Erzählens in den Vordergrund stellten. Dazu gehörte zum einen der Aspekt der Adressatenorientierung, wie er gerade die Ausgangssituation einer Geschichte kennzeichnet, zum anderen der soziale Aspekt des Erfahrungsaustausches mittels Erzählen. Didaktisch wichtig wurde die Variation von Erzählanlässen. Auch das mündliche Erzählen wurde zum Thema des Unterrichts gemacht.

Im Rahmen produktiv orientierten Umgangs mit literarischen Texten wurden Formen des mündlichen wie schriftlichen Weiter- und Umerzählens von vorgegebenen Erzähltexten ein fester Bestandteil des Literaturunterrichts (u. a. Frommer 1992). Allerdings bildeten nicht der narrative Text selbst und die verschiedenen Akte des Erfassens, Aneignens und Verstehens von Narrativem den Inhalt von Unterricht, sondern eher die erzählerische Verarbeitung von literarischen Texten.

Die zuvor entwickelte Erzähl-/Geschichtenstruktur wurde in den 1980er Jahren neueren Ansätzen in der Erzähldidaktik zugrunde gelegt (s. Ehlich 1984) und zum Gegenstand von Untersuchungen zum Erwerb von Erzählfähigkeiten bei Kindern gemacht (Boueke et al. 1988, 1995), die auf eine Operationalisierung von Erzählfähigkeiten und ihre Herausbildung in der kindlichen Entwicklung zielten. Gegenüber strukturorientierten Ansätzen gehen kommunikationstheoretisch fundierte Forschungen (Quasthoff 1980; Becker 2005) von einem interaktiven Ansatz des Erwerbs von Erzählfähigkeiten beim Kind aus, der hier jedoch nicht näher vorgestellt wird, da im Rahmen dieser Ausführungen nicht der produktive Aspekt des Erzählens und des Erwerbs mündlicher und schriftlicher Erzählfähigkeiten interessiert, sondern rezeptive Fähigkeiten, die auf das Verstehen und Interpretieren von erzählenden Texten zielen. In dieser Perspektive haben Geschichtenstrukturen eine das Verstehen fundierende und lenkende Funktion. Sie helfen beim Zuhören, Geschichten zu behalten, und beim Lesen, den Stoff zu gliedern, zu organisieren und eine kognitive Struktur für das Verstehen aufzubauen. Leitende Fragen für den Literaturunterricht lauten: Wie kann ein Verstehen von erzählten Geschichten hergestellt werden? In welche Teilkompetenzen kann eine übergeordnete Kompetenz des Geschichtenverstehens untergliedert und von einem Schüler im Laufe eines schulischen Curriculums erworben werden?

1.8.1 Kompetenzen des Geschichtenverstehens

Eine Didaktik des Geschichtenverstehens baut auf den zuvor entwickelten Geschichtenstrukturen, -kategorien und -funktionen sowie kommunikativen Aspekten des Erzählens auf: Erzähler, Akt des Erzählens, Leser/Hörer, Erzählsituation, Erzählanlass. Geschichtenkategorien und weltbezogene Konzepte für Figuren, Handlungen, Situationen, Raum und Zeit bilden eine primäre Verstehensgrundlage für erzählende Texte. Da Verstehen einer Geschichte und ihrer Inhalte je nach Text etwas sehr Unterschiedliches bedeuten kann und bei einem Leser ein unterschiedliches Können und Wissen voraussetzt, bedarf es für eine genauere Beschreibung des Verstehens von erzählten Geschichten einer Untergliederung in Ebenen:

1. die übergeordnete Ebene der Geschichtenstruktur
2. die übergeordnete Ebene der Inhalte/der thematischen Struktur
3. die soziale, kontextuelle Ebene des Verstehens (Erzählsituation, kommunikativer Kontext, Erzählanlässe und Intentionen)
4. die lokale Ebene von Teilinhalten, wie Figuren, einzelne Handlungen und Geschehnisse

Feinere Verstehensprozesse beziehen sich u. a. auf funktionale Aspekte von Zeit und Raum, auf Figuren, ihre Beweggründe, Gefühlslagen, Beziehungen und Reaktionen auf Vorkommnisse sowie motivationale und normative Hintergründe, die ihr Handeln bestimmen. Die Zugänglichkeit zu Geschichtenstrukturen und -inhalten hängt wesentlich davon ab, ob sie konkret-anschaulich oder abstrakt gegeben sind, ob sie sprachlich direkt ausgedrückt sind oder implizit bleiben, ob sie Hintergrundwissen voraussetzen oder nicht. Für das Verstehen erzählender Texte lassen sich daher unterschiedliche Kompetenz-/Anforderungsniveaus formulieren, die sich nach folgenden Kriterien graduell abstufen lassen:

a) Explizitheit vs. Implizitheit von Geschichteninhalten;
b) innere vs. äußere Vorgänge;
c) enger vs. weiter Textumfang, den der Leser zum Verständnis berücksichtigen muss;
d) Art und Umfang des vorausgesetzten Hintergrundwissens;
e) Konkretheit vs. Abstraktheit von konkreten Vorgängen, Situationen und Figuren;
f) Objekt- vs. Metaebene des Erzählens.

Zu einer ersten Kompetenzstufe gehören elementare Kategorien von Geschichten, die anhand einfacher Geschichten z. B. der Kinder- und Jugendliteratur erworben werden können, und das wörtliche Verstehen, indem der Handlungs- und Geschehnisverlauf beschrieben, die Figuren und ihre Eigenschaften und einfache Konflikte, bestehend aus einem Gegensatz zwischen Protagonisten und

Tab. 8 Kompetenzstufen

Kompetenzniveaus	**Inhalte**
1. Elementares Geschichtenverstehen	Thema erfassen; Handlungs- und Geschehnisablauf in seiner Abfolge benennen; Figuren/-eigenschaften benennen; einfache Konflikte beschreiben.
2. Erfassen von narrativen Einheiten und Funktionen, von expliziten Zusammenhängen	Aufbau/Gliederung von einfachen Geschichten und funktionalen Aspekten, Geschichteneinheiten und ihre Funktion erfassen, äußere Konflikte und ihre Ursachen beschreiben; Handlungsmotive von Figuren angeben, die explizit erwähnt werden; Lösungen beschreiben und mögliche Alternativen durchspielen. Moral/ Lehre sonstige Konsequenzen aus einer Geschichte, die explizit gegeben sind, erfassen und bewerten.
3. Vertieftes Verstehen (Implizites)	Innere Konflikte und ihre Ursachen ableiten; Motive, Ziele/Absichten von Figuren, die nur implizit gegeben sind, ableiten; normative oder soziale Kontexte mit einbeziehen für das Verständnis von Konflikten; Bestimmen von unerhörten, sonderbaren Ereignissen;. angebotene Lösungen reflektieren und bewerten.
4. Kontextualisiertes Verstehen	narrative Struktur (Auslassungen, Umstellungen und ihre Effekte) erfassen; innere Konflikte und ihre Ursachen, Motive und Ziele/Absichten von Figuren unter Einbeziehen normativer, historischer, sozialer Kontexte. Erzählerische Wertungen, Moral/Lehre erkennen und reflektieren; einen Gegenwartsbezug herstellen.
5. Metaebenen	Erfassen der Thematisierung des Erzählens selbst; des Zusammenhangs von Rahmen und eingebetteter Geschichte

Antagonisten, benannt werden. Auf der nächsthöheren Stufe gilt es, Formaspekte mit einzubeziehen, Kategorien zur Beschreibung von Geschichteneinheiten/-inhalten und differenziertere Inhaltsaspekte, wie Ursachen von Konflikten und die Handlungsmotive von Figuren zu erfassen, Lösungen zu beschreiben und mögliche Alternativen durchzuspielen. Ein drittes Kompetenzniveau wird erreicht, wenn funktionale Zusammenhänge, innere Konflikte, Ursachen und Motive erfasst sowie soziale und normative Hintergründe für die Konfliktbildung rekonstruiert, Ereignisse in ihrer Singularität und Besonderheit herausgearbeitet, angebotene Lösungen reflektiert, erzählerische Wertungen erkannt und interpretiert werden. Da mit einer Geschichte oft eine allgemeine Erfahrung oder etwas Beispielhaftes ausgedrückt wird, bedarf es einer Verallgemeinerung und gerade im schulischen Kontext des Herstellens eines Gegenwartsbezugs zu Erfahrungen, gesellschaftlichen Themen/Fragestellungen und individuellen Schicksalen, um damit die Relevanz der Lektüre einer Erzählung herauszustellen. Auf der vierten Stufe geht es um das Einbeziehen von historischen, gesellschaftlichen und normativen Hintergrundkenntnissen für das Verständnis des Handelns von Figuren, ihrer Konflikte und der Beziehungen zwischen den Figuren. Es sollen außerdem Schlussfolgerungen bezüglich einer Moral/Lehre einer Geschichte gezogen werden. Ereignisse sollen in ihrer Besonderheit/Erzählwürdigkeit bewertet werden, ein offener Schluss reflektiert und evaluative Anteile herausgearbeitet werden. Zusammengefasst ergeben sich folgende möglichen Abstufungen (s. Tab. 8).

1.8.2 Operationale Fragen

Die im Vorhergehenden beschriebenen Geschichtenstrukturen und Funktionen einzelner Elemente lassen sich in Form von Fragen operationalisieren, die eine Hilfe für das Erschließen und Verstehen von erzählten Geschichten darstellen. Es handelt sich um Interpretationsstrategien, die im Laufe einer Lerngeschichte in das Repertoire eines Schülers eingehen können, dass er sich selbstständig einem Text näher kann, weiß, wie er fragen, worauf er achten und nach welchen Beziehungen er suchen kann (s. Tab. 9).

Von dieser Basis aus und unter Berücksichtigung der Abstufung narrativer Kompetenzen lassen sich die konkrete Arbeit mit erzählenden Texten im Unterricht gestalten und Lern-/Deutungsprozesse organisieren, um Lernern Grundkategorien und Strukturen von erzählten Geschichten und Beschreibungsmittel bereitzustellen.

Tab. 9 Operationalisierung

Kategorien	**Operationale Fragen**
Erzählen	Was ist Erzählen? Welche Funktion hat das Erzählen?
Aufbau von Geschichten	Wie ist eine erzählte Geschichte aufgebaut? Welche narrativen Einheiten lassen sich identifizieren?
Funktion von Geschichteneinheiten	Welche Funktion haben die einzelnen Teile einer Geschichte?
Komplikation	Wodurch entsteht ein Konflikt bzw. eine Komplikation? Worin besteht der Konflikt?
Evaluationen	Finden sich Wertungen in dem Erzähltext? Wenn ja, wer wertet? Worauf sind die Wertungen bezogen (Figuren, Handlungen)? Welcher Art ist die Wertung?
Lösungen	Welche Lösungsschritte werden durchgeführt? Welche Lösungen werden geboten?
Episode	Was ist eine Episode? Wie ist sie aufgebaut?
Gliederungssignale	Lassen sich Gliederungssignale in der Geschichte und auf der Sprachebene identifizieren?
Handlungen	Wie ist die Abfolge von Handlungen und ihre Verknüpfung? Welche Handlungen sind hervorgehoben/wichtig, welche weniger wichtig? Handelt es sich um einsträngige vs. mehrsträngige Handlungen? Was motiviert das Handeln von Figuren?
Figuren	Welche Figur ist der Protagonist und wer ist der Antagonist? Wer ist Haupt- oder Nebenfigur? Wie ist eine Figur charakterisiert? Welche Merkmale lassen sich ihr zuordnen? Ändert sich die Figur im Laufe der Geschichte?
Emotionen von Figuren	Wie fühlt sich eine Figur in einer bestimmten Situation? Warum fühlt sie sich so? Wie reagiert sie innerlich auf bestimmte Geschehnisse und Verhaltensweisen anderer Figuren?
äußere Reaktionen	Wie reagiert eine Figur äußerlich auf bestimmte Vorkommnisse?
Einstellungen/ Weltbilder	Welche Einstellung hat eine Figur zu anderen Figuren und deren Verhalten; wie bewertet sie diese? Welche Sicht auf die Welt hat die Figur? Welche Wert- und Glaubenshaltungen nimmt sie ein?
Beziehungen	Welche Beziehungen bestehen zwischen Figuren? Ändern sich die Beziehungen im Laufe der Geschichte?
Schauplatz/Raum	Wo spielt die Geschichte? Welche Funktion hat der Raum? Wie sind der erzählte Raum und der Erzählraum gegliedert?
Zeit	Wann spielt die Geschichte? Gibt es zeitliche Signale auf den Kontext? Wann geschieht was? Wie sind erzählte Zeit und Erzählzeit gegliedert? Werden Ereignisse chronologisch oder achronologisch erzählt, finden Rückblenden und Vorausschau statt?

2 Grundlagen der Erzähltheorie II: Das Erzählen

2.1 Ziele

Nachdem im ersten Kapitel in die erzähltheoretischen Grundlagen von Geschichtenstrukturen, Figurenkonzepten und raum-zeitlichen Verhältnissen eingeführt wurde, befasst sich dieses Kapitel mit Phänomenen des Erzählens. Dabei stehen Fragen nach der erzählerischen Instanz, dem Verhältnis von Erzähler und erzählter Geschichte bzw. erzählter Welt, der Fokalisierung, der Rolle und den Kompetenzen des Lesers und den Redeformen im Vordergrund. Leser sollen Grundbegriffe der Erzähltextanalyse kennen lernen, Strukturelemente des Erzählens funktional bewerten können und somit eine Basis für die Analyse und Interpretation von Texten der erzählenden Literatur erhalten. Im Einzelnen sollen Leser

1. verschiedene Erzählebenen unterscheiden können.
2. zwischen Erzählebenen, Erzählformen, Erzählverhalten und Erzählerstandort differenzieren und diese in narrativen Texten identifizieren können.
3. mit Fokalisierungsvorgängen vertraut gemacht werden.
4. über verschiedene Redeformen verfügen und entsprechende Kategorien auf Erzähltexte anwenden können.
5. die Erzähltypologien von Stanzel und Genette kennen lernen.
6. in die verschiedenen Funktionen des Erzählers eingeführt werden.
7. verschiedene Leserkonzepte und spezifisch narrative Kompetenzen des Lesers vermittelt bekommen.
8. den Begriff „Fiktionalität“ kennen lernen.
9. befähigt werden, Erzähltexte zu analysieren und zu interpretieren.
10. fachwissenschaftliche Grundlagen für eine Didaktik des Erzählens und erzählender Texte erwerben.

2.2 Grundkategorien des Erzählens

Mit der Hinwendung zum Erzählen, dem im Erzählen entstehenden Erzähltext und dem Verhältnis von Erzählen und erzählter Welt treten Fragen auf wie: Wer erzählt die Geschichte? Wie wird erzählt, aus welcher Perspektive und mit welcher Einstellung gegenüber der erzählten Welt und ihren Vorkommnissen? Wie werden die Ereignisse in der erzählten Welt angeordnet, welche werden übergangen und welche werden besonders hervorgehoben. Mit diesen Fragen hat sich vor allem die Literaturwissenschaft befasst und inzwischen eine differenzierte Systematik entwickelt. In der deutschsprachigen Philologie sind nach 1945 die Arbeiten von Eberhard Lämmert (1955), Käte Hamburger (1957) und Franz K.

Stanzel (1955, 1964, 1979), der den zentralen Begriff der Erzählsituation eingeführt hat, und in ihrer Weiterentwicklung und Veränderung die von Jochen Vogt (1972), Jürgen H. Petersen (1993) und Monika Fludernik (2006) zu erwähnen. In der französischen Philologie bestimmen Arbeiten von Claude Bremond (1964/1972), Roland Barthes (1966), Tzvetan Todorov (1972, 1973) und Gérard Genette (1972/²1998), die an die strukturalistische Tradition der Narrativik anknüpfen, die Auseinandersetzung um die Erzähltextanalyse (Narratologie). Das von Genette entwickelte Ordnungssystem grenzt sich einerseits von der älteren Erzählforschung insbesondere von Stanzel ab, andererseits jedoch verhält er sich komplementär zu ihr. Es stellt in jedem Fall innerhalb der Erzählforschung einen Einschnitt dar. An seine Systematik schließen wiederum die Arbeiten von Matias Martinez/Michael Scheffel (1999) und M. Fludernik (2006) an. Im amerikanischen und niederländischen Raum hat die kritische Auseinandersetzung mit Stanzel und Genette bei Dorrit Cohn (1978, 1981) und Mieke Bal (1985) zu konstruktiven Weiterentwicklungen geführt, ebenso in der englischen Philologie bei Ansgar Nünning (1990).

Das Ziel erzähltheoretischer Untersuchungen geht dahin, Elemente in Erzählungen zu identifizieren und in eine Systematik einzuordnen, um damit eine Grundlage für die Analyse und Interpretation von Erzähltexten zu gewinnen. Doch leider gibt es nicht eine Systematik, die auch diesen Ausführungen zugrunde gelegt werden kann, sondern unterschiedliche Modelle, Systematisierungskriterien und Terminologien innerhalb der umfangreichen Erzählforschung. Teilweise werden dieselben Erzählphänomene anders beschrieben, teilweise werden Phänomene, wie *point of view*, neu fokussiert und die entsprechenden Unterscheidungskriterien verfeinert. Um eine Übersichtlichkeit und die Anwendbarkeit in der Interpretationspraxis zu gewährleisten, werden Erzählphänomene, Beschreibungskategorien und Unterscheidungsmerkmale schrittweise und unter Bezugnahme auf die jeweilige Erzählforschung hergeleitet. Da es um fiktionale Texte geht und der Status der Fiktionalität für die Beschreibung von Erzählphänomen bedeutsam ist, bedarf auch diese Kategorie der Klärung.

2.2.1 Der Erzähler

Konstitutiv für das Narrative ist, dass im Erzählen eine erzählte Welt hervorgebracht wird. Die Instanz, die durch ihre Rede diese Welt erzeugt, ist der Erzähler, der einen fiktiven Status hat, da er nicht in der außersprachlichen Realität existiert. Der Erzähler kann auf unterschiedliche Weise erzählen und eine unterschiedliche Präsenz haben, indem er sich explizit zu Worte meldet oder nur indirekt zu erkennen gibt, sich weit entfernt von der Welt der Handlungen und Charaktere befindet oder zugleich eine Figur innerhalb der erzählten Welt ist. In einer anderen Variante kann eine Geschichte transportiert werden, ohne dass ein Erzähler sich ausdrücklich zur Sprache meldet, deutlich hervortritt und seine

Gegenwart spürbar ist. Der Erzählgegenstand steht gegenüber seiner Vermittlung im Vordergrund. Für ein Erzählen, bei dem sich kein Erzähler bemerkbar macht, hat sich in der Erzählforschung der Terminus „episches Medium" oder „Erzählmedium" (Füger 1972) durchgesetzt. Die Termini drücken die mediale Vermitteltheit eines Erzählgegenstandes ohne Präsenz eines Erzählers aus und haben den Vorzug, dass das Medium nicht wie in der Kategorie des Erzählers personalisiert wird. Der Erzähler darf nicht in eins gesetzt werden mit dem **Autor** eines Werks, da er selbst fingiert ist und es sich somit um einen fiktiven, keinen realen Erzähler handelt. Die unterschiedlichen Formen, mit denen Erzähler sich zu erkennen geben, im Text in Erscheinung treten oder verborgen bleiben, sollen im Folgenden näher aufgeschlüsselt werden.

Eine erste Bestimmung der Erzählerinstanz, betrifft die Frage, wo sich der Erzähler in Bezug auf die erzählte Welt befindet: Steht er **außerhalb** oder **innerhalb** der erzählten Welt. Als externer Erzähler hat er eine Distanz zum Erzählten und ist nicht selbst in das Handlungsgeschehen involviert. Jedoch kann der Erzähler auch innerhalb der erzählten Welt verankert sein und dort als Figur auftreten, wie in der Novelle *Draußen im Heidedorf* von Theodor Storm (1872) „Es war an einem Herbstabend; ich hatte in der Amtsvogtei ein paar am Mittage eingebrachte Holzfrevler vernommen und ging nun langsam meinem Hause zu." (1967, Bd. 1, 610). Der Erzähler ist identisch mit der Handlungsfigur.

Bezüglich der Position des Erzählers innerhalb der Geschichte bleibt weiter zu fragen, wie stark er am Handlungsgeschehen **beteiligt** ist: Handelt es sich um eine Hauptfigur, die im Zentrum des Geschehens steht, oder um eine periphere Figur, die die Rolle des unbeteiligten Beobachters, des Zeugen oder des Begleiters spielt. Ein Beispiel für eine erzählerische Nebenfigur ist die Figur des Dr. Watson in den Romanen von Conan Doyle, der als Begleiter von Sherlock Holmes die Geschehnisse aus seiner begrenzten Perspektive berichtet, oder der Erzähler in Stefan Zweigs *Schachnovelle* (1942), der die Vorgeschichten der beiden Zentralfiguren, Dr. B. und Czentovic, und die Ereignisse an Bord eines Passagierdampfers aus einer Beobachterposition berichtet.

2.2.2 Er-, Ich-, Du - Erzählungen

Eine weitere Differenzierung innerhalb der Erzählforschung betrifft verschiedenen Formen des Erzählens[5], die zunächst mittels Personalpronomina als Ich-, Du- und Er-Erzählen bzw. Erzählungen gekennzeichnet werden. Doch was unterscheidet diese Formen voneinander? Ein erstes Kriterium betrifft die Identi-

[5] Statt von Ich-/Er- und Du-Erzählen verwendet Petersen (1993) den Begriff der Erzählform und unterscheidet zwischen der Ich-, Er- und Du-Form. Der Terminus „Erzählform" steht zum einen in der Tradition von Käte Hamburger (1957), die innerhalb von Erzähltexten untersucht hat, ob sich Aussagen auf das sprechende Subjekt beziehen oder auf andere Figuren, zum anderen von F. K. Stanzel (1964).

tät oder Nicht-Identität von Erzähler und Figur in der erzählten Welt. Ein zweites Kriterium bezieht sich auf die Frage, wer sagt ich, du oder er/sie. Ein drittes Kriterium gilt der Referenz der Personalpronomina: Wen bezeichnen die jeweiligen Personalpronomina?

Er-Erzählung

Für das Er-Erzählen gilt, dass der Erzähler keine Figur der erzählten Welt ist, sondern außerhalb steht. Das in der Erzählung verwendete „er" oder „sie" bezieht sich auf eine Figur innerhalb der erzählten Welt, von deren Erfahrungen, Erlebnissen und Geschehnissen erzählt wird, wie in dem folgenden Textbeispiel:

> Graf Dürande, der gute alte Kommandant von Marseille, saß einsam frierend an einem kalt stürmenden Oktoberabende bei dem schlecht eingerichteten Kamine seiner prachtvollen Kommandantenwohnung und rückte immer näher und näher zum Feuer, während die Kutschen zu einem großen Balle in der Straße vorüberrollten, und sein Kammerdiener Busset, der zugleich sein liebster Gesellschafter war, im Vorzimmer heftig schnarchte.
> (A. v. Arnim *Der tolle Invalide auf dem Fort Ratonneau* 1963, Bd. 2, 733)

Erzählt wird von dem Grafen Dürande, der frierend vor einem schlecht eingerichteten Kamin sitzt, während sein Kammerdiener im Vorzimmer heftig schnarcht. Der Erzähler selbst tritt nicht personenhaft in Erscheinung. Allerdings gibt es auch Erzählungen, in denen der Erzähler „ich" sagt, wie zu Beginn des Romans *Oliver Twist* (1838) von Charles Dickens, in dem sich ein erzählerisches Ich zu Worte meldet:

> Unter den öffentlichen Gebäuden einer Stadt, die ich aus mancherlei Gründen lieber nicht nennen und noch weniger mit einem erfundenen Namen bezeichnen will, ist auch eins, wie es ehedem die meisten Städte, große und kleine, besaßen: ein Armen- und Waisenhaus. In diesem Haus wurde an einem Tag und Datum, die ich nicht zu erwähnen brauche, da sie für den Leser keinesfalls Bedeutung erlangen können, jener Sterbliche geboren, dessen Name diesem Kapitel voransteht.
> (C. Dickens 1957, 5)

Auch wenn sich das Personalpronomen der ersten Person auf den Erzähler bezieht, handelt es sich dennoch um eine Er-Erzählung, denn der Erzähler gehört nicht zur Welt der Figuren. Er kündigt an, von einem Sterblichen, dessen Name durch den Hinweis auf den Titel des Kapitels als Oliver Twist zu identifizieren ist, der in einem Waisenhaus aufgewachsen ist, zu erzählen. Der Erzähler kommuniziert mit dem Leser und begründet seine Entscheidung, den Namen einer Stadt und das Datum nicht zu benennen. Er nimmt darin personenhafte Züge an, aber er ist keine Handlungsfigur. Der Typ eines derart dominant auftretenden und sich an den Leser wendenden Erzählers wird in der Erzählforschung als auktorial bezeichnet.

Ich-Erzählung

Das entscheidende Kriterium des Ich-Erzählens besteht darin, dass der Erzähler zugleich eine Figur in der erzählten Welt ist. Diese Figur kann als Hauptfigur im Mittelpunkt der Geschehnisse stehen oder als Nebenfigur am Rande. Das Personalpronomen „ich" referiert auf eine Figur, die zugleich erzählt. Ist der Held der Erzähler, so erzählt er von sich und seinen Erlebnissen:

> Die alberne Figur, die ich mache, wenn in Gesellschaft von ihr gesprochen wird, solltest Du sehen! Wenn man mich nun gar fragt, wie sie mir gefällt? – Gefällt! das Wort hasse ich auf den Tod. Was muß das für ein Mensch sein, dem Lotte gefällt, dem sie nicht alle Sinne, alle Empfindungen ausfüllt! Gefällt! Neulich fragte mich einer, wie mir Ossian gefiele! (J. W. Goethe 1982, Bd. 6, 37)

In diesem Auszug aus *Die Leiden des jungen Werther* (1774) spricht ein Ich-Erzähler von sich selbst und seinen Erlebnissen in gesteigerter Subjektivität und ereifert sich über den unangemessenen Sprachgebrauch (*gefällt*) in der Gesellschaft. Die Instanz, die „ich" sagt, ist zugleich Hauptfigur in der erzählten Welt und unmittelbar in die Geschehnisse involviert.

Für die Identität von Ich-Erzähler und erzählter Figur gibt es in der erzählenden Literatur viele Spielarten. Eine Spielart des Ich-Erzählens liegt vor, wenn es sich bei dem erzählenden Ich um einen erwachsenen, älteren Menschen handelt, der in einer späteren Lebensphase zurückblickt auf seine Jugend und von seinen damaligen Erlebnissen, Erfahrungen und Geschehnissen, in die er involviert war, erzählt. Es besteht eine zeitliche Distanz zwischen dem erzählenden Ich zum gegenwärtigen Zeitpunkt und dem erzählten Ich zum früheren Zeitpunkt seiner Lebensgeschichte und damit verbunden eine Erfahrungs- und Wissensdifferenz. Der Ich-Erzähler macht sein Ich in seinem früheren zeitlich-räumlichen Zusammenhang mit bestimmten Verwicklungen, Handlungsabläufen und Figurenbeziehungen zum Erzählgegenstand (daher der Terminus „erzähltes Ich"). Die Trennung zwischen dem erzählenden Ich und dem erzählten/erlebten Ich (die Unterscheidung geht auf Leo Spitzer (1928) zurück) wird besonders deutlich in dem Roman *Moby Dick* (1851) von Herman Melville. Mehrere Jahre, nachdem sich der Matrose Ismael an Bord eines Walfischfängers begeben hatte, erzählt er, was ihm auf dem Weltmeer widerfahren ist:

> So nennt mich denn Isamel. Es war vor einigen Jahren – wie lange es genau her ist, tut nichts zur Sache –, ich hatte so gut wie kein Geld mehr in der Tasche und nichts, was mich an Land besonders gefesselt hätte. Da kam mir der Gedanke, ein wenig zur See zu gehen und mir den nassen Teil der Erde anzuschauen. Das ist so meine Art, mir die Grillen zu vertreiben und den Blutkreislauf zu regeln.
> H. Melville 1964, 25)

Der Erzähler führt sich selbst mit der Aufforderung ein, ihn Ismael zu nennen. Er blendet zurück auf den Ausgangspunkt seiner Geschichte, wo er mittellos war und sich an Land langweilte. Er unterbricht sich dann durch einen Selbstkommentar und beschreibt seine Neigung, sich vor einer sich anbahnenden Schwermut auf See zu flüchten. Wir, die Leser, haben es mit einem jungen Ich innerhalb der erzählten Geschichte und einem älteren Erzähler-Ich, das auf eine frühere Lebensphase zurückblickt, zu tun. Der zeitliche Abstand ermöglicht es dem erzählenden Ich, sich selbst von außen zu betrachten und zu kommentieren. Der Tempuswechsel markiert die Differenz zwischen der Erzählgegenwart, die im Präsens steht, und den vergangenen Geschehnissen, die im Präteritum vermittelt werden.

Typisch ist diese Form des Erzählens für autobiographisches und tagebuchartiges Erzählen. Im 20. Jahrhundert differenziert sich das Ich-Erzählen weiter aus mit teilweise komplexen Zeitabstufungen, in denen das Ich jeweils unterschiedlich konzeptualisiert wird. Welche **Funktion** eine solche Erzählform mit ihrer Doppelung von Ich-Instanzen haben kann, lässt sich besonders gut in den Romanen von Max Frisch aufzeigen, der das Ich-Erzählen mit der Identitätsproblematik verbindet und in der autobiographischen Erzählung *Montauk* (1975) ein eigenes Erzählverfahren handhabt, in dem für das Ich zwei verschiedene Personalpronomina verwendet werden. Der Erzähler lebt in New York und macht mit seiner amerikanischen Freundin Lynn einen Wochenendausflug nach Long Island. Sie befinden sich auf einem Parkplatz und suchen nach einem Aussichtspunkt:

> /.../ der blaue Wagen steht immer noch allein auf dem sonnigen Parkplatz. Es fällt ihm ein, dass niemand weiß, wo er sich an diesem Tag befindet. Das freut ihn.
> (M. Frisch 1998, Bd. 6, 650)

Der Erzähler verwendet für sein erzählendes Ich der unmittelbaren Gegenwart das Personalpronomen der 3. Person „er". Dazwischen schieben sich immer wieder Erinnerungen an frühere Lebensphasen und Beziehungen des Erzählers ein. Dabei wechselt der Erzähler die grammatische Form und spricht von seinem Ich der Vergangenheit in der 1. Person (ich):

> Vor wenigen Wochen habe ich meine Tochter besucht, die ältere, als Großvater. Es ist an der Zeit gewesen; die Enkelin redet schon. Auch den deutschen Schwiegersohn habe ich zum ersten Mal gesehen. (M. Frisch 1998, Bd. 6, 652)

Der Wechsel zwischen der Er- und Ich-Pronominalform erfolgt teilweise auch innerhalb von Erzählpassagen der Gegenwart und innerhalb eines Satzes. Das Ich beobachtet und kommentiert das Er und nimmt darin auktoriale Züge an. Insgesamt handelt es sich um *ein* Erzähl-Ich, das sich jedoch entsprechend der zeitlichen Schichtung aufteilt.

Eine Geschichte kann, wie bereits erwähnt, auch von einer Nebenfigur erzählt werden. Sie erzählt von Vorkommnissen, die andere Figuren betreffen, die im Zentrum eines berichteten Geschehens stehen, wie in der genannten *Schachnovelle* (1941). Der Ich-Erzähler lernt auf einem Passagierdampfer den berühmten Schachweltmeister M. Czentovic kennen, dessen Vorgeschichte er von seinem

Freund erfährt, sowie einen Unbekannten, Dr. B, der wiederum dem Ich-Erzähler seine Lebensgeschichte (Gefangener während der NS-Zeit) mitteilt. Der Ich-Erzähler wird zum Beobachter und Vermittler der dramatischen Geschehnisse an Bord, einschließlich zweier Vorgeschichten, die er von anderen erfahren hat.

Du-Erzählung

Das Du-Erzählen hat in der Erzählforschung bei weitem nicht die Aufmerksamkeit auf sich gezogen wie das Ich- und Er-Erzählen, was nicht nur mit ihrem selteneren Vorkommen in der Literatur zu tun haben mag, sondern auch mit der Schwierigkeit, sie zu bestimmen. Das primäre Merkmal in Abgrenzung zu den beiden anderen Formen des Erzählens ist zunächst, dass „Du" gesagt wird und somit eine Erzählung der 2. Person vorliegt. Mit dem Du wird eine Figur innerhalb der erzählten Welt bezeichnet, deren Geschichte vermittelt wird. Eine Ausprägung des Du-Erzählens besteht darin, dass eine Erzählerfigur auf der Geschichtenebene neben der als Du bezeichneten Figur existiert. In dem Fall impliziert das Du-Sagen eine erzählerische Ich-Instanz, die innerhalb der erzählten Geschichte verankert ist. Eine solche Form verwendet Gert Jonke in dem Roman *Der ferne Klang*. Da heißt es:

> *Irgendwie muß ich mir derart aus der Haut gefahren sein, daß ich nicht mehr von mir selbst als Person in mir zu denken wünsche. So sehe ich mich selbst als eine Art mir beobachtbares Subjekt neben mir einhergehen und beginne, über meinen solcher Art neuen Nachbarn Gedanken anzustellen.* (G. Jonke 1979, 8)

Zunächst reflektiert das Ich einen inneren Vorgang, indem es sich von sich selbst abspaltet und einen Teil seiner Selbst als ein anderes Subjekt hinstellt. Diese Passage der Reflexion einer inneren Selbstdistanzierung ist im Roman kursiv geschrieben. Etwas später erfolgt der Übergang zur eigentlichen Narration, indem das von sich abgetrennte Subjekt als ein Du angesprochen wird, dessen Erfahrungen und Erlebnisse das Ich erzählt:

> Das schrille Türklingeln unterbricht die Konzentration, an die Fortsetzung eines Konzeptes ist nicht mehr zu denken, und darüber erschrocken, fährst du betroffen aus dem Sessel hoch und legst den langen Weg durch den Vorzimmerkorridor in sehr schnellen Schritten zurück, /.../ öffnest du sofort die Wohnungstür, obwohl du weder wissen willst, wer draußen steht, noch welche Anliegen oder Anforderungen dir gegenüber womöglich anzubringen erhofft werden; du erwartest niemanden und nichts mehr an diesem Tag, denn Anmeldung liegt keine vor, und Besuche ohne vorherige Anmeldung, auch solche von sich selbst so bezeichnenden Freunden, sind nicht möglich /.../. (S. 11–12)

Das Du wird durch ein Türklingeln aus seinen Betrachtungen aufgeschreckt und geht schnellen Schrittes zur Tür, um dem unerwarteten und offensichtlich nicht gewünschten Besuch zu öffnen. Diese Aufspaltung in ein erzählendes Ich und ein erzähltes Du innerhalb einer Ich-Du-Erzählung hat den Effekt, dass zwischen dem sprechenden Erzähler und dem angesprochenen Du eine Distanz eingezogen wird. In dem Fall ist es die Geschichte dieses Du als eines Zweiten/Anderen.

Es gibt jedoch Varianten des Du-Erzählens, in denen das Du verschiedene Bedeutungen hat. Mit dem Du kann der Leser angesprochen sein, wie bei Max Frisch, wenn es heißt: „Eines Morgens kommt ein Mann, ein Unbekannter, und du kommst nicht umhin, du gibst ihm eine Suppe und ein Brot dazu." (*Burleske* aus dem Tagebuch 1946–1949, 1998, Bd. 2, 556). Mit dem generalisierten Du ist sowohl das Erzähler-Ich als auch der Leser gemeint. In dem Roman *Montauk* von Max Frisch kommen Passagen vor, in denen der Ich-Erzähler in seiner Erinnerung an seine Ehefrau Marianne diese als Du anspricht: „Wenn ich an der Schreibmaschine sitze, stören mich die klopfenden Arbeiter nicht, im Gegenteil: wir arbeiten. Eines Tages aber packen sie ihr ganzes Werkzeug zusammen; Du machst einen Risotto und einen Braten. /.../ Du bist die Gastgeberin, und ich meine, Du machst es gut /.../." (1998, Bd. 6, 746). Innerhalb von Ich-Erzählpassagen führt ein erzählendes Ich einen Dialog mit einem Du, das als erzähltes Du konzipiert ist und für eine andere Figur steht. Zugleich werden die vergangenen Szenen erzählerisch realisiert. In der frühen Erzählung *Klima* von Max Frisch liegt der seltene Fall vor, dass das angesprochene Du zugleich eine Figur in der Geschichte ist.

Folgende Varianten des Du-Erzählens sind möglich:

1. Du = kollektives Du; Leser und Erzähler (ein kommunikatives Du)
2. Du = angesprochene Figur innerhalb monologischer Ich-Erzählpassagen
3. Du = Hauptfigur in der Geschichte
4. Du = erzähltes Du eines Ich-Erzählers (Ich-Du-Erzählungen)

Bei 1 und 2 handelt es sich eher um ein kommuniziertes Du, eingebettet in eine Dialogstruktur; bei 3 und 4 um ein erzähltes Du. Zusammengefasst gelten folgende Differenzierungskriterien für Formen des Erzählens:

Tab. 10 Formen des Erzählens

Er-Erzählen	Erzähler ist keine Figur der erzählten Welt. Erzählt wird von Erlebnissen, Erfahrungen/Handlungen einer Figur.
Ich-Erzählen	Erzähler und Figur sind identisch. Erzählt wird von eigenen Erlebnissen/Erfahrungen, die zeitlich zurückliegen können.
Du-Erzählen	Ich-Erzähler ist Figur und zugleich existiert eine Du-Figur.

Die Frage, wessen Geschichte erzählt wird, ist ein operationales Kriterium, das es ermöglicht, narrative Aussagen entweder auf das Aussage-/Redesubjekt oder auf eine andere Figur als Referenzobjekt (bzw. Gegenstand der Aussage) zu beziehen und von der Verwendung der grammatischen Formen des Personalpronomens der ersten oder dritten Person zu trennen.

2.2.3 Erzählverhalten

Bei der Beschreibung des Erzählverhaltens wird danach gefragt, wie Ereignisse in der erzählten Welt erzählerisch vermittelt werden und wie sich eine erzählerische Instanz gegenüber dem Erzählten verhält: Äußert er sich kritisch kommentierend und bringt er sich selbst ins Spiel oder bleibt er im Hintergrund? Rückt er nahe an die Figuren heran oder hält er Abstand? Je nach **Verhalten und Fähigkeiten des Erzählers** werden in der Erzählforschung (u. a. bei Stanzel (1955), der jedoch von Erzählsituationen spricht; Petersen (1993); Vogt ([8]1998)) die drei bekannten Formen von Erzählverhalten unterschieden: auktoriales, personales und neutrales Erzählverhalten. Die Erzählsituationen (ES) von F. K. Stanzel, der zwischen auktorialem, personalem und Ich-Erzählen unterscheidet, und die hier vorgestellten Formen des Erzählverhaltens, die Stanzels Erzählsituationen modifizieren, gehören zum etablierten Grundwissen des Studiums und der Schule. Sie werden in vielen Textinterpretationen verwendet und bilden immer wieder Bezugspunkte moderner Erzählforschungsansätze in Folge Genettes, auch wenn diese inzwischen in Teilen zumindest von einer anderen Systematik und Terminologie ausgehen. Daher sollen sie hier vorgestellt und mit Beispielen unterlegt werden. Nicht zuletzt soll der Leser mit Kenntnissen der älteren Erzählforschung ausgestattet werden, die ihm die Kommunikation und Teilhabe am narrativen Forschungsdiskurs ermöglichen, ihm zugleich die Kontinuität von Fragestellungen und die Begrenztheit von Beschreibungskategorien sichtbar machen, die zu neuen Systematiken und Begriffen geführt haben. Die Systematik von Stanzel wird am Ende dieser Ausführungen im Überblick präsentiert, damit die Kritik daran plausibel wird.

auktoriales Erzählverhalten

Eine prominente Form des erzählerischen Verhaltens ist das auktoriale Erzählen, das die Romane des 18. und 19. Jahrhundert von H. Fielding, L. Sterne oder C. M. Wieland und W. Raabe mit ihrer Vorliebe für die Dominanz des Erzählers bevorzugt einsetzten.

> Ich habe meinen Lesern im vorigen Kapitel erzählt, daß Mr. Allworthy ein großes Vermögen erbte; daß er ein gutes Herz und weder Frau noch Kind hatte. Hieraus werden gewiß manche schließen, daß er lebte wie ein redlicher Mann; niemand einen Pfennig schuldig war; nichts nahm als was ihm gebührte; einen geordneten Haushalt führte; Nachbarn bei Tisch herzlich willkommen hieß und gegen Arme, das heißt, gegen solche, die lieber betteln als arbeiten mögen, warmherzig war, indem er ihnen die Brosamen gab, die von seinem Tische fielen; daß er unermeßlich reich starb und ein Spital erbaute. (H. Fielding 1966, Bd. II, 19)

Dieser Anfang des dritten Kapitels des ersten Buches von Henry Fieldings *Die Geschichte des Tom Jones, eines Findlings* (1749) enthält bereits mehrere Merkmale, die auktoriales Erzählverhalten kennzeichnen. Zunächst eröffnet der Erzähler die Kommunikation mit dem Leser über das bereits Erzählte. Dann stellt der Erzähler Überlegungen an, was aus dem zuvor über Mr. Allworthy Erzählten abzuleiten ist. Z.B., dass er wie ein redlicher Mann lebte oder warmherzig war. Der Erzähler blendet zurück auf Vorhergehendes, kommentiert dieses und räsonniert, welche Schlüsse Leser möglicherweise daraus ziehen, bevor er mit der eigentlichen Geschichte weiter fortfährt. Der Erzähler steht außerhalb der erzählten Welt, aber gewinnt eine personenhafte Präsenz und bringt sich als eine Autorität ein, die über ein Wissen über die Vorgänge in der erzählten Welt verfügt. Er kann deshalb zurückblicken, nach vorne Geschehnisse vorhersagen und hat auch Einblick in die Gedanken und Auffassungen von Figuren. Bisweilen schweift er ab, um soziale oder andere Probleme zu erörtern. Er kann allgegenwärtig sein, indem er sich an Orten und zu Zeiten befindet, wo die Figuren sich nicht befinden. Meint Allgegenwärtigkeit (Omnipräsenz) die räumliche und zeitliche Präsenz des Erzählens, so umfasst die Kategorie der Allwissenheit, die immer wieder mit dem auktorialen Erzähler in Verbindung gebracht wird, nicht nur den Überblick über die Geschehnisse und damit den Kenntnisstand des Erzählers, sondern vor allem sein Vermögen, Zugang zum Bewusstsein von Figuren in der Geschichte zu haben. Allwissenheit und Kommentare sind zwei Kriterien zur Identifikation auktorialen Erzählens, jedoch muss Allwissenheit nicht immer mit auktorialem Erzählverhalten verknüpft sein.

Personenhafte Züge gewinnt auch der Erzähler in Christoph Martin Wielands Roman *Die Abenteuer des Don Sylvio von Rosalva* (1764), wenn er von sich behauptet, sich abgemattet zu fühlen und eine Pause zu brauchen, oder auch in dem zitierten Roman *Tom Jones*, in dem der Erzähler bekennt, sich in die Heldin verliebt zu haben. In diesem Fall wird die Grenze zwischen der Ebene des Erzählens und der der erzählten Geschichte überschritten, denn Erzähler und erzählte Figur gehören logisch nicht derselben Ebene an.

Die Einmischungen des Erzählers – wie die Ansprache an den Leser oder die verschiedenen Arten, das Geschehen zu kommentieren, sowie die Reflexionen und Erläuterungen – sind bezeichnend für den auktorialen Erzähler, der sich zumeist gleich zu Beginn eines Romans zu Worte meldet. Sie erfüllen unterschiedliche **Funktionen**: In Bezug auf den Leser übernimmt der Erzähler gerne die Funktion der Sympathielenkung, auch der Einvernahme des Lesers in der Beurteilung von Figuren. Der Dialog mit dem Leser erzeugt den Anschein von Authentizität und Faktizität – so als würden die Figuren tatsächlich existieren und die Ereignisse wirklich geschehen.

Eine andere Kategorie von Äußerungen des Erzählers sind **metanarrative Äußerungen**, in denen sich der Erzähler auf den Vorgang des Erzählens in der Art „Ich möchte eine Geschichte erzählen." oder auf den Erzähltext „wie im ersten Kapitel dargelegt" bezieht. Sie haben die Funktion, den fiktionalen Charakter des Erzählten auszuweisen, den Leser im Hinblick auf die Geschehnisse zu orientieren und – je nach Kontext – die Illusion des Erzählten zu verstärken oder zu brechen.

Erläuterungen und Ergänzungen geben zusätzliche Informationen über die Vorkommnisse in der erzählten Welt. Als Erzähltempo wird in der Regel das Imperfekt – auch episches Präteritum genannt – verwendet. Was die Figuren in der erzählten Welt sagen, wird oft in der indirekten Rede wiedergegeben.

Tab. 11 auktoriales Erzählverhalten

Typische Merkmale für auktoriales Erzählverhalten:

1. die Leseransprache; der Dialog mit dem Leser
2. erzählerische Kommentare, Abschweifungen, Erläuterungen, Reflexionen
3. das umfassende Wissen; insbesondere der Zugang zu inneren Vorgängen von Figuren
4. die Allgegenwärtigkeit: zeitlich, räumlich
5. das Imperfekt als Erzähltempus
6. die Rede von Figuren in Form der indirekten Rede
7. metanarrative Äußerungen

Normalerweise wird beim auktorialen Erzählverhalten in der Er-Form erzählt. Auch wenn der Erzähler bei Fielding sich als Ich präsentiert, steht er außerhalb der erzählten Welt, insofern ist es keine Ich-Erzählung. Die Kombination von auktorialem Verhalten und Ich-Erzählen liegt dagegen bei H. Melville (*Moby Dick*) vor, wo das erzählende Ich seine eigene Geschichte erzählt und sich immer wieder selbst kommentierend einmischt. Auktorialität und Ich-Erzählen sind typisch für Memoiren, Tagebücher und Retrospektiven.

Im Laufe der literaturgeschichtlichen Entwicklung geriet der personifizierte, auktoriale Erzähler zunehmend unter Kritik. Gegenüber der Präsentation von Wirklichkeit aus seiner subjektiven Sicht trat im 19. Jahrhundert der Anspruch auf, die Wirklichkeit objektiv und ohne erzählerische Bewertung zur Geltung zu bringen. Ein Vertreter dieser Position war Friedrich Spielhagen (1883); nach ihm sollte der Erzähler völlig hinter die Figuren und ihre Handlungen zurücktreten. Im Gegensatz dazu war für Käte Friedemann (1910) gerade die Geltung des Erzählenden ein wesentliches Gattungsmerkmal. Im angelsächsischen Raum war es vor allem Henry James, der betonte, dass die Geschehnisse realitätsnäher seien, wenn die Wahrnehmungsvorgänge einer Figur (Reflektor oder Perspektivfigur) ohne Vorkommen eines persönlichen Erzählers direkt mitgeteilt würden (s. Miller 1972). H. James hat auch den zentralen Begriff des *point of view* eingeführt als den subjektiven Blickwinkel, unter dem eine Geschichte präsentiert wird.

Die Erzählinstanz wird im Laufe des 19. und 20. Jahrhundert weniger wichtig; stattdessen rücken die Figuren und ihre Perspektive in den Vordergrund und es entwickelt sich eine neue Erzähltechnik, die als personales Erzählen in der Erzählforschung diskutiert wird (den Terminus hat F. K. Stanzel 1964 eingeführt). In Frankreich waren es vor allem die Romanschriftsteller Stendhal und Gustave Flaubert, die den Erzähler aus der Geschichte verbannten. Allerdings ist der auktoriale Erzähler in der gegenwärtigen Romanliteratur z. B. bei Patrick Süskind oder Robert Schneider zurückgekehrt.

personales Erzählverhalten

Zur Charakterisierung personalen Erzählens müssen zwei grundlegende Aspekte des Erzählens unterschieden und in ihrer Beziehbarkeit betrachtet werden: die Rede des Erzählers, der die Geschichte transportiert, und die Sichtweise einer Figur. Beim personalen Erzählverhalten rückt der Erzähler nahe an eine Figur heran und beschreibt die Wahrnehmungen und das Denken der Figur aus ihrer Sicht. Die Verschiebung des Wahrnehmungs- und Orientierungszentrums zu der Figur manifestiert sich auf der Text-/Sprachebene durch Verwendung von räumlichen oder zeitlichen Zeigegesten (lokale und temporale Deiktika)[6], wie *da, dort, hier, nun, jetzt.* Deiktische Ausdrücke beziehen sich auf den Standort des Sprechers; Karl Bühler spricht von der Origo, dem Ich, Hier und Jetzt des Sprechers (1934). Die Bedeutung deiktischer Ausdrücke ist abhängig vom Ich-Hier-Jetzt des Sprechers; je nach Sprecherstandort meinen deiktische Ausdrücke Unterschiedliches. In erzählenden Texten wird die Deixis gezielt eingesetzt, um Räume zu strukturieren und Perspektiven zu markieren. Von der Origo des Sprechers aus wird das Seh- und Raumfeld aufgebaut. Zur Strukturierung des Seh-Raumes gehören Bewegungsverben, wie *hinaufgehen* oder *herkommen*, zeitliche Adverbien wie *jetzt, hier, nun, gestern, heute,* und räumliche Adverbien wie *da, drüben, dort.* Ein Beispiel personalen Erzählverhaltens findet sich bei M. Walser:

> Plötzlich drängte Sabine aus dem Strom der Promenierenden hinaus und ging auf ein Tischchen zu, an dem noch niemand saß. Helmut hatte das Gefühl, die Stühle dieses Cafés seien für ihn zu klein, aber Sabine saß schon. Er hätte auch nie einen Platz in der ersten Reihe genommen. So dicht an den in beiden Richtungen Vorbeiströmenden sah man doch nichts. Er hätte sich möglichst nah an die Hauswand gesetzt. Otto saß auch schon. Zu Sabines Füßen. Er sah aber noch zu Helmut herauf, als wolle er sagen /.../. (M. Walser 1993, 9)

[6] deiktisch heißt *hinweisend*; gr. deiknynai = zeigen

Mit dem ersten Satz der Novelle *Ein fliehendes Pferd* von Martin Walser (1978) wird in eine Situation hineingesprungen und beschrieben, wie eine Figur namens Sabine auf einen Tisch zugeht. Die Perspektive liegt außerhalb dieser Figur und es ist ein Erzähler, der diesen Vorgang beschreibt. Mit dem zweiten Satz verschiebt sich die Perspektive nach innen auf die Figur Helmut. Seine Gefühle werden wiedergegeben, wie es der Konjunktiv Präsens *seien* anzeigt. Der Fokus der Wahrnehmung liegt bei Helmut, wenn es heißt: *aber Sabine saß schon.* Auch die Formulierung *so dicht* und die Verwendung des unbestimmten Pronomens *man* sind Ausdruck der Wahrnehmung der Figur bzw. binden das Erzählen an die Wahrnehmungsinstanz der Figur.

Der Erzähler bleibt jedoch gegenwärtig; das wird erkennbar an der Verwendung des Personalpronomens *er*, wenn es heißt *Er hätte.* Aber er tritt hinter die Figur zurück und gibt aus ihrem Blickwinkel die Erfahrungen und Wahrnehmungen der Figur wieder. Das Orientierungszentrum verschiebt sich zur Figur hin. So wird die Blickrichtung des Hundes Otto *Er sah aber noch zu Helmut herauf /.../* vom Standort Helmuts aus betrachtet. *Herauf* zeigt einen Richtungsverlauf an, der vom Anderen zu dem Betrachter verläuft, und ist somit ein Hinweis für die Optik der Figur, die hier eingenommen wird.

Da der Fokus bei der Figur liegt, engt sich das Wahrnehmungsfeld auf den subjektiven Blickpunkt der Figur ein. Außenwelt wird nur insoweit zugänglich gemacht, als die Figur diese wahrnimmt, auf sie reagiert und sie subjektiv reflektiert. In allem bleibt der Erzähler gegenwärtig, aber er gewinnt keine persönlichen Züge, sondern er wählt die Figurenperspektive und stellt Außenwelt aus der Figurensicht dar. Personales Erzählen ist insofern durch eine Doppelperspektive (Stanzel 1979) gekennzeichnet; Roy Pascal (1977) spricht von **Doppelstimme**.

An der Textoberfläche gibt es einige typische Signale für das personale Erzählverhalten. Zum einen ist es die Verwendung der Er- und Sie-Pronominalform und des Präteritums, zum anderen Verben des Denkens und Meinens (dachte er), und die erlebte Rede. In der erlebten Rede treffen die Stimme des Erzählers und die der Figur zusammen, so dass beide Stimmen mit dem persönlichen Ausdrucksstil der Figur zur Sprache kommen (Näheres s.w.u.). Das personale Erzählverhalten kann kombiniert sein mit der Er-, Ich- und Du-Form. Franz Kafka bevorzugt z.B. die Verbindung von Er-Form und personalem Erzählen:

> „Was ist mit mir geschehen?", dachte er. Es war kein Traum. Sein Zimmer, ein richtiges, nur etwas zu kleines Menschenzimmer, lag ruhig zwischen den vier wohlbekannten Wänden. (*Die Verwandlung*, F. Kafka 1994, 115)

Die direkte Wiedergabe des Gedankens der Figur, markiert durch die Anführungszeichen und das Verb des Denkens (*dachte er*), zeigt die Gegenwart des Erzählers. Mit dem Satz *Es war kein Traum* verlagert sich der Blickpunkt zur Figur, ohne dass jedoch der Erzähler in seiner medialen Funktion getilgt wird. Die

Kombination von personalem Erzählverhalten und Ich-Form dagegen verwendet Martin Walser in *Halbzeit* (1960) oder Joseph von Eichendorff in seiner Novelle *Aus dem Leben eines Taugenichts* (1826). Das erzählende Ich nimmt jeweils die subjektive Sicht des erzählten Ich ein und kann auf diese Weise die vielen Täuschungen, Irrtümer und Verwirrspiele um dieses jugendliche Ich überzeugend darstellen.

Tab. 12 personales Erzählverhalten

Merkmale personalen Erzählverhaltens:
1. Doppelung von Erzählerrede – Figurensicht
2. Wiedergabe von inneren Vorgängen einer Figur
3. erlebte Rede
4. innerer Monolog
5. Gedankenankündigung: dachte er

neutrales Erzählverhalten

Nicht alle Erzähltheorien arbeiten mit der Kategorie des neutralen Erzählens. Stanzel hatte sie ursprünglich eingeführt, sie jedoch in seiner späteren Arbeit von 1979 fallen gelassen. Dagegen wird sie von Broich (1983) und von Petersen (1993) wieder aufgegriffen, weil es narrative Texte/Textteile gibt, die sich weder als auktorial noch als personal beschreiben lassen. Neutrales Erzählverhalten ist dadurch gekennzeichnet, dass sich der Erzähler weder kommentierend einmischt noch dokumentiert, dass er über ein umfassendes Wissen verfügt, sondern Szenen, Geschehnisse und Dialoge direkt und distanziert präsentiert, ohne sich als vermittelnde Instanz dazwischen zu schieben. Aber auch die Sichtweise der Figuren tritt zurück, so dass äußeres Geschehen objektiv und sachlich wiedergegeben wird. Neutrales Erzählverhalten wird oft bei Franz Kafka verwendet aber auch in den Romanen Theodor Fontanes, in denen der Erzähler sich völlig zurücknimmt und die Figuren reden lässt:

> „Sechs Blatt mit 'ner Quart."
> „Gut."
> „Und du?"
> „Vierzehn As, drei Könige, drei Damen ... Und du machst keinen Stich." Und er legte das Spiel auf den Tisch und schob im nächsten Augenblicke die Karten zusammen, während der andere mischte.
> „Weißt du schon, Ella verheiratet sich."
> „Schade."
> „Warum schade?"
> „Sie kann dann nicht mehr durch den Reifen springen."
> „Unsinn. Je mehr sie sich verheiraten, desto schlanker werden sie."
> (T. Fontane 1973, Bd. 5, 48)

Ein solcher Dialog wie hier am Spieltisch in *Irrungen und Wirrungen* (1887) stellt das Geschehen innerhalb der Romanwelt direkt und szenisch dar wie im Drama, ohne dass die Szene aus der Sicht einer Figur dargestellt wird. Zwischendrin schiebt sich ein Erzählerbericht ein, der über Handlungen berichtet, die zum Kartenspiel gehören, wie das Karten mischen. Für diese direkte Darstellung hat O. Ludwig 1891 den Terminus „szenisch“ eingeführt und abgegrenzt von einem berichtenden Erzähler.

Neutralität und Er-Form verwendet P. Handke in *Der Tormann des Elfmeter*, die Verbindung mit der Ich-Form C. Wolff in *Nachdenken über Christa T.*

Tab. 13 neutrales Erzählverhalten

Merkmale neutralen Erzählverhaltens:

1. keine Erzählereinmischung
2. keine Aussagen über eine Erzählinstanz
3. objektive, sachliche Darstellung
4. keine Figurensicht

7 Charakterisieren Sie den folgenden Text nach Erzählverhalten und begründen Sie Ihre Bestimmung:

Aus dem, was wir berichtet haben, wird der Leser schon erkennen, daß die Aussöhnung (wenn man es überhaupt so nennen kann) nur noch eine Formsache war; wir wollen sie also überschlagen und zu etwas anderem eilen, das man gewiß für etwas Wesentliches halten wird.

2.2.4 Informationsstand und -quelle des Erzählers

Außer der Verortung des Erzählers innerhalb oder außerhalb der dargestellten Welt und der Grad seiner Beteiligung am Handlungsgeschehen ist noch ein weiteres Moment maßgeblich für das Erzählen: der Umfang und die Herkunft der Informationen des Erzählers in Bezug auf die Figuren und Geschehnisse. In der genannten Schnitzler-Novelle berichtet der Ich-Erzähler über die Vorgeschichten der beiden Gegenspieler M. Czentovic und Dr. B., die er aus zwei Quellen hat: von einem Freund, der seinerseits seine Kenntnisse über den Schachweltmeister aus der Zeitung bezogen hat, und von der Hauptfigur Dr. B. selbst. In beiden Fällen weiß der Erzähler bezüglich der Vergangenheit dieser beiden Figuren weniger als sie, in Bezug auf die Gegenwartshandlung gleich viel. Allerdings besteht noch eine Asymmetrie im Grad der Informiertheit gegenüber den zentralen Figuren, da der Erzähler Einblick in die Lebensgeschichte des Dr. B. erhält, verfügt er über ein Wissen, das dem Schachspieler Czentovic wiederum nicht zugänglich ist.

Ein Ich-Erzähler, der zugleich Hauptfigur ist, kennt natürlich sein eigenes Leben und die gegenwärtigen Geschehnisse, verfügt jedoch in Bezug auf andere Personen nur über ein begrenztes Wissen, da er in diese nicht hineinschauen und somit über deren Innenleben keine Aussage machen kann. Ein Erzähler innerhalb der erzählten Welt, der in die Geschehnisse einbezogen ist, verfügt möglicherweise über mehr Detailwissen als ein externer Erzähler, der andererseits aufgrund seiner Position und Wissensquellen (Dokumente, Zeugen) einen größeren Überblick über die Vorkommnisse in der erzählten Welt hat und mehr weiß als eine betroffene Erzählerfigur innerhalb der erzählten Welt.

In Abhängigkeit von der Position des Erzählers auf der Erzähl- oder Geschichtenebene, dem Grad der Beteiligung am Geschehen und der Wissensquelle variiert der Wissensumfang des Erzählers im Verhältnis zu dem der Figuren. Der Erzähler kann mehr, gleich viel oder weniger informiert sein als seine Figuren und mehr, gleich oder weniger berichten als seine Figuren wissen. Diese graduelle Abstufung entspricht bei einem größeren Wissensumfang dem allwissenden Erzähler, bei gleichem Wissensstand dem personalen Erzählen und bei geringerem Wissenstand der Kameraperspektive, wo nur berichtet wird, was im Umfeld der Figur liegt und von ihr registriert wird, ohne Einblick in Inneres zu geben (nach N. Friedman *Camera*-Erzählsituation (1955)). Folgende Grade der Informiertheit lassen sich unterscheiden, die bereits Todorov (1966) vorgenommen hat und die in der Erzähltheorie von Genette (1982), wie wir noch sehen werden, eine wesentliche Rolle spielt:

1. Der Erzähler weiß mehr als die Figuren (= allwissender Erzähler).
2. Der Erzähler weiß genauso viel wie die Figuren (= personales Erzählen).
3. Der Erzähler weiß weniger als die Figuren (= Kameraperspektive).

Allerdings hängt der Umfang der Informiertheit eines Erzählers und die Frage, wie viel er wann mitteilt, auch von dem Blickwinkel ab, aus dem erzählt wird.

2.2.5 Zuverlässigkeit des Erzählers

Wayne C. Booth (1961) hat als eine weitere Kategorie zur Charakterisierung des Erzählers die Zuverlässigkeit/Unzuverlässigkeit des Erzählers eingeführt, ein Konzept, das in der gegenwärtigen Narratologie eine gewisse Prominenz hat. Die Glaubwürdigkeit und Richtigkeit dessen, was insbesondere der Ich-Erzähler behauptet oder meint, steht in vielen Texten in Frage, so dass beim Leser Zweifel aufkommen, was tatsächlich geschehen ist. Die Gründe für die mangelnde Zuverlässigkeit des Erzählers können zum einen mit einem begrenzten Wissen zusammenhängen, zum anderen mit einer Naivität und eingeschränkten Sicht des

Erzählers, der die Dinge nicht anders zu sehen vermag, als wie sie ihm erscheinen. Seine emotionale Beteiligung am Geschehen kann ebenfalls dazu führen, dass seine Aussagen nicht ganz zutreffend sind. Fragwürdig kann auch sein Wertesystem sein, das er ins Spiel bringt.

Es gibt verschiedene Arten von unzuverlässigem Erzählen, zwischen denen oft fließende Übergänge bestehen. Eine erste ist das Unterlaufen von Faktischem durch eine fehlerhafte oder unvollständige Darstellung. Der Erzähler kann lügen oder weniger sagen, als er weiß; er kann nicht oder ist nicht bereit zu erzählen, was tatsächlich geschehen ist. Ein solcher Fall ist der Erzähler in dem Roman *Stiller* von Max Frisch (1954), dessen Protagonist, der zugleich Erzähler ist, vorgibt, nicht der zu sein, der er ist. Er setzt vielfache Täuschungsstrategien ein, um seine wahre Identität zu verbergen. Eine zweite Art von Unzuverlässigkeit betrifft die Objektivität und das Wissen sowie die Wahrnehmung des Erzählers, der falsche Interpretationen von Geschehnissen gibt oder etwas unvollständig oder fehlerhaft darstellt, z. B. um Gefühle zu verbergen.

Es gibt eine Reihe von textuellen Signalen, die die erzählerische Glaubwürdigkeit in Frage stellen, indem der Erzähler sich in Widersprüche verstrickt, seine Handlungen und Aussagen nicht übereinstimmen, sich eine Diskrepanz zwischen der Selbstbeschreibung und der Charakterisierung, die andere Figuren von dem Ich-Erzähler geben, auftut (s. auch Nünning 1998). Solche textuellen Hinweise dienen dem Leser dazu, das erzählerische Verhalten als unzuverlässig einzustufen. Der Maßstab für die Beurteilung von Glaubwürdigkeit und Zuverlässigkeit des Erzählers kann zum einen durch einen innertextuellen Bezugsrahmen von Wirklichkeit und geltenden Ansprüchen von Konsistenz und Normalität gegeben sein. Daher wird in der Erzählforschung dieses Konzept immer wieder in Verbindung mit dem Realismus und dem realistischen Roman gebracht. Zum anderen kommt jedoch auch ein außertextuelles Bezugssystem des Interpreten ins Spiel, indem der Leser vor dem Hintergrund seines Wissens, seiner Erfahrungen, seiner Wirklichkeits- und Normalitätsvorstellungen den Erzähler in seiner Richtigkeit und Glaubwürdigkeit dessen, was er behauptet, beurteilt.

Ein Beispiel, wie die Unzuverlässigkeit des Ich-Erzählers strategisch eingesetzt wird und die Struktur des Romans bestimmt, ist der Kriminalroman *Alibi* von Agatha Christie (1926), in dem der Ich-Erzähler zugleich der Mörder ist. Die Erzählstrategie des Ich-Erzählers geht dahin, seine Tat und seine Identität als Mörder zu verbergen; teilweise werden Fakten und Zusammenhänge ausgeblendet, teilweise trifft er falsche Aussagen und stellt falsche Bezüge z. B. zwischen Zeitpunkt und einem Ereignis her, und liefert falsche Interpretationen, um den Verdacht auf andere zu lenken. Es beginnt mit dem ersten Satz:

> Mrs. Ferrars starb in der Nacht vom 16. auf den 17. September – an einem Donnerstag. Als ich am Freitag morgen gegen acht Uhr gerufen wurde, war nichts mehr zu tun. Sie war bereits seit mehreren Stunden tot. (A. Christie ^{7}2001, 5)

Der Satz suggeriert, dass der Todesfall von Mrs. Ferrars dem Ich-Erzähler und Arzt bis zu dem Zeitpunkt, zu dem er gerufen wurde, unbekannt war und er selbst nichts damit zu tun hat. Erst am Ende des Romans wird die Identität des Ich-Erzählers enthüllt und die Beziehung zu dem Ableben der Mrs. Ferrars wie zu anderen Todesfällen, die vor und nach diesem Zeitpunkt geschehen, hergestellt und erweist sich das Verhalten des Ich-Erzählers als unzuverlässig und täuschend. Die Wahrheit und das, was tatsächlich geschehen ist, werden im Laufe des Romans schrittweise vom Detektiv H. Poirot aufgedeckt. Damit existiert ein innerfiktives Bezugssystem für die Beurteilung von Unzuverlässigkeit. Aber der erste Satz, der den Status einer narrativen und die erzählte Welt konstituierenden Behauptung hat, suggeriert dem Leser Glaubwürdigkeit und Tatsächlichkeit. Er muss dieser Strategie – so will es das Gesetz der Gattung – zunächst folgen, um vom Ende her, den Ich-Erzähler in seinen teils falschen, teils richtigen Behauptungen, Auslassungen und Fehldeutungen zu beurteilen.

2.2.6 Distanzen des Erzählers zum Erzählten

Eine weitere Bestimmung des Erzählers hinterfragt den zeitlich-räumlichen Bezug zwischen Erzähler und Figuren und Vorgängen in der erzählten Welt. Petersen (1993) hat hierfür die Kategorie des Erzählerstandortes eingeführt. Um eine Verwechslung mit der Verortung des Erzählers innerhalb vs. außerhalb der erzählten Welt und d. h. der Zuordnung zu Ebenen, die erzähllogisch getrennt werden müssen, zu vermeiden, spreche ich in diesem Zusammenhang von Distanzen des Erzählers in Bezug auf das Erzählobjekt. Hierbei kommen zwei Kriterien ins Spiel. Das erste ist die **Nähe** und **Ferne** zu Geschehnissen. Der Erzähler kann ganz nahe am Geschehen und an den Figuren sein, wie es typisch ist für den Briefroman oder den Tagebuchroman, oder fern und aus einem großen Abstand von Geschehnissen berichten. Ein zweites Kriterium ist die Weite dessen, was der Erzähler in den Blick zu nehmen vermag. Der Erzähler kann einen großen Überblick über die Geschehnisse haben wie beim auktorialen Erzählen oder einen schmalen. Bei einem **großen Überblick** wählt er seinen Standort oben und gewinnt dadurch einen weiten Blick über einen breiten Zeit- und Erzählraum, wie z. B. bei J. Fielding, C. Dickens oder C. M. Wieland. Der Erzähler kennt die Figuren und die Schauplätze, ggf. sogar die Vorgeschichte und kann einen Ausblick auf künftige Geschehnisse geben. Hierbei besteht eine große Distanz gegenüber dem Erzählten im Unterschied zu einer geringen Distanz, wenn nur ein kleiner Ausschnitt aus der erzählten Welt gezeigt wird. Ein geringer Abstand zum Erzählten und ein niedriger Standort, von dem aus erzählt wird, liegen dagegen beim personalen Erzählen vor. Durch die Nähe zum Erzählgeschehen verengt sich der Blickpunkt auf das Erleben und die Wahrnehmungen einer Figur in einer bestimmten Situation. Es wird kein umgreifender Erzählraum geschaffen, wo links und rechts von einer Situation noch anderes mitgeteilt wird.

Mit der Wahl des Erzählerstandortes variiert auch das Spektrum an Auffächerung von Wirklichkeit: Soll die Wirklichkeit vom Anspruch her in ihrer Gesamtheit erfasst werden, wird ein ferner und hoher Standort gewählt (Vogelperspektive). Sollen jedoch nur Teilaspekte von ihr zur Darstellung gebracht werden, wird ein naher Standort mit einem engen Blickwinkel gewählt. Dieser Aspekt von Nähe/Ferne und Überblick ist nicht deckungsgleich mit dem kognitiven Aspekt von Wissen des Erzählers und der Figuren, auch wenn beide Aspekte miteinander verknüpft sind.

2.2.7 Erzählhaltung (Standpunkt)

Der Erzähler zeichnet sich auch dadurch aus, dass er eine Haltung einnimmt gegenüber dem Erzählten. Daher ist die Erzählhaltung oder der Standpunkt des Erzählers eine weitere zu unterscheidende Kategorie, die nicht zu verwechseln ist mit Standort. Darunter werden die **Einstellung des Erzählers** zu den Figuren und Geschehnissen in der erzählten Welt und erzählerische **Wertungen** verstanden. Der Erzähler kann eine kritische, distanzierte und ironische Einstellung haben und dieses wie beim auktorialen Erzählen in Kommentaren direkt artikulieren. Die Ironie ist ein Stilmittel der erzählerischen Distanzierung von Figuren, das dazu dient, gewisse Schwächen oder Selbsttäuschungen und Fehler von Figuren bloß zu legen. Thomas Mann setzt auf vielfältige Weise die Ironie als ein erzählerisches Mittel ein und drückt darin eine wertende Haltung gegenüber Figuren aus.

Der Erzähler kann unterschiedliche Teile der erzählten Welt bewerten: Figuren, ihr Handeln, ihre Beziehungen und ihre Weltsicht. Diesen Aspekt der Einstellungen und Wertungen hat insbesondere Petersen (1993) in seiner Systematik berücksichtigt. Auch S. Chatman (1986) sondert diesen Aspekt aus der Debatte um die Fokalisierung, d. h. die Frage nach dem perspektivischen Erzählen, aus.

2.2.8 Funktionen des Erzählers

Wie die Ausführungen bereits erkennen lassen, übernimmt der Erzähler mehrere Funktionen. Die Funktionen lassen sich systematisch erfassen durch die Bezugnahme auf die Bestandteile einer Erzählsituation: das Erzählen, die erzählte Geschichte, den Erzähltext und den Dialog bzw. die Kommunikation mit einem Adressaten. Die Primärfunktion besteht im Erzählen einer Geschichte und dem Erzeugen einer erzählten Welt, durch Leseransprachen wird eine Erzählsituation geschaffen und übernimmt der Erzähler eine kommunikative Funktion. Er organisiert das Erzählmaterial und übt des Weiteren eine direktive Funktion durch die Art und Weise, wie er Informationen wann und in welchem Umfang vermittelt, aus, indem er z. B. Informationen vorenthält, um Spannung zu erzeugen. Auf verschiedene Weise transportiert der Erzähler seine Weltbilder, indem er Handlungen kommentiert oder das Erzählte als wahr und tatsächlich beglaubigt. Eine für die erzählende Literatur bedeutsame Funktion besteht darin, das Erzählen selbst zu thematisieren (metanarrative Funktion) und damit den fiktionalen und ästhetischen Charakter des Erzählten und des Erzählens herauszustellen. Zusammengefasst ergeben sich folgende **Funktionen**:

1. erzählerische Funktion: Erzählen der Geschichte;
2. kommunikative Funktion: Dialogführung mit einem Adressaten, Etablierung einer Erzählsituation;
3. organisatorische, direktive Funktion: Organisation des Erzählmaterials durch Informationsverteilung, zeitliche und räumliche Strukturierung;
4. ideologische Funktion des Erzählers: Beglaubigungen des Erzählten; Kommentieren der Handlung, Reflexionen;
5. Metanarrative Funktion: Zeichen von Fiktionalität, verstärkt oder durchbricht die Illusion.

Das folgende Schema gibt einen Überblick über die behandelten Aspekte des Erzählers, des Erzählens und der erzählten Welt:

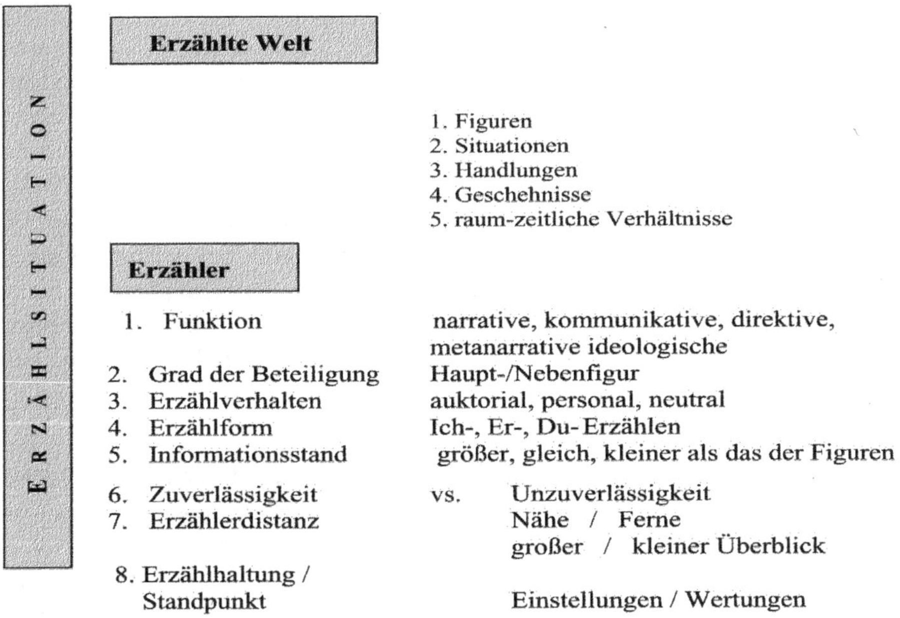

Abb. 6

Bis zu diesem Punkt der Ausführungen wurden Merkmale des Erzählers herausgearbeitet und durch entsprechende Fragen operationalisiert. Im Folgenden geht es um das Phänomen der perspektivischen Brechung der erzählten Welt. Doch zuvor sollen die Systematik von F.K. Stanzel und die von G. Genette vorgestellt werden.

2.3 Erzähltypologien

2.3.1 Franz K. Stanzels Erzählsituationen

Franz K. Stanzel hat in *Die typischen Erzählsituationen im Roman* (1955) sein Konzept der Erzählsituationen (ES) dargelegt, das er in späteren Arbeiten (*Typische Formen des Romans* 1964, *Theorie des Erzählens* 1979) modifiziert und verfeinert hat. Da er einer der ersten war, der eine geschlossene Systematik zur Erfassung der verschiedenen Formen des Erzählens entwickelt hat und von weit reichendem Einfluss auf die Erzählforschung war, soll sein Grundansatz kurz vorgestellt werden. Stanzel geht zur Bestimmung unterschiedlicher Vermittlungsvorgänge von drei Kernfragen aus, die jeweils eine Konstituente einer Erzählsituation (Modus, Person, Perspektive) bilden: 1. Modus: Wer erzählt? 2. Person: Wo steht der Erzähler? 3. Perspektive: Aus wessen Perspektive wird ein Geschehen präsentiert?

Jeder Frage wird wiederum ein Oppositionspaar zugeordnet: Bei der ersten Frage kann ein expliziter Erzähler auftreten oder der Erzähler tritt hinter das Geschehen zurück, dabei kann es sich um einen unpersönlichen Erzähler handeln, der das Erzählgeschehen berichtet, oder die dargestellte Wirklichkeit spiegelt sich im Bewusstsein einer Figur, der Reflektor-Figur. Bei der zweiten Frage „Wo steht der Erzähler?" kann der Erzähler zur Welt der Charaktere gehören (Identität der Seinsbereiche) oder er gehört nicht dazu (Nicht-Identität der Seinsbereiche). Bei der dritten Frage „Aus wessen Perspektive wird ein Geschehen präsentiert?" besteht die Wahl, ein Geschehen aus der Innen- oder Außenperspektive darzustellen. Je nachdem, welcher Teil der Oppositionspaare dominiert, ergeben sich nach Stanzel drei typische Erzählsituationen – personale ES, Ich-ES, auktoriale ES –, die im folgenden Schema zusammengefasst sind:

Tab. 14 Stanzels Systematik

Kategorie	**Oppositionspaar**	**Dominanz eines Pols**	**Erzählsituation**
Modus	expliziter Erzähler Reflektorfigur	Dominanz des Reflektors	personale ES
Person	Identität der Seinsbereiche Nicht-Identität	Dominanz der Identität der Seinsbereiche	Ich-Es
Perspektive	Innenperspektive Außenperspektive	Dominanz der Außenperspektive	auktoriale ES

Viele der hier eingeführten Erzählkategorien und ihre Merkmale, wie auktoriales und personales Erzählen, sind in der Erzählforschung und der schulischen sowie universitären Interpretationspraxis fest etabliert und stützen sich in Teilaspekten auf einen breiten Konsens. Aufgrund ihrer Brauchbarkeit haben sie Eingang in die Erzählforschung gefunden, aber auch zu einer kritischen Auseinandersetzung geführt (Genette 1972/²1998; Cohn 1981; Petersen 1993; Martinez/Scheffel 1999; Fludernik 2006). Eine Hauptkritik betrifft die Bestimmung des Ich-Erzählens. Nach der Systematik von Stanzel schließen sich auktoriales Erzählen und Ich-Erzählen aus, da die Übereinstimmung der Seinsbereiche konstitutiv ist für die Ich-ES, aber nicht für die auktoriale ES. Aber da zwischen dem erzählenden Ich und dem erzählten Ich eine zeitliche und erfahrungsmäßige Distanz bestehen kann, wie an verschiedenen Beispielen im Vorhergehenden aufgezeigt wurde, kann der Ich-Erzähler im Rückblick auf sein früheres Ich kommentierend und reflektierend eingreifen und sich somit auktorial verhalten. Ein sich auktorial verhaltender Erzähler kann also durchaus zur Welt der Charaktere gehören.

Die Abgrenzung der Erzählsituationen beruht bei Stanzel nicht auf einheitlichen Gesichtspunkten. Die Perspektive ist das bestimmende Kriterium für die Unterscheidung von auktorialem und personalem Erzählen, da nur beim personalen Erzählen die Figur zum Perspektivträger wird, aber sie begründet nicht die Opposition von Ich-ES und personalem ES, sondern die Stellung der Erzählinstanz zur dargestellten Welt. In beiden Erzählsituationen kann jedoch eine Figur zum Perspektivträger werden, aus deren Sicht ein Geschehen vermittelt wird, aber die Ich-ES ist im Gegensatz zur personalen ES nicht notwendig mit einer Perspektivbildung verknüpft. Ein weiterer Unterschied besteht darin, dass beim Ich-Erzählen die Figur zugleich der Erzähler ist und somit Erzählinstanz und Perspektivträger identisch sind, was nicht für das personale Erzählen gilt, bei dem immer wieder zwischen Erzählerpräsenz und Figurensicht zu unterscheiden ist.

Ein weiterer Einwand gegenüber Stanzel besteht darin, dass neutrales Erzählverhalten in seiner Systematik von 1979 nicht mehr vorkommt, nachdem er diese Kategorie in seiner Arbeit von 1955 eingeführt hatte. Broich (1983), Petersen (1993) und Genette (1972/²1998) nehmen diese Kategorie wieder auf, um damit bestimmte Erzählphänomene beschreiben zu können.

Nach strukturalistischem Verfahren fügt Stanzel alle Erzählmerkmale in binäre Oppositionspaare. Die zu Erzählsituationen fest gefügten Merkmalseinheiten bei Stanzel werden vielen Texten, insbesondere der Moderne, nicht gerecht. Eine Aufschlüsselung von Merkmalen, die frei kombinierbar und flexibel gehandhabt werden können – so wie es in diesen Ausführungen durch Herausarbeiten operationaler Differenzierungsmerkmale geschieht –, ist brauchbarer und erlaubt eine Beschreibung vielfältiger Erzählphänomene auch der modernen Erzählliteratur. Eine konstruktive Auseinandersetzung mit der deutschsprachigen Erzählforschung (Lämmert 1955; Stanzel 1979) und der amerikanischen (N. Friedman 1955; W. Booth 1961) hat Genette geleistet, der zu einer neuen

Systematik gelangt, deren Kernkonzepte teilweise bereits angesprochen wurden, aber nun im Zusammenhang vorgestellt werden sollen.

2.3.2 Das Erzählsystem von Gérard Genette

G. Genette leitet in seiner Erzähltheorie (1972/²1998) aus der Grammatik des Verbs die Kategorien der Zeit, der Modalität und des Sprechersubjekts ab und verbindet diese mit Beschreibungskategorien der traditionellen Erzähltheorie wie *point of view, telling/showing*, Erzähler und Figur. Er geht von den zwei Kernfragen der Erzählforschung aus: Wer spricht? (die Erzählerinstanz) und Wer sieht? (die Wahrnehmungs-/Denkinstanz). Gegenüber Stanzel rückt er beide Instanzen stärker voneinander ab und entwickelt daraus ein abgestuftes und in sich differenziertes Kategoriensystem. Die erste Kategorie ist die Stimme, sie entspricht der klassischen Erzählerrolle. Die zweite Kategorie ist der Modus, die die Wahrnehmungs-, Denk- und Erlebnisvorgänge einer Figur umfasst.

Stimme

Für die Konzeptualisierung der Erzählerstimme führt Genette den Begriff der **Diegese** ein.

Genette meint damit das raum-zeitliche Universum einer Erzählung, das nicht identisch ist mit der erzählten Geschichte. Diegese ist nicht zu verwechseln mit dem platonischen Begriff der Diegesis, der der Nachahmung gegenübergestellt wird und die durch einen Erzähler vermittelte Präsentation von Ereignissen meint.

Der Standort des Erzählers innerhalb oder außerhalb der diegetischen Welt wird zu einem Kriterium für die Unterscheidung von Erzähl- und Kommunikationsebenen, auf denen der Erzähler auftritt. Die erste narrative Ebene liegt außerhalb der erzählten Welt und wird als extradiegetisch bezeichnet. Die zweite narrative Ebene umfasst die erzählte Welt (intradiegetisch). Die dritte narrative Ebene entsteht, wenn eine Figur der erzählten Welt selbst eine Geschichte erzählt und somit eine Erzählung innerhalb der Erzählung entsteht. Genette bezeichnet diese Ebene als metadiegetisch, was etwas irreführend ist, da diese Ebene unterhalb der Geschichtenebene liegt, hingegen „meta“ eine hierarchiehöhere Ebene impliziert. Genette dreht in diesem Fall die Einbettungsverhältnisse um.

Nachdem die Erzählebenen in dieser Weise getrennt wurden, fragt Genette weiter nach der Position des Erzählers (die Stimme) und dem Grad seiner Beteiligung/Nicht-Beteiligung am Erzählgeschehen. Tritt der Erzähler als Figur innerhalb der erzählten Welt auf, handelt es sich um einen homodiegetischen Erzähler (Ich-Erzähler). Ein Erzähler, der zugleich die Hauptfigur ist, wird als autodiegetischer Erzähler bezeichnet. Gehört der Erzähler nicht zur Geschichte, handelt es sich um einen heterodiegetischen Erzähler. Genette verwendet für die Differenzierung von homo- und heterodiegetischem Erzähler dasselbe Kriterium, das Stanzel zur Abtrennung der Ich-ES von den anderen beiden Erzählsituationen benutzt; der Ich-ES entspricht das homodiegetische Erzählen.

Tab. 15 Erzählebenen

Erzählebenen	**Erzählerposition/Erzähler**
extradiegetisch	heterodiegetischer Erzähler
intradiegetisch	homodiegetischer Erzähler autodiegetischer Erzähler (Ich-Erzähler ist zugleich die Hauptfigur)
metadiegetisch	eine Figur in der Geschichte erzählt eine Geschichte

Modus

Wie wir im Vorhergehenden bereits gesehen haben, kann jemand das, was er erzählt, aus einer großen Distanz und mit einem weiten Überblick erzählen oder aus der Sicht einer Figur und damit aus einem engen Blickwinkel, so dass unterschiedliche Grade der Mittelbarkeit des Erzählens bestehen. Wird das Erzählte mittelbar durch einen Erzähler präsentiert und somit mit einer Distanz zum erzählten Geschehen, dann liegt nach Genette ein narrativer Modus vor (= *telling*). Dem steht der dramatische Modus (= *showing*) gegenüber, bei dem unmittelbar, ohne Distanz erzählt wird, wie beim szenischen Erzählen.

Unter der Kategorie des Modus subsumiert Genette Phänomene der Fokalisierung, die er strikt vom Erzählen und der Stimme dessen, der erzählt, abgrenzt. Er unterscheidet drei Typen von Fokalisierung nach dem Wissensumfang des Erzählers im Verhältnis zu dem der Figuren, was Todorov bereits eingeführt hatte (s. 1. Kap.). Dem größeren Wissen des Erzählers gegenüber den Figuren entspricht das auktoriale Erzählen, während das geringere Wissen dem Erzählen aus einer Innenperspektive, wie es typisch ist für das Ich-Erzählen, korrespondiert. Auf seine Typologie von Fokalisierungsvorgängen und die zugrunde gelegten Gesichtspunkte, die zu einer Neuordnung von *point-of-view*-Aspekten geführt haben, wird im nächsten Abschnitt näher eingegangen. Zwischen der Systematik von Stanzel und Genette gibt es gewisse Entsprechungen, die zum Vergleich in dem folgenden Schema gegenübergestellt sind (s. Tab. 16).

Die Erzähltheorie von G. Genette hat ein hohes Abstraktionsniveau und setzt in ihrer Aneignung und Anwendung auf erzählende Texte den theoretisch geschulten Leser und Interpreten voraus. Das schränkt u. a. ihre Brauchbarkeit für die Interpretationspraxis insbesondere mit Lesern ein, die im schulischen Kontext erst eine Analyse- und Interpretationskompetenz erwerben möchten.

Tab. 16 Stanzel – Genette

F.K. Stanzel		G. Genette	
Person	Identität	Stimme	homodiegetisch
	Nicht-Identität		heterodiegetisch
Modus	Erzähler	Modus	narrativer
	Reflektorfigur		dramatischer
Perspektive	Außenperspektive	Modus	Nullfokalisierung
	Innenperspektive		Interne Fokalisierung

2.4 *Point of View* und Fokalisierung

Ein Wesensmerkmal von Narrativen ist die Mittelbarkeit des Erzählens, die sich in einer großen Variationsbreite in der erzählenden Literatur entfaltet. Es hat in unserem Kulturraum eine lange Tradition, zwischen der direkten und indirekten Präsentation einer Geschichte bzw. dem mittelbaren Erzählen, bei dem ein erkennbarer Erzähler die Geschichte vermittelt, und dem unmittelbaren Erzählen, bei dem die Illusion des nicht vermittelten Erzählens erzeugt wird, zu unterscheiden. So differenzierte Plato in *Der Staat* (*Politeia*, verfasst um 370 v. Chr.) zwischen einem Erzählen, wo der Dichter erscheint und sich nicht versteckt, der Diegesis (gr. Erzählung, Erörterung) und der Nachahmung (Mimesis), wo ein Dichter den Stil und Gestus eines Charakters imitiert. Die Geschichte scheint sich selbst zu erzählen; am deutlichsten repräsentiert durch den Dialog. An diese Tradition knüpft die im 19. Jahrhundert geführte Diskussion um das Verschwinden des Autors an. Henry James kritisiert die Illusionsbrüche eines omnipräsenten Erzählers, der dem Leser stets seine Sicht mitteilt statt die der Charaktere in einer Geschichte. H. James suchte nach einem Fokus, einem Zentrum für seine Romane, und legte diesen Fokus in das Bewusstsein eines Charakters, der Perspektivfigur, aus deren Perspektive Erlebnis-/Wahrnehmungsvorgänge berichtet werden. Die Kategorie *point of view* stammt ursprünglich von Henry James (Vorworte 1907–09). Percy Lubbock (1921) hat die Unterscheidung zwischen direkter und indirekter Präsentation, zwischen Erzählen und Nachahmen, wie Platon es nannte, mit dem Konzept des *point of view* von H. James verbunden. Er trennt zwischen einer Darstellung, bei der die Geschichte sich scheinbar selbst erzählt, dem *showing*, und einer Darstellung, bei der die Geschichte von einem Autor/Dichter erzählt wird, dem *telling*. Norman Friedman (1955) hat das Konzept des *point of view* weiter ausdifferenziert; er versteht darunter den Erzählwinkel, unter dem eine Geschichte dargestellt wird. Für Stanzel (1979) ist die Frage der Mittelbarkeit ein zentraler Punkt seiner Erzähltheorie. Er subsumiert das mittelbare Erzählen unter die Kategorie „Erzählermodus" und das unmittelbare unter den „Reflektor-Modus". Nach Genette (1972/^{2}1998) liegt ein narrativer Modus vor, wenn das Erzählte mittelbar durch einen Erzähler präsentiert wird, und ein dramatischer Modus, wenn unmittelbar und ohne Distanz erzählt wird:

Tab. 17 mittelbares vs. unmittelbares Erzählen

	mittelbares Erzählen	**unmittelbares Erzählen**
O. Ludwig (1891):	berichtend	– szenisch
P. Lubbock (1921)/ N. Friedman (1955)	*telling*	– *showing*
F. K. Stanzel (1979)	Erzählermodus	– Reflektor-Modus
G. Genette (1972)	narrativer Modus	– dramatischer Modus

In der Erzählforschung gibt es eine anhaltende Diskussion um den *point of view*, unter dem je nach Forschungsansatz der Blickwinkel, der Erzählerstandort oder die Erzählperspektive verstanden wird. Dem Konzept des *point of view* haftet vor allem die visuell-optische Komponente an: Von der Wahl des Blickpunktes, von dem aus erzählt wird, hängt der Horizont dessen ab, was im Sehfeld liegt, der Richtungsverlauf des Blicks und die Inhalte dessen, was gesehen und erlebt wird. Der Blick einer Figur kann sich von außen auf andere Figuren, Geschehnisse und Handlungen richten oder nach innen auf sich selbst und die eigenen Wahrnehmungen und Erlebnisse registrieren oder reflektieren. Innere Erlebnisvorgänge anderer Figuren sind zumindest der Perspektivfigur, auf der der Fokus liegt, nicht zugänglich, so dass der Wahrnehmungshorizont eingeschränkt ist. Neben der visuell-optischen Komponente umfasst die Kategorie des *point of view* auch die Perspektive dessen, der erzählt, die kognitive Perspektive von Wissen, Glauben und Erfahrungen und die ideologische Perspektive (Sicht auf die Dinge). Ein Kritikpunkt an der älteren *point-of-view*-Forschung besteht darin, dass diese verschiedenen Implikationen eines Konzepts nicht von einem Terminus abgedeckt werden können und die verschiedenen Teilaspekte aufzutrennen sind. Daher behandelt die neuere Erzählforschung das Phänomen, dass ein Erzähler das Bewusstsein einer Figur als einen Filter, durch den Ereignisse und Geschehnisse in der Welt wahrgenommen werden, benutzt, unter dem Begriff der **Fokalisierung** (u.a. Rimmon-Kenan 1983; Bal 1985; Chatman 1986; Kablitz 1988; Nünning 1990; Füger 1993; Fludernik 2006). Der Terminus *focus of narration* geht auf Cleanth Brooks und Robert Penn Warren (1943) zurück und bezeichnet die Figur, die die Ereignisse in der Welt sieht. Genette (1972/[2]1998) nimmt diesen Terminus auf und akzentuiert Fokalisierungsvorgänge in Abgrenzung von Erzählvorgängen (Wahrnehmen vs. Erzählen). Diese grundlegende Trennung zwischen Erzählen und Wahrnehmen/Sehen liegt allen modernen Fokalisierungstheorien zugrunde, die sich damit dezidiert von der *point-of-view*-Tradition absetzen. Für die Abgrenzung unterschiedlicher Fokalisierungsvorgänge geht Genette vom Kriterium der beschränkten oder unbeschränkten Sicht aus. Danach unterliegt die Menge der von einem Erzähler mitgeteilten Inhalte gewissen Beschränkungen, deren Bandbreite von einem allwissenden Erzähler mit seiner nahezu unbegrenzten Weltschau bis zu einer Figur, auf deren Sicht die Präsentation von Welt eingegrenzt wird, reicht. Auf dieser Basis unterscheidet er drei Typen von Fokalisierung:

1. *Nullfokalisierung*: Der Erzähler weiß mehr, als die Figuren; die Sicht ist nicht eingeschränkt. Dieser Typ entspricht dem allwissenden Erzähler.
2. *interne Fokalisierung*: Der Erzähler sagt nicht mehr, als die Figur weiß; das Blickfeld ist eingegrenzt auf die Figur.
3. *externe Fokalisierung*: Der Erzähler sagt weniger, als die Figur weiß. Er nimmt eine Außensicht auf die Figuren und Geschehnisse in der Welt ein. Der Leser erhält keinen Einblick in die Gedanken und Gefühle der Figuren.

In dieser Typologie werden altvertraute Phänomene des allwissenden, personalen und neutralen Erzählens (*camera-eye*-Technik) neu systematisiert, wobei Genette einmal das Kriterium eines außerhalb der erzählten Welt stehenden allwissenden Erzählers ins Spiel bringt, zum anderen jedoch für die Unterscheidung von intern/extern die Figur ins Zentrum rückt: Innen- vs. Außensicht auf die Figur bzw. der Blick auf die Figur und in die Figur. Dieser Typologisierungsvorschlag von Genette hat aufgrund seiner Uneinheitlichkeit zu einer intensiven und kritischen Auseinandersetzung um Fokalisierungsvorgänge in der modernen Erzählforschung geführt, die ihrerseits wiederum sehr verschiedene Gesichtspunkte für die Beschreibung von Fokalisierungen ins Spiel bringt und teilweise zu einer neuen Unübersichtlichkeit geführt hat (u. a. Bal 1985; Kablitz 1988; Nünning 1990; Füger 1993; Fludernik 2006). Auch das Konzept der Fokalisierung ist „dicht" und bindet in sich verschiedene Merkmale, die je nach Ansatz unterschiedlich gewichtet und operationalisiert werden. Konsens besteht darin, dass von fokalisiertem Erzählen nur gesprochen werden kann, wenn jemand „sieht" und ein Wahrnehmungs-/Erlebnisvorgang dargestellt wird. Fokalisierung bezieht sich sowohl auf sinnliche Wahrnehmungsvorgänge von Außenwelt als auch auf mentale Vorgänge des Denkens, Fühlens und Erinnerns. Es gibt durchaus Texte ohne fokalisiertes Erzählen, in denen also keine Perzeptionsvorgänge dargestellt werden (was Genette unter Null-Fokalisierung fasst), und eine breite Grauzone, wo Phänomene, die für Fokalisierungen konstitutiv sind, schwer zu fassen und einzuordnen sind.

Die Kernfrage von Fokalisierungstheorien – **Wer sieht bzw. nimmt wahr?** – lässt sich mittels folgender Fragen operationalisieren, die zugleich ein Instrument für die Analyse und Interpretation von Fokalisierungsvorgängen in der erzählenden Literatur darstellen:

1. Fokalisierung:	Sind Wahrnehmungsvorgänge im Text dargestellt? Wenn ja, wird eine Figur als Instanz gewählt, durch die Ereignisse gesehen werden?
2. Fokalisierungstypen:	Welche Typen fokalisierten Erzählens lassen sich unterscheiden und nach welchen Kriterien?
3. Fokus/ Fokalisierungssubjekt:	Wer ist der Träger von Wahrnehmungsvorgängen? Wer sieht?
4. Fokalisierungsobjekt:	Was ist Gegenstand der Wahrnehmung? Was wird gesehen?
5. Sprecher/Erzähler:	Wer verbalisiert Wahrnehmungsvorgänge? Wer spricht?
6. sprachliche Vermittlung:	Welche sprachlichen Mittel ermöglichen es, Wahrnehmungsvorgänge im Text zu identifizieren?

2.4.1 Fokalisierung/Fokus

Fokalisierung bezeichnet ein Verfahren, bei dem Welt perspektiviert wird und Wahrnehmungsvorgänge zur Darstellung gelangen. Das kann durch die Wahl einer oder mehrerer Figuren innerhalb der erzählten Welt, durch deren „Augen" Ereignisse und Geschehnisse gesehen und erlebt werden, geschehen, aber es gibt, wie noch gezeigt werden wird, auch Wahrnehmungsvorgänge, die nicht an eine Figur gebunden sind. Die erste Frage für die Untersuchung von Fokalisierungsvorgängen ist daher: Kommen Wahrnehmungsvorgänge im Text vor? Wenn ja, wem sind diese Wahrnehmungen und Erlebnisse zuzuordnen? Wer ist die fokalisierende Instanz?

Die folgende Passage aus Thomas Manns Novelle *Der Tod in Venedig* (1913) zeigt einen Wahrnehmungsvorgang, der einer Figur zuzuordnen ist:

> Einen Arm auf die Brüstung gelehnt, betrachtete er das müßige Volk, das, der Abfahrt des Schiffes beizuwohnen, am Quai lungerte, und die Passagiere am Bord. Diejenigen der zweiten Klasse kauerten, Männer und Weiber, auf dem Vorderdeck, indem sie Kisten und Bündel als Sitze benutzten. Eine Gruppe junger Leute bildete die Reisegesellschaft des ersten Verdecks, Polisaner Handelsgehilfen, wie es schien, die sich in angeregter Laune zu einem Ausfluge nach Italien vereinigt hatten. Sie machten nicht wenig Aufhebens von sich und ihrem Unternehmen, schwatzten, lachten, genossen selbstgefällig das eigene Gebärdenspiel und riefen den Kameraden, die, Portefeuilles unterm Arm, in Geschäften die Hafenstraße entlang gingen /…/. Einer, in hellgelbem, übermodisch geschnittenem Sommeranzug, roter Krawatte und kühn aufgebogenem Panama, tat sich mit krähender Stimme an Aufgeräumtheit vor allen Andern hervor. (T. Mann 1967, 349)

Die Hauptfigur Aschenbach betrachtet das Treiben am Quai und an Bord kurz vor der Abfahrt des Schiffes. Er beobachtet Passagiere, Kisten und Bündel. Die

Hinwendung zu Einzelmomenten setzt sich weiter fort, indem sich der Betrachter jungen Leuten des ersten Verdecks zuwendet, die laut lachen und selbstgefällig sind. Dann wird ein einzelner Passagier herausgegriffen, der einen übermodischen Sommeranzug trägt und durch sein Verhalten auffällt. Beschrieben werden die Beobachtungen und Wahrnehmungen der Hauptfigur.

Eine Ich-Erzählung, die retrospektiv erzählt und in der daher eine Zeitdifferenz zwischen erzählendem und erzähltem Ich besteht, zeigt besonders deutlich die Trennbarkeit von Erzählen, was eine Figur sieht und erfährt, und Fokalisierung wie im folgenden Auszug aus J. von Eichendorffs *Aus dem Leben eines Taugenichts* (1826):

> Da seh ich aus dem dunkelkühlen Lusthause zwischen den halbgeöffneten Jalousien und Blumen, die dort standen, zwei schöne, junge, frische Augen hervorfunkeln. Ich war ganz erschrocken, ich sang das Lied nicht aus, sondern ging, ohne mich umzusehen, fort an die Arbeit. (J. von Eichendorff 1971, 1065)

Erzählt wird aus der Rückschau mit einem großen zeitlichen Abstand zu den Erlebnissen und rätselhaften Abenteuern des jugendlichen Helden, der in die Welt hinauszieht. Der Fokus liegt bei dem erzählten Ich, aus dessen Perspektive Wahrnehmungen und Erlebnisse geschildert werden. Das Verb *sehen* und die Richtungsangabe *da* markieren das Figuren-Ich als Wahrnehmungsträger. Hingegen ist das erzählende Ich nicht die Fokalisierungsinstanz, sondern die Erzählinstanz, die die Geschichte aus dem Rückblick transportiert und sich selbst, wie es zum damaligen Zeitpunkt war, zum Perspektivträger macht.

Wie in Er-Erzählungen fokalisiert wird, soll am Beispiel von A. Schnitzlers *Traumnovelle* (1925) aufgezeigt werden. Die Hauptfigur Fridolin begibt sich auf die Suche nach einer Villa, in der sie in der Nacht zuvor gewesen war und besondere Erlebnisse gemacht hat:

> Er kam an die Stelle, wo rechts die Seitenstraße abbiegen mußte, in der das geheimnisvolle Haus stand; er konnte nicht fehlgehen; sie führte nach abwärts, aber keineswegs so steil, als es ihn nachts im Fahren gedünkt hatte. Eine stille Gasse. In einem Vorgarten standen Rosenstöcke, sorgfältig in Stroh gehüllt, in einem nächsten stand ein Kinderwägelchen; ein Bub, ganz in blaue Wolle gekleidet, tollte hin und her; vom Parterrefenster aus schaute eine junge Frau lachend zu. Dann kam ein unbebauter Platz, dann ein wilder eingezäunter Garten, dann eine kleine Villa, dann ein Rasenplatz, und nun, kein Zweifel –, dies hier war das Haus, das er suchte. Es sah keineswegs groß oder prächtig aus, es war eine einstöckige Villa in bescheidenem Empirestil und offenbar vor nicht allzu langer Zeit renoviert.
> (A. Schnitzler 1981, Bd. 6, 111)

Deutlich werden hier die inneren Gedanken und das Sehen der Figur nachgezeichnet; erkennbar an Ausdrücken wie *mußte, gedünkt hatte, nun, kein Zweifel.* Das räumliche Orientierungszentrum, die Deixis des Ich-Hier-Jetzt, liegt bei der Figur. Von ihrem Blickpunkt aus wird der Raum strukturiert, indem räumliche Bezugspunkte, Richtungsverläufe und Lokalisierungen von Straßen und

Häusern vom Standort der Figur aus angegeben werden: *rechts, abwärts, hier.* Die Reihung des Dann simuliert zugleich den zeitlichen Verlauf des Weges, indem in rascher Aufeinanderfolge aufgezählt wird, was kommt (Platz, Garten, Villa, Rasenplatz), bis die gesuchte Villa gefunden ist. Entscheidend bei dieser Passage ist jedoch, dass die „Stimme" dessen, der spricht, die des Erzählers ist, der aus der Optik der Figur deren Sehen und teilweise Denken darstellt, erkennbar am Personalpronomen *er.* Diese Form des Erzählens wurde an früherer Stelle als personales Erzählen beschrieben, als dessen Charakteristikum die Doppelung von Erzählerstimme und Figurensicht galt.

Für die Identifikation von fokalisierten Erzählvorgängen muss nicht nur untersucht werden, wer wahrnimmt und erlebt, sondern auch, wer dieses mitteilt, und wie Erzähl- und Wahrnehmungsinstanz aufeinander bezogen sind. Figurale Wahrnehmungen können mit der eigenen Stimme der Figur wiedergegeben werden (*autophon* nach Füger 1993) oder mit der Stimme des Erzählers (*allophon*). Die Frage, ob auch ein externer Narrator, der keine Figur in der erzählten Welt ist, eine Fokalisierungsinstanz ist, wird in der Forschung strittig behandelt. Die erste Generation der Fokalisierungstheoretiker (Genette 1972/^{2}1998), Chatman 1986) lehnt das zu Recht ab, während die jüngere Generation (Bal 1985; Nünning 1990) zwischen dem Narrator als Fokalisierer und der Figur als Fokalisierer unterscheiden. Dagegen spricht m. E. jedoch mehreres: Es werden hiermit die zwei Vorgänge des Erzählens und des Fokalisierens vermischt und der Narrator wie eine personenhafte Instanz behandelt. Aber der Narrator hat oft in der Literatur keine persönliche Präsenz und kann somit nicht als Wahrnehmungssubjekt bezeichnet werden, auch wenn im Erzählen die Welt perspektiviert werden kann und dem Erzähler dafür vielfältige Mittel und Strategien zur Verfügung stehen, ohne die Wahrnehmung als Mittel einzusetzen. Es bedarf daher der Trennung zwischen dem eigentlichen Fokalisierungsvorgang, so wie er oben beschrieben wurde, und dem Erzählen als einem Vorgang, in dem Welt perspektiviert wird durch Selektion und Strategien der Aufmerksamkeitslenkung auf Figuren, Handlungen, Situationen und Räume, die damit in den Vordergrund rücken, während andere Aspekte im Hintergrund bleiben. Durch solche Strategien des Erzählens wird Welt in eine Perspektive gerückt und kann als eine interpretierte Welt verstanden werden, aber sie wird nicht „gesehen", sondern erzählt. Die Fokussierung beim auktorialen Erzählen ist ein Aspekt des Erzählverfahrens/des Modus und unterliegt nicht zuletzt schreibökonomischen Beschränkungen, dass nicht alle Aspekte eines Gegenstandes beschrieben werden können. Welche Aspekte ausgewählt, wie gewichtet und geordnet werden, ist eine Frage der Auffassung und Interpretation von Welt. Dieser „Blick" auf die Welt ist nicht zu verwechseln mit fokalisiertem Erzählen, bei dem es um identifizierbare Wahrnehmungsvorgänge geht.

2.4.2 Fokalisierungstypen: interne vs. externe Fokalisierung

Das Feld der Fokalisierung wird innerhalb der Narrativik nach intern und extern aufgegliedert, jedoch erfolgt die Abgrenzung nach unterschiedlichen Gesichtspunkten. Z. B. wird das von Genette zugrunde gelegte Kriterium der Beschränkung und des Wissens des Erzählers im Verhältnis zum Wissen der Figur in den Folgediskussionen teilweise aufgegeben (zur Kritik s. Kablitz 1988). Auch das zweite Kriterium von Genette, wonach die Figur ihre eigenen inneren Erlebnisweisen ausdrückt (intern) oder nur von außen betrachtet wird, ohne Einblick in ihr Inneres zu geben (extern), bildet nicht mehr den Kern für die intern-/extern Unterscheidung, sondern wird als ein Aspekt dessen betrachtet, was gesehen wird (Gegenstand der Wahrnehmung). Der zentrale Gesichtspunkt für die Abgrenzung von interner und externer Fokalisierung betrifft aber nicht die Frage, was gesehen wird, sondern **wer sieht** und ob Wahrnehmungsprozesse an eine Figur **innerhalb der erzählten Welt** rückgebunden werden können.

Bei der **internen Fokalisierung** sind die dargestellten Wahrnehmungsvorgänge Teil der erzählten Welt; der Träger von Wahrnehmungsprozessen befindet sich innerhalb der erzählten Welt und ist als Subjekt von Wahrnehmungen und Erlebnissen markiert. Die oben vorgestellten drei Textauszüge exemplifizieren interne Fokalisierungsvorgänge. Der Fokus liegt bei einer Figur. Das entspricht der Reflektorfigur bei F. K. Stanzel (1979). Die Welt wird durch die Figur und ihr „Sehen“ gefiltert präsentiert. Eine besondere Ausprägung einer internen Fokalisierung findet im inneren Monolog statt, wo das Subjekt sich direkt aus seinem Inneren heraus artikuliert, ohne dass sich eine mediale Vermittlungsinstanz dazwischenschiebt. Eine interne Fokalisierung verwenden auch F. Kafka in *Die Verwandlung* (1915), *Das Schloß* (1926) und A. Seghers in *Das siebte Kreuz* (1942).

Der Fokus kann innerhalb einer Erzählung konstant bei einer Figur bleiben oder variabel gehandhabt werden, indem der Fokus zwischen Figuren wechselt. Ein Beispiel für eine fixierte interne Fokalisierung ist die oben zitierte Novelle von T. Mann, während eine variable Fokalisierung bei *Madame Bovary* von G. Flaubert (1856) vorliegt. Zu Beginn des Romans wird Charles Bovary fokalisiert, später Emma. Auch die Zahl der Figuren, die fokalisieren, kann sich ändern. Das trifft auf das mehrperspektivische Erzählen zu, bei dem ein Gegenstand aus der Sicht verschiedener Figuren erlebt und wahrgenommen wird.

Bei der **externen Fokalisierung** liegt ebenfalls eine Perspektivierung von Welt vor, aber die Wahrnehmungsvorgänge sind nicht innerhalb der erzählten Welt zu verorten, da sie nicht an eine Figur der erzählten Welt gebunden sind. Sie sind daher kein konstitutiver Teil der Welt, sondern ein Darstellungsmodus, unter dem Welt hervorgebracht wird. Ein Beispiel, das den Unterschied von externer und interner Fokalisierung verdeutlichen mag, ist dem in der Fachliteratur viel zitierten Roman von D. Hammett *Der Malteser Falke* (1930) entnommen:

> Spade, barfuß und in grün-weiß kariertem Schlafanzug, saß auf seiner Bettkante. Er starrte finster das Telephon auf dem Tisch an, während seine Hände nach einem Päckchen Zigarettenpapier und einem Beutel mit Bull-Durham-Tabak griffen, die daneben lagen.
>
> Kalte, feuchte Luft strömte durch zwei offene Fenster herein, brachte ein halbes Dutzend Mal pro Minute das dumpfe Klagen des Nebelhorns von Alcatraz mit. Ein Blechwecker in unsicherer Stellung auf einer Ecke von Dukes *Berühmte Kriminal fälle Amerikas* – mit der Titelseite nach unten – zeigte fünf Minuten nach zwei Uhr an.
>
> Spades fleischige Finger drehten sorgfältig und ohne Hast eine Zigarette, ließen eine genau abgemessene Menge dunkler Tabakflocken in ein gewölbtes Blättchen rieseln und verteilten sie so, dass sie gleich hoch an beiden Enden und leicht vertieft in der Mitte lagen /.../.
>
> (D. Hammett 1974, 17)

In dieser Passage wird eine Situation beschrieben, in der die Figur (Spade) im Mittelpunkt steht. Gleichsam von außen werden einzelne Aspekte der Situation beobachtet: Spade auf der Bettkante, finsterer Blick, feuchte Luft, offene Fenster, Klagen des Nebelhorns, Buch, Blechwecker, Rollen der Zigarette. Aber es ist nicht die Figur selbst, die beobachtet, sondern eine andere Instanz, die außerhalb der Situation steht und die Figur zum Gegenstand ihrer Beobachtung macht. Von der äußeren Realität wird nur ein begrenzter Ausschnitt beschrieben, das, was im Nahbereich der Figur liegt und konkret gegeben ist. Die Welt wird durch eine Beobachterposition präsentiert, aber die Figur ist nicht das Subjekt der Beobachtung, sondern **Objekt**, und es lässt sich auch keine Instanz innerhalb der erzählten Welt ausmachen, die Träger der Beobachtung ist. Potentiell liegen die beschriebenen Realgegenstände der Situation im Wahrnehmungsbereich der Figur, aber es ist nicht ihr Sehen, durch das sie hervortreten. Es werden Beobachtungen von Außenwelt (Figuren, Situationen, Vorkommnisse) wiedergegeben, aber nicht an ein erkennbares Wahrnehmungssubjekt gebunden. Ein Zugang zum Figurenbewusstsein im Sinne der Introspektion ist aufgrund der eingenommenen externen Beobachterposition nicht möglich. Da es keinen Beobachter als Figur gibt, handelt es sich bei der Kategorie des Beobachters um ein Konstrukt, das im Text identifizierbar ist über die genannten Merkmale des Beobachtens. Es ist ein narratives Verfahren, bei dem in Bezug **auf** die Welt fokussiert wird, ohne eine Figur zur Fokalisierungsinstanz zu machen. Vielmehr tritt die Welt auf besondere Weise in Erscheinung und ist als 'beobachtet' und 'wahrgenommen' gekennzeichnet. Im Unterschied zur Novelle von T. Mann entsprechen die Wahrnehmungen und Beobachtungen jedoch keinem Erleben und Sehen innerhalb der Welt und sind somit kein konstitutiver Teil der Welt, sondern Aspekt ihrer Hervorbringung bzw. ein Darstellungsmodus.

Externe Fokalisierung kommt dem nahe, was die ältere Erzählforschung unter neutralem Erzählen oder dem Erzählen aus der **Kameraperspektive** bezeichnet hat (Friedman 1955), bei der die Beobachtungen von Außenwelt objektiv beschrieben werden, ohne Zugang zum Inneren der Figur zu haben. Eine Variante externen Fokalisierens verwendet Theodor Storm in seiner Novelle *Der Schimmelreiter (1888)*. Es handelt sich um die Szene, in der ein Knecht und der Junge Carsten auf der gegenüberliegenden Hallig einen Schimmel sehen, dessen Existenz jedoch fraglich ist:

> Der Knecht hob den Arm und wies stumm nach der Hallig. „Oha!" flüsterte der Junge; „da geht ein Pferd – ein Schimmel – das muß der Teufel reiten – wie kommt ein Pferd nach Jevershallig?"
> „Weiß nicht, Carsten; wenn's nur ein richtiges Pferd ist!" „Ja, ja, Iven; sieht nur, es frißt ganz wie ein Pferd! Aber wer hat's dahin gebracht; wir haben im Dorf so große Böte gar nicht! Vielleicht auch ist es nur ein Schaf; /.../Nein, sieh! Nun springt es – es muß doch ein Pferd sein!" (T. Storm 1967, Bd. II, 754–755)

Zunächst handelt es sich um eine interne Fokalisierung, da die Wahrnehmung eines Pferdes an die beiden Figuren gebunden wird, wenn auch mit dem Zweifel, ob es sich um Spuk oder um ein wirkliches Pferd handelt. Der Junge will am nächsten Abend hinüberfahren, um zu prüfen, ob es sich um eine Täuschung handelt oder nicht. Dann heißt es im Text:

> Drüben aber war es, als hebe, was dorten ging, den Hals, und recke gegen das Festland hin den Kopf. Sie sahen es nicht mehr; sie gingen schon den Deich hinab und bis zur Stelle, wo das Boot gelegen war. „Nun, steig nur ein!" sagte der Knecht, nachdem er es losgebunden hatte. (a. a. O., 756).

Die beiden Männer können die Erscheinung auf der Hallig nicht mehr sehen, da sie sich schon abgewandt haben. Wer also sieht die Erscheinung und wem ist, als ob diese den Hals hebe und den Kopf recke? Es handelt sich um einen narrativen Satz, der die Wahrnehmung eines externen Beobachters wiedergibt, dem jedoch innerhalb der erzählten Welt keine Figureninstanz entspricht. Insofern handelt es sich bei dem Satz *Drüben aber war es, als hebe ... den Kopf.* um eine externe Fokalisierung, weil die Figuren dieses nicht sehen. Es erfolgt ein Wechsel von einer internen Fokalisierung, wo die Wahrnehmung an die beiden Figuren gebunden ist und diese über den Status der Erscheinung sprechen, zur externen Fokalisierung. Allerdings ist der Status der Erscheinung auch in dieser externen, nicht figurengebundenen Sicht ungesichert (*war es, als hebe*).

Bindet man die Aussage an den Erzähler, den Schulmeister, der für Aufklärung und Rationalität steht und sich dezidiert vom Aberglauben seiner Zeit distanziert, dann steht diese Vision von einem Pferd im Widerspruch zu seinem Weltbild, in dem Spuk und Aberglaube keinen Platz haben, so dass zweifelhaft ist, was es mit dem Schimmel auf sich hat: Existiert er tatsächlich oder handelt es sich um eine Sinnestäuschung, eine Einbildung? Diese Doppelbödigkeit, die den Wahrheitsanspruch in Bezug auf die erzählte Welt in Frage stellt, setzt sich im weiteren Erzählverlauf fort. Während sich der Junge auf der Insel befindet und dort keinen Schimmel vorfindet, bleibt der Knecht am Ufer und sieht von dort aus wiederum den Schimmel und den Jungen, der auf ihn zugeht. Als der Junge wieder zurück ist am Ufer, sehen beide deutlich den Schimmel auf der anderen Seite. Hier treffen zwei Wahrnehmungsmodi aufeinander, die die Fraglichkeit der Existenz von Erscheinungen bzw. die Doppelbödigkeit von Wirklichkeit und das, was wir dafür halten, zum Thema machen, ebenso wie die Standortgebundenheit dessen, was wir sehen, verdeutlicht wird. Das zitierte Erzählverhalten unterstützt die Ambivalenz des Wahrgenommenen und macht die Vorgänge in der erzählten Welt zweifelhaft. Dieses kann als ein Fall unzuverlässigen Erzählens aufgefasst werden, was durchaus der Gesamtstruktur des *Schimmelreiters* korrespondiert, in dem sich hinter der konkreten Geschichte vom Aufstieg und Scheitern des Hauke Haien eine andere Wirklichkeitsebene auftut, die durch Aberglaube und Irrationalität gekennzeichnet ist. Externe Fokalisierung und unzuverlässiges Erzählen erhalten in der Gesamtstruktur dieser Novelle einen funktionalen Wert.

Eine externe Fokalisierung zeigt ebenfalls die Szene im 1. Kap. des 3. Teils von *Madame Bovary.* Emmy und ihr Geliebter Léon befinden sich heimlich in einer Kutsche, die auf Anweisung einer Stimme aus dem Inneren der Kutsche immer weiter vorangetrieben wird, um nicht zu halten:

> Die Droschke rollte die Rue Grand-Pont hinunter, überquerte die Place des Arts, fuhr durch den Quai Napoléon, über den Pont Neuf und hielt dann mit einem Ruck vor dem Denkmal Pierre Corneilles.
> „Weiterfahren!“ rief eine Stimme aus dem Innern.
> Der Wagen fuhr wieder los, geriet beim Carrefour La Fayette, wo es bergab ging, in immer raschere Fahrt und bog dann im Galopp zum Bahnhof ein.
> „Nein, immer gerade!“ rief die gleiche Stimme wieder. /.../
> Einmal, mitten auf freiem Feld, um die Mittagsstunde, als die Sonne am heißesten auf die alten versilberten Laternen niederbrannte, langte eine nackte Hand unter den kleinen gelbleinenen Vorhängen hervor und warf ein Häufchen Papierschnitzel hinaus, die im Winde davonflatterten und sich dann wie weiße Schmetterlinge auf ein blühendes Rotkleefeld setzen. (G. Flaubert 1959, 315–317)

Auch hier wird eine Beobachterposition eingenommen, die das Fahren und den Weg der Kutsche von außen verfolgt. Während der ganzen Zeit bleibt der Blick diskret außen vor und verbirgt dem Leser, was sich im Inneren der Kutsche abspielt. Besonders deutlich ist diese von außen eingenommene Sicht in der Szene, in der eine Hand unter den Vorhängen hervorkommt und Papierschnitzel aus der Kutsche wirft. Niemand sieht innerhalb der erzählten Welt diese Hand. Diese Beobachtung ist keiner Figur zuzuschreiben und dem Inhalt der Beobachtung entsprechen innerhalb der erzählten Welt nur die Aktionen (hervorlangen, hinauswerfen) nicht ihre Perzeption.

Festzuhalten bleibt: Der Unterscheidung von interner vs. externer Fokalisierung legt als Kriterium die Identifikation einer **Figur als Wahrnehmungsinstanz** und die **Lokalisierung von Wahrnehmungsvorgängen** auf der Ebene der Figuren oder der erzählerischen Vermittlung. Ein weiterer typologischer Aspekt betrifft die Frage nach der Ver- und Entpersönlichung des Fokalisierungsträgers: Er ist persönlich, wenn eine Figur die fokalisierende Instanz ist, und unpersönlich, wenn es sich um einen externen Beobachter im Sinne der Kameraperspektive handelt.

2.4.3 Fokalisierungsobjekt

In der Erzählforschung wird immer wieder die Perspektive auf einen Gegenstand von außen oder von innen ins Spiel gebracht (Innen-/Außenperspektive) – nicht zu verwechseln mit der Gliederung von Fokalisierungsvorgängen nach intern/extern. Der Blick auf die Gegebenheiten der Welt (Figuren, Räume, Handlungen) kann von **außen** erfolgen, indem lediglich Handlungen, konkrete Situationen, Äußeres von Figuren beschrieben werden. Davon zu trennen ist der Blick auf die **Innenseite** von Figuren, indem die Gedanken, Wahrnehmungen oder inneren Gefühle einer Figur mitgeteilt werden oder Vermutungen über innere Vorgänge aus einer externen Position angestellt werden. Stanzel (1979) bezieht Innen-/Außenperspektive auf die Figur; ebenso Genette (s. o.). Petersen (1993) fasst die Differenzierung von Innen- und Außenperspektive unter der Kategorie der Erzählperspektive und subsumiert darunter auch das Vermögen des allwissenden Erzählers, Einblick in die inneren Vorgänge einer Figur zu gewähren.

Die Unterscheidung von innen/außen bzw. von Innen-/Außenperspektive ist in jedem Fall eine gegenstandsbezogene Differenzierung: das Objekt von außen oder von innen. Daraus ergibt sich als abgeleitetes weiteres Differenzierungskriterium für Fokalisierungsvorgänge, dass bei einer externen Fokalisierung Vorgänge nur aus der Außensicht präsentiert werden, während bei der internen Fokalisierung zudem die Innensicht von Figuren zur Verfügung steht, wenn sie auch beschränkt ist auf die Wahrnehmungsfigur, die wiederum in Bezug auf andere Figuren nur die Außensicht einnehmen und über innere Realitäten anderer lediglich Vermutungen anstellen kann. Interne Fokalisierung wird angezeigt durch Formulierungen wie: *dachte er, er wusste, er sah*. Fast ausnahmslos heben Fokalisierungstheoretiker den Aspekt hervor, dass bei einer externen Fokalisierung keine Introspektion möglich ist, da sie selbst Objekt von Fokalisierung ist.

In Bezug auf den Wahrnehmungsgegenstand sind wiederum folgende Varianten möglich: Es kann ein Gegenstand sein, der von einer Figur oder von mehreren gesehen wird, es können verschiedene Gegenstände sein. Ein Gegenstand kann sich wiederum verschiedenen Figuren unter verschiedenen Aspekten darbieten, wie in M. Frisch *Stiller*, wo teilweise aus der Sicht dreier Figuren dieselben Episoden berichtet werden, oder in C. Heins *Horns Ende*.

2.4.4 Sprachliche Indikatoren für Fokalisierungsvorgänge

Da Wahrnehmungs- und Erlebnisvorgänge nicht-sprachlich sind, bleibt zu hinterfragen, wie sie verbalisiert werden und auf der Textebene für den Leser erkennbar sind. Welche sprachlichen Mittel und Signale werden verwendet, die dem Leser helfen, Wahrnehmungsvorgänge im Text zu identifizieren? Kennzeichen einer internen Fokalisierung sind als erstes die Verben des Sehens und Wahrnehmens (*verba percipiendi*), wie *er sah, er beobachtet*, des Weiteren die Verwendung des Eigennamens, des Personalpronomens der dritten Person und der auf den Sprecher bezogenen räumlichen Deixis. Auch Ausdrücke des Erinnerns und Wendungen wie *vielleicht, wahrscheinlich, als ob, wie es scheint*, in denen eine Figur Überlegungen über die Gedanken anderer Figuren anstellt, markieren interne Fokalisierung. Der Wechsel des Stils kann ebenfalls ein Hinweis sein, da bei internen Fokalisierungsvorgängen tendenziell der Sprachstil einer Figur imitiert wird. Entfallen jegliche Formeln des Sehens/Wahrnehmens wie beim inneren Monolog, dann tritt interne Fokalisierung am klarsten hervor.

Externe Fokalisierung wird angezeigt durch Ausdrücke wie *es schien* (die videtur-Formel), *vielleicht, ist zu vermuten*, mit denen der Erzähler Vermutungen über innere oder äußere Vorgänge von Figuren anstellt.

8 Untersuchen Sie den folgenden Textausschnitt aus E.T.A. Hoffmanns *Der Sandmann* nach folgenden Gesichtspunkten:

1. **Liegt interne oder externe Fokalisierung vor? Nach welchen Kriterien entscheiden Sie das?**
2. **Welche sprachlichen Signale helfen Ihnen, den Typ von Fokalisierung zu identifizieren?**

Als ich nun diesen Coppelius sah, ging es grausig und entsetzlich in meiner Seele auf, daß ja niemand anders als er der Sandmann sein könne /.../
Ich war festgezaubert. Auf die Gefahr entdeckt und, wie ich deutlich dachte, hart gestraft zu werden, blieb ich stehen, den Kopf lauschend durch die Gardine hervorgestreckt. Mein Vater empfing den Coppelius feierlich. „Auf! – zum Werk", rief dieser mit heiserer, schnarrender Stimme und warf den Rock ab. Der Vater zog still und finster seinen Schlafrock aus, und beide kleideten sich in lange schwarze Kittel. Wo sie *die* hernahmen, hatte ich übersehen. Der Vater öffnete die Flügeltür eines Wandschranks; aber ich sah, daß das, was ich so lange dafür gehalten, kein Wandschrank, sondern vielmehr eine schwarze Höhlung war, in der ein kleiner Herd stand.

Die Gesichtspunkte, nach denen Fokalisierungsvorgänge typologisch abgegrenzt und in Texten identifiziert sind, sind in dem folgenden Schema noch einmal zusammengefasst:

Tab. 18 Fokalisierungsvorgänge

Unterscheidungskriterium	**Fokalisierungsvorgänge**
1. Zuordnung zu einer narrativen Ebene	interne vs. externe Fokalisierung
2. Fokalisierungsträger	Figur als Subjekt Figur als Objekt Innen-/Außensicht auf Figuren
3. Ver-/Entpersönlichung	personale Instanz (Figur) vs. unpersönliche Instanz (Beobachter) *camera-eye*
4. Variabilität der Fokalisierung	statisch vs. variabel; multiple Fokalisierung (Zahl der Figuren)
5. Sprecherinstanz/Stimme	Figur selbst; andere Figur; Erzähler (persönlich) vs. erzählerisches Medium (unpersönlich)
6. Sprachliche Indikatoren	verba percipiendi videtur-Formel
7. Graduelle Abstufungen	Sprachstil; innerer Monolog als Indikatoren

2.5 Darbietungsweisen: Erzählerrede – Personenrede

Eine Geschichte kann, wie zuvor betont wurde, unterschiedlich vermittelt werden. Auf der einen Seite gibt es Erzählungen mit einer hohen Dominanz des Erzählers und seinem Verfügen über die Vorgänge in der erzählten Welt. Auf der anderen Seite vermindern sich die Präsenz und die Vermittlung des Erzählers so sehr, dass die Vorkommnisse in der erzählten Welt in den Vordergrund rücken, so, als ob sie sich selbst hervorbringen würden. Das mittelbare Erzählen steht dem unmittelbaren Erzählen, dem Zeigen, wie beim szenischen Erzählen, gegenüber. Die unterschiedlichen Grade der Vermitteltheit des Erzählgegenstandes manifestieren sich in Redeformen, darin also, wer spricht. Jene Textteile, die dem Erzähler zuzuordnen sind und die er als Sprecher verantwortet, gehören zur Erzählerrede. Alle Äußerungen einer Figur gehören zur Personenrede.

Erzählerrede/Erzählerbericht

Es gibt verschiedene Textteile innerhalb einer Erzählung, bei denen der Erzähler das Subjekt der Aussage ist. In erster Linie sind es jene Passagen, in denen der Erzähler von Figuren, ihrem sprachlichen und nicht-sprachlichen Handeln und Verhalten, Geschehnissen und Situationen in der erzählten Welt erzählt. Diese Teile gehören zum Bericht des Erzählers. Überwiegend wird im Erzählerbericht das Präteritum verwendet, bisweilen auch das Präsens. Zur Erzählerrede gehört auch die Vermittlung dessen, was Figuren sagen, denken und empfinden. Wird das, was Figuren sagen, in indirekter Rede wiedergegeben, so zählen auch diese Redeteile zum Erzählerbericht, da der Erzähler die Aussagen einer Figur wiedergibt. Die Wiedergabe von unausgesprochenen Gedanken und Gefühlen einer Figur – auch „Gedankenbericht" bezeichnet – wird eingeleitet oder abgeschlossen durch Verben des Denkens oder Meinens (dachte er, meinte sie). Eine Erzählung besteht jedoch nicht nur aus erzählerischen Redeformen, die die Geschichte transportieren, sondern auch aus deskriptiven Teilen, in denen der Erzählfluss stockt und Situationen, Figuren oder Landschafts- und Innenräume beschrieben werden.

Die Erzählerrede umfasst zudem die Eingriffe des Erzählers in Form von Kommentaren zum Handlungsgeschehen und dem Verhalten von Figuren, Wertungen des erzählten Geschehens, Erläuterungen, Reflexionen und Leseransprachen. Sie vermitteln nicht die Geschichte, sondern begleiten diese aus einer externen Position und thematisieren den Vorgang des Erzählens selbst. Sie gehören gleichwohl zur Erzählerrede und stehen zumeist im Präsens.

Personenrede

Alle direkten Äußerungen einer Figur, einschließlich ihrer inneren Wahrnehmungs- und Denkvorgänge, die nicht über eine narrative Instanz vermittelt sind, gehören zur Personenrede. Gedanken und Reden einer Figur werden in der direkten Rede einer Figur wiedergegeben, die der Erzähler oft mit einem *verbum dicendi* (fragte er, sagte sie) einleitet oder abschließt, die so genannte inqit-Formel. Zur Personenrede gehören auch alle Formen der Kommunikation zwischen Figuren innerhalb der erzählten Welt. Dabei kann es sich um eine mündliche Kommunikationssituation handeln, in der Figuren im Dialog kommunizieren. Die Kommunikation kann jedoch auch in schriftlicher Form erfolgen, wenn eine Figur einen Brief an eine andere Figur schreibt.

Erlebte Rede

Die Vermittlungsfunktion der alten auktorialen Erzählerfigur tritt im Laufe der Geschichte zugunsten des personalen Erzählens zurück, bei dem die Außenwelt sich im Bewusstsein einer Figur spiegelt und eine stärkere Hinwendung zu Innenwelten erfolgt, deren Entfaltung sich zweier Darstellungsmittel bedient: der erlebten Rede und des inneren Monologs. Die erlebte Rede ist ein schillerndes Phänomen, da sie die Grenze zwischen der Ebene des Erzählers und der der Figur verschleift. Im Laufe der literarhistorischen Entwicklung hat sich die erlebte Rede erst spät entwickelt. Abgesehen von Einzelelementen, die sich in früheren Romanen finden, hat erstmalig Jane Austen diese Technik in ihren Romanen *Stolz und Vorurteil* (1813) und *Emma* (1816) als strukturbildend eingesetzt; in Frankreich waren es Stendhal, Balzac und Flaubert. In Deutschland beginnt ihre Verwendung etwa mit Büchner.

Die erlebte Rede – der Terminus geht auf Etienne Lorck (1921) zurück – wird immer wieder zur Charakterisierung des personalen Erzählverhaltens angeführt. Es handelt sich um eine stilistische Technik der Darstellung von Figurenbewusstsein. D. Cohn (1978) spricht von einem erzählten Monolog (*narrated monologue*), den sie als Wiedergabe der Gedanken einer Figur charakterisiert, bei der der Erzählrahmen in der dritten Person aufrechterhalten bleibt. R. Pascal (1977) beschreibt die erlebte Rede als Doppelstimme.

Die Zweideutigkeit von Figur und Erzähler sowie Rede und Denken ist, wie in der Forschung immer wieder betont wird (u. a. Stanzel [2]1982; Genette [2]1998) das hervorstechende Merkmal der erlebten Rede. Bei der erlebten Rede nimmt sich der Erzähler zurück und teilt aus der Sicht einer Figur mit, was diese erlebt, beobachtet, empfindet und denkt. Der Erzähler ist nach wie vor die Instanz, die erzählt, aber sie nimmt die Wahrnehmungs- und Erlebnisperspektive einer Figur ein, so dass eine Doppelung von Erzählerrede und Figurensicht im Erzählen entsteht. Der Erzähler übernimmt dabei die Sprache der Figur. Wie das obige Zitat von M. Walser zeigt, liegt bei der erlebten Rede das Orientierungszentrum bei einer Figur in der erzählten Welt, um von dort aus Vorgänge und Geschehnisse zu vermitteln. Wenn es heißt *dass man so dicht an den in beiden Richtungen Vorbeiströmenden doch nichts sah* (M. Walser 1993, 9), dann artikuliert sich hierin die Sichtweise der Figur, die lieber weiter hinten im Café sitzen möchte, weil man dort mehr sehen kann. Das zeitlich-räumliche Hier und Jetzt der Figur (die Deixis) bildet den Ausgangspunkt, von dem aus Vorgänge nicht nur wahrgenommen, sondern auch dargestellt werden. Die charakteristischen Merkmale der erlebten Rede sollen an einem Zitat von Kafka näher herausgearbeitet werden. Das Romanfragment *Der Prozeß* von Franz Kafka (1925) endet mit einer Vision von Joseph K.:

Seine Blicke fielen auf das letzte Stockwerk des an den Steinbruch angrenzenden Hauses /.../ ein Mensch, schwach und dünn in der Ferne und Höhe, beugte sich mit einem Ruck weit vor und streckte die Arme noch weiter aus.	Erzählerbericht
Wer war es? Ein Freund? Ein guter Mensch? Einer, der teilnahm? Einer, der helfen wollte? /.../ Wo war der Richter, den er nie gesehen hatte? Wo war das hohe Gericht, bis zu dem er nie gekommen war? /.../	erlebte Rede
Aber an K.s Gurgel legten sich die Hände des einen Herrn, während der andere das Messer ihm tief ins Herz stieß und zweimal dort drehte	Erzählerbericht

(F. Kafka 1990, 312).

Der Sichtwinkel wechselt vom Erzähler zum Erlebenden, der hastig, assoziativ, mit direkten Fragen seinen Gedanken freien Lauf lässt, bis am Ende der Erzähler wieder den Bericht übernimmt. Das Aussagesubjekt steht in der dritten Person (er/sie). Das Imperfekt, die Fragetechnik, argumentative Interjektionen, wie *gewiss, jedoch,* und emphatische Ausdrücke, wie *ach* als Ausdruck von Empfindungen einer Figur, sind weitere Mittel der erlebten Rede. Zentral ist jedoch, dass das deiktische Orientierungszentrum bei der Figur liegt, deutlich erkennbar an Raum- und Zeitadverbien, wie *morgen, hier, nun,* die auf die Figur bezogen sind. Die Rede und Gedankenwiedergabe einer Figur wird nicht durch einen Satz des Sagens und Meinens (sagte er, fragte er) eingeführt oder abgeschlossen. Die narrative Instanz wird identifizierbar an der Einbettung von Figurengedanken und -wahrnehmungen in einen situativen Rahmen, dem Erzählerbericht.

Außer in einer Er-Erzählung tritt die erlebte Rede auch in einer Ich-Erzählung auf, um Gedanken, Wahrnehmungen und teilweise auch die Rede einer Ich-Figur wiederzugeben, wie in Hermann Hesses *Steppenwolf* (1927):

> Prüfend blickte ich zu der alten Mauer hinüber, heimlich wünschend, der Zauber möge wieder beginnen, die Inschrift mich Verrückten einladen, das kleine Tor mich einlassen. Dort vielleicht war das, was ich begehrte, dort vielleicht würde meine Musik gespielt? (Hesse 1961, 53)

Der Wunsch (*möge*) und die direkte Frage mit dem deiktischen Adverb *dort* sind Indikatoren für die erlebte Rede. Im Unterschied zur erlebten Rede beim Er-Erzählen erfolgt kein Wechsel des Tempus.

Die erlebte Rede ist oft schwer zu identifizieren, aber es lassen sich einige Bestimmungsmerkmale benennen, die hilfreich sind für die Analyse und die hier in einer Übersicht noch einmal zusammengestellt sind:

Tab. 19 erlebte Rede

Merkmale der erlebten Rede:

1. Doppelung von Erzählerrede und Figurensicht
2. Erzählen aus der Wahrnehmungs-/Erlebnisperspektive einer Figur
3. Minderung der Erzählerdistanz
3. Personalpronomen der 3. Person Indikativ Präteritum beim Er-Erzählen
4. Personalpronomen der 1. Person Indikativ beim Ich-Erzählen
4. Fragetechnik
5. Raum-/Zeitadverbien
6. Interjektionen
7. emphatische Ausdrücke
8. keine inquit-Formel (sagte er)
9. Sprachstil der Figur

Innerer Monolog

Eine weitere Technik, innere Bewusstseinsvorgänge von Figuren wiederzugeben, ist der innere Monolog, bei dem im Unterschied zur erlebten Rede die Vermitteltheit durch eine narrative Instanz entfällt. Beim inneren Monolog werden die Gedanken, Wahrnehmungen, Assoziationen einer Figur unmittelbar aus dem Inneren der Figur heraus artikuliert. Es schiebt sich kein erzählerisches Medium dazwischen, sondern es ist der direkte Gedanken- und Wahrnehmungsfluss einer Figur. Der folgende Ausschnitt aus A. Schnitzlers Erzählung *Fräulein Else* (1924) mag verdeutlichen, was ein innerer Monolog ist. Die Anwaltstochter Else wird gebeten, den Ruin ihres Vaters und die drohende Gefängnisstrafe abzuwenden, indem sie sich dem Kunsthändler von Dorsday gefällig erweist:

> Und ich sitz' da ruhig auf dem Fensterbrett. Und der Papa soll eingesperrt werden. Nein. Nie und nimmer. Es darf nicht sein. Ich werde ihn retten. Ja, Papa, ich werde dich retten. Es ist ja ganz einfach. Ein paar Worte ganz nonchalant, das ist ja mein Fall, „hochgemut", – haha, ich werde Herrn Dorsday behandeln, als wenn es eine Ehre für ihn wäre, uns Geld zu leihen. Es ist ja auch eine.
>
> (A. Schnitzler 1980, Bd. 5, 217).

Innere Vorgänge der Figur in Form von Beobachtungen, Absichtserklärungen und Kommentaren artikulieren sich in dieser Rede. Subjekt ist die Figur, die in der Ich-Form spricht. Eingeflochten werden Informationen zum situativen Kontext (am Fensterbrett sitzen) und Aussagen über vorhergehende oder parallel stattfindende Ereignisse (Einsperren des Vaters), so dass der Leser sowohl über die konkrete Situation als auch über situationsübergreifende Geschehnisse aus dem Gedankenfluss der Figur heraus informiert wird. Es kommt keine Erzählerrede vor, die dem Leser diese Kontextinformationen gibt, sondern die mentalen Abläufe im Denken der Figur werden unvermittelt präsentiert.

Zu den sprachlichen und stilistischen Merkmalen des inneren Monologs gehören die Verwendung der 1. Person Präsens Indikativ und des persönlichen Sprachstils einer Figur, eine verkürzte Syntax, Auslassungen von Artikeln, Präpositionen und Konjunktionen, assoziative Verbindungen, Sprachspielerisches und die Wiedergabe von äußerem Geschehen in rein subjektiver Wahrnehmung und Empfindung. Verben des Glaubens und Meinens kommen nicht vor. Das normalerweise benutzt Tempus ist das Präsens. Außerdem fehlen Anführungszeichen wie bei der direkten Rede. Alle Vorgänge werden ohne Ankündigungen und erzählerische Eingriffe wiedergegeben. Die Rede ist auch nicht an einen Adressaten gerichtet.

Eine ausgeprägtere Form der Darstellung von Innenwelten ist der Bewusstseinsstrom (*stream of consciousness*), der noch stärker das Assoziative, Unruhige und Ineinander von Reflexionen, Wahrnehmungen und subjektiven Reaktionen von Bewusstseinsinhalten zum Ausdruck bringt. William James hat 1890 den Begriff des *stream of consciousness* zur Charakterisierung von Bewusstseinsinhalten in ihrem fragmentarischen, flüchtigen und inkohärenten Ablauf geprägt.

Den inneren Monolog hat James Joyce in seinem berühmten von 1914 bis 1921 entstandenen Roman *Ulysses* neben anderen Darstellungstechniken verwendet, im deutschsprachigen Raum setzen Arthur Schnitzler in *Leutnant Gustl* (1901), Alfred Döblin in *Berlin Alexanderplatz* (1929) und Hermann Broch u. a. in *Der Tod des Vergils* (1945) diese Technik ein. Er ist ein typisches Stilmittel der Moderne, um unausgesprochene Gedanken einer Figur wiederzugeben und findet sich nicht zuletzt auch in der Kinder- und Jugendliteratur, wie in Peter Härtlings Roman *Oma* (1975).

Tab. 20 innerer Monolog

Merkmale des inneren Monologs: 1. erste Person Präsens Indikativ 2. verkürzte Syntax 3. Auslassungen von Artikeln, Präpositionen, Konjunktionen 4. keine Anführungszeichen 5. keine Verben des Glaubens und Meinens (glaubte sie) 6. keine Erzählervermittlung 7. subjektiver Stil der Figur 8. Ausdruck innerern Vorgänge

Die Darstellungsverfahren sind in der folgenden Übersicht mit Abstufungen ihrer Mittelbarkeit noch einmal zusammengestellt:

Tab. 21 Erzählen vs. Zeigen

Erzählerrede – Figurenrede / Erzählen – Zeigen		
Erzählen	Erzählerrede – nicht-verbale Ereignisse	 Der Graf saß frierend an seinem Kamin.
	– Sprechen/Denken einer Figur	Er teilte ihr alles mit, was er an diesem Tag erlebt hatte.
	indirekte Rede/ Gedankenwiedergabe	Er sagte, er komme mit dem Zug.
Mischform	erlebte Rede	Wer war es? Ein Freund?
	Figurenrede	
Zeigen	direkte Rede/ Gedankenwiedergabe	„Ja," sagte der dritte, „ich habe ein Haus einstürzen sehen."
	innerer Monolog	Ich muss auf die Uhr schauen ... schickt sich wahrscheinlich nicht /.../. Aber wer sieht's denn?

9 Untersuchen Sie bitte die verschiedenen Vermittlungsformen in dem folgenden Auszug aus *Das Fräulein von Scudery*:

Spät um Mitternacht – es mochte im Herbste des Jahres 1680 sein – wurde an dieses Haus hart und häßlich angeschlagen, daß es im ganzen Flur laut widerhallte. – Baptiste, der in des Fräuleins kleinem Haushalt Koch, Bedienten und Türsteher zugleich vorstellte, war mit Erlaubnis seiner Herrschaft über Land gegangen zur Hochzeit seiner Schwester, und so kam es, daß die Martiniere, des Fräuleins Kammerfrau, allein im Hause noch wachte. /…/ da vernahm sie ganz deutlich die Stimme des Anpochenden: „Um Christus willen, so macht doch nur auf!" „In der Tat," dachte die Martiniere, „so spricht doch wohl kein Räuber; wer weiß, ob nicht gar ein Verfolger /…/
Sie öffnete ein Fenster und rief hinab, wer denn da unten in später Nacht so an der Haustür tobe und alles aus dem Schlafe wecke, indem sie ihrer tiefen Stimme so viel Männliches zu geben sich bemühte, als nur möglich.

2.6 Kommunikations-/Erzählsituationen

Wie einleitend zum ersten Kapitel bereits dargelegt wurde, ist das Erzählen von Geschichten ein soziales Phänomen. Es ist eingebettet in eine Kommunikationssituation (einen sozialen Kontext), die seine Funktion mit bestimmt. Zu dieser Kommunikationssituation gehören der Erzähler und als Adressat der Zuhörer oder Leser. Beim mündlichen Erzählen handelt es sich um eine außersprachliche Situation, in der erzählt wird, wie im Alltag, wo fortlaufend Erfahrungen durch das Geschichtenerzählen organisiert, verarbeitet und vermittelt werden. In der mündlichen Erzähltradition beeinflusst der soziale Kontext das Erzählen. So war das Erzählen von Feenmärchen im höfischen Kontext des 16./17. Jahrhunderts in Frankreich eine Mode, die mehr als eine Unterhaltungsfunktion besaß, indem die Feenmärchen durch die zentrale Rolle der Fee als einer ordnenden Instanz dem Rationalitätsdenken der Aufklärung verpflichtet waren.

Beim schriftlichen Erzählen kann die Situation, in der erzählt wird, selbst fingiert werden, indem ein Erzähler sich zu Worte meldet und sich an eine fiktive Zuhörerschaft oder an den Leser wendet. Mit der Darstellung einer fiktiven Erzählsituation (damit ist nicht der Terminus von F. K. Stanzel gemeint, sondern die Kommunikationssituation) beginnt die bereits zitierte Erzählung von S. Zweig *Die unsichtbare Sammlung*, in der ein älterer Herr in ein Coupé steigt und Mitreisenden ankündigt, von einer Episode zu erzählen:

> Zwei Stationen hinter Dresden stieg ein älterer Herr in unser Coupé, grüßte höflich und nickte mir dann, aufblickend, noch einmal ausdrücklich zu wie einem guten Bekannten. /…/ Plötzlich sagte er unvermittelt:
> „Ich muß Ihnen doch erzählen, woher ich gerade komme. Denn diese Episode ist so ziemlich das Sonderbarste, was mir altem Kunstkrämer in den siebenunddreißig Jahren meiner Tätigkeit begegnet ist". (S. Zweig 2001, 408)

In diesem Fall wird eine mündliche Erzählsituation fiktionalisiert; dazu gehören raum-zeitliche Angaben, eine fiktive Zuhörerschaft (die Reisegesellschaft), die Umstände einer Begegnung oder des Zusammentreffens. Die erzählte Geschichte ist eingebettet in eine Erzählsituation und liegt auf einer tieferen Ebene als die Ebene des fingierten Erzählens.

Handelt es sich um einen Brief, in dem sich ein Erzähler an einen Adressaten wendet, so wird die Kommunikationssituation selbst verschriftlicht, wie in dem Briefroman von Sophie La Roche *Das Fräulein von Sternheim* (1771–72).

Eine Ausweitung der Erzählsituation erfolgt in der romanischen Novelle, die sie zu einem Rahmen ausgestaltet, wie in *Das Dekameron* von G. Boccaccio (1470). Eine Gesellschaft von sieben Damen und drei Herren flieht vor der Pest auf das Land und sie erzählen sich gegenseitig zehn Geschichten pro Tag. Die Erzähler motivieren jeweils ihr Erzählen und streichen die Erzählwürdigkeit ihrer Geschichten heraus, indem sie besondere Ereignisse oder etwas Unerwartetes vorankündigen. Im Unterschied zur zyklischen Rahmenerzählung mit wechselnden Erzählern und mehreren eingelagerten Binnenerzählungen (Das *Dekameron*, Goethes *Unterhaltungen deutscher Ausgewanderten* (1808)) gibt es gerahmte Einzelerzählungen mit nur einer Binnengeschichte wie in Conrad F. Meyers *Der Heilige* (1880) oder *Die Hochzeit des Mönchs* (1848).

Oft wird im Verlaufe des Erzählens zwischen der Erzählwelt und der erzählten Welt gewechselt, so dass der Leser aus seiner Lektüre herausgerissen wird und immer wieder auf den Vorgang des Erzählens, seinen Anlass und die zum Ausdruck gebrachte Perspektive auf Geschehnisse hingelenkt wird, wie in C. F. Meyers Novelle *Die Hochzeit des Mönchs*, in deren Rahmen die Figur des Dante auftritt und eine Geschichte erzählt. An zentralen Stellen unterbricht er sich und geht in die Rahmenhandlung zurück. Außerdem bestehen Parallelen zwischen den Figuren der erzählten Geschichte und den Gesprächsteilnehmern und Zuhörern im Rahmen. Es gibt unterschiedliche Techniken der **Rahmenbildung**.

a) Der Rahmen kann die Binnengeschichten umschließen (*Das Dekameron; Die Hochzeit des Mönchs*).
b) Der Rahmen leitet die Geschichte nur ein (der äußere Rahmen in T. Storms *Der Schimmelreiter*) oder schließt die Geschichte nur ab.
c) Der Rahmen kann in sich geschachtelt sein, indem eine zweite Rahmenerzählung innerhalb der ersten gebildet wird, wie bei Storms *Der Schimmelreiter* oder in den Erzählungen aus *Tausend und einer Nacht*. Dabei liegen mehrfache Einbettungsverhältnisse von erstem und zweitem Rahmen und der Binnenerzählung vor.

Eine weitere Kommunikationssituation liegt innerhalb der erzählten Geschichte bzw. Welt und bezieht sich auf die Kommunikation zwischen den Figuren. Eine Variante besteht darin, dass eine Figur wiederum als Erzähler auftritt und innerhalb der erzählten Welt eine Geschichte erzählt. Folgende **Erzählsituationen**, die auf verschiedenen **narrativen Ebenen** angesiedelt sind, lassen sich unterscheiden:

Tab. 22 Erzählsituationen

Erzählsituationen		
1. Erzählebene:	expliziter fiktiver Erzähler	– fiktiver Leser (der apostrophierte Leser)
2. Erzählebene:	fingierte Erzählsituation (mündlich oder schriftlich) interne fiktive Erzählerfigur	– fingierte Zuhörerschaft
3. Ebene der erzählten Geschichte:	Figuren	– Figuren
4. Geschichte in der Geschichte:	Figur als Erzähler	– Figuren als Zuhörer

Eine weitere Kommunikationsebene liegt außerhalb des Erzähltextes und betrifft die Kommunikation zwischen dem realen Autor und dem Publikum (reale Leser), die teilweise über den Markt reguliert wird. Zu dieser Kommunikation gehören öffentliche Lesungen, Rezensionen und Leserbriefe.

In Erzählungen werden eine Reihe von **Gliederungssignalen** verwendet, um Erzähl-/Kommunikationssituationen voneinander abzugrenzen. Zumeist geschieht das durch explizite Hinweise eines Erzählers, der ankündigt, eine Geschichte zu erzählen, und damit einen Erzählrahmen bzw. eine fingierte Erzählsituation von der eingebetteten Geschichte abgrenzt.

Eine Spielart des Erzählens besteht in der Grenzüberschreitung zwischen den Erzählebenen, indem der externe fiktive Erzähler sich in die Welt der Figuren hineinbegibt oder umgekehrt fingierte Figuren aus der erzählten Welt heraustreten und innerhalb der Welt des Erzählers agieren. Eine solche Grenzüberschreitung findet in dem Roman *Tintenherz* (2003) von Cornelia Funke statt. Fiktive Figuren treten aus ihrer Welt (dem Buch) heraus und agieren innerhalb der fiktiven Wirklichkeit, erzeugen Konflikte, die am Ende dadurch gelöst werden, dass der fiktive Autor, der selbst als Figur auftritt, den Roman umschreibt und seine eigenen, von ihm erfundenen Figuren an ihren Ursprungsort innerhalb der Romanwelt rückversetzt, bevor die Katastrophe erfolgt. Der Roman setzt erzählstrategisch die Grenzüberschreitung zwischen zwei logisch getrennten Ebenen des Erzählens ein, die den narrativen Kern der Handlung bildet.

Der Erzähler kann in unterschiedliche Rollen schlüpfen und unterschiedliche Funktionen übernehmen. In der Kinder- und Jugendliteratur (KJL) kann es sich um einen erwachsenen Erzähler handeln, der nicht immer, aber oft zugleich eine

Figur innerhalb der erzählten Welt ist. Zur Moderne hin wird die Rolle des Erzählers zunehmend an einen kindlichen/jugendlichen Erzähler abgegeben, der zugleich als Haupt- oder Nebenfigur auftritt:

> Ich heiße Andrea West, aber die meisten nennen mich Andy. Meine hinterlistige kleine Stiefschwester Katie nennt mich Andy-Pandy. Alle finden sie süß /.../ Katie ist extrem klein. Niemand hält sie für zehn. Alle denken, sie ist sieben oder acht, und das nutzt sie nach Strich und Faden aus. /.../ Sie ist ziemlich doof, finde ich.
>
> (J. Wilson *Das Kofferkind* 2004, 14–15).

Der kindliche Erzähler stellt sich vor und ist an seiner Sprache und seinem Tonfall (einfache Syntax, kindliche Alltagsfloskeln (*doof*) und Verwendung von Kosenamen (*Andy-Pandy*) zu erkennen.

Wie an früherer Stelle bereits deutlich gemacht wurde, ist der Erzähler nicht der Autor, aber in vielen Texten schlüpft ein Erzähler in die Rolle des Autors, der den vorliegenden Roman oder das Buch geschrieben hat und tritt damit als fiktiver Autor auf. Von dieser Variante einer **fiktiven Autorrolle** macht Erich Kästner besonders gerne Gebrauch. In seinem Kinderroman *Emil und die Detektive* (1934) meldet sich zunächst der Autor zu Worte, bevor die eigentliche Geschichte um Emil beginnt, und teilt mit, dass er eigentlich etwas anderes hatte schreiben wollen: „Euch kann ich's ja ruhig sagen: Die Sache mit Emil kam mir selber unerwartet. Eigentlich hatte ich ein ganz anderes Buch schreiben wollen." (Kästner 1998, 195).

Aber auch diese Instanz darf nicht mit dem realen Autor Erich Kästner ineins gesetzt werden, es ist die Fiktion einer Autorrolle, mit der hier gespielt wird. Eine Variante ist die Herausgeberfiktion, von der E.T.A. Hoffmann in dem Roman *Lebensansichten des Kater Murr* (1. Band 1819) Gebrauch macht. Im Vorwort meldet sich ein Herausgeber zu Worte, der mit E.T.A. Hoffmann unterzeichnet und den Leser bittet, dieses Vorwort unbedingt zu lesen. Er berichtet von einem vorliegenden Manuskript, das er von einem Freund erhalten hat und dessen Autor wiederum ein Kater Murr ist. Darauf folgt eine Vorrede des Autors Kater Murr, der Angst hat, sein Manuskript könne vor der Welt nicht bestehen.

Außer als fiktiver Autor kann der Erzähler auch die Rolle eines **fiktiven Chronisten** und Zeugen übernehmen, der den dokumentarischen Charakter bzw. die Tatsächlichkeit eines Geschehnisses beglaubigt. Ein Beispiel dafür ist die komplexe und verschachtelte Rahmenhandlung von Storms Novelle *Der Schimmelreiter*, in der drei Erzählsituationen fingiert werden. Die Überlieferungskette der Lebensgeschichte des Deichbauers Hauke Haien wird in drei Zeitstufen untergliedert, auf denen jeweils ein Erzähler vorkommt: Zuerst tritt ein mündlicher Erzähler, der Schulmeister, auf, der in einer Oktobernacht der 20er Jahre des 19. Jahrhunderts in einem Wirtshaus die Geschichte erzählt (innerer Rahmen, der geschlossen wird). Anwesend ist ein fremder Gast, der dann in den 30er Jahren des 19. Jahrhunderts die Geschichte verschriftlicht und in einem Journal drucken lässt (zweiter Erzähler). In den 1880er Jahren wiederum erfolgt eine weitere Verschriftlichung durch einen Erzähler, der als Junge von dieser Geschichte erfahren hatte (unabgeschlossener äußerer Rahmen). Es werden somit drei explizite Erzählsituationen mit drei Erzählern und drei Zeitstufen gestaltet. Die Funktion dieser Überlieferungskette besteht darin, die Geschichte einerseits in die Ferne zu rücken und sie in ihrer Authentizität zu beglaubigen, andererseits das Erzählen selbst zu thematisieren.

In der Erzähl- und Literaturtheorie hat das Konzept des **impliziten Autors** (nach W. C. Booth (1961/^{2}1974) *implied author*) eine Prominenz gewonnen und zu intensiven Auseinandersetzungen geführt. Es handelt sich dabei nicht um eine Figur bzw. um eine narrative Instanz, sondern um ein hermeneutisches Konstrukt, das für die Interpretation von Texten nützlich ist und strikt zwischen dem realen Autor als dem Verfasser eines Textes und dem Text trennt. Mit diesem Konzept hat Booth die Aufmerksamkeit auf die Rolle des Autors in der literarischen Kommunikation gelenkt und zugleich den Fokus auf den Text, seine Strukturiertheit und mögliche Intentionalität, die die Basis für die Textinterpretation bietet, verschoben.

Der implizite Autor umfasst das Sinnganze eines Textes. Er ist eine Art Integrationspunkt aller Eigenschaften und Bedeutungsaspekte eines Textes und besetzt die Position des Subjekts des Textganzen. Einige Theoretiker ersetzen den Begriff des impliziten Autors durch andere, wie der abstrakte Autor (Schmid 1973) oder das Subjekt des Werkganzen (Pfister 1977). Für eine Reformulierung sprechen sich Tom Kindt und Hans-Harald Müller (2006) aus und ersetzen den impliziten Autor durch den hypothetischen Autor.

Das Erzählen ist eine Form von Kommunikation und schließt somit den Leser/Hörer mit ein, der im Folgenden näher charakterisiert werden soll.

2.6.1 Der Leser

Die Kommunikation des Erzählers mit dem Leser gehört seit Entstehen des bürgerlichen Romans im 17./18. Jahrhundert mit zu den beliebtesten Spielarten fiktionalen Erzählens, das auch in der Gegenwart immer wieder verwendet wird (u. a. Volker Braun, Dieter Kühn, Italo Calvino). Während dem Erzähler, seinem Auftreten und Verhalten in der Forschung sehr viel Aufmerksamkeit gewidmet wurde, hat der Leser nicht in gleicher Weise die Beachtung gefunden. H. Link (1976) unternimmt ansatzweise den Versuch einer Systematik von Leseransprachen und Leserrollen. Ein Typ der Leseransprache in breiten Bereichen der erzählenden Literatur besteht darin, dass sich ein (auktorialer) Erzähler direkt an den Leser wendet – so zu Beginn des fünften Kapitels von Wielands Roman *Die Abenteuer des Don Sylvio von Rosalva* (1764):

> Der wahrhafte Urheber dieser merkwürdigen und kurzweiligen Geschichte, findet hier nötig den Lauf seiner Erzählung einen Augenblick zu unterbrechen, um dem Leser zu berichten, was indessen in dem Schlosse zu Rosalva vorgegangen.
> (C.M. Wieland 1964, 104)

In der Selbstcharakterisierung des Erzählers als „wahrhafter Urheber“ der Geschichte bringt der Erzähler sich als fiktiven Autor ins Spiel und kennzeichnet damit die Geschichte wiederum als „erfunden“. Bei dem angesprochenen Leser handelt es sich um einen **fiktiven Leser** im Unterschied zum **realen Leser**. Es gibt unterschiedliche Anredeformen für den Leser (du, ihr, Sie); er wird höflich als „geneigter Leser“ angesprochen oder einfach als „Leser“. Der Erzähler umschmeichelt den Leser, warnt ihn oder gibt ihm Anweisungen. Leseransprachen haben unterschiedliche Funktionen: Der Erzähler thematisiert durch seine Unterbrechungen das Erzählen selbst. Er liefert ein Geschehen nach, das zeitgleich passiert ist. Oft suggeriert der Erzähler eine Verständigung mit dem Leser über die Vorgänge in der fiktionalen Welt und unterstellt ihm eine Übereinstimmung mit den eigenen Einschätzungen und Wertungen gegenüber den Figuren. Beispielsweise verständigt sich der Erzähler mit dem Leser in Wielands *Don Sylvio* mit einem Augenzwinkern über seinen Helden und dessen Torheiten. Die Aufmerksamkeit des Lesers wird gelenkt und bisweilen werden ihm bestimmte Einstellungen gegenüber Figuren oder Geschehnissen nahe gelegt. Eine weitere wichtige Funktion ist die Beglaubigung der Geschehnisse als tatsächlich, um damit das eigene Erzählen als ein wirklichkeitsgetreues Erzählen auszuweisen.

Die Leseransprache wird erzählstrategisch eingesetzt und figuriert den Leser in unterschiedlichen Rollen und Befindlichkeiten. So gönnt der Erzähler in *Don Sylvio* dem Leser ein Schläfchen, während der Erzähler in H. Fieldings *Tom Jones* die innere Reaktion des Lesers vorwegnimmt, indem er behauptet, der Leser werde nicht lachen können, werde erstaunen oder sich erinnern. Der fiktive Leser wird auf diese Weise mit personenhaften Eigenschaften ausgestattet, ohne dass der Leser selbst eine Figur ist. Italo Calvino gibt dem Leser in *Wenn ein Reisender in einer Winternacht* (1979) genaue Anweisungen für eine Lesesituation, bevor er mit der Lektüre dieses Romans beginnt.

Eine besondere Form der Kommunikation mit dem Leser besteht darin, dass der Erzähler falsche oder sich widersprechende Informationen gibt und sich somit als ein **unzuverlässiger Erzähler** erweist (*unreliable narrator*), was wiederum zu einer Instabilisierung im Wissen und in der Orientierung des realen Lesers führt.

In einem großen Teil der Kinder-/Jugendliteratur (KJL) ist die Kommunikation zwischen Erzähler und angesprochenem Leser durch eine Asymmetrie gekennzeichnet, indem ein erwachsener Erzähler als der Überlegene, Besserwissende und Erzieher auftritt und der Adressat durch die Du-Anrede und die Sprache als **kindlicher Leser** gekennzeichnet ist. Zur Moderne hin wandeln sich die Kindheitskonzepte und damit verbunden auch die Kommunikation mit einem angesprochenen Leser und die Erzähler- und Leserrollen. Es entsteht eine größere Symmetrie und emotionale Nähe auch dort, wo es sich wie bei Erich Kästner um einen erwachsenen Erzähler handelt. Gegenüber einer Beziehung zwischen Erzähler und Leser, die durch Autoritätsverhältnisse, Reglementierungen, Wissensvorsprung und Pädagogisierung definiert ist, ändert sich diese Beziehung in der modernen KJL, indem die Anrede eine Gleichwertigkeit, Vertraulichkeit, ein teils partnerschaftliches Verhältnis und ein Ernstnehmen des kindlichen Adressaten suggeriert. Der kindliche bzw. jugendliche Adressat wird als Subjekt aufgewertet. Die Beziehung und die Art der Kommunikation ändern sich erneut, wenn der Erzähler selbst ein kindlicher oder jugendlicher Erzähler ist und somit das Wissen, die Orientierung in Bezug auf die Welt, das Vermögen, Dinge zu erfassen, wie die Sprache von Erzähler und Leser so konzipiert sind, dass sich beide auf der gleichen Ebene bewegen, so in dem Roman *Der Winterzirkus* von Martin Baltscheit und Aljoscha Blau:

> Warum ich euch das erzähle? Na, ihr müsst die Geschichte von Anfang an kennen, sonst verliert ihr den Überblick, so wie ich, ich habe nämlich den Überblick verloren. Wann genau, weiß ich nicht mehr, aber auf einmal war er weg. Dabei wusste ich doch über alles Bescheid, damals im Sommer, mit Ruth.
> (M. Baltscheit/A. Blau 2005, 11).

Die kindliche Erzählerin spricht explizit einen kindlichen Leser (*euch, ihr*) an, begründet ihr Erzählen und legt eine Identifikation nahe, wenn es heißt, dass die Leser genau wie die Erzählerin den Überblick verlieren könnten.

Eine weitere Leserrolle besteht darin, dass der **Leser als Figur** einer Erzählung konzipiert wird. Italo Calvino macht von dieser Variante vielfältigen Gebrauch, aber auch Volker Braun in seinem *Hinze-Kunze-Roman*. Typisch für dieses Erzählen ist die Verwendung des Personalpronomens der 2. Person.

Wie zuvor schon angedeutet, hat Wolfgang Iser (1972), aufbauend auf den Arbeiten von Roman Ingarden (1931), eine andere Leserkategorie ins Spiel gebracht: die des **impliziten Lesers**. Iser geht davon aus, dass die Texte unvollständig sind und die Gegenstände nur in Teilaspekten darbieten. Sie bedürfen daher der Komplettierung durch den Leser, damit sinnvolle und plausible Zusammenhänge entstehen. Im Vertrauen auf eine gemeinsame Verständigungsgrundlage geteilten kulturellen Wissens und Glaubens zwischen Text und Leser setzen Texte vieles voraus, das sie nicht explizieren, sondern dem Leser überantworten, dass er diese Voraussetzungen erfasst. Bei zeitlicher und kulturräumlicher Distanz zwischen Text und Leser steht diese Verständigungsgrundlage jedoch in Frage und kostet auf Seiten des Lesers Interpretationsarbeit, um die hermeneutische Hürde zu überwinden und die zugehörigen Kontexte rekonstruieren zu können. Diese vom Leser während der Lektüre zu erbringenden Leistungen der Vervollständigung fasst Iser im Konzept des impliziten Lesers zusammen. Dazu gehören u. a. die Koordination verschiedener Perspektiven oder gleichzeitig stattfindender, aber im zeitlichen Nacheinander erzählter Handlungsverläufe in einem Text.

Das Konzept des impliziten Lesers umfasst all jene sprachlichen, narrativen und wissensbezogenen Kompetenzen, die erzählende Texte bei einem Leser voraussetzen, damit die literarische Kommunikation gelingt und ein Verstehen zustande kommt. Bei dem impliziten Leser handelt es sich um ein hermeneutisches Konstrukt; es ist keine Figur, keine reale Instanz und auch keine narrative Instanz, wie Genette betont ([2]1998, 283). Zusammengefasst bestehen folgende Zuordnungen:

Tab. 23 Erzähler – Leser

innertextuelle Ebene	fiktiver Erzähler	– fiktiver Leser; angesprochener Leser
	interne, fiktive Erzählerfigur	– interne fiktive Leserfigur
außertextuelle Ebene	realer Autor	– realer Leser

Mit Fragen nach dem impliziten Leser und den Kompetenzen, die die Texte voraussetzen, verlassen wir den Bereich der Erzähltheorie und gehen über in die Lese- und Verstehenstheorie (Hermeneutik, griech. hermeneutiké), die sich mit dem Verstehen von literarischen Texten, seinen Voraussetzungen wie z. B. historische, kulturelle Zusammenhänge, und einzelnen Leseakten, die ein Verstehen ermöglichen, befasst. Da die Beschreibung von Leserkompetenzen in Bezug auf erzählende Texte nicht zuletzt von didaktischer Relevanz ist, sollen Teilaspekte von Lesen und Lesekompetenz in Verbindung mit Narrativen hier in knapper Form thematisiert werden (Näheres dazu Ehlers 2006, 2007).

2.6.2 Lesen narrativer Texte

Die moderne kognitionspsychologisch orientierte Leseforschung geht davon aus, dass der Prozess des Lesens sich in mehrere Ebenen untergliedern lässt, die jedoch nicht im zeitlichen Nacheinander durchlaufen werden, sondern auf denen die Verarbeitung parallel erfolgt. Auf grundlegenden Lesefertigkeiten, wie die Buchstaben- und Worterkennung, bauen höherstufige Verstehensleistungen der Satzanalyse, der Integration von Begriffsinhalten in Satzzusammenhänge und der Bildung von Textkohärenz auf mit dem Ziel, zu einem Verstehen eines Textes zu gelangen. Wie diese vom Leser zu erbringenden Leseleistungen mit Erzählstrukturen korrespondieren, wurde in den verschiedenen Abschnitten der letzten beiden Kapitel wiederholt thematisiert, in denen darauf hingewiesen wurde, wie der Leser im Erzählen mitgedacht ist und der Bezug zu ihm mit strukturiert ist (pragmatische Bedingungen des Erzählens), doch soll im Folgenden dieser Zusammenhang genauer und systematisch herausgearbeitet werden. Es ist der Leser, der die erzählte Welt mit ihrem Inventar konstituiert.

Lesen ist ein zeitlicher Vorgang, bei dem der Leser innehalten, vor- und zurückgehen kann. Die Zeitlichkeit des Lesens bringt gewisse Beschränkungen mit sich, da der Leser nicht in einem Zeitmoment die Fülle von Informationen aufnehmen und verarbeiten kann. Er muss eine Auswahl treffen, Wichtiges aufnehmen und viele Details und Nebensächlichkeiten übergehen (**Selegieren**). Die Frage ist, was ist wichtig, wonach entscheidet der Leser das und welche erzählerischen Techniken steuern die Wahrnehmung des Lesers. Zunächst ist es der rote Faden, an dem sich der Leser beim Lesen von erzählenden Texten entlang bewegt. Die Erzählliteratur verfügt über eine große Bandbreite an Erzählstrategien, um die Aufmerksamkeit des Lesers zu lenken, so dass das eine in den Vordergrund rückt und das andere zurücktritt. Die Aufmerksamkeit des Lesers wird zum einen durch Geschichtenstrukturen, durch raum-zeitliche Organisation des Erzählten und des Erzählens und Techniken der Fokalisierung gelenkt, zum anderen durch subjektive Interessen und Neigungen, da jeder Leser seine Sichtweise an den Text heranträgt. Aufmerksamkeitsbindend sind bei erzählten Geschichten das, was den thematischen Vordergrund bildet, Hauptfiguren und Ereignisse, die das Handlungsgeschehen vorantreiben, damit eine dynamische Funktion haben und zur Komplizierung und möglichen Lösung beitragen. Des Weiteren stehen Handlungen, die als Ursache und Folge von anderen Handlungen fungieren, stärker im Vordergrund als Handlungen, die nicht Teil einer solchen Kausalkette sind. Das gilt ebenso für Haupthandlungen vs. Nebenhandlungen. Dynamische Elemente, wie die Ereignisse innerhalb einer Geschichte, binden die Aufmerksamkeit des Lesers stärker als statische Elemente (Zustandssituationen). Auch Regel- und Konventionsbrüche stechen stärker hervor als das Konventionalisierte und Regelhafte. Insbesondere Gattungs- und Regelbrüche, das Unterlaufen von Lesererwartungen und syntaktische Mittel der Hervorhebung (z.B. markierte Wortstellung, Signalwörter wie *plötzlich, als*) sind erzählstrategische Mittel der Leserlenkung. Leserwahrnehmungen und – erfahrungen werden auch durch die Art der Informationsverteilung strukturiert, wann dem Leser was mitgeteilt wird. Das Vorenthalten wichtiger Informationen und die Gewichtung von Informationen sind erzählerische Mittel der Lenkung des Lesers und der Erzeugung von Spannung, die vor allem das auktoriale Erzählen mit dem betonten Wissensvorsprung des Erzählers gegenüber dem Leser virtuos handhabt.

Eine weitere Fähigkeitskomponente des Lesers besteht darin, aus der Linearität des Textes heraus eine hierarchische Struktur aufzubauen, indem er fortlaufend von vielen Details **abstrahiert** und übergeordnete Konzepte und Zusammenhänge bildet. Ohne Konstituierung solcher übergeordneten Strukturen würde sein Gedächtnis völlig überladen werden und bedeutungsvolles Material, das bereits gespeichert ist, beim Weiterlesen wieder zerfallen, so dass der Leser hinterher nicht mehr weiß, was er gelesen hat, und keine Basis hat, um neu aufgenommene

Informationen mit dem Vorhergehenden zu verknüpfen. Lesen ist ein hierarchi- **integriert** werden müssen in übergreifende Erzähl- und Geschichtenzusammenhänge. Der Leser muss Handlungsabläufe in ein übergeordnetes Handlungskonzept einordnen oder wechselnde Fokalisierungen innerhalb der erzählten Welt aufeinander beziehen. Er muss Geschichteneinheiten identifizieren und sie zueinander in Beziehung setzen. Die verschiedenen Gliederungssignale innerhalb der erzählten Welt und auf der Textoberfläche helfen ihm dabei.

Da die Texte nicht alles sagen, was es von einer Sache zu sagen gibt, werden Figuren, Handlungsabläufe, Gegenstände oder Schauplätze nur in Teilaspekten dargestellt, während vieles, was zum Verständnis von Situationen, Geschehnissen, Konflikten und Lösungen dazu gehört, nur implizit gegeben ist, wie motivationale Zusammenhänge oder psychologische Befindlichkeiten von Figuren. Voraussetzung für ein verstehendes Lesen ist daher die Fähigkeit des Lesers, zwischen den Zeilen zu lesen und das nur Implizite abzuleiten. Diesen Vorgang, verborgene Beziehungen und Zusammenhänge zu erschließen, nennt man **Inferieren** oder Schlussfolgern. Inferenzen sind eine komplexe Leistung eines Lesers oder Hörers, zu deren Beschreibung die Linguistik und Philosophie umfassende Theorien entwickelt hat, da mit Inferenzen erkenntnistheoretische Fragen verbunden sind: Wie gelangen wir zu einem Verständnis von Welt und Texten. Beim Inferieren stützt sich der Leser auf zwei Quellen: das explizit Gesagte eines Textes und sein mitgebrachtes Welt-, Text- und Sprachwissen. Inferenzen sind Informationen, die der Leser beisteuert, damit kohärente und sinnvolle Zusammenhänge entstehen. Insofern ist Lesen ein konstruktiver Prozess, da der Leser viele Aktivitäten erbringen muss, um Sinn zu konstituieren und damit zu einem Verständnis zu gelangen. Erzählende Texte aktivieren beim Leser vielfältige Inferenzen. Wissen und soziale Erfahrungen über Ereignisse in der Welt, über Motive und Ziele von Figuren, die Handlungen und ihre Folgen plausibel machen, müssen eingebracht werden, um Kohärenz herzustellen. Typischerweise bleiben in Erzähltexten spezifische Relationen implizit. Dazu gehören: zeitliche, räumliche, logisch-kausale Relationen, aber auch die Beziehungen zwischen Figuren, handlungsleitende Motive, Reaktionen von Figuren auf Geschehnisse und ihre Ziele sowie innere Zustände. Der Leser steht zu verschiedenen Zeitpunkten des Lesens vor der Aufgabe, diese nur implizit gegebenen Relationen erschließen zu müssen (Ehlers 2006).

Die experimentelle Forschung (Graesser et al. 1994) hat die Vielfalt von Inferenzen, die während des Lesens mit normaler Lesegeschwindigkeit erzeugt werden, untersucht und klassifiziert. Ihr Schwerpunkt liegt auf der Ereignisstruktur von narrativen Texten: den Konzepten (Figuren, Situationen, Handlungen), Zeit-/Raumverhältnissen, den Beziehungen zwischen Ereignissen, dazu zählen zeitliche Beziehungen (und dann-Beziehungen; während/indessen-Beziehungen; Gleichzeitgkeit), kausale (warum-Beziehungen; falls, wenn-dann), finale (um zu-Beziehungen), intentionale (Ziele und Pläne von Figuren). Folgende Typen von Inferenzen lassen sich unterscheiden:

1. Referenzidentität (Herstellen anaphorischer und kataphorischer Beziehungen)
2. kausale Ursachen
3. Handlungsziele von Figuren
4. Thema
5. Emotionen von Figuren
6. innere und äußere Reaktionen
7. kausale Folgen
8. Eigenschaften von Personen/Objekten
9. Reaktionen des (impliziten) Lesers
10. Textintentionen.

Da das Erzählen – ob mündlich oder schriftlich – stets in eine Erzählsituation mit ihren tragenden Elementen Erzähler, Erzählanlässe, erzählerische Pläne, Motive, Adressat eingebettet ist, bedarf diese Taxonomie einer Differenzierung, indem systematisch zwischen semantischen, d. h. auf die Geschichtenstruktur bezogenen Inferenzen, und pragmatischen Inferenzen, die sich auf die Erzählsituation beziehen, getrennt wird. Die Diskursstruktur muss unbedingt berücksichtigt werden, weil inferentielle Aktivitäten zum einen durch Oberflächenmerkmale ausgelöst werden, zum anderen auf der Ebene des Erzählens eine Vielfalt von erzählerischen Strategien der Aufmerksamkeitslenkung und der Organisation der Leserwahrnehmung, z. B. durch Fokalisierung und Zeit-/Raumstrukturen, ins Spiel kommt. So werden die Ereignisse in der erzählten Welt nicht unbedingt in ihrer ursprünglichen Abfolge erzählt. Oder aber das Erzählen unterliegt der beschränkten Sicht einer Figur. Derartige Strategien der Informationsverteilung, der Sequenzierung von Geschehnissen, des Verlangsamens oder Beschleunigens des Erzähltempos und des Verschließens beeinflussen den zeitlichen Prozess der Kohärenzbildung. Das Erzählen strukturiert insofern nicht nur die Vorgänge in der erzählten Welt und das eigene Erzählen, sondern auch die zeitliche Dimension des Lesens, indem z. B. eine inferentielle Aktivität, die zu einem bestimmten Zeitpunkt ausgelöst wird, erst zu einem späteren Zeitpunkt abgeschlossen werden kann. Außerdem können Kohärenzbrüche entstehen oder der Leser muss aus seinem Gedächtnis etwas zurückholen, was viel früher im Text mitgeteilt wurde, um ein gegenwärtiges Ereignis plausibel zu machen. Ein simples Beispiel dafür bietet Peter Härtlings Roman *Der Hirbel* (1973). Auf der ersten Seite wird erwähnt, dass Hirbel geistig behindert ist. Zehn Seiten später erfährt der Leser, dass der im Heim lebende Hirbel von allen ausgestoßen wird. Um Hirbels Ausgrenzung durch die anderen verständlich zu machen, muss der Leser die zu Anfang gegebene Information an dieser Stelle integrieren. Hier greifen Erzählstrategien, die nicht nur die Richtung, den Umfang, den Zeitpunkt und das Ausmaß von Bedeutungsbildungsprozessen lenken, sondern ihrerseits intentional gerichtet sind und somit einen funktionalen Wert haben.

Nicht alle möglichen Inferenzen müssen jedoch gezogen werden. Aber einige sind notwendig, um ein Minimalverständnis zu sichern. Um diese zu erkennen, empfiehlt es sich, den Stellen, an denen etwas offen bleibt, Fragen zuzuordnen: Was will die Figur? Warum handelt sie so? Wie fühlt sie sich? Ein Orientierungsmaßstab für die Relevanzbewertung von Inferenzen bietet immer wieder das Thema eines Textes. Da das Erzählen eine kommunikative Handlung ist, ist es seinerseits auf seine Motive und Intentionen hin befragbar. Hinzu kommen Inferenzen, die sich auf die Darstellungsebene beziehen: Die Informationsverteilung und damit die Organisation des Wissens des Lesers in Bezug auf das Erzählte haben einen direkten Einfluss auf den zeitlichen Prozess der Kohärenzbildung des Lesers. Typisch für die Kriminalliteratur ist beispielsweise, dass kausale Zusammenhänge (die Motive für eine Tat), die Umstände der Tat und die Identität des Täters verrätselt werden. Auf der Erzählebene werden dem Leser schrittweise Informationen gegeben, die auf verborgende Zusammenhänge hinweisen, so dass Hypothesenbildung, Mitraten und Schlussfolgern gefordert sind und in die Struktur dieses Genres eingehen. Werden dem Leser Informationen über das Verbrechen und seine Hintergründe zu bestimmten Zeitpunkten vorenthalten bzw. nur zögerlich im Voranschreiten der Handlung mitgeteilt, so ist das auch eine Erzählstrategie der Spannungserzeugung und der bewussten Irritation.

Die Technik des inneren Monologs fordert gesteigerte inferentielle Aktivitäten des Lesers, um zugrunde liegende Situationen zu erfassen, wie beispielsweise in *Leutnant Gustl*:

> Wie lange wird denn das noch dauern? Ich muß auf die Uhr schauen ... schickt sich wahrscheinlich nicht in einem so ernsten Konzert. Aber wer sieht's denn? Wenn's einer sieht, so paßt er gerade so wenig auf wie ich, und vor dem brauch' ich mich nicht zu genieren ... (A. Schnitzler 1978, Bd. 2, 207)

Das Ich befindet sich in einem Konzert und langweilt sich offensichtlich, was jedoch nicht direkt ausgedrückt wird, sondern vom Leser aus dem Gesagten erschlossen werden muss: die Frage, wie lange es noch dauern wird, und auf die Uhr schauen. Außerdem bewegt sich das Ich in einem gesellschaftlichen Rahmen, der von Konventionen bestimmt ist (*schickt sich nicht*) und somit historisch zurückverlegt werden muss. Bezieht der Leser den Autor und seinen Kontext sowie den Titel „Leutnant" als mögliche Hinweise auf die zeitliche und gesellschaftliche Verortung mit ein, so ist als Zeitrahmen Wien um die Jahrhundertwende anzusetzen.

10 Versuchen Sie in diesem kleinen Textauszug einige der oben unterschiedenen Inferenztypen zu identifizieren:

Einmal sollte ein König sterben. Es war ein sehr mächtiger König, aber er war sterbenskrank und klagte verzweifelt: „Wie ist es möglich, dass ein so mächtiger König sterben muß? Was machen meine Magier? Warum retten sie mich nicht?"

Aber die Magier hatten sich aus dem Staub gemacht aus Angst, ihren Kopf zu verlieren. Nur einer war geblieben, ein alter Magier, auf den niemand hörte, denn er war ziemlich verschroben und vielleicht auch ein wenig verrückt. Seit vielen Jahren schon fragte ihn der /..../

„Du kannst am Leben bleiben", sagte der Magier, „aber unter einer Bedingung: dass du einen Tag lang deinen Thron dem Mann überlässt, der dir von allen am ähnlichsten ist. Der wird dann an deiner Stelle sterben."

Was bei dieser kleinen Geschichte dem geübten Leser bruchlos gelingt, ist in komplexeren Erzählungen viel aufwendiger, weil motivationale Zusammenhänge unter Einbeziehen von Hintergrundwissen erst rekonstruiert werden müssen. Mangelnde Kompetenzen auf Seiten des Lesers schränken das Verstehen ein. Die genannten Kompetenzen – Selegieren, Abstrahieren, Identifizieren, Vorhersagen, Vor-/Zurückgehen und Inferieren – ermöglichen es dem Leser, die erzählte Welt mit ihrem Inventar, ihren eigenen Spielregeln, ihrer gesellschaftlich-historischen Verortung und ihren Perspektiven aufzubauen. Da von Leser zu Leser unterschiedliche Prozesse durchlaufen werden mit je eigenen Bewertungen und Fokussierungen, entstehen unterschiedliche Deutungen von Erzählungen.

Die genannten Inferenztypen bilden eine operationale Grundlage für die Entwicklung von Lesekompetenzen in Lehr-/Lernzusammenhängen und für die Identifikation von Verstehensschwierigkeiten bei Schülern.

2.7 Fiktionalität

Nachdem verschiedene Erzählphänomene und entsprechende Kategorien dargestellt wurden, liegen nun auch Beschreibungsmöglichkeiten für die Begriffe „Fiktion" und „Fiktionalität" vor. **„Fiktional"** bezeichnet einer geläufigen Definition zufolge Texte, die von Dichtern/Schriftstellern verfasst sind. Abgegrenzt von fiktionalen Texten werden **faktuale** Texte/Textsorten, die sich auf Sachverhalte und Geschehnisse der Wirklichkeit beziehen. Solche faktualen Textsorten wie Reportagen oder die Geschichtsschreibung enthalten zwar auch eine Reihe von Erzähltechniken, wie sie die fiktionale Literatur kennzeichnet, aber sie erheben den Anspruch, sich auf eine real existierende Wirklichkeit der Gegenwart oder Vergangenheit zu beziehen. Demgegenüber beanspruchen fiktionale Texte nicht, unmittelbar auf eine empirisch gegebene, außersprachliche Wirklichkeit zu referieren. Das, wovon erzählt wird, ist fiktiv im Gegensatz zu real. Merkmal von Fiktionalität ist somit, dass die Fiktion (die fingierte Wirklichkeit) nicht unabhängig vom Erzählen existiert, sondern erst durch das Erzählen konstituiert wird. Während die Begriffe fiktional und faktual sich auf Textsorten und Gattungen beziehen, bezeichnet das Gegensatzpaar **fiktiv** – **real** den Status der von einem Text beschriebenen oder entworfenen Wirklichkeit. Je nach Genre und Epoche werden verschiedene Kunstmittel eingesetzt, um die Grenze zwischen Fiktion und Wirklichkeit zu verdeutlichen oder sie zu überspielen, um Fiktion als wirklich zu illusionieren. Mimetische Darstellungsverfahren täuschen eine Nähe und Ähnlichkeit zur außertextuellen Wirklichkeit vor und können zugleich, wie im realistischen Roman, die Konstruiertheit der fiktionalen Wirklichkeit durch ihre poetischen Verfahren verdeutlichen. Nicht-mimetische Literatur dagegen erzeugt einen Bruch mit vertrauten Wirklichkeitsvorstellungen, wie in der phantastischen Literatur, die alternative Welten und Fiktionen entwirft.

Kategorien der Fiktion und des Fiktiven gelten nicht nur für den Bereich der erzählenden Literatur, sondern auch für das Drama, das in einer Ausprägung Wirklichkeit auf der Bühne illusionieren möchte (Illusionsdrama), für das mündliche Erzählen, für wissenschaftliche Abhandlungen und für audiovisuelle Medien, wie Film, Hörspiel oder Computerspiele mit ihren virtuellen Spielwelten, in denen mit Grenzüberschreitungen von Fiktion und Wirklichkeit gespielt wird.

Die erzählende Literatur verwendet eine Reihe von **Signalen**, die Fiktionalität markieren, die sich nach textexternen und textinternen unterscheiden lassen. Derartige Signale gelten nicht allein für das literarische Erzählen, sondern haben eine weitere Verbreitung und gelten z. B. für das mündliche Erzählen oder für Zeitungsartikel. Textextern sind z. B. Gattungsangaben im Titel wie bei Martin Walser *Ein fliehendes Pferd. Novelle*. Textinterne Signale können auf das Erzählen bezogen sein, auf die erzählte Geschichte oder auf die Ebene der Kommunikation zwischen Erzähler und fiktivem Leser. Zusammengefasst gibt es folgende Signale:

Textexterne Signale:

- Dazu gehören Gattungsangaben, wie Roman oder Novelle, die oft im Untertitel eines Werks angeführt sind.

Textinterne Signale:

- Erzählformeln, wie zu Beginn von Märchentextes: Es war einmal ...;
- Thematisierung des Erzählens selbst durch den Erzähler, einschließlich der Illusionsbildung und -brüche;
- Metanarrative Äußerung des Erzählers der Art „in dem folgenden Kapitel haben wir dieses oder jenes erzählt“;
- Leseransprachen;
- Aussagen eines Erzählers über eine Figur, wie sie typisch ist für auktoriales bzw. extradiegetisches Erzählen;

- Einblick in innere Vorgänge von Figuren in Form des inneren Monologs oder der erlebten Rede: Woher können wir einen solchen Einblick haben, wenn es nicht ein erzählerisches Medium gibt, das einen solchen Einblick gewährt?;
- Techniken der Verfremdung und der Abweichung von einer historischen, empirischen Wirklichkeit, wie sie in der phantastischen Literatur zu finden sind;
- Tempus: Das epische Präteritum gilt als das Erzähltempus. Es markiert nicht, dass die Ereignisse der Geschichte zeitlich zurückliegen, sondern Fiktionalität. Das historische Präsens, das oft in der Literatur verwendet wird, ist ebenfalls ein Fiktionalitätssignal und zielt auf eine größere Lebendigkeit und Nähe der Geschehnisse;
- Strukturierung der Zeit, insbesondere wenn die Ordnung von Ereignissen und Geschehnissen im Erzählen nicht eingehalten wird, sondern durch Rückblenden, Vorgriffe oder durch Achronie gezeigt wird, dass hier eine Instanz über die Geschehnisse verfügt und sie nach eigener Maßgabe ordnet;
- Auch die verschiedenen Verhältnisse von Erzähler und Figuren sowie ihre Zugehörigkeit zu den verschiedenen narrativen Ebenen signalisieren, dass die erzählten Geschehnisse einen fiktiven Status haben.

2.8 Historizität des Erzählens und narrative Gattungen

Das Erzählen realisiert sich nicht nur in mündlicher und schriftlicher Form, sondern auch in verschiedenen Gattungen und Medien. Medienspezifische Erzählgattungen sind u. a. die Pantomime, der Spielfilm, das Hörspiel, der Comic, das Bilderbuch und das Computerspiel. Narrative Strukturen finden sich ebenfalls in dramatischen Texten und der Ballade (s. Kapitel 3 und 4). Kompetenzen der Analyse, Interpretation und Reflexion von literarischen Erzählungen sind transferfähig auf andere medial vermittelte Präsentationsformen von narrativen Strukturen unter Berücksichtigung medienspezifischer Merkmale, wie Text-Bild-Beziehungen beim Bilderbuch oder Comic.

Texte der erzählenden Literatur werden nach bestimmten Kriterien klassifiziert und zu Gattungen geordnet. Eine bekannte Einteilung in der Literaturwissenschaft ist die Untergliederung von Texten der erzählenden Literatur in Romane, Erzählungen, Novellen, Fabeln, Parabeln, Kalendergeschichte, Märchen, Sagen und Kurzgeschichten, um die prominentesten hier zu erwähnen. Innerhalb einer Gattung erfolgt eine weitere Untergliederung in Subgattungen oder Genres. Der Roman umfasst u.a. den historischen und phantastischen Romane, den Bildungs-, Adoleszenz-, Gesellschafts- und Abenteuerroman. Derartige Einteilungen erfolgen nach inhaltlichen, formalen und strukturellen Kriterien. So ist der Abenteuerroman inhaltlich durch Bewährungsproben und Kampfsituationen des Helden charakterisiert, formal folgt er der Struktur von Auszug und Grenzüberschreitung des Vertrauten in fremdes Terrain. Gattungswissen wird über die Schule und Universität vermittelt, aber auch über Einrichtungen und Handlungsfelder einer literarisch-kulturellen Praxis von Produktion und Distribution von Literatur (Literaturkritik, Verlage, Buchhandlungen), so dass Leser ein Vorverständnis und eine Vorerwartung in Bezug auf einzelne Gattungen haben. Systematiken und Reihenbildungen in Buchhandlungen, Bibliotheken und Verlagen (Klassiker-Reihen der Verlage z. B.) beruhen teilweise auf einem etablierten Gattungsverständnis und stützen bestehende Erwartungen, teilweise werden Kategorien erweitert durch das Entstehen neuer Genres, für die bisherige Gattungsbegriffe nicht ausreichen, wie Fantasy Fiction oder Doku-Fiction. Solche Ordnungsbegriffe für Texte der erzählenden Literatur ermöglichen eine Orientierung und die Verständigung über sie. Sie lenken aber auch die Interpretation von Texten, indem beispielsweise Erwartungen des Lesers durch Gattungsbrüche (z. B. Märchenparodien) unterlaufen werden und neue Erwartungen und Muster erzeugt werden durch neu entstehende Gattungen.

Die Kriterien, nach denen die Literaturwissenschaft solche Klassifikationen vornimmt und der Umfang des untersuchten Textkorpus sind abhängig vom Gattungsbegriff und der Gattungstheorie, von der ausgegangen wird. Von den ursprünglich auf Goethe zurückgehenden Naturformen von Epik, Dramatik und Lyrik und ihrer nachhaltigen Wirkung bis ins 20. Jahrhundert ist die moderne Gattungsforschung und –theorie weit entfernt. Nach heutigem Verständnis werden Gattungen beispielsweise als soziale Institutionen, die in den jeweiligen historischen Kontexten konstruiert werden und bestimmte Funktionen erfüllen, aufgefasst. Zur Vertiefung von gattungstheoretischen Fragen sei auf die Arbeit von R. Zymner (2003) verwiesen. In der Erzähltheorie führen der Status des Erzählers und der fiktiven Aussage z. B. bei K. Hamburger (1957) zur Zuordnung eines Textes zur Epik, Dramatik oder Lyrik. So ordnet Hamburger die Ballade der Epik und nicht der Lyrik zu mit dem Argument, dass hier ein fiktiver Erzähler vorkomme.

Die Ausprägung von Erzählphänomenen im historischen Kontext steht im Zusammenhang mit Gattungen, ihrer Entwicklung und ihren spezifischen Merkmalen, so dass der Leser für das Verstehen nicht nur Kenntnisse über Erzählstrukturen und – techniken braucht, sondern auch über Gattungen. Phänomene intertextuellen Schreibens, in denen Gattungen gemischt und tradierte Gattungsstrukturen abgewandelt werden, wie in der amerikanischen Horrorphantastik eines Stephen King, der aus dem Reservoir der europäischen Schauerliteratur schöpft, setzen narratives Gattungswissen voraus. Auch die Ausstattung fiktiver Welten – Figuren, Konflikte, Räume - ist gattungsabhängig, z. B. fordert das historische Erzählen, dass Figuren, Kostüme, Lebensräume, Schauplätze historisch angemessen dargestellt werden, damit erzählte Geschichten glaubwürdig sind.

Das Entstehen neuer Gattungen oder die Abwandlung bestehender Gattungen und korrespondierender Erzählverfahren stehen wiederum im Zusammenhang mit gesellschaftlichen, ökonomischen und sozialgeschichtlichen Wandlungsprozessen. Beispielsweise gehören zu den sozialgeschichtlichen Voraussetzungen der Entwicklung des Kriminalromans im 19. Jahrhundert die Abschaffung der Folter, eine Strafrechtsreform und die Einrichtung eines Polizeiapparates und privater Detekteien. Strukturelles Merkmal der Kriminalliteratur ist die Rätselhaftigkeit des Verbrechens und die Ermittlung der Hintergründe der Tat, die im Voranschreiten des Erzählens retrospektiv und schrittweise aufgedeckt werden. Dabei tragen die unterschiedliche Informationsstände von Ich-Erzähler, Detektivfigur, anderen Figuren und Leser mit zum Spannungsaufbau bei. Auch hier gibt es eine Reihe von Varianten. Besaß die klassische Detektivfigur eines Dupin bei E. A. Poe oder S. Holmes bei C. Doyle einen Wissensvorsprung gegenüber anderen Figuren und dem Leser, so lernt der Leser in Henning Mankells Roman *Die fünfte Frau* (1997) die Täterin, ihre Handlungen und Pläne vor dem ermittelnden Kommissar kennen und verfügt somit über ein größeres Wissen gegenüber der Polizei, aber auch gegenüber der Täterin, da er weiß, wie nah die Polizei ihr auf der Spur ist. Die Beziehung zwischen Erzähler, Fokalisierungsvorgänge, Organisation von Wissen bei Figuren und Leser, die Art der Informationsvergabe über die Hintergründe sowie der Zeitfluss ändern sich innerhalb des Kriminalgenres.

Das Märchen tradiert einen kanonisierten Geschichtenaufbau, folgt fest gefügten Gattungsgesetzen, die im 20. Jahrhundert durch Märchenparodien unterlaufen werden, u. a. von I. Fetscher. Die Form der Kalendergeschichte, die mit J. P. Hebel im 19. Jahrhundert ihren Höhepunkt hatte, greift B. Brecht in seinen Keuner-Geschichten auf, um darin Gesellschaftskritik zu vermitteln.

Die Rahmenhandlung und damit die Untergliederung einer Erzählung in mehrere Erzählebenen kennzeichnet die Novelle bis zu ihrem Höhepunkt im bürgerlichen Realismus. In der Novelle des 20. Jahrhundert tritt die Rahmung zurück und wird zunehmend auf Subjektivität und Inneres von Figuren eingegangen wie in Martin Walsers *Ein fliehendes Pferd* oder Christoph Heins *Drachenblut*. Typischerweise blendet die Kurzgeschichte mit ihrem begrenzten Wirklichkeitsausschnitt innere Gedanken und Gefühle von Figuren aus, bevorzugt das persönliche Erzählen und skizziert raum-zeitliche Zusammenhänge in äußerst knapper Form. Der Anfang ist offen, indem direkt, ohne einführende Hinweise auf Figur und zeitlich-räumliche Verhältnisse eine Situation eröffnet wird, wie in Wolfgang Borcherts *Die Küchenuhr* (1947): „Sie sahen ihn schon von weitem auf sich zukommen, denn er fiel auf. Er hatte ein ganz altes Gesicht, aber wie er ging /.../." (W. Borchert ^{8}2006, 201). Auch schließt die Kurzgeschichte nicht unbedingt mit einem Ende, das eine Lösung für eine zuvor aufgezeigte problemhaltige Situation anbietet, sondern hält auch diese offen.

Die phantastische Literatur mit ihren alternativen Welten, ihrer Ambivalenz und Ungesichertheit bezüglich des Status von Unerklärlichem spielt mit Grenzüberschreitungen von Fiktion und Wirklichkeit, von vorausgesetzten Realitätsvorstellungen und Phänomenen, die mit diesen nicht verträglich sind, setzt gezielt Raum- und Zeitstrukturen ein, um Fiktionen zu verdoppeln und doppelbödig werden zu lassen, z.B. durch Zeitreisen und das Durchlaufen verschiedener Zeitschleifen von Figuren. Die Phantastik hat über Effekte der Spannung hinaus kognitive Funktionen. Sie arbeitet mit Brüchen, Inkohärenzen und der Unverträglichkeit von Welten und wirft darin erkenntnistheoretische Fragen in Bezug auf die Welt und das, was wir von ihr wissen, auf.

Im Laufe der Geschichte verändern sich die Weltbilder, Wirklichkeitsauffassungen, Lebensformen und die Situierung des Einzelnen in der Welt. Entsprechend bilden sich neue Erzählverfahren und -techniken heraus. Während das auktoriale Erzählen in Romanen des 17. und 18. Jahrhunderts (D. Defoe, H. Fielding, C.M. Wieland, Jean Paul u. a.) vorherrscht, hat sich das personale Erzählen erst im 19. Jahrhundert mit Jane Austen, Henry James, Gustave Flaubert und Georg Büchner herauskristallisiert. Durch die verstärkte Hinwendung zu Innenwelten innerhalb der erzählenden Literatur gewinnen Darstellungsweisen, die innere Vorgänge von Figuren wiedergeben, wie Bewusstseinsstrom oder innerer Monolog, an Bedeutung. Mit dem Zurücktreten von Handlungs-/Geschichtenstrukturen in der Moderne und der zunehmenden perspektivischen Brechung von Welt, der gesteigerten Reflexivität und Subjektbetontheit entwickeln sich neue Erzählformen und Darstellungsverfahren, wie die Montage, deren literarischer Durchbruch mit *Manhattan Transfer* von John Dos Passos (1925) erfolgte, das multiperspektivische Erzählen oder die Verlangsamung des Erzähltempos durch detaillierte Beschreibung von Wahrnehmungsvorgängen einer Figur wie im Nouveau Roman. Damit in Verbindung stehen eine andere Sicht auf die Welt und andere Konzeptionen von Subjektivität, Ich und seiner Beziehung zur Welt, wie am Beispiel von Max Frisch verdeutlicht wurde, in dessen Romanen der Wechsel der Pronominalformen „ich" und „er" und die Zeitschichtung funktional auf die Identitätsproblematik bezogen sind.

Das traditionelle Erzählen bietet dem Leser eine Orientierung, indem ihm die Figuren vorgestellt werden und ein raum-zeitlicher Rahmen gegeben wird. Er wird schrittweise in die fiktive Welt eingeführt, die sich in ihren Einzelaspekten immer mehr auffächert: wechselnde Schauplätze, sich herausbildende Figurenkonstellationen, Veränderungen, das soziale Milieu und Zeitspannen, die sich über ein Leben, einen Lebensabschnitt oder eine Epoche erstrecken. Texte der Volksliteratur, wie Märchen und Sagen, sind in ihrer kanonisierten Form dem traditionellen Erzählverfahren verpflichtet, aber auch Erzählungen und Novellen des 18. und 19. Jahrhunderts. Bezeichnend für den älteren Roman ist auch der Anspruch, Wirklichkeit in ihrer Totalität darzustellen und Kohärenz zu stiften. Durch Geschlossenheit und Lösungsangebote für Problemlagen wird die Welt nicht zuletzt als geordnet und sinnhaft interpretiert. Kohärenz, Sinnansprüche und konsistente Wirklichkeitsmodelle werden zur Moderne hin zunehmend problematisch, verstärkt setzen Techniken der Instabilisierung von Gegebenheiten der Welt ein, so dass der Leser im Unsicheren belassen wird, was der Fall ist, wer was wie sieht und wie die Welt beschaffen ist. Viele Erzähltexte verzichten auf Lösungsangebote und damit auf den Anspruch, eine Ordnung zu stiften und dergestalt Welt zu interpretieren.

Tradierte Erzählverfahren finden jedoch auch im 20. Jahrhundert Verwendung mit gewissen Abwandlungen, indem moderne Techniken integriert werden. Die Rückkehr des auktorialen Erzählens mit einer ausgesprochenen Dominanz ist in der gegenwärtigen Literatur zu beobachten, wie in Robert Schneiders *Schlafes Bruder* (1992) oder bei Patrick Süskind, dessen prominenter Roman *Das Parfüm* (1985) einen traditionellen Erzählbeginn mit Raum-/Zeitangaben und der Vorstellung einer Figur und einem sich explizit zu Worte meldenden heterodiegetischen Erzähler praktiziert:

> Im achtzehnten Jahrhundert lebte in Frankreich ein Mann, der zu den genialsten und abscheulichsten Gestalten dieser an genialen und abscheulichen Gestalten nicht armen Epoche gehörte. Seine Geschichte soll hier erzählt werden. Er hieß Jean-Baptiste Grenouille /.../. (P. Süskind 1985, 5)

Umberto Eco greift *Im Namen der Rose* (ital. 1980) auf die Gattung der Kriminal- und Schauerliteratur zurück. Conan Doyles Detektivfigur Sherlock Holmes ist das Vorbild für die Hauptfigur William von Baskerville. Spannende Unterhaltung und Sicherung des Leseflusses durch Handlungs-/Geschichtenstrukturen werden kombiniert mit philosophischen und zeichentheoretischen Reflexionen und Zitaten, die ein hohes Bildungswissen voraussetzen, so dass der Roman je nach Lesertyp und verfügbaren Kompetenzen unterschiedlich rezipiert werden kann. Die Gattungsmischung mit intertextuellen Verweisen und Einarbeitungen sowie die Möglichkeiten, verschiedene Lesarten für einen Roman zu entwickeln, haben zwar eine ältere Tradition, werden jedoch in Bezug auf gegenwärtige Romane als Zeichen der Postmoderne aufgefasst.

Zur Moderne hin kommen das fokalisierte Erzählen und Darstellungsmittel des inneren Monologs und der erlebten Rede verstärkt ins Spiel. Typischerweise verzichten Erzählungen auf einen Orientierungsteil (*setting*) und beginnen in *medias res*, ohne zuvor die Figuren explizit einzuführen und zeitlich-räumliche Rahmenbedingungen anzugeben, wie bei der Kurzgeschichte. Gleichzeitig zu innovativen Entwicklungen in der Literatur, die das traditionelle Erzählen im Roman mit seiner Handlungsdominanz, dem breiten Erzählduktus, der sukzessive in eine Welt einführt, diese vielfältig in ihren Aspekten auffächert, und dem souveränen Erzähler mit seiner Weltschau zurückdrängen, herrscht jedoch in einem breiten Bereich der erzählenden Literatur das Erzählen von Geschichten vor.

Nicht zuletzt erzielen die Verwendung von Handlungsstrukturen und Spannungsaufbau eine hohe Leserwirksamkeit und sichern die Lesbarkeit, indem der Leser sich am „roten Faden" einer Geschichte orientieren kann. Dazu gehören vor allem Erzählungen mit einer ausgeprägten Unterhaltungsfunktion, wie Gesellschafts- und Liebesromane, Kriminalromane, historische Romane, Science Fiction, und der breite Bereich der Kinder- und Jugendliteratur.

Da die Kinder- und Jugendliteratur (KJL) im Literaturunterricht einen festen Platz hat und vielfältige Möglichkeiten bietet, bereits auf frühen Altersstufen mit Erzählphänomenen vertraut zu machen, soll an dieser Stelle etwas näher auf sie eingegangen werden. Die Kinder- und Jugendliteratur hat seit ihren Anfängen im 18./19. Jahrhundert aufgrund veränderter Gesellschaftsprozesse einen Wandel in den zugrunde gelegten Kindheitskonzepten, Familienstrukturen und Themen durchlaufen. Mit der zunehmenden Loslösung jugendlicher Protagonisten von Autoritätsstrukturen sowie der verstärkten Hinwendung zu Innenwelten ihrer Heldinnen und Helden ab den 1960er Jahren hat die KJL innovative Erzählverfahren und Darstellungsmittel integriert, um den veränderten Wirklichkeitsbildern und Erfahrungen von Kindern und Jugendlichen erzählerisch gerecht zu werden. Eine Ausdifferenzierung von Erzählstrukturen und -verfahren erfolgte durch die Übergabe der Erzählinstanz vom erwachsenen zum kindlichen und jugendlichen Erzähler, die Verwendung des Ich-Erzählens, des personalen Erzählens und der erlebten Rede (z. B. Peter Härtling *Jakob hinter der blauen Tür* 1983). Die Erzählperspektive liegt bei jugendlichen Heldenfiguren, bisweilen auch bei Nebenfiguren, um eine Außensicht auf den Helden/die Heldin zu ermöglichen. Z. B. erzählt in dem Roman *Die Ilse ist weg* von Christine Nöstlinger (1974) die Schwester der Protagonistin das Geschehen aus ihrer Sicht. Die Technik des inneren Monologs hat Peter Härtling zu einem kompositorischen Element seines Romans *Oma* (1975) gemacht. Weitere Erneuerungen betreffen die Vielfalt von Formen der Redewiedergabe, der Zeitschichtung und der internen Kommunikationsstrukturen durch veränderte Konzeptionen von Ich-/Er-Erzählinstanzen, fingierten Autorrollen und Kindheits- vs. Erwachsenenstatus von Erzählern wie Adressaten. Genreausprägungen gibt es auch im Bereich der KJL: historische Romane, Abenteuerromane oder Mädchenromane.

2.9 Erzähltextdidaktik

Die Erzähltextdidaktik hat sich bis in die späten 1990er Jahre vorrangig auf die Erzähltheorie von Stanzel gestützt. Beispiele dafür sind das Erzählcurriculum von Klaus Gerth (1983) und die Arbeit von Günther Waldmann und Karin Bothe zum Erzählen (1992), deren literaturdidaktischer Ansatz in einer Verbindung von Verstehen und Schreiben erzählender Texte besteht. Die Arbeit bezieht sich explizit auf Stanzel und entfaltet das entsprechende Repertoire an Erzählkategorien, einschließlich räumlich-zeitlicher Strukturen, über eine Bandbreite von

Texten und Schreibaufgaben. Waldmann nimmt in seiner Arbeit *Neue Einführung in die Literaturwissenschaft* (2003) die Kategorien der Ich- und Er-Erzählformen sowie Erzählsituationen auf, modifiziert sie jedoch gegenüber Stanzels früherer Bestimmung unter Berücksichtigung und Einarbeitung moderner Erzählforschungsansätze wie die von Petersen (1993) und Martinez/Scheffel (1999). Die jüngere didaktische Fachliteratur rekurriert auf die moderne Narrativik und macht erzähltheoretische Konzepte von Genette für den Deutschunterricht fruchtbar (Leubner/Saupe 2006).

In den Bildungsstandards in der Version von 2006 werden einerseits Geschichtenkategorien – Figur, Raum-/Zeitdarstellung, Konfliktverlauf – zu den Kompetenzen im Umgang mit Literatur/Texten gezählt, andererseits sollen die Fachbegriffe „Erzähler" und „Erzählperspektive" eingeführt werden. Ansonsten tauchen Erzählkategorien vorrangig bei den produktiven Methoden auf, insbesondere Schreibaufgaben sind so konzipiert, dass ihre Durchführung einen Perspektivenwechsel und die Verwendung des inneren Monologs fordert. Die Bildungsstandards für die Hauptschule beinhalten keine expliziten Erzählkategorien.

Zu den frühen Arbeiten, die innerhalb der **Kinder- und Jugendliteraturdidaktik** erzähltheoretische Elemente integrieren, gehören die Kinderbuchanalysen von Anna Krüger (1967). Sie behandelt das Zeitgefüge und den fiktiven Raum sowie Mittel der Redewiedergabe (Dialog), während der Erzähler noch unbeachtet bleibt. Durch die darauf folgende Phase der Politisierung und Ideologisierung war die Literaturdidaktik stärker literatursoziologisch ausgerichtet, so dass ästhetische und erzähltheoretische Aspekte längere Zeit vernachlässigt wurden. Erst in den 1990er Jahren erfolgte eine erneute Hinwendung zur Erzählforschung und zu modernen Erzählverfahren in der KJL. Wilhelm Steffens (1991) hat moderne Erzählverfahren in der KJL untersucht und ihre ästhetische Funktion auch für die Literaturvermittlung gegenüber einer bloßen Inhaltsorientierung herausgestellt. Die verschiedenen Arbeiten zu narrativen Strukturen in der KJL haben Günter Lange und Wilhelm Steffens in ihrer Publikation von 1995 zusammengestellt. Das erzähltheoretische Fundament bildeten die Arbeiten von Stanzel, Lämmert, Vogt und Petersen.

Die **Lesebücher** für den Deutschunterricht bieten demgegenüber ein breiteres Spektrum an Aufgaben zum Erwerb von Erzählkategorien. Auffällig ist, dass bei den Lesebüchern, die ab den 1990er Jahren entstanden sind, Erzählkategorien überwiegend in handlungs-/produktionsorientierten Aufgabenstellungen der Art, eine Er-Erzählung in eine Ich-Erzählung umzuwandeln, verwendet werden. Typisch sind des Weiteren analytische Aufgabenstellungen zur Identifikation von Erzählphänomenen und ihrer Kategorisierung. Das Lesebuch *Unterwegs* für die Realschule (1. Version ab 1992), das einer handlungs- und produktionsorientierten Literaturdidaktik verpflichtet ist, führt konsequent in jedem Band Erzählkategorien ein. In Band 5 werden Erzählformen und die Du-Anrede behandelt:

> Die Geschichte ist in der Du-Form geschrieben. Überlegt, wen der Erzähler mit „du" anspricht und aus welcher Sicht er spricht.
> /.../ Ihr könnt auch die Geschichte in der Erzählform, die euch am meisten anspricht, weitererzählen. (*Unterwegs* 5, 154)

Der Band 6 thematisiert Wahrnehmungen, Gedanken und Gefühle von Figuren und ihre sprachlichen Ausdrucksmittel wie wörtliche Rede. Es wird auch auf die Wissensdifferenz zwischen Erzähler und Figur hingewiesen und auf ihren Effekt der Spannungserzeugung. In Band 7 wird die Erzählperspektive thematisiert mit den Unterkategorien: Erzählhaltungen, Ich-/Er-/Sie-Erzählsituationen, Du-Form und Außen-/Innensicht:

> Tragt nun zusammen, was ihr über den Ich-Erzähler und den Er-/Sie-Erzähler herausgefunden habt:
> – Wo stehen sie jeweils in der Geschichte?
> – Welche Möglichkeiten der Darstellung haben sie?
> – Aus welcher Sicht stellen sie die Personen und Ereignisse dar?
> (*Unterwegs* 7, 1997, 144)

Band 9 geht auf die Entfaltung der Handlung ein und die unterschiedlichen Darstellungsformen: Erzählerkommentare, Erzählerbericht, Beschreibung und szenische Darstellung von Figuren. Der Ansatz folgt offensichtlich der Systematik von Stanzel.

Das Lesebuch *Seitenwechsel* (1997 ff.) stützt sich in seiner fachtheoretischen Fundierung auf die Arbeit von Waldmann/Bothe (1992) und zielt darauf, durch Verfassen literarischer Texte für Erzählphänomene zu sensibilisieren. Während der Band 7 sich den sprachlichen Mitteln, wie wörtliche Rede, Präteritum und Kommentar, zuwendet, werden Erzählhaltungen und Erzählperspektiven anhand von Kurzgeschichten in Band 8 eingeführt, ebenso die Rückblende und die Vorausschau. Zeitstrukturen mit der Unterscheidung von erzählter Zeit und Erzählzeit, sowie Zeitdehnung, Zeitraffung und Zeitdeckung sind das Thema des 9. Bandes. Dagegen werden Innenwelten und Gedanken einer Figur sowie die Trennung zwischen Figuren – und Erzählerrede zum Gegenstand des 10. Bandes.

Die Behandlung von Darbietungsweisen, wie direkte Rede, innerer Monolog, erlebte Rede und Erzähltempus werden expliziter und umfassender in den integrierten Lehrwerken wie *Deutschbuch* (1997 ff.) thematisiert, wo in Verbindung mit der Erschließung von Erzählphänomenen der Sprache und dem Stil besondere Aufmerksamkeit gewidmet wird. Typische Aufgabenstellungen in Lesebüchern sind neben den produktiven und handlungsbezogenen analytische Aufgaben, wie Identifizieren von Erzählelementen, und Interpretationsaufgaben der funktionalen Bestimmung von Elementen.

Die Frage, welche Erzählphänomene und -kategorien im Deutschunterricht auf welcher Jahrgangsstufe anhand welcher Erzähltexte und Gattungen vermittelt werden sollten, öffnet ein komplexes Handlungs- und Entscheidungsfeld, das der Untergliederung in Teilschritte bedarf: 1. Welche Ziele/Intentionen werden verfolgt? 2. Was ist das erzähltheoretische Fundament? 3. Wie lassen sich narrative Kompetenzen operationalisieren und innerhalb eines schulischen Curriculums zum Lesen erzählender Texte abstufen? Da für eine Erzähltextdidaktik und die Arbeit mit Texten der erzählenden Literatur auch in der Universität die Textanalyse und –interpretation von entscheidender Bedeutung sind, bedarf es einer Klärung dieser Begriffe.

2.9.1 Textanalyse und Textinterpretation

Die Literaturwissenschaft unterscheidet zwischen Textanalyse und Textinterpretation als zwei verschiedenen Verfahrensweisen im Umgang mit literarischen Texten. Die Textanalyse ist ein Verfahren der Untersuchung literarischer Texte, das sprach- und textnah orientiert ist und sprachliche, stilistische und formale Elemente eines Textes voneinander unterscheidet und kategorisiert. Aber auch das Herausarbeiten globalerer Strukturen eines Textes, wie den Aufbau von Texten/Geschichten, gehört zu den textanalytischen Verfahren. Das Verfahren ist eher deskriptiv, beobachtend und hält sich an das objektiv Gegebene und Überprüfbare in einem Text; die subjektiven Anteile sind daher gering. Das textanalytische Verfahren muss wiederum nach einzelnen Gattungen differenziert werden, um deren Spezifika gerecht zu werden. Dabei bilden die entsprechenden Theorien dramatischer, lyrischer und erzählender Texte das Fundament. Bei erzählenden Texten stützt sich die Textanalyse auf die Erzähltheorie und wendet die dort entwickelten Kategorien zur Identifikation von narrativen Strukturen und Elementen an. Für die Gedichtanalyse bilden Theorien zur Metrik, zur Versifikation und zu Klangstrukturen die Grundlage, dasselbe gilt für das Drama, dessen Analyse in einer Theorie des Dramas und des Theatralischen begründet sein muss. Die Textanalyse ist ein Verfahren, das ein elementares Textverständnis ermöglichen soll und auf dem die Interpretation eines literarischen Textes aufbaut. Zu den erzähltextanalytischen Fähigkeiten gehören u. a., den Aufbau einer Geschichte erfassen zu können.

Interpretation bedeutet dem Wortsinn nach „Deutung“, „Übersetzung“, „Erklärung“ (lat. *interpretatio*). In der Literaturwissenschaft bezeichnet der Terminus ein Verfahren der Auslegung eines Textes, das beansprucht, methodisch kontrolliert, überprüfbar, in sich stimmig und nachvollziehbar zu sein. Der entscheidende Schritt von der Textanalyse zur Interpretation besteht darin, dass einzelne Elemente innerhalb eines Textzusammenhanges in ihrer Funktion bewertet und in eine Beziehung zueinander gesetzt werden, damit sinnvolle Zusammenhänge gebildet werden können.

Während die Textanalyse textnah vorgeht und sich auf die innertextuellen Strukturen und Beziehungen konzentriert, geht die Interpretation tendenziell über den Text hinaus und bezieht übergreifende historische, politische oder literaturgeschichtliche Kontexte mit ein. Zu den geschichtenbezogenen Interpretationsfähigkeiten gehört z.B. die Rekonstruktion motivationaler Zusammenhänge, die je nach Text wiederum Handlungswissen und Alltagswissen fordert, das integriert werden muss. Interpretationen sind nicht zuletzt abhängig von der Perspektive des Lesers/Interpreten und seiner Subjektivität. Je nach Standort, Interessenlage und Vorliebe eines Lesers werden unterschiedliche Aspekte eines Textes wahrgenommen, Beziehungen gestiftet und Zusammenhänge gebildet, so dass die Ergebnisse von Interpretationshandlungen von Leser zu Leser verschieden ausfallen. Dieser Deutungsspielraum hängt mit den Eigenschaften literarischer Texte zusammen, bedeutungsreich, anspielend, mehrdeutig und offen zu sein. Damit das Textverstehen und – interpretieren nicht in Beliebigkeit verläuft, bedarf es jedoch immer wieder einer Ausbalancierung zwischen einem objektiven und einem subjektiven Pol des Verstehens. Aufgrund der Vielfalt von Deutungsmöglichkeiten fordert die Interpretation Verständigungshandlungen zwischen Lesern im Rahmen von Gesprächen in der universitären und schulischen **Interpretationspraxis**, indem die unterschiedlichen Deutungen aneinander abgeglichen, in Frage gestellt, argumentativ am Text belegt und abgestützt werden, um nicht zuletzt zu einer intersubjektiven Verständigung zu gelangen. Der Text selbst und das, was zuvor durch Textbeobachtung und – analyse ermittelt wurde, bietet dabei die Basis für die Überprüfung von Interpretationshypothesen, Bewertungen und Argumenten des Lesers/Interpreten. Im Rahmen von Institutionen wie Universität und Schule wird das Interpretieren öffentlich gemacht und kann folgende Funktionen übernehmen:

- eine expressive Funktion, bei der der Leser/Interpret seiner subjektiven Sichtweise und Meinung Ausdruck gibt;
- eine argumentative, behauptende Funktion, bei der der Leser Aussagen über einen Text und Teilaspekte eines Textes trifft, die wiederum bei Infragestellung durch andere zu begründen und zu verteidigen sind;
- eine erklärende Funktion; die jemand bei Nicht-Verstehen, Missverstehen oder Verstehensproblemen des anderen übernimmt (Das kann der Lehrer sein.);
- eine erörternde Funktion, bei der der Leser verschiedene Möglichkeiten der Interpretation eines Gegenstandes reflektiert und abwägt.

Im schulischen Literaturunterricht ist die Unterscheidung zwischen Textanalyse und Interpretation hilfreich und nützlich, da Schüler verschiedener Altersstufen erst lernen müssen, Elemente und Strukturen eines Textes zu erkennen und sie kategorial einzuordnen, damit sich das Interpretieren nicht in Beliebigkeit und Subjektivismus verliert. Da textanalytische Verfahren aufgrund ihrer eher kognitiven Ausrichtung in den vergangenen Jahren unter Kritik geraten sind, hat die Literaturdidaktik alternative methodische Verfahren im Umgang mit Texten entwickelt, die verstärkt motivationalen und emotionalen Aspekten Rechnung tragen, wie handlungs- und produktionsorientierte Verfahren, die seit ihrem Entstehen in den 1980er Jahren einen festen Platz im Literaturunterricht einnehmen. Funktional dienen sie der Sensibilisierung und Bewusstmachung von Text- und Gattungsbesonderheiten und ihren ästhetischen Funktionen, aber zielen auch darauf, Zugänge zu einem Text zu öffnen und zu vielfältigen Auseinandersetzungen mit einem Text anzuregen. Nach einer langen und teilweise kontrovers geführten Diskussion um kreative und produktive Verfahren besteht heute Konsens darin, dass handlungs-/produktionsorientierte Verfahren nicht für sich stehen, sondern der Literaturunterricht zumal auf der Sekundarstufe zugleich der Schulung analytischer und interpretatorischer Fähigkeiten bedarf. Die Kombination von Interpretieren als einer konstruktiven, sinnbildenden und verstehenden Tätigkeit und analytischen Tätigkeiten prägt nicht nur die Literaturwissenschaft und den wissenschaftlich fundierten Umgang mit Texten in der germanistischen Ausbildung, sondern bildet auch die Grundlage für den Literaturunterricht.

Die Literaturdidaktik verwendet häufig den Begriff der Texterschließung im Unterschied zur Fachwissenschaft. Der Begriff betont stärker die Bindung an das Subjekt und seine Tätigkeit sowie die Prozesskomponente des schrittweisen Erarbeitens eines Textes. Die Texterschließung akzentuiert die Operationalisierbarkeit von Lern- und Aneignungsprozessen. Zur Texterschließung gehören Instrumente, die dem Lerner zur Hand gegeben werden, damit er befähigt wird, Texte selbstständig zu lesen, zu deuten und zu verstehen. Zu diesen Instrumenten gehören Erschließungs- und Lesestrategien, wie gliedern eines Textes, zusammenfassen, Handlungsschemata entwerfen, das Thema ableiten. Das Ziel der Texterschließung besteht darin, einen Text zu verstehen, tiefer einzudringen, Nicht-Gesehenes zu entdecken, neue Bezüge herzustellen und andere Aspekte sichtbar werden zu lassen.

Teilweise werden die Begriffe „Textanalyse“ und „Texterschließung“ synonym gebraucht. Jedoch ist die Auftrennung verschiedener Tätigkeiten im Umgang mit literarischen Texten sinnvoll – gerade auch für die Literaturdidaktik und ihre Aufgabe, Aneignungs- und Lernprozesse zu organisieren. Textbezogene Handlungen des Analysierens und Interpretierens werden im Unterricht zumeist in eine schriftliche oder mündliche Aufgabenstellung eingebettet.

2.9.2 Ziele

Der Literaturunterricht zielt darauf, Leseinteresse zu wecken, Leseverhalten in sozialisatorischer Perspektive zu stabilisieren, und Schülern Kompetenzen zur Verfügung zu stellen, die ihnen ein Verstehen und Bilden plausibler Interpretationen von Erzählungen unterschiedlicher Gattungsausprägung und historischer Zugehörigkeit ermöglichen. Dazu gehört auch, dass Leser in der Lage sind, sich zu einem Text emotional und kognitiv in Beziehung zu setzen und vielfältige Auseinandersetzungen mit Inhalten zu führen. Zu den Kompetenzen gehören das Verfügen über erzähltheoretische Grundbegriffe, Strukturen, Beschreibungs- und Analyseinstrumente, damit Geschichtenstrukturen erfasst werden können, Schüler Einblick in die mediale Vermitteltheit von erzählten Geschichten erhalten und die unterschiedlichen Erscheinungsformen des Erzählers und seiner Funktionen, die Zuordnung zu Kommunikations-/Erzählebenen erkannt werden können. Verstehen von Erzähltexten heißt auch Nachvollziehen und Reflektieren, wie sich der Blick auf die Welt durch die Art und Weise des Erzählens verändert.

Der Erwerb und die Aneignung von Erzählkategorien sind nicht als ein bloß instrumentelles Wissen misszuverstehen, das an Texten exemplifiziert werden soll, sondern sie dienen dazu, Schüler dazu zu befähigen, erzählende Texte selbstständig zu lesen, zu verstehen, für sich zu erschließen, einen Gewinn aus der Lektüre zu ziehen und einen Transfer auf das mündliche Erzählen und andere mediale Präsentationen von Narrativen, wie Film, Bilderbuch, Bildergeschichten, auch über den schulischen Kontext hinaus zu leisten. Es ist die Aufgabe des Lesers, die fiktive Welt auf der Basis von narrativen Strukturen und unter Berücksichtigung der erzählerischen Vermitteltheit, der Funktion des Erzählers, der Redemittel und von Fokalisierungsvorgängen zu konstituieren.

Fremdverstehen

Mit dem Verstehen Lernen im Literaturunterricht ist die Frage verbunden, wie überhaupt ein Verstehen des Anderen/Fremden möglich ist. Im Erzählen werden Erfahrungsinhalte strukturiert und weitergereicht, es wird ein eigener Imaginations- und Reflexionsraum eröffnet, der den Leser in eine andere Welt führt, die möglicherweise zeitlich und räumlich weit von seiner eigenen Lebenswelt entfernt ist und in der andere Gesetze, Vorstellungen, Wert- und Glaubenssysteme gelten. Die Lektüre selbst ist eine Grenzüberschreitung in eine fiktive Welt, die dem Leser als anders oder fremd entgegentritt, und in der Prozesse des Fremdverstehens in Bezug auf Figuren, Handlungsabfolgen, Räume, besondere Problemlagen, Beziehungen und Interaktionen zwischen den Figuren vollzogen werden müssen. Fremdverstehen bezieht sich auch auf die Ebene des erzählerischen Diskurses mit der Organisation von Zeit und Raum, der Fokalisierung und der Erzählsituation. Während die Kategorie des Anderen das bezeichnet, was verschieden ist und nicht mit dem Eigenen zusammenfällt, ist das Fremde in einer topographischen Bedeutung (Waldenfels 1997) zunächst das, was von draußen kommt, was außerhalb des eigenen Bereiches liegt. Fremdheit ist eine relationale Kategorie, da das, was als fremd wahrgenommen und erlebt wird, abhängig ist von der Position und Sichtweise des Lesers. Das Fremde löst unterschiedliche Reaktionen aus: Es kann verunsichern und Abwehr hervorrufen, die im gesellschaftlichen Bereich leicht zu Stereotypen- und Vorurteilsbildung gegenüber

„Fremden" führt. Umgekehrt kann das als „fremd" Erlebte faszinieren, Neugierde wecken und anregen, sich auf fremde Welten und ihre Gegebenheiten einzulassen, um damit den eigenen Erfahrungs- und Wissenshorizont zu erweitern. Zur Dialektik des Fremdverstehens gehört, dass das aus fernen Welten Kommende als nah und vertraut erlebt wird und umgekehrt das vermeintlich Vertraute und Eigene einem als fremd entgegentritt.

Die durch zeitliche und kulturräumliche Ferne bedingte Distanz zwischen Text und Leser stellt potentiell eine Verstehenshürde dar, die es zu überwinden gilt, indem der Leser sich das Voraussetzungssystem des Textes erschließt und tieferliegende moralisch-ethische, gesellschaftlich-normative und motivationale Zusammenhänge rekonstruiert. Da der Leser in jede Lesesituation seine eigenen Erfahrungen, Weltsichten und -kenntnisse einbringt, besteht die Gefahr von Verzerrungen und Missverständnissen, indem eigenweltliche Schemata auf einen Text projiziert werden. Ein Schritt des Fremdverstehens besteht darin, dass der Leser die Differenz zwischen ihm und dem Text erkennt und Deutungsschemata für die erzählte Welt und ihre Vorkommnisse aufbaut, die nicht aus der eigenen Lebenswelt abgeleitet sind. Bei derartigen Projektionen begegnet das Subjekt nur sich selbst, es findet keine Erweiterung des Eigenen statt. Rückwirkend führt die Annäherung an fremde Erzählwelten zu einer Reflexion auf das Eigene und die Erkenntnis bzw. Vergewisserung dessen, was die eigene Welt und die eigene soziale, kulturelle und individuelle Identität ausmachen. Derartige Prozesse von Eigen- und Fremdverstehen sind der Gegenstand der Fremdhermeneutik[7], die das Verstehen von Fremdem als ein dialektisches Verhältnis von Eigenem und Fremdem begreift. Ein wichtiger Schritt ist dabei der Perspektivenwechsel, d. h. die Fähigkeit, sich auf den Standpunkt des anderen zu versetzen, um zu rekonstruieren, wie die Welt von dort aus gesehen wird. Ein verwandter Begriff ist die Empathiefähigkeit, die eher auf das emotionale Nachvollziehen dessen, was in dem anderen vorgeht, zielt. In gegenwärtigen Diskursen um Fremdverstehen und interkulturelles Verstehen steht die Polarität von Eigenem und Fremdem infrage zugunsten von Konzepten der Transkulturalität und der Hybridisierung, um Phänomene im Kontext von Migration, Migrationsliteratur und postkolonialer Literatur mit ihren kulturellen Überschneidungssituationen und der Vervielfältigung von Identitäten, die an mehreren Kulturen partizipieren, gerecht zu werden.

Eine Erzähltextdidaktik sollte Prozesse des Fremdverstehens in Gang setzen und der Vielfalt an Beziehungsmöglichkeiten und Auseinandersetzungen mit einem Text durch Textauswahl und eine Bandbreite an Methoden Rechnung tra-

[7] Seit den 1980er Jahren hat der Fremdheitsdiskurs eine hohe Dominanz in verschiedenen philologischen, philosophischen und sozialwissenschaftlichen Disziplinen gewonnen mit unterschiedlichen Akzentuierungen des Verhältnisses von eigen und fremd. Die hier zugrunde gelegte Bestimmung geht vor allem auf A. Schütz (1932) zurück.

gen. Motivationsfördernde Maßnahmen können an identifikatorischen, emotionalen, imaginativen und kognitiven Prozessen, die das Lesen begleiten, ansetzen und je nach Lesertyp akzentuieren, um damit die Bereitschaft, sich auf fremde Welten einzulassen und in selbstreflexiver Einstellung das Eigene in Frage zu stellen oder allererst wahrzunehmen, erhöhen.

2.9.3 Erzähltheoretisches Fundament

Erzählforschung und Erzähltheorien bilden die Grundlage für die Erzähltext-/ Literaturdidaktik. Da es aber unterschiedliche Systematiken und Ordnungskriterien für Erzählphänomene gibt, kann die Entscheidung, welcher erzähltheoretische Ansatz eine geeignete Grundlage für den Literaturunterricht bietet, sich nicht auf ein Erzählmodell stützen. Wesentliche Kriterien für die Frage nach der Geeignetheit einer Erzähltheorie sind die Operationalisierbarkeit von Erzählkategorien, eine Fachterminologie, die intersubjektiv verständlich ist, eindeutige Unterscheidungsmerkmale, die für Schüler nachvollziehbar, an Texten ablesbar und auf eine Bandbreite unterschiedlicher Erzähltexte anwendbar sind und für die Analyse und Interpretation in der Praxis fruchtbar gemacht werden können.

Für die Anforderungen an die schulische Interpretationspraxis sind die Begrenzung interpretatorischer Handlungsspielräume durch Alter und Interessen der Zielgruppe, vorhandene Wissens- und Lesekompetenzen und durch Schulformen in Rechnung zu stellen. Die erzähltheoretische Fundierung der Arbeit mit erzählenden Texten muss daher eine genetische Perspektive einnehmen: Begriffsentwicklung, Abstraktionsfähigkeiten, Fassungsvermögen und Verstehensmöglichkeiten in Abhängigkeit vom Alter und von Jahrgangsstufen. Die Interpretationspraxis fordert eine Reduktion von erzählanalytischen Basiskategorien und Strukturen.

Der Literaturunterricht knüpft bislang eher an die lange Tradition der Erzählforschung mit Stanzel und darauf aufbauend Petersen und Vogt im deutschsprachigen Raum, teilweise auch der *point-of-view*-Tradition des angelsächsischen Raumes an. Diese Richtung der Erzählforschung hat den Vorteil, eine nachvollziehbare Operationalisierbarkeit von Erzählphänomenen mit Beschreibungskategorien, die aufgrund ihres niedrigeren Abstraktionsniveaus für Schüler einsehbar, vermittelbar und anwendbar sind, zu bieten. Aufgrund des hohen Abstraktionsgrades, der elaborierten Fachterminologie und der vorausgesetzten hohen Kompetenz auf Seiten des Lesers/Interpreten, halte ich die Systematik von Genette für den schulischen Kontext nur für eingeschränkt geeignet. Teilweise entfallen hier zudem wichtige Aspekte, wie erzählerische Wertungen, die wiederum in der Systematik von Petersen enthalten sind. Allerdings sind bestimmte Systematisierungskriterien, die eine Weiterentwicklung der Erzählforschung bedeuten, unbedingt für die schulische Deutungspraxis fruchtbar zu machen, wie die grundlegende Trennung von Erzählen (Stimme) und Sehen (Fokalisierung). Im Vorhergehenden wurde ein Vorschlag zur Systematisierung und Operationalisierung von Fokalisierungsvorgängen gemacht, dessen Leitkriterien die Transparenz, operationale Kriterien und Kategorien und die Brauchbarkeit für die Erzähltextanalyse und – interpretation in der Schule sind. Die der Erzählforschung zugrunde liegende Zweiteilung von Geschichte (histoire) und Diskurs (récit) liegt auch der hier vorgeschlagenen Systematik zugrunde, jedoch mit deutlicher Akzentuierung der funktionalen Einbettung des Erzählens in eine Erzähl-/Kommunikationssituation und der zu leistenden Integration auf Seiten des Lesers.

2.9.4 Narrative Kompetenzen

Eine Aufgabe des Literaturunterrichts besteht darin, die verschiedenen Geschichtenstrukturen, Erscheinungsformen des Erzählens und entsprechende Beschreibungs- und Analysekategorien im Zusammenhang mit Texten unterschiedlicher Gattungs- und Epochenzugehörigkeit zu vermitteln und sie für die Analyse und Interpretation von Texten und individuelle Lesezugänge fruchtbar zu machen. Das Verstehen Lernen von Erzählungen schließt sowohl erzähltheoretische als auch lesetheoretische Grundlagen ein.

Da literarische Texte eine Vielfalt an Bedeutungsaspekten enthalten, die nicht alle zugleich beim ersten Lesen erfasst werden können, lassen sich mehrere Verständnisebenen unterscheiden. Das Modell des gestuften Verstehens und der Unterscheidung von verschiedenen Verstehensebenen hat eine bewährte Tradition sowohl in der Hermeneutik als auch in kognitionspsychologisch fundierten Verstehenstheorien. Auf einer ersten Verständnisebene geht es um das Erfassen der erzählten Geschichte mit ihren Kernhandlungen, Verwicklungen, Lösungsangeboten, Figuren und zeitlich-räumlichen Verhältnissen. Sie bietet dem Leser eine erste Orientierung. Von dieser Basis aus können tiefer liegende Zusammenhänge erschlossen werden. Der Leser muss erfassen, wie die erzählte Welt im Einzelnen beschaffen ist, mit welchen Gegenständen/Figuren sie ausgestattet ist, was die Antriebe und Hintergründe für Handlungen und Komplikationen sind, wie Figuren konzipiert sind, welche Emotionen wie erzeugt werden und wie Figurenbeziehungen gestaltet sind, in welchen Räumen und Zeiten sie sich bewegen, wo Veränderungen und Entwicklungen erfolgen, welche Perspektiven auf die Welt gegeben werden. Textverständnis setzt neben interpretatorischen Fähigkeiten ein Wissen bei einem Leser voraus, das dieser für die Lösung bestimmter Verstehensaufgaben einbringen muss. Zu unterscheiden ist generisches Wissen und bereichsspezifisches Wissen, das für einzelne Sachgegenstände/Themen gilt. Je nach Gattung, historischem Kontext und Komplexität eines Erzähltextes sind unterschiedliche Arten von Wissen und ein unterschiedlicher Umfang des Wissens erforderlich: Bildungswissen, Alltagswissen, Sprach-, Text- und Gattungswissen. Alltagswissen umfasst Wissen über Handlungsabläufe, Routinen, gesellschaftliche Institutionen und Lebensverhältnisse. Der geschulte

Leser wendet dieses Wissen oft automatisch auf Texte an. Fehlt ein relevantes Wissen über einen Erzählgegenstand, so sind derartige Automatismen unterbrochen und es entsteht eine Verstehenslücke, die jedoch nicht unbedingt in der Wahrnehmung des Lesers liegt, weil Verstehensprobleme oft durch Projektion von Wissensschemata aus der eigenen Lebenswelt kompensiert werden. Ältere Texte des 17. oder 18. Jahrhundert sind für heutige Leser nicht nur aufgrund ihrer komplexeren Sprache schwer zu lesen, sondern auch, weil sie ein Bildungswissen voraussetzen, das nicht mehr selbstverständlich im Besitz moderner Leser ist (z.B. Kenntnisse über antike Mythenstoffe, historische Kenntnisse des Mittelalters, über ältere Schriftsteller und Texte, die ihrerseits zitiert oder angespielt werden). Außer über inhaltsbezogenes Wissen muss der Leser auch über Strukturen und Elemente eines Erzähltextes, Aufbaugesetze und Gattungskonventionen verfügen, um zu einem Verstehen eines Textes zu gelangen, wie mehrfach betont wurde.

Die in den vorhergehenden Kapiteln entwickelte Systematik von Erzählphänomenen, ihrer Kategorisierung, Einordnung und Merkmalen der Abgrenzung sind jeweils Teilkompetenzen einer übergreifenden narrativen Kompetenz. Ausgangspunkt für die Vermittlung, Aneignung und Erschließung von Erzählstrukturen sind zentrale Fragen, die in der Erzählforschung immer wieder gestellt werden: Wer erzählt? Wo steht der Erzähler in Bezug auf die erzählte Welt? Wer sieht/nimmt wahr? Wo steht die Wahrnehmungsinstanz in Bezug auf die erzählte Geschichte? Wie werden Reden, Gedanken und Wahrnehmungen von Figuren vermittelt? In der folgenden Tabelle sind die Erzählkategorien zusammengestellt mit den entsprechenden Fragen, die als Strategien zu verstehen sind und einen Zugriff auf Erzähltexte ermöglichen.

Tab. 24 Erzählkategorien

Erzählkategorien	**Erzählphänomene/Fragestrategien**
Erzähler	Wer erzählt?
Mittelbarkeit/Unmittelbarkeit	Tritt eine Erzählinstanz in Erscheinung oder bleibt sie im Hintergrund: Erzählen vs. Zeigen; *telling* vs. *showing*
erzähllogischer Ort des Erzählers	Wo steht der Erzähler: innerhalb/außerhalb der erzählten Welt? Ist er identisch mit einer Figur?
Beteiligung des Erzählers	unbeteiligt vs. beteiligt (Haupt-/Nebenfigur)
Kenntnisstand des Erzählers (Informiertheit)	Wie umfangreich ist das Wissen des Erzählers im Vergleich zum Wissen der Figuren? Woher hat der Erzähler sein Wissen (Quelle)?
Zuverlässigkeit des Erzählers	Stimmt das, was der Erzähler sagt?

Er-, ich-, Du -Erzählen	Ist der Erzähler zugleich eine Figur? Wer sagt „ich“, „er“ oder „du“? Worauf bezieht sich das Pronomen?
Erzählverhalten	Handelt es sich um ein auktoriales, neutrales, personales Erzählverhalten?
Distanzen des Erzählers	Wo steht der Erzähler in Bezug auf die erzählte Geschichte: nah – fern; großer – kleiner Überblick?
Erzählhaltung/Standpunkt	Welche Einstellung hat der Erzähler zu Figuren und Vorgängen? Wie bewertet er sie?
Fokus	Wer sieht/nimmt wahr?
Fokalisierungstyp	interne vs. externe: Befindet sich der Wahrnehmungsträger innerhalb/außerhalb der erzählten Welt?
Gegenstand der Fokalisierung	Wer/was ist Objekt der Wahrnehmung? Wird dessen Innen- oder Außenseite dargestellt?
Sprachliche Indikatoren für Fokalisierung	An welchen sprachlichen Mitteln werden Fokalisierungsvorgänge erkennbar?
Redeformen	In welchen Textteilen spricht der Erzähler? In welchen Textteilen sprechen die Figuren? • Erzählerrede • Personenrede • erlebte Rede • innerer Monolog • direkte Rede/Dialog • indirekte Rede
Zeitstrukturen	Wie sind erzählte Zeit und Erzählzeit gegliedert? Wann geschieht was? • Chronologie, Achronologie • Rückblende, Vorausschau
Raumstrukturen	Wie sind der erzählte Raum und der Erzählraum gegliedert?
Erzähl-/ Kommunikationssituation	Gibt es eine Rahmenhandlung mit einer Binnenerzählung? Wird eine mündliche/schriftliche Erzählsituation fingiert? Gibt es folgende Kommunikationsebenen: – der explizite auktoriale Erzähler – der angesprochene Leser – der fiktive Erzähler und seine Rollen – der fiktive Leser und seine Rollen
Fiktionalität	Gibt es Signale für Fiktionalität, wie Titel oder Thematisieren des Erzählens selbst?

Für die Erarbeitung von Erzählphänomenen bedarf es bei jeder Lektüre einer Selektion, die sich danach richtet, welche Erzählphänomene in einem erzählenden Text einen funktionalen Wert haben. Einzelne Erscheinungsformen und Strukturen sind dort ein Thema, wo sie eine Bedeutung für die Problemsituation und ihre Lösung auf der Geschichtenebene haben bzw. für den Aufbau einer erzählten Welt, wie z. B. die „erzählte Zeit" in der Kalendergeschichte von Johann Peter Hebel *Unverhofftes Wiedersehen* oder in Teilen der phantastischen Literatur mit den Motiven der Zeitreise und der Zeitparadoxien. Die Strukturierung von Zeit spielt ebenfalls eine Rolle in Novellen mit Erzählrahmen und Einbettungsverhältnissen und beim autobiographischen Erzählen mit seinen verschiedenen Zeitdistanzen und Ich-Konzepten. Auch der erzählte Raum ist nicht bei jedem Text zu thematisieren; bedeutsam wird er z. B. in der Phantastik, in der Schauerliteratur, im historischen Roman, im Abenteuergenre und vor allem im Roman des bürgerlichen Realismus, um nur einige Hinweise zu geben.

Abstufung narrativer Kompetenzen im Rahmen eines Curriculums

Für den Erwerb und die Aneignung von Strukturen, Einzelelementen und Kategorien des Erzählens muss eine Abstufung nach Jahrgangsstufen unter Berücksichtigung des Abstraktions-, Fassungs- und Reflexionsvermögen von Schülern und entsprechend den jeweiligen Gattungen und Genres, die typischerweise auf bestimmten Jahrgangsstufen behandelt werden, erfolgen. Die induktive Ableitung von Erzählkategorien und die Ausdifferenzierung in den Kenntnissen von Erzählstrukturen der Tradition wie der Moderne werden über die Text- und Gattungsauswahl gesteuert. Die KJL mit ihrem Repertoire an Erzähltechniken bietet eine erste Hinführung zu Erzählphänomenen in der Grundstufe, aber in der Weiterführung auch in den Jahrgangsstufen 5 bis 8. Für die Behandlung von Gattungen in den verschiedenen Jahrgangsstufen hat sich mit gewissen Variationen im Sekundarbereich von Real-/Gesamtschule und Gymnasium folgende Untergliederung eingespielt:

In der 5. und 6. Jahrgangsstufe werden die kleinen Formen behandelt: Märchen, Sage, Legende, Fabel, Parabel, Schwank, Erzählungen, Auszüge aus Romanen der Kinder-/Jugendliteratur und die Kalendergeschichte. Vorherrschend ist hier das Geschichtenverständnis mit Fragen nach dem Erzähler und der Wertung. Bei Erzählungen aus der volksliterarischen Tradition, wie Märchen und Sage, spielen Phänomene des Erzählens kaum eine Rolle. Im Vordergrund stehen die erzählte Geschichte und ihre Struktur. Bei der KJL allerdings ändert sich das; insbesondere die moderne KJL verwendet eine Vielfalt an Erzählstrategien und Erzählerpositionen, Darstellungsweisen und Fokalisierungen. Zu ihrem Repertoire gehören das Auftreten des kindlichen/jugendlichen Ich-Erzählers, interne Fokalisierung und die Verwendung moderner Darstellungsmittel wie innerer Monolog, erlebte Rede. Insofern können diese Kategorien bereits auf einer frühen Stufe vermittelt werden.

In der 7. Jahrgangsstufe kommen die Kurzgeschichte, die Anekdote und das Tagebuch hinzu, der Schwank und die Legende treten zurück. Damit kommen Formen des Ich-Erzählens, des personalen Erzählens und des Wechsels von Innen-/Außenperspektiven auf Figuren ins Spiel.

In der 8. Jahrgangsstufe werden Romane, Kriminalgeschichten, Parodien, Utopien und Fantasy-Texte gelesen, dagegen entfallen die Fabel und die Kalendergeschichte. Insbesondere Romane und längere Erzählungen legen die Behandlung verschiedenen Formen und Verhaltensweisen des Erzählens, Aspekte fokalisierten Erzählens, aber auch Zeit- und Raumstrukturen nahe.

In der 9. Jahrgangsstufe werden zudem der Brief, die Autobiographie, die Satire und parabolische Texte behandelt; das Textangebot in der 10. Jahrgangsstufe wird um die Novelle und Science Fiction erweitert, so dass erneut Formen des Ich-Erzählens, aber auch der Rahmenhandlung, der Einbettung von Geschichten, der Raum- und Zeitstrukturen thematisch werden. Auf der Oberstufe findet eine Erweiterung von Erzählkategorien, wie die Zuverlässigkeit/Unzuverlässigkeit des Erzählers, und eine Binnendifferenzierung z. B. bei Fokalisierungsvorgängen statt.

Die Zuordnung von Gattungen zu Jahrgangsstufen ist nicht unproblematisch, entscheidender ist vielmehr die Komplexität von Erzählungen, die eine altersgemäße Zuordnung nahelegt. Komplexität bezieht sich auf Geschichtenstrukturen bzw. die erzählte Welt, die Erzähl- und Kommunikationsebenen, Fokalisierungen, Darstellungsweisen und die Sprache eines Textes.

2.9.5 Zur Methodik

Dem Verstehen von Geschichten liegen Regeln zugrunde, die eine intersubjektive Verständigungsbasis für den Unterricht bilden. Diese muss immer wieder gesichert werden, damit die Textdeutung nicht beliebig wird. Andererseits muss auch Raum für Subjektivität, eigenes Erleben, individuelle Sichtweisen und Vorstellungen gegeben werden. Im Unterricht bedarf es daher der Ausbalancierung von Intersubjektivem/Objektivem und Subjektivem, damit ein Lernfortschritt zu verzeichnen ist. Darüber hinaus gilt es, Neugierde und Leseinteresse bei Schülern zu wecken, Zugänge zu Geschichten und ihren fremden Welten, Erfahrungen und Schicksalen zu öffnen. Die Wirkdimensionen erzählender Texte, und ihre Strukturierung von Lesererfahrungen, die im ersten Kapitel beschrieben wurden (s. 1.4.6) bieten Möglichkeiten der Öffnung von Subjektivitätsräumen.

Es gibt verschiedene methodische Verfahren zur Entwicklung/Förderung von Erzählverstehenskompetenzen, die teils eher kognitiv, teils eher ganzheitlich und andere Sinnesbereiche und Lerndimensionen einbeziehend, ausgerichtet sind. Entscheidend ist, was Methoden leisten und welche Funktion sie haben. Zu den großen methodischen Verfahren im Literaturunterricht gehören zum einen systematisch angelegte Erschließungs- und Analyseverfahren sowie kognitiv ausgerichtete Interpretationsverfahren, zum anderen kreative, produktionsorientierte Verfahren, die in den 1980er Jahren vor allem von G. Haas (1984) und G. Waldmann (1984) entwickelt wurden. Sie bedürfen der Erweiterung um sprach- und textnahe Herangehensweisen, die angesichts der sprachlichen und kulturellen Heterogenität in den Klassenräumen den spezifischen Lernervoraussetzungen von Schülern mit einem Migrationshintergrund Rechnung tragen, wie z.B. eingeschränkte Sprach- und Lesekenntnisse.

Analyse- bzw. Erschließungsverfahren

Analyseverfahren zielen auf die Erschließung von Erzähltexten, indem Geschichtenstrukturen und Inhalte deskriptiv, benennend und gliedernd in schriftlicher oder mündlicher Form erarbeitet werden. Sie sind auf formale und im Text identifizierbare Elemente bezogen. Dazu gehören:

- eine Geschichte gliedern, den Aufbau bestimmen
- thematische Einheiten/Themen erfassen und beschreiben
- Figuren nach äußeren und inneren Merkmalen charakterisieren
- raumzeitliche Verhältnisse angeben
- den Handlungsverlauf beschreiben

Die berühmten W-Fragen – Wer tut was wann wo? – zielen auf die Kerninhalte einer Geschichte; der Handlungsverlauf lässt sich z.B. in ein Flussdiagramm bringen oder in eine *mind map*, in der die Hauptkonzepte einander graphisch zugeordnet werden.

Interpretationsverfahren

Beim Interpretieren geht es im Unterschied zur Erschließung um das Bewerten von Geschichtenelementen und das Herausarbeiten von Beziehungen zwischen ihnen sowie von Zusammenhängen, in die sich Einzelnes einordnet und damit verständlich wird. Typisch für Interpretationsverfahren ist die Lehrerfrage, die einen Impuls gibt für die Deutung von Texten. Eine Variante sind Schülerfragen, alternative Interpretationen vergleichen, eigene Hypothesen bilden und diese am Text belegen und argumentativ stützen. Die Entwicklung von reflektierenden, distanzierten und differenzierten Leseweisen gehört mit zum Aufgabenfeld des Literaturunterrichts. Interpretationsfragen zielen auf das Warum und Wozu von Geschehnissen sowie auf übergeordnete erzählerische Intentionen. Typische Interpretationsaufgaben bei erzählten Geschichten gelten inneren Vorgängen von Figuren, Handlungsmotiven, Beziehungen zwischen Figuren, Art und Ursache von Konflikten.

Einzelne Aktivitäten des Erschließens und Erarbeitens von Geschichten müssen immer wieder in das Unterrichtsgespräch eingebettet werden, das verschiedene

Funktionen erfüllt: Impulse für weitere und vertiefende Verstehensprozesse, Abgleichen von Interpretationen und Lesarten der Schüler, argumentative Verteidigung eigener Deutungen und Belegen am Text, Versprachlichung von Leseerfahrungen. Das Unterrichtsgespräch ist eine Form der Organisation von Lern- und Verstehensprozessen und der Weiterentwicklung vorhandenen Wissens sowie der Modifikation von Standorten und Blickpunkten.

kreative, produktionsorientierte Verfahren

Es gibt eine Reihe von Verfahren, die Schüler zur eigenen Textproduktion anregen, zur Umsetzung von Gelesenem in andere Medien, zu vielfältigen kreativen Aneignungsmöglichkeiten eines Textes z. B. in Form von Spielen und Inszenierungen. Im Rahmen dieser Ausführungen interessieren jene Verfahren, die funktional auf das übergeordnete Ziel des Erwerbs von rezeptiven Erzählkompeten-

Tab. 25 Verfahren, Funktionen

kreative, produktive Verfahren	**Funktionen/Ziele**
– Weiterschreiben	– baut auf dem Verständnis der vorgehenden Geschichte auf; prüft es zugleich und fördert schriftliche Erzählkompetenzen Durchspielen von Alternativen
– Antizipieren	– baut ebenfalls auf Geschichtenstrukturen und ihr Erfassen auf; ist zugleich motivierend und macht neugierig, fordert zur Überprüfung am Text auf
– selbst nach einem Erzählmuster erzählen	– fördert eigene Erzählkompetenzen
– Spiele	– fördert und prüft das Verständnis von Geschichteninhalten
– Dialoge schreiben	– prüft ebenfalls das Verständnis von einzelnen Szenen oder Beziehungen zwischen Figuren, regt zu Inferenzen an
– Brief schreiben aus der Perspektive einer Figur	– fördert Empathiefähigkeit, das Nachvollziehen dessen, was eine Figur empfindet, denkt, sieht, fordert Inferierleistungen
– Tagebuch schreiben	– fördert ebenfalls das Nachempfinden und Rekonstruieren von inneren Vorgängen und Beweggründen von Figuren
– die Geschichte aus der Perspektive einer anderen Figur erzählen	– Perspektivenwechsel; Figur von innen und außen betrachten, auch sind Schlussfolgerungen notwendig
– eine Vorgeschichte erfinden	– Die Geschichte anreichern und einen Kontext schaffen

zen bezogen sind und der Erarbeitung und dem Verstehen von Geschichteninhalten und -strukturen dienen. Mit „produktiv" sind Schreibaufgaben gemeint, die hier in Verbindung mit Geschichtenverstehenskompetenzen stehen. Der kreative Aspekt betont das Einbringen eigener Vorstellungen, Anschauungen und gestalterischer Fähigkeiten im Kontext des Erwerbs und der Schulung von Geschichtenverstehensfähigkeiten (Tab. 25).

Einige produktive Verfahren sind grundschulspezifisch. Dazu gehören Rollenspiele mit Integration von Instrumenten zur Erzeugung von Klängen/Geräuschen; ein Bilderbuch erstellen (Bilder malen, Texten zuordnen). Produktive und kreative Aneignungsformen sind zu ergänzen und zu integrieren in mündliche Interaktionen im Unterricht.

Die Wahl von Verfahren ist nicht beliebig, sondern abhängig von den Zielen und didaktischen Intentionen. In der Regel werden Verfahren kombiniert und teilweise in Ablaufschemata gebracht. Als Leitkriterium für die Wahl und Abfolge von Methodenschritten gilt:

1. Die Sicherung eines Minimalverständnisses steht am Anfang und das kann z. B. durch textnahe Arbeitsformen gewährleistet werden.
2. Textverstehen kann auch über kreative, produktive Formen der Aneignung und Auseinandersetzung hergestellt werden, u. a., weil hierfür Inferierleistungen und Abstraktionen erbracht werden müssen.
3. Das mündliche Gespräch gewinnt in der Sekundarstufe II eine zunehmende Bedeutung; ansonsten setzt es in allen Phasen der Erarbeitung eines Erzähltextes ein, um eine Integration, einen Diskurs über Textverstehen, ein Abgleichen zu initiieren und zu einer Aspektverschiebung anzuregen.

3 Grundlagen des Dramas

3.1 Ziele

In diesem Kapitel sollen Grundzüge der Dramenanalyse vermittelt werden mit den entsprechenden Begriffen, die zur Beschreibung von Strukturen und Elementen dramatischer Texte erforderlich sind. Das schließt die Interdependenz von Dramentext und Inszenierung im Theater mit den dort zur Geltung kommenden eigenen medialen Vermittlungs- und Präsentationsformen ein. Ein weiteres Ziel dieses Kapitels besteht darin, theaterbezogene Kompetenzen herzuleiten, Analysemittel für das Theatrale bzw. Theatralische bereitzustellen und in Gattungsspezifika, Beschreibungskategorien, dramatische Formen und geschichtliche Aspekte des Dramas und Theaters einzuführen. Die Leser sollen

1. Dramentext und Inszenierung unterscheiden können.
2. verschiedene Bühnen-/Theaterformen und theatrale Elemente kennen lernen.
3. narrative Vermittlungsformen identifizieren können.
4. Prinzipien des Aufbaus eines Dramas und der Exposition kennen lernen.
5. mit Kategorien des Dramatischen – Figur, Handlung, Figurenrede, Darstellungsverfahren – vertraut gemacht werden.
6. Zeit und Raum als grundlegende Kategorien des Dramatischen und Theatralen kennen lernen.
7. Rezipientenrollen unterscheiden können.
8. mit Typen und Formen von Dramen vertraut gemacht werden.
9. an Konzepte einer Dramendidaktik herangeführt werden.

Die bei den Stücken angegebenen Jahreszahlen bezeichnen die Uraufführungen; sie werden in der Regel nur bei der erstmaligen Erwähnung eines Stücks angeführt. Abweichend davon werden an einigen Stellen zeitliche Angaben zur Entstehung und Erstveröffentlichung von Dramen gegeben und sind als solche kenntlich gemacht.

3.2 Drama, Theater, Bühneninszenierung

Für die Bestimmung dessen, was ein Drama, insbesondere eine Tragödie ist, hat Aristoteles in seiner *Poetik* dramentheoretische Konzepte entwickelt, die im Laufe der Geschichte weiter ausdifferenziert und modifiziert wurden und immer wieder den Ausgangspunkt für die Analyse dramatischer Texte bildeten. Auch wenn sie für bestimmte Formen des modernen Dramas nicht mehr zutreffen, so stellen sie doch eine wichtige Voraussetzung für moderne Stücke dar, die sich wie bei B. Brecht dezidiert gegen die aristotelische Tradition stellen. Nach Aristoteles ist das Drama wesentlich durch Handlung bestimmt, die wiederum durch Rede präsentiert wird. Zu den bestimmenden Kategorien des Dramas gehören: der Mythos (Handlung), die Lexis (Sprache), das Ethos (der Charakter), die Dianoia (Erkenntnisvermögen, Gedankenführung), die Melopoiia (Gesang/Musik) und die Opsis (die Schau). Während sich die Kategorie der Handlung auf das Dargestellte bezieht, zählen Sprache und Gesang zu den melodischen und metrischen Darstellungsmitteln und die Opsis zur Bühneninszenierung. Charakter und Erkenntnisvermögen leiten sich aus der Handlung ab und sind ihr untergeordnet. In der Rangfolge dieser dramatischen Elemente stehen Handlung und Charakter an oberster Stelle, während die Opsis nachrangig ist. Mit der Einführung dieser Kategorien als konstitutive Teile der Tragödie ist bereits eine Dichotomie zwischen dem Drama bzw. dem Dramentext und der Bühneninszenierung getroffen, die in Dramentheorien als Spezifikum des Dramas gesehen und zum Gegenstand der Analyse gemacht wird, wenn auch mit unterschiedlicher Akzentuierung und Hinterfragung des besonderen Verhältnisses von Textvorlage und Aufführung.

Literaturwissenschaftliche Analysen konzentrieren sich vorrangig auf den dramatischen Text und dessen konstitutive Elemente und Regeln und möchten historische Varianten und Ausprägungen, wie Trauerspiel, analytisches Drama oder Lehrstück, beschreiben (u. a. Asmuth 1980). Es ist das Verdienst von Peter Szondi (1956) und Volker Klotz (1960) in ihrer Dramentheorie das Drama historisch-ästhetisch und systematisch zu betrachten. Allerdings bleibt auch bei ihnen der Aufführungsaspekt weitgehend unberücksichtigt. Neuere Forschungsansätze konzentrieren sich unter dem Einfluss von Semiotik und Kommunikations-/Interaktionstheorie auf Dialoganalysen, die Verbindung von sprachlichen und nicht-sprachlichen Ausdrucksmitteln, wie Mimik und Gestik, sowie die besondere Kommunikationssituation des Dramas (Pfister 1977/[11]2001). Demgegenüber befasst sich die Theaterwissenschaft mit der theatralen Aufführung und ihren Besonderheiten und Regeln. Die Kategorie der Theatralität, die in den letzten zwanzig Jahren in der Theaterwissenschaft eine prominente Rolle gespielt hat, hebt das Theater als eigene Kunstform und soziale Institution hervor. Erika Fischer-Lichte (1983) geht ebenfalls von einem semiotischen Ansatz aus und untersucht die Tätigkeit des Schauspielers, des Raumes und des Verhältnisses von Körper und Raum unter dem Aspekt ihrer Zeichenhaftigkeit. Gegenüber dem dramatischen Text wird betont, dass das Theater mit seinen spezifischen Komponenten, wie Licht, Gestik oder Raum, neue Bedeutungen erzeugt, wobei die Zuordnung von Bedeutung und Zeichen nicht festgelegt ist, sondern es innerhalb des Theaterraums vielfältige Möglichkeiten gibt, einzelne Zeichen zu interpretieren. Den Dramentext unter der Perspektive seiner Inszenierung zu betrachten, ist das Anliegen der Einführung in das Drama von Norbert Greiner et al. (1982); ebenso akzentuiert die Einführung von Heinz Geiger und Hermann Haarmann (1978) die enge Verbindung von Theatergeschichte, Bühnenaufführung und

Dramenanalyse. Seit den 1980er Jahren haben sich verschiedene Ansätze entwickelt, die sich vorrangig auf die in einem Dramentext enthaltenen Anweisungen für die Aufführung, die implizierte Inszenierung, und mit der Analyse von Aufführungen befassen (Höfele 1991); sie werden als *performance criticism* bezeichnet.

Die Dramendidaktik seit den 1950er Jahren zeigt ähnliche Tendenzen. Zu Beginn standen mit Robert Ulshöfer (1957) und Hermann Helmers (1966) die gattungsstrukturellen Besonderheiten unter Ausklammerung der Verbindung von Dramentext und Bühnenaufführung im Vordergrund. Seit den 1970er Jahren finden das Theater und die Inszenierung stärkere Beachtung und werden mit unterschiedlicher Gewichtung von gattungsstrukturellen und aufführungsbezogenen Komponenten zu einem integralen Element der Dramendidaktik mit einer Vielfalt an produktiven und theatralen Verfahren in der Umsetzung und Erarbeitung von Dramen u. a. Harro Müller-Michaels (1971), Herta-Elisabeth Renk (1978), Franz-Josef Payrhuber (1991) und Günter Waldmann (2001) (Näheres dazu im Abschnitt 'Dramendidaktik'). Einen theoretisch fundierten, in sich geschlossenen, systematischen und sowohl das Dramatische als auch das Theatralische einbeziehenden Entwurf einer neuen Dramen- und Theaterdidaktik liefern Rudolf Denk und Thomas Möbius (2008).

3.2.1 Dramentext – Theatrale Kommunikation

Ein Drama kann man als einen Dramentext lesen, aber eigentlich zielt es auf die Inszenierung auf der Bühne, wo es sich dem Zuschauer optisch und akustisch präsentiert. Ausdrücke wie Schauspiel, Vorstellung oder Szene spielen auf diesen Aspekt des Schauens/Sehens und der szenischen Darbietung für ein Publikum an. Lat. *scaena* heißt Bühnenhaus und Theater kommt von griech. *theastai* (schauen). „Schauspiel" geht auf *spectaculum* zurück und *orchestra* ist der Tanzplatz, die Vorderbühne.

Der dramatische Text kann in Vers- oder Prosaform verfasst sein und ist grundsätzlich durch die Rede der handelnden Figuren strukturiert. Die Figurenrede (*lexis*) bildet den **Haupttext**, während alle Informationen und Anweisungen für die Bühneninszenierung im **Nebentext** enthalten sind: Wer spricht, wie eine Figur sprechen, sich verhalten und aussehen soll und wo sich was abspielt. Die Unterscheidung von Haupt- und Nebentext geht auf Roman Ingarden zurück (^{4}1972, 220), der betont, dass der Nebentext Bestandteil des geschriebenen Dramas ist, der auf der Bühne entfällt bzw. sich ins Seh- und Hörbare umsetzt. Durch den Nebentext wird das Sprechen der Figuren in einen Kontext eingebettet. Der Nebentext vermittelt auch dem Leser Informationen, um sich ein Bild von den Drameninhalten machen zu können, wie im folgenden Auszug aus Schillers *Kabale und Liebe* III Akt, 4. Szene (1784), in dem der Nebentext Informationen zu den Affekten des Protagonisten und ihrer Umsetzung in Ausdruck, Verhalten und Handeln liefert:

> FERDINAND *(hat in der Zerstreuung und Wut eine Violine ergriffen und auf derselben zu spielen versucht – Jetzt zerreißt er die Saiten, zerschmettert das Instrument auf dem Boden und bricht in ein lautes Gelächter aus.*
>
> (F. Schiller 1966, Bd. 1, 305)

Zum Nebentext, der zumeist graphisch vom Haupttext durch Fettdruck, Majuskeln, Sperrung, Kursivdruck und Einklammerung abgegrenzt ist, gehören:

- Regieanweisung in der Szene (Aussehen der Figuren, ihr Tun, ihre Kleidung und Mimik
- Personenregister zu Beginn des Textes
- Persönliche Angaben zu den redenden Figuren
- Titel, Motto und Vorwort
- die Nummerierung der Handlungsteile: Akte, Handlungsabschnitte, Auftritte
- Name der Figur vor ihrer Rede

Im Drama der Antike, Renaissance und des Barock hatten jedoch außersprachliche Tätigkeiten und Gefühle kaum eine Bedeutung; im Vordergrund stand die Deklamation. Ab dem 18. Jahrhundert wurden zunehmend Bühnenanweisungen in die Dramentexte integriert, wie bei Lessing, um sich dann im Naturalismus so weit auszubreiten, dass sie das Milieu in seinen verschiedenen Facetten beschrieben. Im 20. Jahrhundert nehmen die Bühnenanweisungen teilweise sehr großen Raum ein. In Peter Handkes *Das Mündel will Vormund sein* (1969) kommt überhaupt kein Haupttext vor. Samuel Becketts *Das letzte Band* (1958) besteht über weite Strecken nur aus Nebentext mit Anweisungen zur Pantomime des Spiels:

> *Setzt den Gang fort, geht auf der anderen Seite*
> *ins Dunkel, kehrt um, geht parallel zur Rampe wieder*
> *nach links. Kurz ehe er den Lichtkreis verläßt, bleibt*
> *er stehen. Blickt vor sich hin, schließt die Augen, senkt den Kopf. Verharrt.*
>
> (S. Beckett 1970, 16)

Durch solche beschreibenden und kommentierenden Passagen entsteht eine weitere Kommunikationsebene gegenüber der figurenbezogenen internen Kommunikation, die den Haupttext ausmacht. Aber auch der Haupttext kann Hinweise zur Inszenierung enthalten, da mit jedem Akt des Sprechens implizit Informationen zum Sprecherstandort, zu Distanzen zwischen Figuren und zu Richtungsverläufen geliefert werden.

Nicht für die theatrale Aufführung bestimmt ist das **Lesedrama**, auch Buchdrama genannt. Ein Lesedrama trägt zwar die Formmerkmale eines Dramas, ist aber nicht für die Bühne verfasst. Lesedramen sind z. B. Friedrich G. Klopstocks

Tod des Adam (1757) und Dialogtexte, die nicht szenisch-theatralisch realisiert werden, wie die *Flüchtlingsgespräche* von Bertolt Brecht (entstanden zwischen 1940 und 1944). Rolf Hochhuth hat zwar mit *Der Stellvertreter* (1963) ein Werk für die Bühne geschaffen, aber da zu seinem Verständnis die Lektüre des umfangreichen Dokumentationsmaterials gehört, lässt es sich durchaus als Lesedrama bezeichnen.

Bei der Inszenierung einer Aufführung sind mehrere Akteure beteiligt, wie Schauspieler, Regisseur, Bühnen- und Kostümbildner. Der Regisseur hält sich nicht unbedingt an die Textvorlage. Bisweilen führt auch der Dramatiker selbst Regie wie im Fall von S. Beckett, der 1969 am Schillertheater in Berlin *Das letzte Band* inszenierte und während der Probe den Text des Stücks verändert hat. Dieses Regiebuch der Inszenierung liegt ebenfalls als Druckfassung vor (1970).

Ein Drama ist vor allem ein **Schau-Spiel**. Die Schauspieler verstellen sich und spielen die Rolle fremder und fiktiver Figuren (*dramatis personae*). Sie bringen durch ihr Spiel die Handlung zur Schau. Der reale Schauspieler leiht der zu spielenden Rolle seine Stimme, er schlüpft in die Rolle hinein, indem er ihren Namen und ihre Kleidung trägt, ihr Verhalten übernimmt bzw. spielt. Er spricht die Worte der Figur und folgt den Anweisungen des Textes und des Regisseurs; insofern ist es kein freies, improvisiertes Spiel. Bei der szenischen Darbietung treten nachgeahmte Figuren selbst handelnd auf.

Der dramatische Text kann bei der Aufführung im Theater sehr unterschiedlich realisiert und damit interpretiert werden. Gegenüber der Textvorlage gelangen bei der Inszenierung nicht-sprachliche Kommunikations- und Darstellungsmittel zur Anwendung, wie Gestik, Mimik, Kinesik (Bewegung im Raum ohne Positionswechsel), Proxemik (Körperbewegung mit Positionswechsel), Licht, Akustik, Musik, Kostümierung und Maske der Schauspieler. Gegenüber der primär sprachlichen Repräsentation des Handlungsgeschehens beim dramatischen Text kommen insofern weitere mediale Vermittlungs- und Darstellungsformen ins Spiel und machen die Theateraufführung zu einem multimedialen und im Hinblick auf das Publikum als Adressat zu einem kollektiven Ereignis. Spezifisch für das Theater ist die **Performativität** (engl. *to perform* = aufführen); darunter wird alles verstanden, was theatralisch zur Schau gestellt wird und sich auf der Bühne handelnd vollzieht gegenüber dem dramatischen Text. Die Kommunikationssituation im Theater unterscheidet sich grundlegend von der Lektüre eines dramatischen Textes. Während die Lektüre ein privater und individueller Akt ist, schafft das Theater einen öffentlichen Raum, bei dem die Bühne als Ort der Aufführung vom Zuschauerraum getrennt ist und Spielgeschehen und Zuschauen sich gleichzeitig und lebendig-konkret ereignen. Kann der Leser den Zeitfluss der Lektüre selbst bestimmen, so legt die Regie den Beginn, die zeitliche Ausdehnung und das Ende der Theateraufführung fest.

Die Beziehung zwischen Bühne und Zuschauer, die sich wiederum historisch ändert, sowie die Konkretheit der Situation und der performative Charakter des Spiels prägen die Kommunikation zwischen dem Schauspiel auf der Bühne und dem Publikum, das in verschiedenen Wahrnehmungsmodalitäten des Sehens und Hörens angesprochen ist. Um die Situation im Theater mit ihren konstitutiven Elementen deutlich vom Drama/Dramentext zu unterscheiden, verwende ich die Begriffe des Dramatischen mit den Kernbestandteilen Handlung, Figur, Rede und Aufbau und des Theatralen bzw. Theatralischen für alle Theater bezogenen Gegenstände und Prozesse. Das Theatrale und die theatrale Kommunikationssituation sind durch die Kategorien des Raumes, der Zeit, des Bühnengeschehens, der Schauspieler und ihren Bewegungen, dem Zuschauer und seinen Wahrnehmungen und der Gleichzeitigkeit von Spiel und Rezeption bestimmt.

Tab. 26 theatrale Kommunikationssituation

Theater			
Bühnengeschehen ↓	Zuschauer ↓	Raum ↓	Zeit ↓
• Schauspieler: Maske, Kostüm, Gestik, Mimik Körperbewegung mit/ohne Positionswechsel • Beleuchtung • Raumausstattung • Akustik • Musik	Wahrnehmungskanäle: Sehen, Hören, Riechen	Zuschauerraum	Aufführungszeit

In älteren Dramentheorien von Aristoteles und Horaz wurde das sichtbare Bühnengeschehen, das Schauspielen, eher gering geschätzt. Aristoteles hielt es für nachrangig, wichtiger waren für ihn die Handlung und die Charaktere. Im Mittelalter wiederum galt das Theater als Teufelswerk. Die Kirchenväter verboten alles, was auf das Theater bezogen war. Das wiederum führte zum Aufleben der geistlichen Spiele, die aus der Liturgie der Weihnachts- und Osterfeier hervorgingen. Eine Aufwertung der szenischen Darbietung erfolgte erst im 18. Jahrhundert und der neu entstehenden Gefühlskultur und Umbildung eines ästhetischen Wertesystems, innerhalb dessen das Sehen und Affekte eine große Bedeutung erhielten und ihre Verbindung zum Bestandteil der Ästhetik im 18. Jahrhundert wurde. Visuelle und emotionale Effekte wurden stärker beachtet. Die szenisch-darstellende Dichtungsform diente auch der Abgrenzung zur Epik, die als berichtend-erzählend klassifiziert wurde.

11 Untersuchen Sie am folgenden Text den Haupt- und Nebentext. Markieren und benennen Sie die Nebentexte, ihre Merkmale und ihre Funktionen:

ERSTER AUFZUG

Die Szene: ein Kabinett des Prinzen

Erster Auftritt

Der Prinz an einem Arbeitstische voller Briefschaften und Papieren, deren einige er durchläuft

Klagen, nichts als Klagen! Bittschriften, nichts als Bittschriften! – Die traurigen Geschäfte; und man beneidet uns noch! – Das glaub ich; wenn wir allen helfen könnten, dann wären wir zu beneiden. – Emilia? *(Indem er noch eine von den Bittschriften aufschlägt und nach dem unterschriebenen Namen sieht)* Eine Emilia? – Aber eine Emilia Bruneschi – nicht Galotti: Nicht Emilia Galotti! – Was will sie, diese Emilia Bruneschi? *(Er lieset)*

3.2.2 Bühnenform – Drama (in historischer Perspektive)

Zwischen Aufbau und Struktur eines Dramas und der Bühnenform besteht eine enge Verbindung, die auch die kommunikative Beziehung zwischen dem dramatischen Spiel und Publikum prägt. Um diese Verbindung, auf die in der nachfolgenden Beschreibung der Grundkategorien des Dramas wiederholt zurückgekommen wird, verständlich zu machen, soll in knappen Umrissen die Entwicklung von sechs Bühnen- und Theaterformen vorgestellt werden.

Die griechische Orchestrabühne

Die griechische Orchestrabühne bestand aus einem runden Orchestraplatz, der die Hauptspielfläche für den Chor und die Schauspieler darstellte und sich zwischen der „skené“ (griech. Zelt), dem Bühnenhaus, und dem Zuschauerraum befand. In der Mitte der Orchestra befand sich eine altarförmige Erhöhung, auf der der Chorführer stand (die Thymele). Der Chor hielt durch die Parodos Einzug in die Orchestra. Vor die Skene, die anfänglich als Umkleideraum für Schauspieler diente, wurde später das Proskenium gesetzt, auf dem die Schauspieler agierten. Der Zuschauerraum war ringförmig angelegt.

Neben der Bühne, auf der unter offenem Himmel gespielt wurde, gab es im griechischen Theater einen Raum hinter der Bühne (hinterszenischer Raum) (Joerden 1971, 369), in dem Handlungen stattfanden, die in das Geschehnis auf der Vorderbühne hineinreichten, und umgekehrt, wirkte das gezeigte Geschehen in den hinterszenischen Raum und die außerszenische Zeit hinein. Ein Vorhang existierte nicht. Während der Chor blieb und damit die räumliche Kontinuität

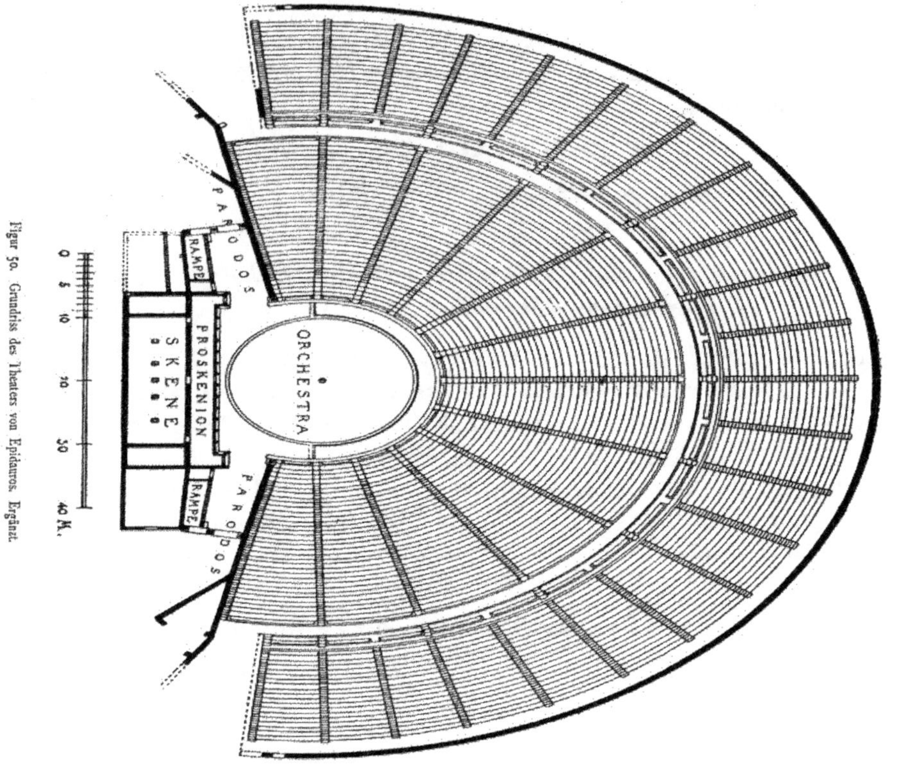

Abb. 7 Dörpfeld/Reisch 1966, 122[8]

sicherte, bewegte sich der Schauspieler zwischen dem sichtbaren Ort der Bühne und dem nicht sichtbaren Raum dahinter, zu dem er über verschiedene Zugänge gelangte. Er berichtete von Ereignissen auf fernen Schauplätzen und er ging mit Botschaften in die Ferne. Das antike Theater hatte ein Fassungsvermögen von 14000 bis 24000 Zuschauern.

Römische Antike

In der römischen Antike erhielt das Theater zunehmend Unterhaltungswert. Als neues Element kam hinzu, dass der Zuschauerraum von der Bühne getrennt wurde. Die Zuschauer saßen im Halbkreis vor der Bühne. Neu war auch der Vorhang, der es nicht zuletzt ermöglichte, die fünfaktige Struktur, die Horaz in seiner Dichtungstheorie der *Ars poetica* (20 v. Chr.) entwickelte, zu realisieren. Chorelemente kamen nicht mehr vor.

[8] Die Abbildung zeigt das Theater in Epidaurus. Der Weg zwischen Orchestra und Sitzraum wurde von Zuschauern genutzt und fungierte als Wasserkanal, in dem sich das Regenwasser sammelte und in unterirdische Kanäle abfloss. Die Rampen wurden für den Transport von schweren Gegenständen genutzt.

Simultanbühne des mittelalterlichen Dramas

Bei der Simultanbühne des mittelalterlichen Dramas wurde die dargestellte Welt nebeneinander aufgebaut und hatte die Anordnung symbolischen Charakter. Der Himmel befand sich an dem Teil des Spielraumes, der nach Osten ging; die Hölle entsprechend im Westen. Typisch ist ebenfalls, dass die Mitspieler von Anfang bis Ende auf der Bühne anwesend waren. Zu den mittelalterlichen Dramen gehören die sich seit dem 13. Jahrhundert entwickelnden Oster- und Passionsspiele und die Weihnachtsspiele. Die Kirche war der Spielraum mit dem Altar als Mittelpunkt der Handlung. Die mittelalterlichen Mysterienspiele mit ihren religiös, politisch und durch Kriege bedingten Problemstellungen spielten zuerst in der Kirche, wurden dann jedoch aufgrund der Säkularisierung von Schauspielen vor die Kirche verlagert. Die Schauspieler zogen tanzend und singend von Station zu Station (= Stationentheater) durch die Straßen zum Kirchplatz. Das Geschehen konnte daher von mehreren Seiten, auch von oben, betrachtet werden.

Das elisabethanische Theater

→ *die Oberbühne*

→ *Die Ränge*

→ *Baldachin*

→ *die Vorderbühne*

→ *die Versenkung*

Abb. 8

Die Shakespeare-Bühne des 16./17. Jahrhunderts besaß demgegenüber eine neutrale Vorderbühne, die in den Zuschauerraum hineinreichte, und eine Hinterbühne, die überdacht und durch einen Vorhang oder Türen an der Rückseite abgetrennt war. Die Zuschauer umgaben die Vorderbühne, die die Hauptspielfläche darstellte, von drei Seiten, so dass das dramatische Spiel innerhalb des Publikums verwirklicht wurde. Außerdem gab es noch die Oberbühne, eine balkonartige Spielfläche. Da es noch keine gemalten Kulissen gab, wurde der Schauplatz von den Repliken der dramatischen Figuren näher beschrieben (= Wortkulisse). Der Schauspieler stand im Mittelpunkt des dreidimensionalen Raumes; seine Auftritte waren gekennzeichnet durch lange Wege von der Tür bis zur Rampe. Diese Form des elisabethanischen Theaters ermöglichte nicht nur mehrsträngige Handlungen und Schauplatzwechsel, sondern auch vielfältige Formen der direkten Kommunikation mit dem Publikum, wie die unmittelbare Anrede oder das Beiseite-Sprechen (s.w.u.), mit dem Effekt, dass zum einen ein direkter Kontakt zum Zuschauer bestand und zum anderen das Spiel als Spiel kenntlich gemacht und dadurch die dramatische Illusion durchbrochen wurde.

Das Hoftheater

Im Hoftheater des 17./18. Jahrhunderts waren Zuschauer und Bühne frontal angeordnet; der Schauspieler zog sich aus dem Zuschauerraum zurück. Die Duodezfürsten holten ihre Schauspieltruppen, die Opern und Ballette prunkvoll und im höfischen Rokokostil inszenierten, aus Italien und Frankreich.

Die Guckkastenbühne

Neuerungen im 16./17. Jahrhundert gingen von Italien aus, wo Kulissen entstanden und die Bühne perspektivisch angelegt wurde. Aus der Kulissenbühne entstand die Guckkastenbühne, bei der es sich um eine Illusionsbühne handelte, weil sie den Schein von realem Geschehen auf der Bühne vortäuschte. Ermöglicht wurde dieses durch die besondere Form der Bühne, die aus einer Bühne mit einer Rampe und einem Bühnenportal mit Vorhang bestand und strikt getrennt war vom Zuschauerraum. Die Bühne war ein Kasten, dessen vierte Wand fehlte, und damit Einblick in das Geschehen auf der Bühne gab. Bühnenbild, Kostüme und Repliken der Figuren ahmten die Wirklichkeit möglichst getreu nach und erzeugten damit die Illusion von Wirklichkeit. Zur Ausstattung der Bühne gehörten die gemalte Rückwand (Prospekt) und Seitenwände (Kulissen); hinzu kamen konkrete Gegenstände, wie das Inventar von Zimmern oder Requisiten (Vasen, Gläser, Schalen u. a. m.). Der Zuschauer saß frontal zur Bühne; seitlich befanden sich keine Zuschauer. Die Schauspieler traten von der Seite her auf. Der Vorhang gewann eine hohe Bedeutung, indem er den technischen Umbau verdeckte und damit die Illusionierung des dramatischen Geschehens auf der Bühne als wirklich sicherte. Die Illusionsbühne herrschte im Naturalismus vor, dem es um ein möglichst getreues Abbild von Wirklichkeit ging. Erneuerungen setzten mit Henrik Ibsen und August Strindberg ein. Einen deutlichen Bruch mit dem Illusionstheater vollzog Erwin Piscator, der in den 1920er Jahren eine Vielfalt an Medien in die Bühnenkunst einbezog, wie Film, Foto, Bildprojektionen, laufende Bänder und Karikatur, und der den Schauspieler aus seiner Rolle treten ließ, um das Publikum zur politischen Agitation aufzufordern.

Mit den jeweiligen Bühnenformen ändern sich die Möglichkeiten der Kommunikation zwischen Schauspieler und Zuschauer, die Rollen der Schauspieler und ihre Stile, die Vermittlungstechniken und die Funktion des Bühnenraumes.

3.2.3 Formen der erzählerischen Vermittlung

Ein weiteres gattungsspezifisches Merkmal leitet sich aus der Abgrenzung von Dramatik und Epik ab, die zuerst bei Platon mit seiner Unterscheidung von Mimesis und Diegesis und bei Aristoteles in einer vielzitierten Definition im 3. Kap. seiner *Poetik* getroffen wurde, nach der Epik und Dramatik die Nachahmung (Mimesis) von Handlung (Praxis) ist. Während jedoch im ersten Fall durch eine dritte Person oder einen selbst berichtet wird, wird im zweiten Fall gehandelt, indem die nachgeahmten Figuren handelnd auftreten und sich keine erzählerische Instanz dazwischenschiebt, die berichtet. Käte Hamburger (1957) und Peter Szondi (1956) sehen im Fehlen einer erzählerischen Vermittlungsfunktion das Spezifische des Dramas. Es fehlt eine Instanz, die wie in der erzählenden Literatur in die Vergangenheit zurückblicken kann, frühere Geschehnisse nachliefert, die Geschehnisse zusammenfasst, Einblick in innere Gedanken von anderen Figuren gibt und komplexe, mehrgliedrige Handlungsstränge entfaltet und untereinander verknüpft. Diese Grundbestimmung des Dramas bedarf allerdings einer Einschränkung; denn auch das Drama kennt Kunstgriffe, um eine Vorgeschichte oder Geschehnisse, die nicht sichtbar sind, zu vermitteln. Einer dieser Kunstgriffe ist die **Mauerschau** bzw. die Teichoskopie im antiken Drama, bei der zeitgleich zu einem Geschehen eine Figur berichtet, was geschieht, und damit anderen Figuren und dem Publikum die entsprechenden Hintergrundinformationen liefert. Auf diese Weise wird z.B. in Schillers *Die Jungfrau von Orleans* (1802) über eine Schlacht berichtet, ohne dass diese auf die Bühne gebracht wird:

> ISABEAU *(zu einem Soldaten).* Steig auf die Warte dort, die nach dem Feld
> Hin sieht, und sag uns, wie die Schlacht sich wendet.
> *(Soldat steigt hinauf) /…/*
> ISABEAU. Was siehest du?
> SOLDAT. Schon sind sie aneinander.
> Ein Wütender auf einem Barberroß,
> Im Tigerfell, sprengt vor mit den Gendarmen.
>
> (F. Schiller 1966, Bd. III, 463)

Eine andere Form ist der **Botenbericht**, bei dem vergangene Ereignisse mitgeteilt werden, die selbst nicht auf der Bühne dargestellt werden können, wie Schlachten, Schiffsuntergänge oder Mordtaten, die aber als verdeckte Handlungen auf diese Weise in den Aktionsraum der Aufführung einbezogen werden. Der expositionelle Teil des Dramas, auf den weiter unten näher eingegangen wird, dient der Vermittlung der Vorgeschichte. Auch kommen in der Moderne Erzählerfiguren vor, wie z.B. in Thornton Wilders *Unsere kleine Stadt* (1938), wo die Gestalt des Spielleiters als Erzählinstanz im Drameneingang auftritt. Der Spielleiter fügt mit seinem Zwischenbericht Informationen über zeitlich weit auseinander liegende Teile der epischen Darstellung hinzu. Bei diesen Mitteln der Bereitstellung von Informationen durch eine externe Instanz handelt es sich um Formen der Episierung des Dramas, die P. Szondi (1956) in seiner Darlegung der historischen Entwicklung des modernen Dramas als Kennzeichen des offenen Dramas der Neuzeit ansieht und bei der narrative Elemente in das Drama integriert werden. Unter dem Begriff der Episierung werden in diesem Zusammenhang verschiedene Formen der narrativen Vermittlung und des Auftretens von Erzählerinstanzen verstanden, andere Begriffsinhalte, wie z.B. Breite in der Darstellung von Welt und Geschehnissen, wie sie typisch ist für den Roman und von dem Drama nicht geleistet werden kann, bleiben hier unberücksichtigt.

Erzähler treten als Ansager oder Spielleiter sichtbar in Erscheinung oder sie bleiben unsichtbar und nur ihre Stimme ist vernehmbar. Ihre Texte sind als epische Texte zu bezeichnen und bilden einen eigenen Teil des Dramas. Historisch zeichnet sich zur Moderne hin eine zunehmende Tendenz zur Episierung ab, beginnend mit G. Büchners *Woyzeck* (entstanden 1836), weiter zu G. Hauptmanns Drama *Die Weber* (entstanden 1891), in dem das Weberlied und vor allem die seitenlangen Nebentexte epische Mittel sind, bis zu F. Wedekinds *Frühlings Erwachen* (entstanden 1890-91) und B. Brecht. Das epische Theater von Brecht, das auf Distanz, Belehrung und Bruch mit der Illusion ausgerichtet ist, arbeitet vielfach mit Erzählerauftritten, so in *Mutter Courage* (1949) und *Der kaukasische Kreidekreis* (1954) und bezieht als weiteres erzählerisches Mittel u. a. den Song ein.

Die verschiedenen **erzählerischen Vermittlungsformen** lassen sich nach M. Pfister ([11]2001, 106ff.) nach folgenden Kriterien systematisieren: 1. Ist ein vermittelnder Text einer Figur zuzuordnen oder nicht? 2. Ist eine Erzählinstanz präsent? 3. Ist die Erzählinstanz an der dramatischen Spielhandlung als spielinterne Figur beteiligt oder handelt es sich um eine spielexterne Figur?

Externe narrative Vermittlung (auktorial)

Zu den Formen einer erzählerischen Vermittlung, bei der der Text keiner Figur als Sprecherinstanz zugeordnet werden kann, gehören der Nebentext, aber auch Projektionen von Bildern auf die Bühne, Tafeln mit dokumentarischen Informationen, Szenentitel und Spruchbänder, die die Funktion haben, Vorgänge der dramatischen Handlung zu kommentieren. Diese Form der narrativen Vermittlung von Geschehnissen ähnelt in der erzählenden Literatur dem heterodiegetischen Erzähler. Insbesondere das epische Theater von Brecht arbeitet mit Einleitungstexten, die auf die Bühne projiziert werden und über nicht sichtbare Ereignisse informieren oder Vorinformationen zu der folgenden Szene geben: „DIE NACHRICHT VON DER GRÜNDUNG EINER PARADIESSTADT ERREICHT DIE GROSSEN STÄDTE.“ (*Mutter Courage*, 3. Akt, Brecht 1967, Bd. 2, 505).

Vermittlung durch spielexterne Figuren

Formen der erzählerischen Vermittlung durch eine spielexterne Figur sind Prologe (griech. prólogos = Vorwort) und Epiloge (griech. epílogos = Nachwort, Schlusswort eines Stücks). Der Sprecher steht außerhalb der dramatischen Handlung. In Shakespeares *König Heinrich V.* (1599) wird jeder Akt durch einen Prologsprecher eingeführt, der die Taten Heinrichs preist und die Funktion hat, das über große zeitliche und räumliche Distanzen sich erstreckende Handlungsgeschehen zu verbinden. Bei einer spielexternen Figur kann es sich auch um einen einzelnen Schauspieler handeln, der aus seiner Rolle heraustritt und sich an das Publikum wendet, wie in Brechts *Der gute Mensch von Sezuan* (1953), oder um den Chor, der das Handlungsgeschehen kommentiert, Künftiges vorwegnimmt und über Vergangenes und ferne Völker berichtet. Während der Chor im griechischen Drama in die Spielhandlung einbezogen war, gilt das nicht für das Auftreten des Chors in Schillers *Die Braut von Messina* (1803). Eine Variante des Chors sind die Musiker in Brechts *Der kaukasische Kreidekreis*, die über ausgesparte Zeiträume berichten. Die Figur des Sängers bei Brecht ist dagegen eine Einzelfigur, dauerhaft präsent und vermittelt zwischen der fiktiven Spielebene und dem Publikum; er berichtet über Vergangenes, wie in *Der kaukasische Kreidekreis*:

> DER SÄNGER /.../
> In alter Zeit, in blutiger Zeit
> Herrschte in dieser Stadt, „die Verdammte„ genannt
> Ein Gouverneur mit Namen Georgi Abaschwili.
> Er war reich wie der Krösus.
> Er hatte eine schöne Frau.
> Er hatte ein gesundes Kind.
>
> (B. Brecht 1967, Bd. 5, 2008)

Brecht greift ebenfalls auf ältere Stilmittel zurück wie das Vorspiel (*Der kaukasische Kreidekreis*), den Prolog und Epilog in *Der unaufhaltsame Aufstieg des Arturo Ui* (1957) und den Chor in Die *Maßnahme* (1930).

Vermittlung durch spielinterne Figuren

Der Prolog kann auch durch eine dramatische Figur gesprochen werden, wie bei Plautus oder Shakespeare, und ist sowohl an eine oder mehrere andere Figuren als auch an das Publikum adressiert. Der Chor des antiken Dramas hat im Prolog und Epilog die Funktion, durch Warnungen, Ratschläge, Gebete in der dramatischen Situation zu stehen und somit ein mithandelnder Teil der Gesamthandlung zu sein. Der Chor kann in einen Dialog mit einer dramatischen Figur treten, aber sich auch vom Geschehen distanzieren und es kommentieren. In der Moderne verwendet Max Frisch in *Biedermann und die Brandstifter* (1958) den Chor, bestehend aus Feuerwehrleuten, als Teil der Spielhandlung. Gegenüber dem antiken Chor fehlen ihm jedoch das Mehr-Wissen und die Kraft der Vorhersage. Eine moderne Variante des Chors ist der Song, der sich direkt an das Publikum wendet, wie in Brechts *Die Dreigroschenoper* (1929).

Bei dem Aus-der-Rolle-Fallen einer Figur tritt diese in Distanz zur fiktiven Situation und spricht direkt das Publikum an. Auch der Schauspieler kann aus seiner Rolle als Schauspieler (*ex persona*) treten und sich damit als Schauspieler zeigen. Dadurch entstehen Illusionsbrüche und Verfremdungseffekte.

Folgende **Kommunikationssituationen und -ebenen** lassen sich im Hinblick auf das Drama unterscheiden:

Tab. 27 Kommunikationssituationen

1. Figuren – Figuren:	Die Figurenkommunikation bildet den Hauptanteil, richtet ihre Inhalte implizit auch an das Publikum.
2. Figuren – Publikum:	Figuren bleiben in ihrer Rolle und können sich durch Beiseite-Sprechen oder direkte Fragen an das Publikum wenden.
3. Figuren – Publikum:	Figuren können aus ihrer Rolle treten und sich an das Publikum wenden, um dadurch eine Distanz herzustellen, wie im epischen Theater.
4. Erzähler – Publikum:	Die Stimme eines Erzählers oder Spruchbänder, Einleitungstexte, Szenenüberschriften, Songs im modernen Theater sind Formen der Kommunikation mit dem Publikum. Der Erzähler kann als spielinterne oder -externe Figur auftreten.

3.3 Das Drama und das Dramatische

3.3.1 Gliederung des Dramas

Die Tragödie ist ursprünglich aus dem religiösen Chorlied zu Ehren des Dionysos hervorgegangen und durch die Chorlieder (Stasima und Parodai) und Episoden (Epeisodien), den Handlungen zwischen den Chorliedern, gegliedert (Aichele 1971). Neben dem Eingang der Tragödie, als dem Teil vor dem ersten Chorlied, und der Exodos, wo der Chor seinen Platz in der Orchestra verlässt, bezeichnet Epeisodien (Sing. Epeisodion) die Teile der Tragödie, die zwischen den Chorliedern liegen. Die Epeisodieneinschnitte stehen in einem engen Zusammenhang mit der Anordnung und Gliederung des mythischen Stoffes innerhalb einer Tragödie. Ursprünglich war Exodos die Bezeichnung für das Auszugslied des Chors aus der Orchestra, in der aristotelischen *Poetik* wurde sie dann zu dem Teil des Stückes, auf den kein Chorlied mehr folgt. Der Epilog muss vom Handlungsschluss getrennt werden. Er ist die letzte Anrede eines Epilogsprechers an das Publikum. Bei Shakespeare übernimmt diese Rolle oft der Narr; im epischen Theater Brechts und im Volksstück hat der Epilog eine wichtige kommunikative und teils verfremdende Funktion.

Griechische Tragödien haben mindestens fünf Episoden und höchstens sieben. Die Episode entspricht dem, was später Akt oder Aufzug genannt wird. Diese Fünfteiligkeit bildet die dramatische Grundstruktur und die Grundlage für die Fünf-Akte-Regel, die durch das Zurücktreten des Chors gefördert wurde. Mit der Loslösung der Chorlieder aus dem Handlungsgefüge werden die Chorlieder zu Pausen bzw. Einschnitten, die die Handlungsteile voneinander trennen. Die völlige Eliminierung des Chors erfolgte in der Komödie bei Aristophanes und Menander.

Die Chorlieder trennen die einzelnen Epeisodien und übernehmen damit die Funktion, die im modernen Drama die Aktpause erfüllt. Ihre Aufgabe besteht darin, Zeitsprünge in der dramatischen Handlung zu überbrücken; so fallen Geschehnisse, die aus technischen Gründen nicht gezeigt werden können und in den hinterszenischen Raum verlegt werden müssen, mit der Epeisodionpause zusammen. Eine weitere Funktion besteht darin, den Rollen- und Kostümwechsel der Schauspieler zu ermöglichen, außerdem haben sie eine spannungslösende Funktion.

Der Chor ist ein kollektiver Akteur, der den Zuschauer und damit das Gemeinwesen vertritt. Das Auftreten des Chors wird räumlich abgegrenzt vom fiktiven Raum der dramatischen Figuren. Die Funktion des Chors besteht in der Kommentierung des Bühnengeschehens, an dem er zugleich als Akteur beteiligt ist. In der Neuzeit spielt der Chor kaum noch eine Rolle; wieder aufgenommen wird er jedoch in Goethes *Faust II* (1829) und T. S. Eliots *Mord im Dom* (1935). In der Moderne finden sich Ausnahmen bei Brecht (*Maßnahmen gegen die Gewalt*) und in M. Frischs *Biedermann und die Brandstifter*, in dem jedoch das antike Muster verändert und parodiert wird. Der Chor von Feuerwehrleuten kommentiert zwar auch das Geschehen, aber er ist in seinem Wissen begrenzt und kann am Ende nur die Bilanz ziehen, dass nichts geändert werden konnte und das Geschehen sinnlos ist:

> *Chor*
> Sinnlos ist viel, und nichts
> Sinnloser als diese Geschichte:
> Die nämlich, einmal entfacht,
> Tötete viele, ach, aber nicht alle
> Und änderte gar nichts.
> (M. Frisch 1998, Bd. 4, 388)

Die Anfangszeilen des ersten Stasimon aus *Antigone* von Sophokles (442 v. Chr.) werden hier parodiert:

> Ungeheuer ist viel, doch nichts
> Ungeheuerer als der Mensch.
> Durch die grauliche Meeresflut,
> Bei dem tobenden Sturm von Süd,
> Umtost von brechenden Wogen,
> So fährt er seinen Weg.
> (Sophokles ^{4}1962, 275)

Die Einteilung der dramatischen Handlung in **Akte** geht auf die *Ars Poetica* von Horaz (um 20 v. Chr.) zurück. Es ist das vorherrschende Gliederungsprinzip seit der Renaissance und liegt dem deutschen Barockdrama und den Dramen der Klassik zugrunde (fünf Aufzüge/Akte). Die Akteinteilung ist nicht aus der Handlung abgeleitet und oft sind die Aktgrenzen für den Zuschauer nicht erkennbar. Die deutsche Bezeichnung „Aufzug" verweist auf die ursprüngliche Bedeutung des Wortes, die bühnentechnische Unterbrechung des Handlungsablaufs, um die Kulisse zu wechseln, und das darauf folgende Aufziehen des Vorhangs. Es handelt sich um ein räumliches Gliederungsprinzip. Im 19. Jahrhundert war es vor allem Gustav Freytag, der in *Die Technik des Dramas* (1863) fünf Teile vorschlägt, die den fünf Akten des traditionellen Dramas entsprechen: Einleitung, Steigerung, Höhepunkt, Fall/Umkehr und Katastrophe.

Freytag geht von einer Zweigliedrigkeit von Spiel und Gegenspiel aus, wobei sich der erste Teil mit dem Spiel in einer aufsteigenden Handlung vollzieht und der zweite Teil mit dem Gegenspiel in einer fallenden Handlung (pyramidaler Aufbau). Der dritte Akt markiert die Mittelachse. Dieses Schema gilt jedoch nur für streng gegliederte klassische Dramen, für die es ein nützliches Analyseinstrument darstellt.

Ein Akt umfasst mehrere Szenen und Auftritte und ist oft durch den Bühnenvorhang abgegrenzt. Im 19. Jahrhundert wird dieses strenge Einteilungsprinzip in Akte aufgegeben; es entwickeln sich Vierakter, Dreiakter, Zweiakter, z. B.

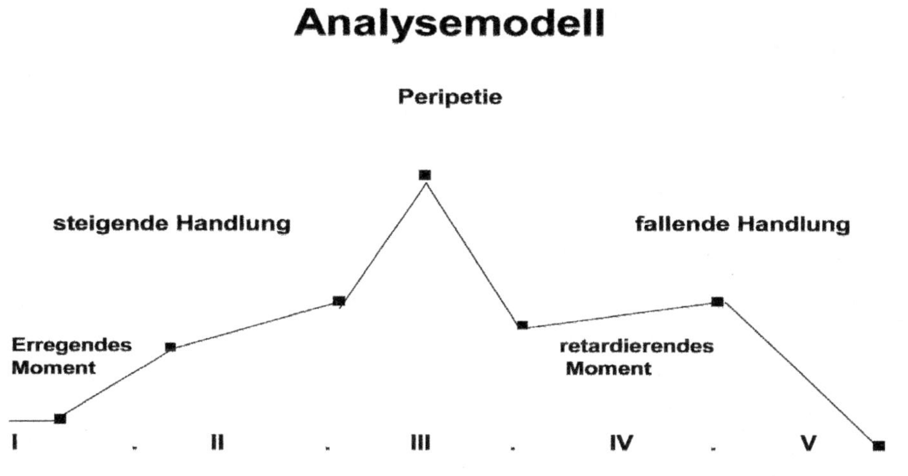

Abb. 9

C. Hauptmann *Der Biberpelz* (1893), und Einakter bei A. Schnitzler, S. Beckett, J. P. Sartre und im Expressionismus. Ein Stück ohne jede Einteilung und Pause hat Beckett mit *Endspiel* (1956) verfasst.

Dramaturgisch wesentlicher ist die Einheit der **Szene**. 'Szene' bedeutet zum einen Schauplatz und damit das Geschehen zwischen Schauplatzwechseln, zum anderen Auftritt und meint damit das Geschehen zwischen dem Auftritt und Abgang von Figuren. Shakespeare gliederte seine Stücke nach Szenen, die nach Schauplatzwechseln gezählt wurden, während die französische Klassik sie nach Personenwechseln zählte. Im 18. Jahrhundert wurde ein gemischtes Verfahren verwendet. So zählte Lessing die Auftritte von Personen und benutzt das Wort „Szene" eher für die Bühnenanweisung, worunter er dann den Schauplatz verstand:

> ERSTER AUFZUG
> *Szene:* *Flur in Nathans Hause*
> Erster Auftritt
> *Nathan von der Reise kommend. Daja ihm entgegen.*
> (G. E. Lessing 1959, Bd. 1, 629)

Schiller hat das Zählverfahren unterschiedlich in seinen Dramen gehandhabt. Er folgt in *Die Räuber* (1782) dem Prinzip von Shakespeare (15 Szenen = Schauplatzwechsel, aber 60 Personenauftritte), zählt dagegen in *Kabale und Liebe* (1784) nach Auftritten von Personen (9 Schauplatzeinheiten, aber 37 Szenen = Auftritte), so dass das Zählprinzip aufgrund seiner uneinheitlichen Anwendung nicht ausreicht, um Strukturunterschiede zwischen Dramen zu erfassen. Das moderne Drama verzichtet oft auf die Zählung nach Akten und Szenen, die dann aus bühnenpraktischen Gründen nachgeholt werden muss. Dabei gelten folgende Einteilungskriterien:

1. Unterbrechung der Handlungskontinuität durch Schauplatzwechsel und Vorhänge;
2. Auftritt und Abgang von Figuren (= Figurenwechsel);
3. die leere Bühne, die Zeitsprünge symbolisiert.

3.3.2 Exposition/Struktur des Drameneingangs

Der Anfang eines Dramas verdient erhöhte Aufmerksamkeit, da er das Fundament für die Dramenhandlung bildet und ein Verständnis beim Zuschauer für die Bühnenhandlung vorbereitet wird. Da die Beschreibung struktureller Charakteristika des Drameneingangs abhängig ist von der jeweiligen historischen Form des Dramas, soll zunächst der Eingang der griechischen Tragödie beschrieben werden. Der Beginn des griechischen Dramas besteht aus zwei Elementen: dem Prolog und der Parodos (s. Schmidt 1971, 1ff.). Im **Prolog** tritt der Schauspieler auf die Szene und spricht in jambischen Versen. Ursprünglich trat nur ein Schauspieler auf. Euripides war der erste, der im Prolog einen zweiten Schauspieler einführte und die Reden der Schauspieler dialogisch gestaltete.

In der **Parodos** hält der Chor Einzug in die Orchestra, als seinem festen Platz, entweder zu rezitierten Versen des Chorführers oder mit einem eigenen Gesang. Beide Elemente des Drameneingangs unterscheiden sich zwar nach Figuren, dem Raum, auf den sie sich hin bewegen, und dem Rhythmus der Sprache, haben jedoch gemeinsame Funktionen: Der Eingang exponiert als erstes die Vorgeschichte und erklärt den Mythos, zweitens macht er mit den Figuren, Ort und Zeit der Handlung bekannt (eine direkte Schilderung der Figuren findet in Euripides *Medea* statt (431 v. Chr.)), drittens wird die Bühnenkulisse gezeigt, die bei Aischylos auf Palast, Grab oder Hügel beschränkt war, und viertens finden die ersten Aktionen statt; typisch dafür sind Aktionen von Antagonisten, die aus dem hinterszenischen Raum gemeldet werden. Diese vier Elemente sind tragende Teile des Dramenbeginns.

Bei Aischylos wird im Eingang die Vorgeschichte exponiert, die zum Verständnis der gegenwärtigen Handlung notwendig ist. Die weiter zurückliegende Vorgeschichte jedoch wird erst im Verlaufe des Dramas in den Chorliedern vermittelt. Bei Euripides hingegen werden die Voraussetzungen des Mythos monologisch durch einen epischen Bericht eines unbeteiligten Proömsprechers vermittelt. Es ist der **Beginn des Erzählens**. Aristoteles wiederum hat den Prolog als den Abschnitt der Tragödie definiert, der vor dem Einzug des Chors steht. Der Prolog ist kein obligatorischer Teil des Dramas; prologfrei ist beispielsweise das Drama *Die Perser* von Aischylos (472 v. Chr.).

Während in der Antike und im Mittelalter der Prolog die Rolle der Exposition (lat. expositio = wörtlich 'Aussetzung'; übertragen 'Darlegung') spielte, ist seit der Aufklärung die Exposition als Teil der Handlung eng auf das Geschehen bezogen und steht am Anfang. Definiert wird die **Exposition** dadurch, dass sie im Drameneingang Informationen über Geschehnisse, die in der Vergangenheit liegen und die gegenwärtige Situation mitbestimmen, liefert. Ursprünglich war die Exposition vor allem in der Komödie die voranstehende Inhaltsangabe (*argumentum*), eine Vorrede oder ein epischer Bericht. In Dramen, in denen der Eingangsszene eine umfangreiche Vorgeschichte vorausgeht, erhält die Exposition eine große Bedeutung, wie in der griechischen Tragödie. Die dramatische Handlung kann jedoch mit dem Anfang der Geschichte zusammenfallen, so dass eine Vorgeschichte nicht vermittelt werden muss. In dem Fall ist die Exposition weniger relevant bzw. beschränkt auf Situationsangaben (Figuren, Zeit, Ort). Die Exposition ist typisch für das geschlossene Drama, während das offene Drama z.B. von Shakespeare keine Vorgeschichte kennt und daher expositionslos ist.

Für eine Systematisierung und Untersuchung unterschiedlicher **Strukturen von Drameneingängen** empfehlen sich folgende Kriterien, die M. Pfister ([11]2001) zusammengestellt hat:

1. Typen von Exposition lassen sich danach unterscheiden, ob es sich bei der Exposition um eine abgegrenzte Einheit zu Beginn des Dramentextes handelt, oder ob sie in die voranschreitende dramatische Handlung schrittweise integriert wird. Das moderne Drama bevorzugt die integrierte Form der Exposition, wie das analytische Drama, bei dem die dramatische Handlung vorhergehende Geschehnisse und die Voraussetzungen für die Eingangssituation aufdeckt. Eine separate Form der Eröffnung eines Dramas ist der Prolog. *Die Jungfrau von Orleans* (1801) von Schiller beginnt mit einem Prolog, der die Lage Frankreichs schildert und den Aufbruch Johannas aus der Heimat. Bei *Emilia Galotti* (1772) werden die Ereignisse der Vorgeschichte dem Beginn der eigentlichen, gespielten Handlung vorangestellt. Die Vorgeschichte kann auch durch Vorzeigen von Ergebnissen vergegenwärtigt werden, wie das Porträt von Emilia.

2. In ihrem Zeitbezug, ihrem Verhältnis zur Vergangenheit oder Gegenwart, unterscheiden sich des Weiteren Typen von Exposition. Steht die Exposition der eigentlichen Spielhandlung voran, so dass die Gegenwart der dramatischen Handlung noch nicht etabliert ist, dominiert der Bezug auf die Vergangenheit, die in einem Prolog episch vermittelt wird. Im anderen Fall ist die Exposition der dramatischen Gegenwartshandlung mit den Figuren, ihrer Identität, Dialogpartner, dem Schauplatz und Zeitpunkt eines Dialogs untergeordnet. Es werden nur Aspekte der Vergangenheit vermittelt, die für die Gegenwartshandlung von Bedeutung sind.

3. Ein weiteres Differenzierungskriterium für die Exposition betrifft die Frage, ob sie monologisch oder dialogisch vermittelt wird und ob die Vermittlungsinstanz als fiktive Figur zur dramatischen Spielhandlung gehört oder außer-

halb situiert ist. Der Monolog einer dramatischen Figur kann im Prolog stehen und den Übergang zum dramatischen Spiel sichern. Eine Variante besteht darin, dass die dramatische Figur sich ausdrücklich an das Publikum wendet (*ad spectatores*). Eine außerhalb der Spielhandlung stehende Figur vermittelt expositorische Informationen im Prolog, dabei ist die Exposition dem eigentlichen Spiel vorangestellt.

Auch bei der dialogischen Exposition erfolgt die Vermittlung von Informationen mittels einer protatischen Figur, die deutlich vom fiktiven dramatischen Spiel getrennt ist. Es kann sich dabei auch um den Dialog zwischen Nebenfiguren handeln, wie es typisch ist für die Komödie. Traditionell endet die Exposition mit dem ersten Akt, sie kann aber auch auf den zweiten Akt übergreifen. Dieses ist der Fall in *Emilia Galotti*, wo im ersten Akt der Prinz auftritt und der zweite Akt, der im Haus der Galottis spielt, noch expositorische Funktionen übernimmt, um gegnerische Parteien vorzustellen.

4. Informationen über die Vergangenheit oder gegenwärtige Situation können auch außersprachlich durch Bühnenbild, Requisiten, Kostüme, Gestik und Mimik bereitgestellt werden.

Von der Exposition zu trennen ist der dramatische **Auftakt**, dessen primäre Funktion darin besteht, die Aufmerksamkeit des Publikums zu wecken und in die fiktive Dramenhandlung einzuführen. Der Auftakt signalisiert den tatsächlichen Beginn einer Aufführung und stellt durch die Verdunkelung des Zuschauerraumes, das Öffnen des Vorhanges, das Lied des Chors oder durch die Präsenz der Darsteller auf der Bühne eine erste kommunikative Verbindung zum Publikum her. Exposition und dramatischer Auftakt können zeitlich zusammenfallen, wie bei Racine, oder auch getrennt werden, wie bei Shakespeare, bei dem nach dem Auftakt die Exposition einsetzt. Es kann sich beim Auftakt auch um eine visuelle Eröffnung handeln wie in Goethes *Götz von Berlichingen* (1774):

> SIEVERS. Hänsel, noch ein Glas Branntwein, und meß christlich.
> WIRT. Du bist ein Nimmersatt.
> METZLER leise zu Sievers. Erzähl das noch einmal vom Berlichingen! Die Bamberger dort ärgern sich, sie möchten schwarz werden.
> SIEVERS. Bamberger? Was tun die hier?
> METZLER. Der Weislingen ist oben auf'm Schloß beim Herrn Grafen schon zwei Tage; dem haben sie das Gleit gegeben.
>
> (J. W. von Goethe 1981, Bd. 4, 74)

Wie an der gesamten Szenerie und der Bemerkung „Erzähl das noch einmal" ersichtlich ist, läuft das Geschehen bereits; aus dieser Situation wird die Exposition entfaltet, die den ganzen ersten Akt umfasst. Nach und nach werden Informationen zu Weislingen, der sich auf der Burg Jaxthausen befindet, und zur Aussöhnung mit Götz und Weislingens Verlobung mit dessen Schwester Maria gegeben.

G. Freytag führt als eine weitere Kategorie das „erregende Moment" ein, das die eigentliche Handlung und Verwicklungen auslöst.

Präsentation der Handlung

Indem die Exposition die Vorgeschichte aufarbeitet, entlastet sie das Bühnengeschehen, da nicht alles gezeigt werden kann. Für die nach der Exposition einsetzende Handlung muss unterschieden werden zwischen der unmittelbar gezeigten Situation, der **gespielten Handlung**, und Handlungen, die nur aus zweiter Hand mitgeteilt werden, der **berichteten Handlung**. Zu den klassischen Formen der narrativen Vermittlung gehören, wie bereits erwähnt, die Mauerschau, die über gleichzeitig zur Bühnensituation stattfindende Geschehnisse berichtet, und der Botenbericht, der von Handlungen spricht, die woanders stattgefunden haben, und der im antiken Drama eine Lücke schließt. Weitere Formen der Vermittlung von Handlungsgeschehen sind Briefe und akustische Medien (Schreie, Schüsse).

Außer der Unterscheidung von gespielter und berichteter Handlung ist für die Struktur des Dramas die Aufteilung in **optisch-präsentierte** und **verdeckte Handlung**, bei der das Dramengeschehen nicht visuell-wahrnehmbar dargeboten wird, bedeutsam. Verdeckte Handlungen sind unsichtbare, aber akustisch wahrnehmbare hinterszenische Geschehen, zu denen ebenfalls berichtete Handlungsteile gehören. Jedoch umfassen die verdeckten Handlungen keine Vorgeschichte, sondern nur Geschehnisse, die nach Beginn der Spielhandlung stattfinden. Zusammengefasst gibt es folgende Arten der **Handlungsdarbietung**:

Tab. 28 Handlungsdarbietung

1. optisch-akustische Inszenierung
2. hörbare Realisierung, hinterszenisch
3. Bericht bei Gleichzeitigkeit: Mauerschau
4. Bericht über Geschehnisse, die zwischendrin stattfinden/stattfanden: Botenbericht
5. Exposition der Vorgeschichte

Dramenausgang

Das Dramenende (die Exodos) kann unterschiedlich gestaltet sein. Nach Aristoteles bezeichnet die Exodus den Teil des Dramas, auf den kein Chorlied mehr folgt. Ein Signal für das Ende eines Dramas besteht in der Entscheidung von Konflikten oder bei mangelndem Wissen des Helden durch Bekanntgabe von Informationen, die seine Unkenntnis bzw. seinen Irrtum aufdecken. In der szenischen Präsentation kann am Schluss das gesamte Ensemble auftreten und sich mit Reden, Tanz oder Spiel direkt an das Publikum wenden. Im Unterschied zum geschlossenen Dramenende wird bei einem offenen Dramenende keine Lösung für Konflikte geboten. B. Brecht verzichtet bewusst auf eine Lösung, um die Kritik des Zuschauers zu erwirken.

3.3.3 Einheit von Handlung, Raum und Zeit

Im 7. und 8. Kap. seiner *Poetik* postuliert Aristoteles die Einheit der Handlung, die der Chor sichert, und dass die Zeit einen Sonnenumlauf nicht überschreiten sollte. Aufgrund der eingeschränkten bühnentechnischen Möglichkeiten, die eine räumliche Umgestaltung und damit einen Schauplatzwechsel nicht gestatteten, war auch der Raum einheitlich strukturiert, aber Aristoteles hat sich nicht explizit zum Ort geäußert. Mit Einheit und Ganzheit ist bei Aristoteles gemeint, dass die Handlung durch Anfang, Mitte und Ende strukturiert und begrenzt ist. Der Mittelteil hat die Funktion, einen Umschwung einzuleiten. Es gibt zwei Arten des Umschwungs: Die eine ist auf die Handlung bezogen und wird als Peripetie bezeichnet, die andere gilt dem Umschwung im Wissen/in der Erkenntnis (die Anagnorisis). Während die **Peripetie** (griech. peripeteia = plötzliches Umschlagen) bei der Tragödie auf die Katastrophe zuläuft und bei der Komödie auf ein versöhnliches, gutes Ende, ist die **Anagnorisis** auf das Erkennen der Identität einer Person oder Sache bezogen und kann Freundschaft oder Feindschaft zur Folge haben. Die Anagnorisis ist in ihrer Funktion, Unwissen und Unkenntnis in Wissen und Erkenntnis einer Figur zu überführen, handlungsleitend. Sie kann eine Untat verhindern oder die Tragik steigern. Voraussetzung ist der Irrtum des Helden, dem das wahre Wesen eines Gegenspielers, bestimmter Zustände oder des eigenen Selbst unerkannt bleiben. Schiller setzt in seinem „Trauerspiel mit Chören" *Die Braut von Messina* das Mittel der Anagnorisis ein. Don Manuel liebt unwissentlich seine Schwester Beatrice, die bisher verborgen gehalten war, und will sie heiraten. Sein Bruder Don Cesar liebt Beatrice ebenfalls, tötet den Bruder und will, nachdem er die Identität Beatrice erfahren hat, den Mord sühnen und begeht Selbstmord.

Strukturbestimmend ist die Anagnorisis für das **analytische Drama**, bei dem ein Geschehen, das vor Beginn der Dramenhandlung liegt und dem Zuschauer auch nicht durch die Exposition mitgeteilt wird, schrittweise im Verlaufe des Dramas enthüllt wird und zu einer Erkenntnis führt. Sophokles *König Ödipus*, entstanden um 430 v. Chr., ist ein Beispiel für das analytische Drama. Die Ermordung seines Vaters Laios und die Heirat mit der Mutter Jokaste liegen vor Beginn der dramatischen Handlung. Als Ursache für eine Seuche über Theben erklärt das delphische Orakel den ungesühnten Mord an König Laios. Ödipus begibt sich auf die Suche nach dem Schuldigen, ohne zu wissen, dass er selbst es ist. In mehreren Enthüllungsszenen wird die Wahrheit aufgedeckt. Im 4. Akt erkennt Ödipus letztlich, wer er eigentlich ist, so dass Unkenntnis in Erkenntnis umschlägt.

Zu den analytischen Dramen gehören auch Heinrich von Kleists *Der zerbrochene Krug* (1803/08), Henrik Ibsens *Nora. Ein Puppenheim* und *Gespenster* (1881). Der Gegensatz des analytischen Dramas ist das **Zieldrama**, auch als synthetisches Drama bezeichnet, zu dessen Struktur gehören: ein Vorfall, der das weitere Geschehen auslöst, ein dramatischer Handlungsverlauf, der nach vorne gerichtet ist und auf ein Ereignis hinläuft, das die Lösung bringt. Zieldramen sind *Kabale und Liebe* (1784) von Schiller und *Antigone* (442 v. Chr.) von Sophokles.

Die Poetiken der Renaissance haben in ihrer Rezeption von Aristoteles in Unkenntnis der griechischen Bühnenkonstruktion fälschlicherweise das Prinzip der Einheit des Raumes, der Zeit und der Handlung auf die *Poetik* zurückgeführt. Lodovico Castelvetro postuliert in seinem Aristoteles-Kommentar (*La poetica di Aristotele vulgarizzata e sposita* (1570)) die Einheit von realer Spieldauer und fiktiver gespielter Zeit mit der Begründung, dass Ortswechsel und Zeitaussparungen das Vorstellungsvermögen des Zuschauers übersteigen würden. Julius Caesar Scaliger setzt 1561 (*Poetices libri septem*) diese Linie fort und fordert die Regelbindung. Im französischen Klassizismus werden vor dem Hintergrund einer für das Drama postulierten Wahrscheinlichkeit die Einheiten zu einer Vorschrift mit dem Argument, dass es unwahrscheinlich sei, dass eine Bühne verschiedene Räume darstellen könne. Voraussetzung für dieses Einheitspostulat war wiederum die Rahmenbühne, die zu einer Trennung von Publikum und Bühne führte und die Bühne zu einem Ort der Illusion, der Vortäuschung der Realität des Dargestellten, machte.

Dramentheorien des 17. und 18. Jahrhunderts, insbesondere des französischen Klassizismus, haben die Einheit von Handlung, Raum und Zeit zu einer Norm erhoben, die in dieser Form jedoch nicht auf Aristoteles zurückgeht. Formale Geschlossenheit, symmetrischer Aufbau wenig Figuren und die Ständeklausel, die den hohen Stand von Figuren fordert (Fürsten und Könige als Akteure), einschließlich der hohen Sprache dieses Standes gehören mit zu der klassizistischen Tragödie, wie sie in Jean Baptiste Racines *Phädra* (1677) ausgeprägt ist.

In der *Hamburgischen Dramaturgie* (44.–46. Stück; 1767–1769) plädiert Lessing für die Aufhebung des Einheitsraumes. Er beruft sich damit auf Shakespare, der mit dem Einheitsprinzip und der Ständeklausel einen Bruch vollzog. Shakespeare arbeitet mit mehrsträngigen Handlungen, vielen Schauplätzen, Massenszenen und Nebenfiguren sowie unterschiedlichen Sprachstilen. Einen unmittelbaren Einfluss hatte Shakespeare mit seiner Auflockerung von Handlung, Raum und Zeit auf Goethe (*Götz von Berlichingen*) und Lenz (*Die Soldaten* 1776). Diese Linie setzt sich fort über Georg Büchner, Christian Friedrich Grabbe und Frank Wedekind bis zum **Stationendrama** von August Strindberg (*Nach Damaskus* 1898), bei dem die dominierende Figur auf ihrer Wanderung einzelne Stationen durchläuft, und dem expressionistischen Drama, wo nur noch die Einheit der Figur gegeben ist. Allerdings arbeitet das moderne Drama wieder bevorzugt mit einem einheitlichen Ort, der jedoch primär die Funktion hat, Ausweglosigkeit und Eingeschlossenheit zu symbolisieren, wie in Edward Albees *Wer hat Angst vor Virginia Woolf* (1962), in dem sich das Geschehen nur in einem Zimmer abspielt, oder in Jean Paul Sartes Stück *Die Eingeschlossenen* (1959).

3.3.4 Offene vs. geschlossene Form

Aufbauend auf dem Prinzip der Einheit hat Volker Klotz (1960) in seiner einflussreichen Untersuchung zwei Formtypen des Dramas unterschieden: die geschlossene und die offene Form. Er greift damit ein Begriffspaar auf, das ursprünglich Heinrich Wölfflin (*Kunstgeschichtliche Grundbegriffe* 1915) verwendet hat. Klotz legt seiner Typologisierung sechs Kategorien zugrunde: Handlung, Raum, Zeit, Personen, Komposition und Sprache. Eine geschlossene Dramenform ist durch die Einheit von Raum und Zeit gekennzeichnet, einen tektonischen Aufbau mit aufsteigender Linie bis zum Höhepunkt und abfallender Linie bis zur Katastrophe, einen festen Schluss, geringe Personen-, Raum- und Zeitverschiebung.

Die Handlung verläuft einsträngig, linear und kontinuierlich; einzelne Handlungen sind kausal miteinander verknüpft. Nebenfiguren treten zumeist mehrfach auf. Spielzeit und gespielte Zeit stimmen weitgehend überein. Die geschlossene Form wurde vor allem im 17. Jahrhundert in Frankreich durch Racines Regeldrama verwirklicht.

Eine offene Form dagegen zeichnet sich durch häufigen Personen- und Schauplatzwechsel, einen atektonischen Aufbau, viele Figuren, die als Nebenfiguren nur einmal auftreten, und eine vielgestaltige Handlung aus. Auch die Vielfalt von Ständen und Redestilen (Standessprachen, Dialekte) ist bezeichnend für die offene Form. Herrschen in der geschlossenen Form das Rededuell, die hypotaktische Satzkonstruktion und die logische Schlussfolgerung vor, so sind Sprache und Dialoge bei der offenen Form durch Sprunghaftigkeit, parataktische Sätze, Ellipsen und Satzabbruch gekennzeichnet. Der Raum erhält durch seinen Wechsel einen besonderen funktionalen Wert für die dramatische Handlung und die Charakterisierung von Figuren. Den Typ der offenen Form realisierte vor allem Shakespeare. Er hat in *Ein Sommernachtstraum* (1600) die Einheit von Ort und Zeit aufgehoben und die drei Bereiche Palast, Hütte und Wald in symmetrischer Abfolge vorgeführt.

Das Begriffspaar 'offen – geschlossen' bezieht sich vorrangig auf die tektonische Form eines Dramas und umfasst nicht die strukturelle Charakteristik des Endes eines Stückes, der Perspektive oder des Weltbildes. Geschlossene und offene Formen verwirklichen sich in einem Drama auch nicht in dieser reinen, deutlich getrennten Form, vielmehr sind Dramen Mischformen, die Elemente aus beiden Formtypen enthalten, wie bei *Emilia Galotti*: Dieses Trauerspiel enthält viele offene Elemente, aber da die Handlung an einem Tag spielt, vom frühen Morgen bis zum Abend, und nur drei Mal der Schauplatz gewechselt wird (Residenz, Elternhaus Emilias, das Lustschloss Dosalo), trägt es Züge von Geschlossenheit.

Tab. 29 offene – geschlossene Form

offene Form	geschlossene Form
– viele Zeitsprünge	– lineare Handlungen
– weite Zeiträume	– kausale Verknüpfungen
– häufiger Ortswechsel	– gleicher Ort
– viele Figuren	– Ständeklausel
– keine Ständeklausel	– wenig ‘dramatis personae’
– gemischte Sprachen/Stile	– einheitliche Sprache
	– symmetrischer Aufbau

12 Arbeiten Sie an dem folgenden Dramenauszug Merkmale von Offenheit oder Geschlossenheit heraus:

KASSIERER NEUMANN *Geld aufzählend.* Bleibt sechzehn Silbergroschen zwei Pfennig.
ERSTE WEBERFRAU *dreißigjährig, sehr abgezehrt, streicht das Geld ein mit zitternden Fingern.* Sind Sie bedankt.
NEUMANN *als die Frau stehenbleibt.* Nu? Stimmt's etwa wieder nich?
ERSTE WEBERFRAU *bewegt, flehentlich.* A paar Fenniche uf Vorschuß hätt ich doch halt a so neetig.
NEUMANN: Ich hab a paar hundert Taler neetig. Wenn's ufs Neetighaben ankäm – ! *Schon mit Auszahlen an einen andern Weber beschäftigt, kurz.* Ieber den Vorschuß hat Herr Dreißiger selbst zu bestimmen.
ERSTE WEBERFRAU. Kennt ich da vielleicht amal mit'n Herrn Dreißiger selber red'n?
EXPEDIENT PFEIFER *ehemaliger Weber /…/* Da hätte Herr Dreißiger weeß Gott viel zu tun, wenn er sich um jede Kleenigkeit selber bekimmern sollte. Dazu sind wir da. *Er zirkelt und untersucht mit der Lupe.* Schwerenot! Das zieht. *Er packt sich einen dicken Schal um den Hals.* Macht die Tiere zu, wer reinkommt.
DER LEHRLING *laut zu Pfeifer.* Das is, wie wenn man mit Kletzen red'te.
PFEIFER Abgemacht sela! – Waage! *Der Weber legt das Webe auf die Waage.* Wenn Ihr ock Eure Sach besser verstehen tät't. Trepp'n hat's wieder drinne … ich seh gar nich hin. A guter Weber verschiebt's Aufbäumen nich wer weeß wie lange.

3.4 Figurenrede (*lexis*)

Nach Peter Szondi (1956) entstand das Drama der Neuzeit in der Renaissance. Das Spezifische dieser Form der Bühnendichtung besteht im Aufbau von Welt aus zwischenmenschlichen Beziehungen und Interaktionen. Das Medium dieser zwischenmenschlichen Bezüge ist der Dialog, der in der Renaissance nach Wegfall von Prolog, Epilog und Chor als Kernelemente des antiken Dramas zum Grundbestandteil des Dramas wird. Hingegen hat der Monolog lediglich episodische Funktion. Aufgrund der herausgehobenen Stellung des Dialogs unterscheidet sich das neuzeitliche Drama von der antiken Tragödie, dem mittelalterlichen geistlichen Spiel und dem barocken Welttheater. Da die dramatische Replik nicht an den Zuschauer gewendet ist und auch der Dramatiker/der Autor nicht anwesend ist, kommt dem Drama nach Szondi das Attribut zu, absolut zu sein. Ein entscheidendes Bestimmungsmerkmal des Dramas ist daher die Sprache bzw. die Rede der Figuren (*lexis*). Das Handeln im Drama besteht im Wesentlichen in der Rede, die ein Differenzierungsmerkmal ist, um die drei großen Gattungen Epos, Drama und Lyrik voneinander zu trennen. Im Unterschied zum Epos, in dem sowohl ein Erzähler als auch die Figuren sprechen, melden sich in einem Drama primär die Figuren, die untereinander in einen Dialog treten oder für sich sprechen (Monolog), zu Wort. Ihre Rede bildet den Haupttext eines Dramas. Auch wenn mit dem Kriterium der Absolutheit die Dominanz der Figurenrede und der internen Figurenkommunikation betont wird, so bedarf es dennoch der Relativierung, da, wie zuvor dargelegt, es vielfältige Vermittlungsformen gibt, die die Beziehung zum Publikum strukturieren.

Monologe und Dialoge sind die zentralen Redeformen im Drama. Bezeichnend für den **Monolog** (griech. monos = allein, loges = Rede) ist, dass eine einzelne Figur für sich laut spricht. Es handelt sich um eine Einzelrede, die keine Gegenrede fordert, aber an das Publikum gerichtet ist. Es ist ein dramenspezifisches Merkmal, dass der Monolog vom Publikum mitgehört werden soll, um ihm bestimmte Informationen zu geben. Tritt die monologisierende Figur alleine auf, spricht man von Soliloquium. Die Bestimmung des Monologs ist insofern schwierig, als verschiedene Kriterien herangezogen werden können. Ist das Entscheidende die einsame Situation eines Sprechers, dessen Selbstgespräch an kein Gegenüber auf der Bühne adressiert ist, dann wäre der Botenbericht, der sich an Figuren und an das Publikum wendet, ausgeklammert. Gilt das Kriterium der Länge und der Geschlossenheit, handelte es sich auch bei einem längeren Botenbericht um einen Monolog.

Oft setzt ein Monolog in Entscheidungssituationen einer Figur ein, wie in dem berühmten Monolog Hamlets, der seine Reflexionen und Skrupel spiegelt. Die Funktion des Monologs besteht darin, innere Kämpfe, Reflexionen, Pläne und Emotionen der dramatischen Figur zu vermitteln und sie in ihrem Charakter zu enthüllen. Der Monolog kann zudem die Funktion der Überleitung von einer

Szene zur nächsten übernehmen oder in Form des epischen Monologs einen Bericht über nicht-dargestellte Geschehnisse liefern und somit einen Teil des dramatischen Geschehens bereitstellen. Seine Hauptfunktionen sind der Kommentar und Informationen. Der Monolog trat im 19. Jahrhundert aufgrund eines anderen Publikumsgeschmacks und der stärkeren Orientierung am natürlichen Sprechen gegenüber dem hohen Pathos der Tragödie zurück und wurde im Naturalismus völlig marginalisiert. Allerdings kommt dem dominant monologischen Sprechen im Drama des 20. Jahrhunderts eine hohe Bedeutung zu, nicht zuletzt um gestörte Beziehungen, Kommunikationsverlust, Entfremdungen und Einsamkeit zu thematisieren, wie in Botho Strauß' Stationendrama *Groß und Klein* (1978), in dem sich in einer Station die zentrale Figur der Lotte in der Telefonzelle befindet und ihren Brief an ihren Ehemann Paul ins Telefon spricht:

> LOTTE Lieber Paul,
> diese Zeilen dich gesund und schaffensfroh antreffen. Nun bin ich schon weit weg von dir. (Aber nur äußerlich gesehen!) Per Autostopp gelangte ich problemlos bis über Lüneburg hinaus, von wo ich zunächst einmal in Richtung Lüneburg zurückmarschierte. /.../
>
> (B. Strauß [2]1982, 211)

Bezeichnend für monologisches Sprechen sind Selbstanreden der Figur, rhetorische Fragen („Was steht ihr und legt die Hände in den Schoß?" Monolog des Kapuziners im 8. Auftritt von *Wallensteins Lager*) und Anrufungen von Personen oder Dingen.

Der **Dialog** (griech. dialogos = Unterredung) ist eine von mehreren Figuren geführte Rede und Gegenrede. Die Aussage bezieht sich auf den Partner und die Zuschauer. Historisch betrachtet ist der Dialog nach dem Monolog entstanden. Der von Aischylos eingeführte zweite Schauspieler schafft erst die Voraussetzungen für den Dialog. Zum Dialog gehört die Replik des anderen, die sich auf die vorhergehende Äußerung einer Figur oder auch mehrerer Figuren beziehen kann. Diese doppelte Rückbezogenheit (s. Pfister [11]2001, 204) ist spezifisch für den Dialog im Unterschied zum Monolog. Dialoge sind gekennzeichnet durch den Sprecherwechsel, die Häufigkeit des Sprecherwechsels und der Unterbrechungen, die zeitliche Dauer der Replik einer Figur, die Verteilung der Redeanteile auf die Figuren. Bei der Figurenrede können Verszeile und Rede übereinstimmen, wie bei der Stichomythie, oder sie verlaufen inkongruent. Die Grenze der Rede muss nicht mit der Versgrenze in eins fallen. Verteilt sich eine Verszeile auf zwei oder mehr Figuren, so bezeichnet man das als Antilabe. Ein Beispiel dazu aus Schillers *Die Braut von Messina*:

DON MANUEL. Bleib! Antworte mir!
BEATRICE. Fort, fort!
Eh diese wilden Männer wiederkehren!
DON MANUEL. Bleib! Jene Männer werden uns nicht schaden!
BEATRICE. Doch, doch! Du kennst sie nicht, o komm! Entfliehe!
DON MANUEL. Von meinem Arm beschützt, was kannst du fürchten?

(F. Schiller 1966, Bd. III, 524)

Die rasche Wechselrede erfolgt in einer angespannten, bedrohlichen Situation und spiegelt die innere Erregung der Figuren. Durch die Stichomythie erhöht sich das Tempo.

Zur Moderne hin mit ihren bevorzugten Themen von Kommunikationsverlust und Isolierung verliert der Dialog an Bedeutung. Es gibt Dramentexte ohne jeden Dialog wie im Monodrama oder in der Pantomime in Samuel Becketts *Spie(e) ohne Worte* (1952) und Peter Handkes *Quodlibet* (1970). Monologe und Dialoge nähern sich einander an, so dass es eine Skala von Möglichkeiten des monologischen und dialogischen Sprechens auf der Bühne gibt. Eine **Monologisierung von Dialogen** findet statt, wenn eine Figur in einer Gesprächssituation dominiert und eine längere Rede hält. Eine **Dialogisierung von Monologen** liegt vor, wenn sich eine Sprecherfigur in Gedanken an einen Adressaten wendet, der nicht anwesend ist. Das kann die Figur selbst sein, die sich mit „du" anspricht, oder wie in Fitzgerald Kusz Theaterstück *Tagesschau* (1987) eine Frau, die vor dem Fernseher sitzt und ein Gespräch mit dem Tagesschausprecher führt.

Eine Variante der Figurenrede ist das **Beiseite-Sprechen** (engl. *aside*) einer oder mehrerer Figuren, die etwas laut sagen, das andere nicht mithören sollen. Auch das Beiseite-Sprechen ist ein dramenspezifisches und künstliches Element. Künstlich ist es insofern, als das laute Sprechen das Publikum als Mithörer einbezieht, aber andere Figuren auf der Bühne das Gesprochene nicht hören können. Bei mehreren Figuren besteht auch die Möglichkeit des Beiseite-Sprechens z. B. im Flüsterton, um sich zu verständigen, ohne dass andere anwesende Figuren den Inhalt mithören können. Eine dritte Variante des Beiseite-Sprechens liegt vor, wenn eine Figur sich direkt an das Publikum wendet und die Rampe als Grenze zwischen fiktivem Spiel und Publikum aufhebt (***ad spectatores***). Das Beiseite-Sprechen und die direkte Zuschaueranrede einer Figur markieren unterschiedliche Grade des Wissens zwischen Figuren und zwischen Figur und Zuschauer. Dem Zuschauer werden Informationen vermittelt, über die andere Figuren nicht verfügen (sollen). Das kann unterschiedliche Funktionen haben, wie der Vorgriff auf spätere Ereignisse. Insbesondere in Lustspielen sind das Beiseite-Sprechen und die Zuschaueranrede häufig vorkommende Elemente, um das Missverständnis oder die Intrige zu pointieren. Ein historischer Wandel des Beiseite-Sprechens erfolgt im modernen Drama mit Friedrich Hebbel, der damit das Innere der Figur aufdeckt. In Eugene O'Neills *Seltsames Zwischenspiel* (1927) fungiert es als epischer Bericht eines Ich.

Die Rede kann in Versform (gebundene Rede) oder in Prosa vorliegen. Das altgriechische Drama hat den jambischen Trimeter, bestehend aus sechs Hebungen mit einsilbigen Senkungen und männlichem Ausgang, verwendet. Das 17./18. Jahrhundert bevorzugte den Alexandriner (12 oder 13 Silben mit einer Zäsur auf der 6. Silbe und gereimt). Das neuere Drama, beginnend mit Shakespeare, arbeitet mit dem reimlosen, alternierenden Blankvers mit fünf Hebungen und 10-11 Silben. Lessing benutzt ihn in *Nathan der Weise* (1783). In anderen Dramen setzt Lessing dagegen die Prosa ein (*Emilia Galotti* 1772, *Miss Sara Sampson* 1755). Viele moderne Dramatiker (P. Handke, B. Strauß oder T. Bernhard) bevorzugen die Prosaform.

Die dramatische Rede und ihre Funktionen

Die dramatische Rede wendet sich sowohl an Figuren innerhalb der Spielhandlung als auch an das Publikum. Sie kann verschiedene Funktionen übernehmen, die sich mit dem Funktionsmodell von Roman Jakobson (1960) beschreiben lassen. Jakobson unterscheidet die referentielle Funktion der Sprache (Bezug auf außersprachliche Gegenstände), die expressive (Bezug des Sprechers auf sich selbst), die appellative (Bezug auf den Gesprächspartner), die phatische (Bezug auf den Kanal; Kontakt), die metasprachliche (auf die Sprache bezogen) und die poetische, bei der der poetische Gegenstand sich selbst thematisiert. In der Exposition, dem Botenbericht und der Teichoskopie herrscht die referentielle Funktion vor, da es primär um die Darstellung von Handlungs- und Geschehensabläufen geht. Ausrufe sind bezeichnend für expressive Sprachfunktionen, hingegen sind Befehle und Versuche der Überredung appellativ im Hinblick auf den Dialogpartner funktionalisiert, indem sie ihn umstimmen und zu einer Handlung veranlassen wollen. Ausdruck der phatischen Funktion sind die Anrede, die Wiederholung und das Eingehen auf eine Replik. Im modernen Drama gewinnt diese Funktion eine Dominanz, indem die Äußerungen der Figuren nicht mehr aufeinander bezogen sind, inhaltsleer werden und lediglich den Kontakt aufrechterhalten. Thematisiert wird darin u. a. das Scheitern von Kommunikation. Metasprachliche Funktionen finden sich besonders häufig in der Komödie in Form von Sprachspielen. Poetische Funktionen spiegeln sich in der metrischen Gebundenheit von Dramentexten, in der Dichte und Verwendung metaphorischer Redeweisen.

13 Analysieren Sie den folgenden Dialog aus Schillers *Maria Stuart* (1801) nach den Funktionen der Repliken:

MORTIMER (*zur Amme*). Entfernt Euch, haltet Wache vor der Tür,
Ich habe mit der Königin zu reden.
MARIA (*mit Ansehn*). Hanna, du bleibst.
MORTIMER. Habt keine Furcht, Mylady. Lernt mich kennen.
(*Er überreicht ihr eine Karte*)
MARIA (*sieht sie an und fährt bestürzt zurück*),
Ha! Was ist das?
MORTIMER (*zur Amme*). Geht, Dame Kennedy.
Sorgt, daß mein Oheim uns nicht überfalle!
MARIA (*zur Amme, welche zaudert und die Königin fragend ansieht*),
Geh! Geh! Tu was er sagt.

3.5 Die Figuren

Bestimmend für das Drama ist das Auftreten einer oder mehrerer Figuren, die durch den Schauspieler präsentiert und auf der Bühne verwirklicht werden. Ihr Auftreten, ihre Bewegung, ihre Interaktion mit anderen Figuren, ihr äußeres Erscheinungsbild und ihre Sprache konstituieren die dramatische Figur und machen sie als etwas Konstruiertes zum Träger von Bedeutungen. Kannte das griechische Theater bei Aischylos nur einen Schauspieler, der mit wechselnden Masken versehen unterschiedliche Rollen spielte, so ist das Schauspielarsenal des Theaters im Laufe seiner Geschichte angewachsen (Euripides führte den zweiten Schauspieler ein) und durch Mimik, Gestik und Physiognomik ausdifferenziert worden. Die physische Präsenz des Schauspielers mag mit dazu beigetragen haben, dass die dramatischen Figuren häufig als Personen bezeichnet werden; lat. *persona* ist die Maske des Schauspielers.

Aristoteles jedoch verwendet den Begriff des Charakters (Ethos), der ein Moment des Kausalzusammenhanges des Handlungsganzen bildet. Zum Charakter gehören nicht die individuellen Eigenschaften (Fuhrmann [2]1992, 27), die diesem Begriff in der Moderne zugeschrieben werden. Der Charakter zeichnet sich vielmehr dadurch aus, dass er als Handelnder in einer Entscheidungssituation eine bewusste und sittlich relevante Wahl trifft. Sein Erkenntnisvermögen (Dianoia) begrenzt ihn und sein Handeln. Für die Konzeption des tragischen Helden hat Aristoteles fünf Modelle entwickelt, von denen das eine in seiner Bedeutung hervorsticht, weil hier eine enge Verknüpfung von Held und Handlung besteht: der mittlere Mann, der wegen eines Fehlgriffs scheitert. Sein Scheitern beruht auf dem Versagen des Erkenntnisvermögens (Irrung). Ihm wird ein hoher sozialer

Status zuerkannt, aus dem die Neuzeit in ihrer Dramentheorie das Gesetz der Fallhöhe und der Ständeklausel abgeleitet hat (s. w. u.). Nach heutigem Verständnis werden unter einem Charakter konstante Merkmale einer Person verstanden, ihr Gepräge. 'Charakter' kommt aus dem Griechischen und heißt Stempel, Gepräge. Da dramatische Figuren etwas Gemachtes sind und ihnen somit Kunstartigkeit und Zeichenhaftigkeit zukommt, wird in Übereinstimmung mit der modernen Dramenforschung (Greiner et al. 1982, Pfister [11]2001) auch in diesen Ausführungen der Begriff der Figur vorgezogen. Abzugrenzen davon ist wiederum der Typus, der etwas Überindividuelles bezeichnet, wie Geizhals oder Prahlhans. Wenn im Folgenden von 'Personen' die Rede ist, dann in Bezug auf Dramentexte, die diesen Terminus verwenden.

3.5.1 Figurenkonzeption

Figuren können in Abhängigkeit vom historischen Kontext, von Gattungsgesetzen, vom vorherrschenden Weltbild und Vorstellungen vom Menschen unterschiedlich konzipiert sein, aber Figurenkonzepte sind auch sehr stark konventionalisiert, so dass literarisch geprägte Figurenmodelle tradiert werden und das Muster für Abwandlungen oder Nachahmungen bilden. Konzeptionelle Unterschiede von Figuren zeigen sich an der Breite ihrer Entfaltungsmöglichkeiten. Sie können im Drama eine Entwicklung durchlaufen, wie es typisch für Tragödien ist, die sie verändert oder bestimmte Eigenschaften verstärkt, oder sie entwickeln sich nicht und bleiben eher statisch. Sie können flach oder tief sein und sich entsprechend verhalten. Sie können durch wenige und konstante Merkmale charakterisiert werden und somit eher eindimensional angelegt sein, oder sie sind mehrdimensional, indem sie durch viele Merkmale bestimmt sind, die auf unterschiedlichen Ebenen liegen: Wertorientierungen, zwischenmenschliche Beziehungen und innere psychologische Dispositionen.

Eine weitere Polarität, die für den Entwurf einer Figur prägend ist, ist die zwischen Bewusstheit und Emotionen/Affekte. Eine Figur kann rational sein, so dass ihr Handeln durch Reflexionen und bewusste Entscheidungen bestimmt ist. Der Gegenpol besteht darin, die rationalen Momente einer Figur zu reduzieren und sie wie im Naturalismus durch das Milieu, psychische Labilität und den sozialen Stand bestimmen zu lassen.

Zur Figurenkonzeption gehören auch unterschiedliche Formen der Individualisierung und damit der Unverwechselbarkeit eines Individuums und der Typisierung, die zur Ausprägung von Figurentypen führt. Bezeichnenderweise repräsentiert der **Typ** eine dominante Eigenschaft, wie der Geizige bei Molière. Oft sind es stereotypisierte Randfiguren, bevorzugt in der Komödie, die durch die literarische Tradition vorgeprägt sind. Eine Quelle für solche Typenbildung ist die Commedia dell'arte, eine italienische Volkskomödie, die im 16. Jahrhundert aufkam und äußerst einflussreich auf das europäische Theater war, mit ihren flächig angelegten und auf eine Eigenschaft oder eine Perspektive reduzierten Figuren. Zu den wichtigsten und unveränderlich bleibenden Masken gehören die beiden Alten, Pantalone und der Dottore, sowie die beiden Diener: der dumme Arlecchino und der schlaue Brighella. Demgegenüber ist der soziale Typ Verkörperung eines Verhaltensmusters einer sozialen Gruppe und somit von sozialen Faktoren, wie Klassen-, Stand-, Gruppen- und Geschlechtszugehörigkeit bestimmt.

3.5.2 Eigenschaften einer Figur

Eine Figur ist durch eine Reihe von Eigenschaften charakterisiert, die sich wiederum systematisieren lassen in:

Tab. 30 Figureneigenschaften

Charakterliche Eigenschaften	**Körperliche Eigenschaften**	**Äußere Umstände**
Tugenden Klugheit Tapferkeit Gerechtigkeit Intellekt Emotionalität	Schönheit Stärke Alter Geschlecht Gesundheit	Herkunft Freunde Soziale Verhältnisse: – Vermögen – Stand; Beruf – sozialer Rang – Kleidung – Gestik – Mimik

Während körperliche und soziale Attribute sichtbar sind, zeigen sich Charaktereigenschaften durch die Handlung. Der soziale Status und Vermögensverhältnisse spiegeln sich im gesamten Habitus einer Figur, in der Kleidung, Gestik und Mimik, in Verhaltenskonventionen und der Sprache.

Figuren unterliegen auch einer **Wertung** vor allem in moralischer Hinsicht. Zu den Bewertungskriterien gehören: moralische Verhaltensweisen/Tugenden und Sympathie weckendes und beeindruckendes Verhalten oder negativ formuliert, verabscheuungswürdiges, amoralisches Verhalten. Die enge Verknüpfung von charakterlichen und sozialen Eigenschaften und Moralität einer Figur hat sich jedoch ab dem 18. Jahrhundert verändert. Es entwickeln sich neue Bewertungsmaßstäbe mit neuen Merkmalskombinationen, wie der Räuber, der edel ist, oder der Repräsentant des Bösen, von dem eine Faszination ausgeht. Es entsteht in diesem Zusammenhang der neue Typ des durchschnittlichen, mittleren Helden. Bezeichnend für das Theater ist die Herausbildung von Rollenfächern mit den Merkmalen: weiblich-männlich, ernst-komisch, alt-jung.

3.5.3 Figurenkonstellation – Interaktionen

Grundlegend für die dramatische Handlung und ihre Figuren ist die soziale Interaktion. Figuren treten zueinander in wechselnde Beziehungen und sind durch ihre Ähnlichkeit, Korrespondenz oder ihren Kontrast zu anderen Figuren charakterisiert. Eine Matrix von Merkmalen des Kontrastes und der Korrespondenz hat Pfister entwickelt ([11]2001): weiblich vs. männlich, Klassenzugehörigkeit, Generationenzugehörigkeit, der räumliche Kontext und Natürlichkeit vs. Affektation. Aus Zuordnungen solcher Merkmale ergeben sich bestimmte Konfliktlagen, wie z. B. Liebeskonflikte (weiblich/männlich) oder Intrigen.

Zu bestimmten Zeitpunkten entstehen Figurenkonfigurationen auf der Bühne, deren Wechsel eine das Drama untergliedernde Funktion hat und eine neue Szene oder einen neuen Auftritt einleitet. Figurenanordnungen variieren nach der Zahl der präsenten Figuren und nach der Dauer. In modernen Dramen kann eine Figurenanordnung das ganze Stück über dauern, so in Becketts *Warten auf Godot* (1952). Auch in einem Stück, in dem nur eine Figur auftritt, deren verschiedene Lebensabschnitte thematisiert werden, kann von Interaktion gesprochen werden wie beispielweise in Becketts *Krapps letztes Band* (1958).

Für die Klassifikation von Figuren nach Haupt- und Nebenfiguren gibt es keine eindeutigen Kriterien, aber Anhaltspunkte, an denen sich der Analytiker orientieren kann. Dazu gehören in erster Linie der Bezug zur Handlung, d. h. die Bedeutung einer Figur für die Entwicklung des Handlungsgeschehens bzw. des Kommunikationsgeschehens, sofern es sich um ein handlungsarmes modernes Stück handelt, des Weiteren die Häufigkeit und Dauer ihrer Präsenz auf der Bühne, die Zahl der Beteiligungen an Figurenkonstellationen und der Anteil einer Figur an der Figurenrede, dem Haupttext.

Die Konstellationen in einem Drama lassen sich nach verwandtschaftlichen Beziehungen, sozialen Attributen und emotionalen Beziehungen (Liaison, Heirat) charakterisieren. Sie bestimmen auch die Eigenarten einer Figur mit. Verwandtschaftliche Beziehungen bestehen z. B. in Max Frischs Drama *Andorra* zwischen Andri und seinem Vater sowie seiner Mutter. Die zwischenmenschlichen Beziehungen zwischen Andri und den Andorranern sind gestört und gegensätzlich. Die Problemlage resultiert aus der Vorurteilsstruktur der Bewohner von Andorra gegenüber Andri, die am Ende zu seiner Zerstörung führt.

3.5.4 Darstellungs-/Charakterisierungsverfahren

Eine Figur wird charakterisiert durch Informationen, die über sie vermittelt werden und die sie selbst vermittelt. Die verschiedenen Verfahren der Informationsvergabe lassen sich nach zwei Kriterien klassifizieren:

1. Eine Figur liefert Informationen (figurale Ebene) oder Informationen werden über externe Erzählinstanzen oder den Nebentext geliefert.
2. Informationen können explizit und implizit gegeben werden.

Explizite figurale Verfahren

Explizit sprachliche Informationen zu einer Figur werden durch das monologische Sprechen mit seinen Kommentaren, die der Selbstcharakterisierung dienen oder die sich auf andere Figuren beziehen (Fremdkommentare), gegeben. Solche Informationen können auch im dialogischen Gespräch erfolgen. Beziehen sich Aussagen auf andere Figuren, so können diese an- oder abwesend sein. Ein weiteres Differenzierungsmerkmal betrifft den Zeitpunkt einer Äußerung: Erfolgt sie vor oder nach dem ersten Auftritt einer kommentierten Figur. Beispielsweise wird Mellefont in Lessings *Miss Sara Sampson* (1755) gleich im ersten Auftritt von dem Diener als „böse" charakterisiert, weil er die Tochter von Sir William Sampson, die er wiederum als das „beste, schönste, unschuldigste Kind" (Lessing 1959, 1. Bd., 313) beschreibt, verführt hat. Mellefont selbst tritt erstmalig im dritten Auftritt auf.

Implizite figurale Verfahren

Informationen zu einer Figur erfolgen nicht nur durch sprachliche Charakterisierungen, sondern auch auf implizite, d. h. nicht sprachlich artikulierte Weise. Als erstes gehört dazu das Handeln, Verhalten und Aussehen einer Figur. In ihrem Verhalten spiegeln sich Werte und Normen, an denen eine Figur sich orientiert. Die Bekleidung sagt etwas über den Status und das Selbstverständnis einer Figur aus. Auch die Ausstattung von Räumen und Requisiten geben Informationen zu Figuren (großbürgerliches Ambiente vs. die Weberstube). Die Figurenrede und der Redestil geben Aufschluss über den Charakter und den Stand der Figuren. Z. B. lehnen die Galottis die höfische Galanterie ab und verwenden statt der pathetischen Rede die natürlicheren privaten, kurzgliedrigen Gespräche.

Explizite auktoriale Verfahren

Im Personenverzeichnis oder im Nebentext sind oft explizite Beschreibungen von Figuren gegeben. Auch der sprechende Name selbst kann metaphorische Bedeutung haben, wie der Name Gottlieb Biedermann in M. Frischs *Biedermann und die Brandstifter*, der die personifizierte Kleinbürgerlichkeit seines Trägers ausdrückt. Die direkte narrative Form eines Berichts über eine Figur erfolgt in älteren Dramen schon vor dem ersten Auftreten.

Implizite auktoriale Verfahren

In neueren Dramen werden die indirekte, implizite Charakterisierung und die szenische Aktualisierung und Anschauung bevorzugt. Äußerungen und Reaktionen von Figuren in bestimmten Situationen enthüllen deren Charakter und innere Wertmaßstäbe. Durch ihre Reaktionen und Verhaltensweisen können sich Figuren kontrastiv voneinander abheben oder Entsprechungen und Übereinstimmungen signalisieren. Auch das sind Techniken, um Figuren zu charakterisieren. Ein Beispiel für die Enthüllung einer Figur durch eine situative Reaktion bietet der Prinz von Guastalla in Lessings *Emilia Galotti* zu Anfang, indem er völlig unbeteiligt und kalt das Todesurteil einer Bittstellerin unterschreibt, so dass sogar sein Rat Camillo Rota irritiert zurückfragt: *Ein Todesurteil – sagt ich.* (Lessing 1959, 1. Bd., 566).

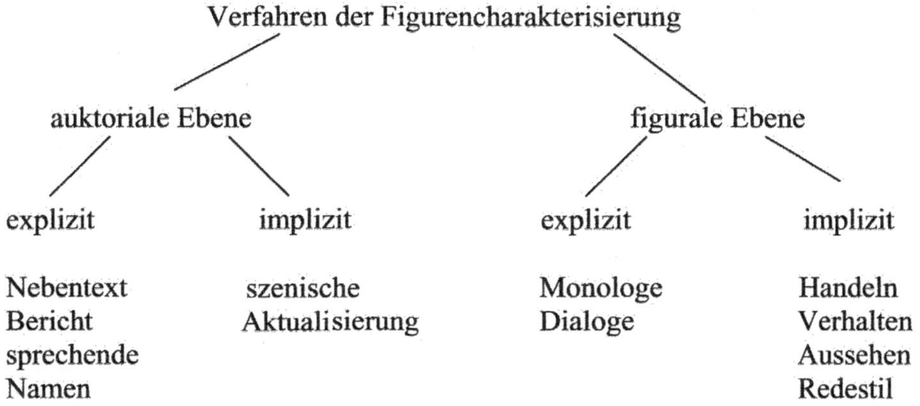

Abb. 10

14 Führen Sie eine Analyse der Figur des Soldaten in der Vordergrundszene nach dem sechsten Bild in *Andorra* nach folgenden Kriterien durch:

a) Durch welches Darstellungsverfahren werden Informationen über die Figur vermittelt?

b) Wie wird die Figur charakterisiert (Eigenschaften)?

Vordergrund

Der Soldat, jetzt in Zivil, tritt an die Zeugenschranke.

SOLDAT Ich gebe zu: Ich hab ihn nicht leiden können. Ich habe ja nicht gewußt, daß er keiner ist, immer hat's geheißen, er sei einer. Übrigens glaub ich noch heut, daß er einer gewesen ist. Ich hab ihn nicht leiden können von Anfang an. Aber ich hab ihn nicht getötet. Ich habe nur meinen Dienst getan. Order ist Order. Wo kämen wir hin, wenn Befehle nicht ausgeführt werden! Ich war Soldat.

3.5.5 Handlung und Figuren

Für die Analyse eines dramatischen Textes muss die Interdependenz von Figur und Handlung untersucht werden. Je nach historischem Kontext wird die Handlung als dominant betrachtet oder die Figur. Die Gewichtungen und die Beziehungen zwischen Handlung und Figuren sind dramengeschichtlich unterschiedlich vorgenommen worden. Für Aristoteles war die Handlung wichtiger als die Charaktere, die nur eine funktionale Bedeutung innerhalb der Handlung hatten. In der Neuzeit hat sich mit Shakespeare die Charaktertragödie entwickelt, mit dem Charakter als Mittelpunkt, so in *Hamlet* (1602), *Othello* (1604), *King Lear* (1606). Diese Prozesse gehen einher mit der Aufwertung des Individuums im 17./18. Jahrhundert. In Deutschland finden wir die Charaktertragödie in Goethes *Götz von Berlichingen* und *Egmont* (1789). Seit der Aufklärung wurde die Gewichtung für die Gattungen unterschiedlich vorgenommen: In der Komödie dominiert der Charakter; in der Tragödie die Handlung, die darauf zielt, Schrecken und Mitleid hervorzurufen. Im Sturm und Drang wiederum (Lenz) galt gerade das Umgekehrte: Die Hauptempfindung in der Tragödie wird mit der Figur verbunden. Brecht wiederum leitet Charaktere aus der Handlung ab.

Typologisierungen des Dramas wurden nach der Dominanz von Figur und Handlung vorgenommen. Vom Charakterdrama, in dessen Mittelpunkt ein Charakter steht, der auch die Hauptursache für die Handlung ist und bei dem es sich nicht um einen passiven Helden handelt, wird das Schicksals- und Situationsdrama (Komödie bei Diderot), bei dem die Handlung den Kern bildet, unterschieden.

3.6 Die Handlung (*mythos*)

Während 'Mythos' ursprünglich Erzählung und Geschichte bedeutet, versteht Aristoteles darunter den Ereigniszusammenhang eines Dramas, den er als Inhalt für das Wichtigste im Drama hält. Aristoteles bestimmt Mythos als Handlungsaufbau und Geschehensverknüpfung (Fuhrmann ^{2}1992, 25) und meint damit die Handlung des Dramas, jedoch nicht die Einzelhandlung, sondern den Gesamtzusammenhang der aufeinanderfolgenden Geschehnisse. Zu Beginn des 6. Kapitels seiner *Poetik* spricht Aristoteles von Nachahmung von Handlungen in Abgrenzung vom Bericht:

> Die Tragödie ist Nachahmung einer guten und in sich geschlossenen Handlung von bestimmter Größe, in anziehend geformter Sprache, wobei diese formenden Mittel in den einzelnen Abschnitten je verschieden angewandt werden – Nachahmung von Handelnden und nicht durch Bericht, die Jammer und Schaudern hervorruft und hierdurch eine Reinigung von derartigen Erregungszuständen bewirkt. /.../ Die Nachahmung von Handlung ist der Mythos. Ich verstehe hier unter Mythos die Zusammensetzung der Geschehnisse /.../.
>
> (Aristoteles 1994, 6. Kap., 19)

Mit der Kategorie „Gesamtzusammenhang" ist ein in sich geschlossenes und kohärentes Ganzes gemeint. Linearität und Unumkehrbarkeit sowie die kausale Verknüpfung sind weitere Merkmale, die den Gesamtzusammenhang des Handlungsgeschehens charakterisieren. Mythos ist bei Aristoteles die Fabel. Ab dem 18. Jahrhundert wird *mythos* mit Handlung übersetzt, wobei es jedoch um den Gesamtzusammenhang von einzelnen Begebenheiten geht, bei denen mehrere Figuren beteiligt sind und auch Geschehnisse, die nicht im strengen Sinne als Handlung zu bezeichnen sind, dazu gerechnet werden. Im Mythos geht es vor allem um kommunikative Äußerungen und Verhalten von Figuren. Auf die Handlung als zentrales Element verweist auch das Wort „Drama", das von griech. *dran* kommt (tun, handeln) und das im 17. Jahrhundert als Substantiv eingeführt wurde.

Die bereits im Kapitel zur Narrativik getroffene Zweiteilung von **Geschichte** (*story, histoire*) und Erzählen (Diskurs, *récit*) gilt auch für dramatische Texte. Dem dramatischen Text liegt eine Geschichte zugrunde, bestehend aus Ereignissen, Figuren und zeitlich-räumlichen Verhältnissen. Diese Geschichte wird auf der Ebene der Darstellung organisiert, indem sie phasiert wird, die Präsentation nicht unbedingt der ursprünglichen Chronologie der Ereignisse folgt, in der Selektion, was szenisch gezeigt wird und in welcher narrativen Form nicht-sichtbares Geschehen und Vorgeschichten vermittelt werden, durch Vor- und Rückgriffe und durch Herstellen von kausalen Beziehungen. Die Anordnung von Ereignissen ist von verschiedenen Prinzipien bestimmt, wie die bereits erwähnte Kausalität, Geschlossenheit und Finalität. Die dramatische Gestaltung und Darstellung der zugrunde liegenden Geschichte wird hier als **dramatischer Diskurs** bezeichnet. Im Unterschied zur Epik kommt als Spezifikum des Dramas jedoch die szenische Präsentation ins Spiel, die auf ihre Weise und mit ihren Mitteln die zugrunde liegende Dramengeschichte organisiert. Mittel der Anordnung und Abfolge von dramatischem Geschehen sind die Markierung von Tages- und Jahreszeiten (nach Pütz 1970), die räumliche Veränderung und das Auf- und Abtreten von dramatischen Figuren. Weitere Mittel sind Vorgriffe auf künftige Geschehnisse, dazu gehören zum einen die Ankündigungen (Prophezeiungen, Schwüre) im Prolog, in der Publikumsanrede oder im Beiseite-Sprechen, zum anderen Andeutungen, wie Träume und Stimmungen, mittels Bühnenbild, Lieder des Chors oder Songs. Vorgeschichten und bereits geschehene Dramenhandlung werden durch Rückgriffe nachgeholt. Die Heimkehr, eine Gerichtsszene, Verhöre oder die Anagnorisis sind Mittel, um die Vorgeschichte nachzuliefern. Auf die expositionelle Vermittlung von Vorgeschichten wurde bereits eingegangen. Zeitlich und räumlich entfernte Geschehnisse werden als verdeckte Handlungen im Dialog, Botenbericht oder im Brief vermittelt.

3.6.1 Handlung – Geschehen – Vorgang

Im Laufe der Entwicklung des Dramas und seiner Theorie wurde der Handlungsbegriff ausdifferenziert. Seit Lessing (*Abhandlungen über die Fabel* 1759) werden auch Gedanken als innere Handlungen mit dazu gerechnet, ebenso Gefühle von Personen, da sie eine verursachende oder reaktive Folge im Gesamtzusammenhang von Ereignissen haben können.

Handlungen und Geschehnisse, die in einem Drama entfaltet werden, kommen nur durch Figuren zur Sprache. Da im Sinne der modernen Linguistik, insbesondere der Sprechakttheorie, Sprechen ein Handeln ist, sind auch die sprachlichen Äußerungen der Figuren als ein Handeln zu betrachten (z. B. befehlen, warnen, berichten) und somit auf ihre Voraussetzungen und Folgen hin befragbar. Nicht nur das nicht-sprachliche Handeln (das aktive körperliche Tun) hat eine verändernde Wirkung, indem es in die Wirklichkeit eingreift, sondern auch das sprachliche Handeln bewirkt und verändert etwas, definiert Beziehungen, führt möglicherweise zu Missverständnissen, schürt Konflikte oder verhindert durch Warnungen und Befehle Schlimmes.

Auf der Bühne passiert vieles, was im strengen Sinne nicht als Handlung zu klassifizieren ist: Figuren gehen und kommen, sie trinken, essen, tanzen, singen, sie begrüßen und umarmen sich, sie streiten miteinander, geben Befehle, schreiben Briefe oder denken laut. Es gibt körperliche und nicht-körperliche Aktivitäten und aktionale und nicht-aktionale Elemente. Die Frage, was ist überhaupt eine Handlung und ist das, was auf der Bühne geschieht, als Handlung einzustufen, wird in der gegenwärtigen Dramenforschung kontrovers diskutiert und hat zu unterschiedlichen Begriffsverwendungen geführt. Übereinstimmend wird in der Dramenforschung das Merkmal der Situationsveränderung als Klassifikationsmerkmal für eine Handlung ins Spiel gebracht, so bei M. Pfister ([11]2001) im Anschluss an Andreas Hübler (1973, 3ff.) und bei N. Greiner et al. (1982). Das entspricht auch dem Ansatz in dieser Arbeit (s. Kap. 1), in der eine Handlung als Unterkategorie von Ereignis definiert wurde, das seinerseits als die Überführung einer gegebenen Zustandssituation in eine neue bestimmt wird. Mit dieser allgemeinen Definition einer Zustandsänderung ist sowohl die Einzelhandlung als auch die Gesamthandlung eines Textes gemeint. Eine Situation kann sich dadurch ändern, dass Figuren kommen und gehen und dadurch jeweils neue Anordnungen von Figuren entstehen. Auch die Entscheidung einer Figur ist ein aktionales Moment, das die Handlung vorantreibt und zu neuen Verhältnissen führt. Zu den Handlungen gehören als verdeckte Handlungen Mordtaten, Schlachten, und als inszenierte, sichtbare Handlungen Auseinandersetzungen und Intrigen. Sie alle haben eine situationsverändernde Funktion. Da der Motivationsfaktor für Handlungen eine so zentrale Rolle spielt, bedarf er im Hinblick auf dramatische Handlungen einer weiteren Aufschlüsselung: Die Motivation kann die Handlung erkennbar vorantreiben, sie kann aber verborgen sein und erst nachträglich durch eine Rückblende aufgedeckt werden oder sie entzieht sich dem Handlungsgeschehen und wird durch epische Mittel des Kommentierens vermittelt.

Als zweite von der Handlung zu unterscheidende Kategorie kommt das **Geschehen** hinzu, bei dem Figuren nicht als Subjekte agieren, sondern als Objekte, die von einem Geschehen betroffen sind. Oft handelt es sich um etwas, das von außen auf eine Situation einwirkt und diese verändert, wie ein Sturm oder eine Naturkatastrophe. Eine dritte Kategorie ist die des **Vorgangs**; sie umfasst alles, was sich auf der Bühne ereignet, und ist somit die neutralste und allgemeinste Kategorie.

Pfister geht im Anschluss an Hübler (1973) zwar auch von der Zustandsänderung als strukturelles Merkmal aus, beschränkt diese jedoch auf den Begriff der Handlung, von dem er die Kategorie des Geschehens abgrenzt als etwas, das sich ereignet, aber einen gegebenen Zustand nicht verändert, wie es typisch ist für moderne Dramen. Zuzustimmen ist diesen Überlegungen insofern, als es eine Vielzahl von Geschehen auf der Bühne gibt, die in der Tat keine zustandsverändernde Qualität haben und somit vom Begriff der Handlung zu trennen sind. Jedoch ist der Begriff des Geschehens doppeldeutig und kann in zweifacher Hinsicht verwendet werden: Als externes Geschehen, das eine Situation verändert, und als Geschehen, das diese Kraft nicht hat und aus nicht-aktionalen Aktivitäten oder Abläufen besteht, das jedoch gleichwohl eine Funktion innerhalb des Gesamtzusammenhangs eines Dramas und eine situationsstabilisierende Bedeutung hat.

Für die innere Differenzierung des Drameninhalts im Sinne des Handlungszusammenhanges sind diese Begriffsunterscheidungen wichtig. Sie helfen z.B. ein Drama von Beckett oder Ionesco zu beschreiben, das im Kern nicht aus Handlungen besteht, sondern aus einer Abfolge von Geschehen, wie in *Warten auf Godot*, wo in der Statik einer gegebenen Situation Beziehungslosigkeit und Kommunikationsprobleme thematisiert werden. Die Situation des Wartens bildet den Ausgang des Stücks; ein Schauplatz bleibt bis zum Ende. An dieser Grundsituation ändert sich nichts. Die beiden Figuren Estragon und Vladimir warten am Ende immer noch. In dieser Zwischenzeit von Beginn und Ende des Dramas geschieht aber dennoch etwas auf der Bühne: Die Figuren bewegen sich, sprechen, reden aneinander vorbei, sitzen, stehen auf u. a. m. Es handelt sich um körperliche Bewegungen und kommunikative Abläufe, die in Szene umgesetzt werden.

Lothar Pikulik (1982) lehnt die Trennung von Handlung und Geschehen wiederum ab mit dem Argument, dass alle Faktoren im Drama etwas bewirken/verändern und deshalb als Handlungen einzustufen sind. Als Akteure bezeichnet er auch das Schicksal oder Zeit und Raum, da sie als außermenschliche „Mächte" (S. 57) eben diese verändernde Funktion haben können. Diese Ausweitung des

Begriffs der Handlung halte ich für unscharf und plädiere daher für die begriffliche Unterscheidung von Handlung und Geschehen, wobei letzteres der Binnendifferenzierung nach Dynamik vs. Statik, nach situationsverändernder vs. nicht verändernder Qualität und Agens vs. Patiens bedarf.

Wie weit eine Handlung intendiert ist und auf der Entscheidung eines autonomen Individuums beruht oder von außen gesteuert und beeinflusst wird, wie im Naturalismus, in dem Milieu, soziale und psychologische Abhängigkeiten Figuren oft als willenlos charakterisieren und sie zu Handlungen veranlassen, die sie aufgrund ihrer Kompetenzen und persönlichen Ausstattung nicht verantworten, führt zu Veränderungen des Begründungs- und Motivationszusammenhangs von Handlungen, die historisch vom Weltbild, der Sozialstruktur, den Herrschaftsverhältnissen und Normen-/Wertesystemen einer Epoche geprägt sind und zu unterschiedlichen Typen von Figuren wie auch von Konflikten führen.

3.6.2 Der Dramenkonflikt

Im traditionellen Drama, vor allem in der Tragödie, bildet der Konflikt den Kern der Dramenhandlung. Ursprünglich wurde unter einem Konflikt ein offener, handgreiflicher Zusammenstoß zweier Parteien verstanden. Diese Definition ist in der Gegenwart dahingehend modifiziert worden, dass erstens die Auseinandersetzung nicht mehr offen stattfinden muss, wie beim Streit, sondern es kann auch eine längerfristig gestörte Beziehung sein. Zweitens muss es sich nicht um handgreifliche Auseinandersetzungen handeln, sondern die Auseinandersetzung kann rhetorisch durch Wortgefechte erfolgen. Drittens wurde der Parteienkonflikt, der ursprünglich in der Antike vor Gericht durch das richterliche Urteil entschieden wurde, zu einem Urteilskonflikt erweitert.

Die Unterscheidung von einem inneren und äußeren Konflikt ist seit dem 18. Jahrhundert nachweisbar. Goethe spricht in seinem Aufsatz *Shakespeare und kein Ende* (1813–16) von innerem und äußerem Konflikt. Zum **äußeren Konflikt** gehören der Parteien- und Urteilskonflikt, bei dem sich zwei konkurrierenden Parteien, die um ein Wertobjekt, wie beispielsweise Besitz, Herrschaft oder eine Frau, streiten, gegenüberstehen. Bei einem Urteilskonflikt konkurrieren mehrere Wertvorstellungen in einer Figur, indem sie z. B. eine Entscheidung zwischen ihrer moralischen Integrität, die vielleicht Nachteile mit sich bringt, und dem Sich-Verkaufen, bei dem die Unbestechlichkeit aufgegeben wird, treffen muss. Oft treten beide Konfliktarten gemischt auf, indem z. B. eine Partei sich der Zielvorstellung einer anderen unterwirft. Als Beispiel dafür mag erneut *Emilia Galotti* dienen: Emilia ist das Wertobjekt der Gegenpartei, des Prinzen, aber sie ist auch die Entscheidungsinstanz. Hier treffen beide Konfliktarten aufeinander.

Während der Parteienkonflikt immer nach außen sichtbar in Erscheinung tritt und es sich somit um einen äußeren Konflikt handelt, spielt sich der Entscheidungskonflikt im Inneren einer Figur ab. Der **innere Konflikt** ist oft Ausdruck von Entscheidungsschwierigkeiten eines Protagonisten. Er kann jedoch auch durch einen Berater gelöst werden und muss nicht in der Psyche einer Figur allein ausgetragen werden. Innere Konflikte entstehen durch Wünsche einer Figur, durch Anforderungen, die von außen an sie gestellt werden und durch übergeordnete Normen und Rollenzwänge, wie Pflichten. Deren Verletzung kann sozialen Ausschluss oder Gewissensbisse mit sich bringen. Typisch für innere Konflikte ist die Spannung zwischen Pflicht und Neigung, zwischen eigenen Interessen und allgemeinen Normen, verletzte Gattenehre, Vater-Sohn-Konflikt oder ein Mann zwischen zwei Frauen. Szenen, in denen ein innerer Konflikt dargestellt wird, sind zumeist Monologe, die oft die Höhepunkte einer Dramenhandlung bilden. Ein innerer Konflikt spielt sich in Medea (Euripides) ab, die vor der Tötung ihrer beiden Kinder, mit der sie sich für die Untreue ihres Mannes Jason rächen will, zögert, weil sie Bedenken hat.

Die Aufwertung innerer Konflikte, die zuvor als Entscheidungsschwäche eines Helden eher abgewertet wurden, hängt auch mit der Anerkennung des Zweifels durch Descartes und der Bedeutung von Affekten in der Empfindsamkeit zusammen. Für den Zuschauer hat das zur Folge, dass Konflikte nachempfunden werden können und eine Identifikation mit der Figur ermöglicht wird.

Mit der langen europäischen Tradition des Dramas und seiner Konfliktstruktur, dem Umschlag, der schicksalhaften Konstellation und dem tragischen Ende des Helden bricht das moderne Drama. Für viele gegenwärtige Dramatiker, wie Botho Strauß oder Thomas Bernhard, sind Kategorien des Handlungskonfliktes und des Parteienstreits nicht mehr tragfähig und zeitgemäß. Die Probleme liegen auf einer anderen Ebene, handeln von gescheiterten Beziehungen und Lebensentwürfen und spiegeln moderne Lebensformen.

3.6.3 Die Zeit im Drama

Während die Erzählforschung für erzählende Texte die erzählte Zeit und Erzählzeit voneinander trennt (s. Kap. 1.7), stellt sich die Frage, ob diese Begriffsunterscheidung auch für das Drama gilt. E. Lämmert (1955) hält die Zeitdeckung zwischen Geschehen und Wiedergabe für ein Spezifikum des Dramas, ebenso P. Pütz (1970), der die These vertritt, dass es bei der Aufführung keine zeitliche Differenz zwischen Darstellung und Dargestelltem gibt und somit die Unterscheidung zwischen Spielzeit und gespielter Zeit nicht für das Drama trägt (1970, 50ff.). Zuzustimmen ist dieser Position insofern, als im Theater Darstellungszeit und reale Spielzeit zusammenfallen und die zeitliche Deixis des Schauspiels real ist. Aber davon zu trennen ist die fiktive Zeit der dargestellten Geschichte, die sich über 12 Jahre wie in *Mutter Courage* erstrecken kann oder über nur wenige Stunden eines Tages. Es bedarf daher der Unterscheidung zwischen realer Spielzeit (Zeit der Aufführung) und fiktiver gespielter Zeit (Zeit von Handlungen und Geschehnissen), die entweder szenisch realisiert wird oder über die der Zuschauer durch die Figurenrede Informationen erhält. In *Hamlet* (1602) spielt der erste Akt von Mitternacht bis zum Morgengrauen eines Wintertages. Die zeitlichen Grenzen werden zu Anfang und am Ende benannt. Gegenüber dieser zeitlichen Dehnung beträgt die Spielzeit nur ca. 10 Minuten. Es liegt somit eine Zeitraffung vor. Aber es gibt auch die Form der Zeitdehnung, für die Shakespeares *Sommernachtstraum* (1600) ein schönes Beispiel bietet, da hier die Zeit verlangsamt wird. In Brechts *Leben des Galilei* (1943 1. Fassung; 1947 2. Fassung) erstreckt sich die Handlung über ein Jahrzehnt, während die Spielzeit ca. 2 Stunden beträgt. In Ionescos *Die kahle Sängerin* wird die Kontinuität der Zeit unterlaufen, indem die Wanduhr 17 Mal schlägt, während es nur 9.00 Uhr ist.

Die Zeit im Drama kann durch epische Mittel sprachlich benannt werden, wie im 3. Bild von *Galilei*, wo es heißt *10. Jan. 1610*, oder während der Dramenhandlung durch die Figurenrede. So sagt der Prinz im ersten Aufzug von *Emilia Galotti Ich habe zu früh Tag gemacht. – Der Morgen ist so schön.* (Lessing 1959, 1. Bd., 553). Die Regieanweisung gibt ebenfalls Angaben zur Zeit.

Die Sukzession ist ein die Zeit strukturierendes Mittel. Das Drama folgt bevorzugt der Chronologie der Ereignisse, weil es schwierig ist, parallel stattfindende Ereignisse darzustellen. Selbst in der mittelalterlichen Simultanbühne, wo zeitgleich mehrere Schauplätze gezeigt wurden, konzentrierte sich die Darstellung auf jeweils eine Handlung an einem der Schauplätze. Der Raumwechsel und Auf- und Abtritte von Figuren signalisieren ebenfalls das Nacheinander der Handlung. Als weitere Zeitdimension muss die Zeit zwischen den Szenen und Akten berücksichtigt werden, bei der Zeit ausgespart oder übersprungen wird.

Zeitstrukturierende Mittel sind alle Vor- und Rückgriffe, auf die im Vorhergehenden bereits eingegangen wurde. Bezeichnend für den Vorgriff ist seine Zukunftsbezogenheit, der sich in Prologen, im Beiseite-Sprechen ausdrückt. Mittel dafür sind Ankündigungen (s. Pütz 1970, 62ff.), z.B. das Kommen einer Figur, das Orakel in der antiken Tragödie, aber auch die Intrige und der Racheschwur bei Shakespeare. Mittel des Rückgriffs, der entweder auf die Vorgeschichte bezogen ist oder auf die Handlung, die direkt vor dem Einsatz des Dramas liegt, ist die dramatische Exposition.

Ein weiteres Spezifikum des Dramas besteht darin, dass die Rezeption während der Aufführung zeitlich fixiert ist und die Spielzeit von der Regie festgelegt ist, hingegen der Leser des dramatischen Textes sein Tempo selbst bestimmen und seine Lektüre auf Stunden oder Tage ausdehnen kann.

3.6.4 Raum im Drama und Theater

Wie in erzählenden Texten sind Zeit und Raum auch in dramatischen Texten bestimmende Kategorien mit dem entscheidenden Unterschied jedoch, dass es **zwei raum-zeitliche Bezugssysteme** gibt. Zum einen existiert der reale Bühnen- und Theaterraum, zum anderen der fiktive Raum, in dem sich das dramatische

Geschehen vollzieht und die Schauspieler sich in fiktive Figuren verwandeln, die innerhalb dieses fiktiven Raum-Zeit-Zusammenhanges verortet sind. Zur Kennzeichnung dieser zwei unterschiedlichen deiktischen Bezugssysteme mit den jeweils eigenen Akteuren, ihrer Verortung und ihren Kommunikationsformen, die sich in ihnen vollziehen, verwendet Pfister ([11]2001) die Kategorien innere und äußere Kommunikationssituation; zur deutlicheren Abgrenzung dieser beiden Situationen wird hier dagegen von theatraler und innerfiktiver Kommunikationssituation gesprochen.

Für die Analyse des **Raumes** müssen die Beziehungen zwischen dem Schauplatz und der Bühne sowie zwischen verschiedenen Schauplätzen in den jeweils historischen Bühnenformen betrachtet werden. Wie oben schon erwähnt, bedarf es der Unterscheidung zwischen dem Bühnenraum mit seinen Requisiten, seiner Kulisse und Beleuchtung, dem Zuschauerraum und dem fiktiven Raum. Der fiktive Raum ist der konkrete Schauplatz/der Ort der dramatischen Handlung, der entweder sichtbar und durch die Sprechsituation markiert oder unsichtbar ist (hinterszenischer Raum) und auf den sich die Figurenrede bezieht. Sprachlich wird der fiktive Raum durch deiktische Mittel strukturiert: lokale Adverbien (hier, da, dort), temporale (jetzt, gestern, morgen) und personale (ich, du, wir, unser, mein, dein).

Bei der antiken Freilichtbühne lag der Handlungsort außerhalb des Hauses, z. B. im Hof einer Burg. Beim neuzeitlichen Drama spielen die Szenen drinnen in einem Zimmer, einer Dachstube oder im Saal. Beispielsweise finden die ersten Szenen in *Miss Sara Sampson* zuerst im Saal eines Gasthofes, dann in verschiedenen Zimmern dieses Gasthofes statt. Im antiken Theater war die Konkretisierung des Raumes an die vorgegebene Bühnenform gebunden, ebenso realisierte sich der Schauplatz im elisabethanischen Theater innerhalb des feststehenden Bühnenaufbaus. Das französisch-klassizistische Drama stilisierte den Schauplatz durch gemalte zweidimensionale Prospekte. Im Naturalismus wurde der Raum konkreter und realistischer, um die Illusion eines realen Raumes zu erzeugen. A. Strindberg beschreibt in seinen Nebentexten ausführlich und bis ins Detail das Bühnenbild. Der Expressionismus wiederum arbeitete mit abstrakten und stilisierten Räumen, aus denen alles Gegenständliche verbannt war. Das epische Theater deckte die Kulissenhaftigkeit auf, um seinen antiillusionistischen Effekt zu erzielen. Im absurden Drama werden Raum- und Zeitangaben äußerst verknappt gegeben, so heißt es zu Beginn von *Warten auf Godot: „Landstraße. Ein Baum. Abend.“*

Dem häufigen Schauplatzwechsel wie bei Shakespeare, der das dramatische Geschehen in *König Heinrich V.* (1599) in England, Frankreich und Griechenland spielen lässt und damit einen weit ausgedehnten historischen Raum umfasst, steht die Kongruenz von gleichbleibendem Bühnenbild und Schauplatz gegenüber wie in Arthur Millers *Der Preis* (1968). Die Naturalisten reduzieren den

Bühnenraum und arbeiten mit wenigen Schauplätzen. In Peter Handkes *Kaspar Hauser* (1968) stellt die Bühne den Schauplatz dar; es gibt keinen Schauplatz mehr. Dem Zuschauer wird keine dramatische Handlung, keine fiktive Geschichte gezeigt, sondern er sieht nur noch einen theatralen Vorgang. Der Wechsel des Raumes kann über die Sprache, szenische Hilfsmittel oder die Drehbühne erfolgen.

Der Raum im Drama ist unterschiedlich strukturiert nach den Dimensionen: Offenheit vs. Geschlossenheit und Innen- vs. Außenraum. Er kann dreidimensional gestaltet sein durch die Oppositionen: links-recht, vorne-hinten und unten-oben. Die vertikale Achse z. B. bei der Oberbühne und der Bühnenplattform im elisabethanischen Theater kann soziale Hierarchien repräsentieren. Bei einem Wechsel der Schauplätze können diese kontrastiv voneinander abgegrenzt werden wie in Shakespeares *Ein Sommernachtstraum* der Hof des Herzogs und der Ardennenwald. Der Gegensatz von Innen- und Außenraum spielt im modernen Drama eine große Rolle, wie sich oft bereits im Titel zeigt: *Die Eingeschlossenen* von Jean Paul Sartre. Der Raum hat einen funktionalen Wert im Hinblick auf die Figuren und ihre Befindlichkeit, indem die Abgeschlossenheit des Raumes die Isolation von Figuren und ihre existentielle Situation spiegelt. Der Raum erzeugt eine bestimmte Stimmung, die der Situation der Figuren korrespondiert, wie die Liebesszene in Shakespeares *Romeo und Julia* (1597), wo sich im zweiten Akt Romeo und Julia im Garten befinden und sich ihre Liebe gestehen. Neben dem dargestellten Raum gibt es den **gesprochenen Raum**. Der Raum muss aus der Rede der Figuren erschlossen werden, wie in der Antike, wo es keine direkten szenischen Anweisungen für den theatralen Raum gab. Gerade Shakespeare mit seinen ständig wechselnden Orten, an denen die Szenen spielen, nutzt die Möglichkeiten des gesprochenen Raumes, um den Raum in der Imagination des Zuschauers entstehen zu lassen. Gleich zu Beginn von Goethes *Torquato Tasso* (1807, in Versform) werden im Dialog die Landschaft, die Tageszeit sowie bestimmte Requisiten beschrieben:

> LEONORE. Ja, es umgibt uns eine neue Welt!
> Der Schatten dieser immergrünen Bäume
> Wird schon erfreulich. Schon erquickt uns wieder
> Das Rauschen dieser Brunnen, schwankend wiegen
> Im Morgenwinde sich die jungen Zweige.
> Die Blumen von den Beeten schauen uns
> Mit ihren Kinderaugen freundlich an.
>
> (J. W. von Goethe 1981, Bd. 5, 74)

Im naturalistischen Drama wird durch die Figurenrede die Raumgestaltung genau beschrieben.

Zu unterscheiden sind also drei Raumkategorien:

Tab. 31 Raumkategorien

Bühnenraum	**Zuschauerraum (Theaterraum)**	**Schauplatz (fiktiver Raum)**
Prospekte Kulissengemälde Beleuchtung Projektionen	Bühnenbau Trennung von Bühnen- und Zuschauerraum Galerien Logen	Zimmer Saal Kirche Marktplatz Straße

Die Grenze zwischen Bühnen- und Zuschauerraum wird markiert durch: Rampe, Graben oder Vorhang. Konstitutiv für das Theatrale bzw. Theatralische sind der theatrale Raum, der Schauspieler und die Zeitlichkeit von Bewegungsabläufen auf der Bühne.

Die Realität der Bühne mit ihrer Kulisse, den Schauspielern und Kostümen und die Fiktion können sehr unterschiedlich aufeinander bezogen sein. Je nach historischem Kontext, Theaterform, Dramentext und Intention kann eine möglichst hohe Identität und ein Zusammenfallen von Realität und Fiktion angestrebt werden oder gerade das Gegenteil. Im ersten Fall werden alle Vorgänge als wirklich geschehen illusioniert und wird der Schein von Wirklichkeit erzeugt. Die Darstellung kann jedoch so gestaltet sein, dass die Fiktion hinter der Darstellung transparent wird, indem der Vorgang der Präsentation einer fiktiven Welt selbst gezeigt wird wie im epischen Theater von Brecht, der mit Mitteln der Verfremdung die Illusion durchbrechen möchte. Handkes *Publikumsbeschimpfung* (1966) ist ein Beispiel für eine andere Form der Aufhebung von Fiktion, indem er reales und fiktives Geschehen in eins setzt und die Grenze zwischen den beiden Ebenen sowie zwischen Bühne und Zuschauer aufhebt. Die Schauspieler treten an die Rampe und sprechen direkt zum Publikum. Es gibt keine zwei Orte von Bühne und Zuschauerraum, sondern nur einen Ort. Die Schauspieler stellen nichts dar, es gibt keine Spielhandlung und keine Fiktion hinter dem Sprechvorgang, sondern nur das Sprechen. Der Raum täuscht keinen Raum vor. In Anspielung auf die Guckkastenbühne heißt es, dass die vierte Wand fehlt. Was dem Publikum vorgeführt wird, ist der theatrale Vorgang selbst, in dem es seinen Part erhält und in dem nur ein raum-zeitliches Bezugssystem existiert.

Requisiten: Zwischen den Requisiten (lat. requisitus = das Verlangte) und der jeweiligen Raumkonzeption besteht ein enger Zusammenhang, indem konkrete Räume viele greifbare Objekte enthalten, die eine funktionale Rolle innerhalb des Spiels haben, oder aber es gibt kaum Requisiten wie in stilisierten Räumen. Zu den Requisiten gehören Dolche, Schleier, Handschuhe, Bildnisse, Ringe, wie in *Minna von Barnhelm*, oder Briefe, wie in *Emilia Galotti* oder *Miss Sara*

Sampson, wo Sara von ihrem Vater einen Brief erhält, in dem er ihr verzeiht und sie um Versöhnung bittet. Requisiten können gegenständlich präsent sein, sprachlich thematisiert werden oder als dritte Variante durch metaphorisches Sprechen thematisiert werden und ungegenständlich bleiben. Sie haben mehrere Funktionen: Sie können die Spielhandlung vorantreiben, indem sie z. B. als Instrument einer Intrige fungieren, und den Raum und die Figuren charakterisieren. Requisiten stehen in einem Bezug zur Zeit: Sie sichern zeitliche Kontinuität, indem Vergangenes vergegenwärtigt wird, aber sie verweisen auch auf Zukünftiges.

3.6.5 Der Rezipient

Der Leser eines Dramentextes und der Betrachter im Theater befinden sich in unterschiedlichen Rollen, da sich ihre Rezeptionssituationen grundlegend voneinander unterscheiden. Der private Raum der Lektüre mit seinem Individualerlebnis steht dem öffentlichen Raum des Theaters mit einem breiten Publikum und der Gemeinsamkeit der Rezeption gegenüber. Während der Leser primär sprachliche Informationen enthält und die verschiedenen szenischen Hinweise und Regieanweisungen des Nebentextes in seiner Vorstellung umsetzen und als szenisches Spiel imaginieren muss und aus ihnen das szenische Konzept mit seinem räumlich-zeitlichen Rahmen und der zeitlichen Organisation des Handlungsgeschehens ableiten muss, erhält der Zuschauer neben den Informationen, die die Figurenrede selbst transportiert, eine Fülle von Informationen über nicht-sprachliche, mediale Vermittlungs-/Präsentationsformen, wie Licht, Akustik, Mimik, Kostüm, Kinesik, Bühnenbild. Er muss diese nicht-sprachlichen medialen Formen interpretieren, indem er beispielsweise Rückschlüsse vom Äußeren einer Figur auf ihren Charakter zieht oder aus dem non-verbalen Verhalten von Figuren versteckte Motive und sich anbahnende Konflikte ableitet. Wie im Vorhergehenden dargelegt, wird der Bezug zum Zuschauer je nach Theater- und Bühnenform unterschiedlich strukturiert, werden Mittel der Episierung eingesetzt, die dem Zuschauer zum Szenisch-Präsentierten Informationen über Hintergründe und Vorgeschichte geben und mit Distanzen arbeiten. Der Schauspieler kann aus seiner Rolle treten, um sich direkt an das Publikum zu wenden und es werden verschiedene Verfahren eingesetzt, um kognitive und affektive Wirkungen zu erzielen, Identifikationen mit Figuren nahezulegen oder zu verhindern.

Typisch ist eine Asymmetrie im Wissensstand von Figuren und Rezipient sowie eine unterschiedliche Teilhabe am szenischen Geschehen: Während der Zuschauer die ganze Zeit des Spiels dabei ist und sieht, was auf der Bühne gezeigt wird, sind die Figuren nicht in allen Situationen präsent, so dass eine Differenz im Kenntnisstand zwischen Figuren und Zuschauer entsteht. Die Komödie arbeitet verstärkt mit dem größeren Wissen des Zuschauers gegenüber dem eingeschränkten Wissen der Figuren, um daraus einen komischen Effekt zu erzielen. Mehr Informationen gegenüber den Figuren erhält der Zuschauer durch den Prologsprecher, der sich direkt an das Publikum wendet. Im analytischen Drama, in dem die Vorgeschichte zunächst im Dunkeln liegt und schrittweise aufgedeckt wird, ist der Zuschauer mit einer Rätselstruktur konfrontiert und muss die Enthüllungen zueinander in Beziehung setzen. Ein Rückstand im Wissen des Rezipienten ist selten, kommt aber im analytischen Drama vor, wie in Kleists *Der zerbrochene Krug* (1808), in dem das Täuschungsmanöver des Richters Adam nicht sogleich durchschaut werden kann.

Bestimmte kognitive Prozesse, die konstitutiv sind für das Lesen, müssen auch beim Zuschauen erbracht werden. Dazu gehören Schlussfolgerungen auf der Basis der Figurenrede und des Szenisch-Präsentierten, um fortlaufend kohärente Zusammenhänge bilden zu können, Antizipationen, Stiften von Beziehungen zwischen dem Vorher, dem Gegenwärtigen und dem zu erwartenden Künftigen. Der Ausgang und die Basis für Schlussfolgerungen sind jedoch vielfältiger entsprechend den medialen Bedingungen, bei denen auditiv, visuell und audiovisuell Informationen vermittelt werden und Beziehungen zwischen szenisch-optisch Präsentiertem und Verdecktem, zwischen Figurenrede und narrativen Vermittlungsformen hergestellt werden müssen. Der Zuschauer steht vor der Aufgabe, den verschiedenen Zeichenträgern eine Bedeutung zuordnen zu müssen und sie aufeinander zu beziehen.

Bei offenen Dramenformen gegenüber geschlossenen befindet sich der Rezipient ebenfalls in einer anderen Rolle. Da ihm keine Lösungen geboten werden, muss er die Struktur der Offenheit selbst reflektieren, möglicherweise Lösungen konstruieren oder das Verweigern von Lösungen als Thema interpretieren.

3.7 Arten des Dramas und Geschichtlichkeit des Dramas

Es gibt unterschiedliche Arten bzw. Untergattungen des Dramas, die sich im Laufe der Geschichte unter den jeweiligen historischen, politischen und gesellschaftlichen Bedingungen entwickelt haben. Von denen sollen im Folgenden die antike Tragödie, die Komödie, das bürgerliche Trauerspiel, das epische Theater, das absurde Theaterstück, das Dokumentarische Theater und Tendenzen gegenwärtiger Dramen vorgestellt werden.

3.7.1 Die griechische Tragödie

Die griechische Tragödie (griech. tragodía = Bocksgesang) ist im späten 5. Jahrhundert v. Chr. aus kultischen Handlungen entstanden. Die Urform der Tragödie war ein Chorgesang, aufgeführt am Fuß des Burghügels von Athen, dem heiligen Bezirk von Dionysos. In den Anfängen haben Einzelne ein Lied zu Ehren Dionysos, den Dithýrambos, angestimmt, der dann von dem Chor fortgeführt wurde

(Latacz 1993). Gegenstand war ursprünglich die Geschichte dieses Gottes, später der Mythos, die Sagen von Helden und Göttern, die im Hinblick auf ihre Wahrheit und Gültigkeit ausgedeutet wurden. Die Tragödie war auf das Volk als Publikum bezogen; seine Funktion bestand darin, durch dargestellte Konflikte Prozesse der Selbstverständigung über Werte und Normen der Polisgemeinschaft in Gang zu setzen.

Der Chor, bestehend aus alten Männern, vertrat die Polisgemeinschaft und ihre Ansichten und Gefühle. Die Funktion des Chors änderte sich im Laufe der Geschichte. Bei dem ältesten Tragiker, Aischylos, war er Träger der Handlung. Erst Euripides trennte den Chor von der Handlung und wies ihm die Funktion zu, die Lücken zwischen den Akten zu füllen. Mit dem Zurückdrängen des Chors nahm die Zahl der Schauspieler zu und rückte das gesprochene Wort in den Vordergrund.

Ein wesentliches Bestimmungsmerkmal der Tragödie in der *Poetik* von Aristoteles besteht im Ausgang der Tragödie. Während für die Neuzeit das unglückliche Ende zum Wesensmerkmal der Tragödie gehört, trifft das auf die *Poetik* nicht zu. Sie ermöglicht sowohl das glückliche Ende als auch die Katastrophe für den Helden (Fuhrmann [2]1992, 39). Allerdings wird im 13. Kapitel der unglückliche Ausgang mit dem mittleren Mann als Charakter in Verbindung gebracht, weil das den Zwecken der Tragödie am meisten diene. Das spezifisch Tragische liegt in der Verbindung von 'mittlerem Mann' und seinem Scheitern, dessen Ursache in einer mangelnden Einsicht, einer Irrung (der Hamartia, von griech. 'hamartanein' = ein Ziel verfehlen), liegt. Das Versagen des tragischen Helden in einer ungewöhnlichen Situation führt zur Peripetie, die wiederum beim Zuschauer einen tragischen Affekt auslösen soll. Ein Beispiel für den mittleren Mann ist Ödipus, der großes Ansehen genießt, keinen unzulänglichen Charakter hat, dessen Unglück insofern nicht moralisch begründet ist, sondern auf einem Fehlgriff beruht. Am Ende des Dramas steht er als der Frevler da, der unwissentlich seinen Vater erschlagen und seine eigene Mutter geehelicht hat. Für den mittleren Mann postuliert Aristoteles den hohen sozialen Stand, um damit die Wirkung des Absturzes zu verstärken. In der Neuzeit werden daraus das Gesetz der Fallhöhe und die **Ständeklausel**, die vorschreibt, dass der Held fürstlichen Standes sein solle, abgeleitet.

Das Wirkungsziel der Tragödie besteht in der **Katharsis**, dem Erlebnis des Gereinigt-Werdens von den Affekten Jammer/Rührung (Eleos) und Schaudern/„das" Schrecken (Phobos). Bei Jammer handelt es sich um einen starken Affekt, der aus dem Leiden eines anderen resultiert mit der Befürchtung, dem so Betroffenen könne Ähnliches geschehen. Der Zuschauer befürchtet, dass das Übel ihn oder eine ihm nahestehende Person treffen könne. Dagegen ist der Affekt des Schauderns zunächst auf den Helden bezogen und über ihn auf den Zuschauer selbst (Fuhrmann [2]1992, 94). Doch wodurch werden diese auch körperlich sichtbaren Affekte ausgelöst? Die Voraussetzung für Jammer ist, dass der, den das Unglück ereilt, es nicht verdient. Es darf sich also nicht um einen Schurken handeln, da das Unglück für ihn gerechtfertigt wäre, aber auch nicht um einen Makellosen, da er sich dadurch auszeichnet, dass er eine Situation richtig einschätzt. Sein Unglück würde die Handlungslogik der Tragödie unterlaufen, die in der Verbindung von tragischem Ausgang und dem Handeln des Helden, das sein eigenes Unglück hervorruft, besteht. Grundlage von Furcht ist die Ähnlichkeit zwischen dem tragischen Helden und dem Zuschauer. Sie wird hervorgerufen durch die Vorstellung von einer Bedrohung oder schwerem Leid. Durch Eleos als das entrüstete Mitleiden und Phobos als das In-Entsetzen-Versetzt-Werden soll der Zuschauer auf eine höhere Stufe der Reflexion von Konflikten gebracht werden, die ihm eine Handlungsorientierung ermöglicht und Entscheidungshilfen bietet. Mehrere Mittel, die regelhaft aufeinander bezogen sind, dienen diesem Wirkungsziel: Sprechen, Singen, Tanzen und Gestikulieren.

Nach Aristoteles ahmt die Tragödie edle Menschen nach, die Komödie gemeinere. Diese Unterscheidung zielt nicht auf den sozialen Stand, sondern auf den sittlichen Begriff des Gewöhnlichen und Beschränkten, das dem Edlen, Vornehmen und Großen gegenübergestellt wird. Das Problem der Tragödie besteht im Widerspruch zwischen dem edlen Charakter und der Katastrophe.

Da der Mythos mit seinen Heroen, Göttern und Halbgöttern Gegenstand der Tragödie ist, fordert sie die Darstellung heroischer Schicksale und handelt entsprechend von Totschlägen, Kinder- und Vatermördern, Blutschanden, Kriegen, Verbannungen und Aufruhr. Aus dem Gegenstand und seinem Personal leitet sich auch die Forderung nach dem hohen Sprachstil (Versform) ab. Durch Historizität beansprucht die Tragödie Glaubwürdigkeit. Die hohe und nachhaltige Wirkung der antiken Tragödie in der europäischen Kultur zeigt sich auch in der Nach- und Neugestaltung ihrer mythischen Stoffe in der Moderne. Figuren, Konflikte, dramatische Szenerien von Schuldverstrickung und Untergang des Helden sind Archetypen, die immer wieder zu neuen Interpretationen Anlass geben. Der Mythos vom Muttermord des Orest, der mit seiner Schwester Elektra die eigene Mutter, Klytaimnestra, als Rache dafür tötet, dass diese den Vater Agamemnon ermordet hat, wurde in der Antike in der Tragödie *Elektra* von Euripides (413 v. Chr.) und von Sophokles (415 v. Chr.) gestaltet. Im 20. Jahrhundert gibt es viele neue Bearbeitungen dieses Sagenstoffes, u. a. von Eugene O'Neill in *Trauer muß Elektra tragen* (1931), Jean Giraudoux *Elektra* (1937) und Jean Paul Sartre in *Die Fliegen* (1943).

3.7.2 Die Komödie

Die Komödie (griech. komodós) gab es bereits in der Antike; auch sie hat sich aus kultischen Handlungen entwickelt. Der „kómos" war ein heiterer, ausgelassener, teils spottender Umzug beim Dionysosfest. Berühmte Komödiendichter sind Aristophanes, der in *Die Frösche* (405 v. Chr.) die Dichter verspottete, und als Vertreter der neuen Komödie Menander. Seit der Renaissance beschränkte die Komödie sich vorwiegend auf die Lebenswelt der Stadt, während der Bereich des Bäuerlich-Dörflichen der Posse und dem Schwank vorbehalten war. Bei den italienischen und englischen Wandertheatergruppen, die in Deutschland umherzogen und auf Jahrmärkten ihr Spiel zeigten, wurden die ursprünglichen Laienschauspieler im 16. Jahrhundert zunehmend von professionellen Schauspielern verdrängt und die Stücke auch in deutscher Sprache aufgeführt. Gegenüber diesen Wandertheatergruppen, die sich durch ihre Possenhaftigkeit an das gemeine Volk wandten, setzte sich im 17./18. Jahrhundert die Forderung nach Literarisierung von Volksstücken durch. Dazu gehörte das Postulat, dass auch die Komödie den Regeln der Poetik folgen solle. Der Harlekin und Hanswurstiaden wurden aus dem Theater verbannt. Gottsched hat in seiner *Critischen Dichtkunst* (1730) für das Lustspiel (der Begriff wurde in der Zeit synonym für Komödie verwendet) die Aufgabe formuliert, das bürgerliche Selbstverständnis zu fördern und den Zuschauer mit Fehlverhalten zu konfrontieren. Das Lustspiel im 18. Jahrhundert rückte näher an die bürgerliche Alltagswelt heran und konnte damit den bürgerlichen Moralvorstellungen mehr entsprechen. Insgesamt war es ein Anliegen, die „deutsche" bürgerliche Wirklichkeit zu gestalten.

In der Komödie verbindet sich nach Gottsched das Lasterhafte mit dem Lächerlichen. Unvernünftige und törichte Verhaltensweisen sollten mit satirischen Mitteln lächerlich gemacht werden. Lessing hat diesen Ansatz wiederum modifiziert, indem er sich durch das Lachen der Komödie Besserung erhoffte. Er hat auch für die Komödie eine reinigende Wirkung und einen erzieherischen Effekt gefordert. Das Mittel dafür ist im Unterschied zur Tragödie das Lachen und nicht das Weinen. Die reinigenden Affekte wurden umgedeutet: Statt Mitleid und Furcht sollte das Lachen eine befreiende Reaktion auslösen.

Die Ständeklausel, die seit der Renaissance fester Bestandteil der Regelpoetiken war, wurde 1624 von Martin Opitz im *Buch von der Deutschen Poeterey* zu einem Bestimmungsmerkmal für die Komödie. Gegenüber dem hohen Stand der Figuren in der Tragödie arbeitet die Komödie mit Figuren aus dem niedrigen Stand, wie Handwerker, Bauern, Knechte, insgesamt eher mit privaten als mit öffentlichen Figuren. Die Personennamen sind erfunden. Später wurde mit Gottsched und Lessing der bürgerliche Stand aufgenommen. Entsprechend dem Stand der Figuren kennzeichnet die Sprache des täglichen Gebrauchs die Komödie. Die Komödie stellt eher private Handlungen und alltägliche Begebenheiten dar; es geht um Hochzeiten, Gastgebote, Spiele, Betrug, Leichtfertigkeit, Geiz, Liebschaften und Entführungen junger Mädchen. Um durch Kritik an Verhaltensweisen eine erzieherische Wirkung ausüben zu können, sollten sozial niedrig stehendes Personal, alltägliche Themen und der Sprachstil Teile der Komödie sein. Christian Weise und Christian Reuter ließen ihre Lustspiele bereits im bürgerlichen Milieu spielen. Gottsched wiederum hob das soziale Milieu weiterhin an, indem er erstens den Bauer aus der Komödie in das Schäferspiel verwies (Hinck 1968, 10) und in Bezug auf das Bürgertum vor allem das städtische vor Augen hatte. Damit wurde ein bürgerliches Lustspiel begründet, das nicht zuletzt Ausdruck bürgerlichen Selbstbewusstseins war. Die Funktion der Komödie lag in einer moralischen Selbstspiegelung und Korrektur des Bürgertums, indem Handlungen, die mit dem Tugendideal nicht verträglich waren, satirisch dargestellt wurden. Gottsched nahm in der 3. Auflage seiner *Critischen Dichtkunst* von 1742 eine weitere Differenzierung des Personals vor, indem er Barone, Marquis und Grafen, also den niederen Adel, zuließ. Damit konnte der Konflikt zwischen Adel und Bürgertum zum Gegenstand der Komödie werden.

Auf die fehlerhafte Aristoteles-Rezeption wurde bereits im Vorhergehenden hingewiesen und sie bezieht sich ebenfalls auf die postulierte Ständeklausel der Komödie. Aristoteles selbst hat den unterschiedlichen sozialen Stand nicht zu einem Differenzierungskriterium für Tragödie und Komödie gemacht. Nach Aristoteles unterscheiden sich die Gattungen darin, dass die Tragödie den Mythos zu ihrem Gegenstand hat, während die Komödie auf der Fiktion beruht. Entsprechend dieser Gegenstandsbestimmung kommen in der Tragödie Helden, Feldherrn und Götter vor und muss sich der Tragödiendichter an Namen, die durch Geschichte und Mythos tradiert sind, halten, während die Komödie mit erfundenen Namen arbeiten darf. Eine weitere fehlerhafte Quelle geht auf den lateinischen Grammatiker Diomedes im 4. Jahrhundert n. Chr. zurück, der die aristotelischen Ausführungen zum Ausgang und Inhalt der Tragödie als soziales Abgrenzungskriterium zwischen Komödie und Tragödie interpretierte.

Das gute Ende ist ein Merkmal, das seit den Poetiken der Renaissance zum festen Bestand der Komödie gehört. Im Aufbau ist die Komödie so konzipiert, dass sie unglücklich beginnt, aber glücklich und komisch endet. Die Trennung von Stand und Ausgang im 18. Jahrhundert ermöglichte es, das Glück von Königen sowie das Unglück von Bürgern im Drama zu gestalten. In der einen Richtung entwickelte sich um 1750 das weinerliche (rührende) Lustspiel, das seine bürgerlichen und tugendhaften Helden leiden ließ, um Rührung beim Zuschauer zu erreichen, wie in C.F. Gellerts *Die zärtlichen Schwestern* (1747). In einer anderen Richtung wurde das Postulat des Standes aufgegeben, aber der Ausgang weiterhin zu einem Unterscheidungskriterium zwischen Tragödie und Komödie. Aus dieser Entwicklung geht das bürgerliche Trauerspiel hervor.

Im 18. Jahrhundert wurde die strenge Gattungstrennung aufgehoben und es entwickelten sich Mischgattungen, wie die Tragikomödie und das bürgerliche Trauerspiel, die Elemente der jeweils anderen Gattung in sich aufnahmen. Als neue Gattung entstand das Schauspiel mit einem ernsten Konflikt und einem versöhnlichen Ausgang. Dazu rechnen Lessings *Nathan der Weise*, Goethes *Iphigenie auf Tauris* (1779) und Schillers *Wilhelm Tell* (1804).

Höhepunkt der Komödie ist im 18. Jahrhundert Lessings *Minna von Barnhelm* (1767), eine Charakterkomödie, die die Figuren psychologisch ausdifferenziert, mit einem ernsten Konflikt arbeitet, ein intrigantes Spiel und eine Verwechslung von Schein und Wirklichkeit betreibt. Eine Sonderstellung nimmt Heinrich von Kleists *Der zerbrochene Krug* ein, ein analytisches Drama und eine Kriminalkomödie, die sich in einer Gerichtsverhandlung abspielt und sich der eindeutigen Interpretation und Zuordnung zur zeitgenössischen Komödie entzieht. Zu den bedeutsamen Komödien im 19. Jahrhundert, die inzwischen längst kanonisiert sind, gehören überdies Christian Dietrich Grabbes *Scherz, Satire, Ironie und tiefere Bedeutung* (1876), Georg Büchners *Leonce und Lena* (1885) sowie Gerhard Hauptmanns *Der Biberpelz und Der rote Hahn*, eine Diebskomödie, die 1893 am Deutschen Theater in Berlin uraufgeführt wurde.

Eine Erneuerung der Komödie erfolgte Ende des 19. Jahrhundert und im 20. Jahrhundert, das eine Reihe von Komödien hervorgebracht hat, u. a. Hugo von Hofmannsthal *Der Unbestechliche* (1922), Ödon von Horvath *Geschichten aus dem Wienerwald* (1931), Carl Zuckmayer *Der Hauptmann von Köpenick* (1930), Friedrich Dürrenmatt *Der Besuch der alten Dame* (1956) und Max Frisch *Don Juan oder die Liebe zur Geometrie* (1953).

Mit seiner Don Juan-Komödie, bestehend aus fünf Akten, die von Intermezzi unterbrochen werden, greift Frisch einen alten Stoff in seiner Gestaltung von Torso de Molino aus dem 16. Jahrhundert auf und folgt zunächst dem bekannten Handlungsschema von Begehren, Verführen einer gebundenen und daher eigentlich nicht erreichbaren Frau, das damit frevelhaft wird, Entdeckung und Flucht. Die dramatische Handlung wird selbst zum Gegenstand der Reflexion, indem zwar alte Bausteine verwandt, aber in eine neue Dramaturgie gesetzt werden. Hinzu kommen Maskenspiele und anonyme Verwechslungen im nächtlichen Dunkel. Frisch gibt diesem Stoff einen neuen Sinn, indem er die literarisch vorgeprägten Rollen und Situationen uminterpretiert und aus dem Don Juan eine Gegenfigur macht, einen Intellektuellen, der sich nichts aus Frauen macht. Komische Effekte resultieren daraus, dass mit den durch die literarische Tradition vorgeprägten Rollenerwartungen sowohl innerhalb des Stückes als auch in Bezug auf das Publikum gespielt wird: Don Juan ist nicht der, der er seinem Ruf nach ist. Eine Diskrepanz von Rolle und Selbstentwurf/Identität tut sich auf und viele Missverständnisse und Verwechslungen bilden eine Quelle der Komik. Es handelt sich um eine Travestie, die im Rückbezug auf die literarische Vorlage, das Spiel als Spiel bzw. das Theater als Theater durchsichtig macht. Don Juan ist ein in der europäischen Literatur vielfach bearbeiteter Stoff, unter anderem in Molières *Don Juan* (1665) und Mozarts Oper *Don Giovanni* (1787); seine vielfältige dramatische Bearbeitung stellt ein Beispiel für das Phänomen der Intertextualität dar.

Theorie des Komischen

Komik ist ein wesentliches Element der Komödie (lat. comoedia). Leichtigkeit, Lust, Spaß und Ausgelassenheit sind ihre begleitenden Effekte. Aber worauf beruht Komik? Komik und das Komische sind Phänomene, die nicht auf die Gattung beschränkt sind, sondern Teil unserer Lebenswelt. Aber innerhalb der Gattung der Komödie ist das Komische intendiert und wird mit eigenen Mitteln erzeugt. Das Komische ändert sich von Epoche zu Epoche, aber auch von Kultur zu Kultur. Was als komisch erlebt wird, ist kontextabhängig und nicht zuletzt eine Frage der sozialen Schichtzugehörigkeit und Normorientierung des Publikums. In Komiktheorien wird Komik unterschiedlich konzeptualisiert. Es kristallisieren sich dabei bis zum 18. Jahrhundert zwei Richtungen heraus (Hinck 1977, 13): In der einen Richtung beruht Komik auf dem Gefühl der Überlegenheit des Zuschauers; in der anderen Richtung, die von Lessing vertreten wird, resultiert Komik aus einem Kontrast von Mangel und Realität, einer Inkongruenz zwischen Erwartung und Erfüllung. Die Enttäuschung hat dabei einen explosiven und befreienden Charakter, was sich wiederum im Lachen ausdrückt. Moderne Komiktheorien (Plessner 1941; Jauß 1976) betonen den Normbruch und die Verletzung von Erwartungen, die einen komischen Effekt auslösen und Distanz schaffen. Z.B. können moralische Konventionen unterlaufen werden. Der komische Held wirkt nur vor dem Hintergrund von Erwartungen, die er negiert, komisch. H.-R. Jauss spricht von der „Komik des Gegenbildes“ (1976, 105). Indem der Betrachter über den Helden lachen kann, wird auch das Muster der Identifikation mit einem Helden gebrochen und kehrt sich das Verhältnis von Zuschauer und Held um: Der Zuschauer wird im Lachen zum Überlegenen.

Kommunikationstheoretische Beschreibungsansätze heben die besondere Kommunikation zwischen Bühne und Publikum hervor und beziehen den Betrachter als den lachenden Dritten mit ein (Warning 1976). In dieser Perspektive ist der komische Konflikt nicht für sich komisch, sondern nur in seinem Bezug auf eine verletzte Erwartungsnorm, die wiederum durch den Betrachter vergegenwärtigt werden muss. Typisch für das Komische sind überdies seine zeitliche Momenthaftigkeit, die zu einer Entladung führt, und die Wiederholung von Handlungen, die das Komische und Lachhafte steigert.

Komödienspezifisch sind bestimmte Figuren, insbesondere die komische Figur, die es bereits in der Antike gab und mit ihrer Derbheit, Tölpelhaftigkeit und ihrem intriganten Verhalten dem Vergnügen des Zuschauers diente. Im elisabethanischen Theater wird sie durch den Clown repräsentiert und im Wandertheater als Clown, Hanswurst oder Kasperle ausgebildet. Im 18. Jahrhundert wurde sie zunehmend typisiert. Sie ist in ihrem äußeren Erscheinungsbild und ihrem Verhalten deutlich markiert. Den Helden sind oft Dienerfiguren funktional zugeordnet, die eine intrigante und listige Rolle spielen. Auch wird der gemischte Charakter für die Komödie gefordert und somit Figuren, die zwar sympathisch, aber moralisch bedenklich sein können und umgekehrt.

Zu den komödienspezifischen Mitteln, die einen komischen Effekt auslösen, gehören Verwechslungen, Verstellungen, die Körperkomik mit Mimik, Kleidung, Narrenkostüm und überzogenen körperlichen Bewegungen und Verhaltensweisen (Schulz 2007). Typisch ist auch das Aus-der-Rolle-Treten des Schauspielers, die **Parabase**, und eine Kommunikation sowohl mit Figuren als auch mit dem Publikum an der Rampe, die die Grenze zwischen Bühne und Zuschauerraum überspielt. Dem Zuschauer wird dadurch ein größeres Wissen gegenüber anderen Figuren eingeräumt. Die Kommunikation in der Komödie ist in Sprache und Gestik direkter und spontaner, aber auch die Sprachverwendung wirkt lächerlich. Die Funktion des Komischen besteht darin, dass es zum einen eine Entlastung von normativen Zwängen schafft und das Lachen über die Schwäche und den Fall von Helden eine befreiende Wirkung hat, zum anderen wird durch das Moment des Kreatürlichen und Leiblich-Körperlichen in der Komödie das Sinnliche bejaht.

3.7.3 Das bürgerliche Trauerspiel

Die zuvor erwähnten Bestimmungsmerkmale für die Tragödie – Gegenstand, Figuren, Redestil, Ausgang und Zweckbestimmung – erfahren im 17./18. Jahrhundert eine Veränderung und Umdeutung, für deren Verständnis sozialgeschichtliche, historische und gesellschaftliche Prozesse miteinbezogen werden müssen, ohne die Entwicklung einer neuen Gattung aus diesen deduzieren zu wollen. Aber sie muss im Kontext des Entstehens des Bürgertums, das nach politischer Macht strebte, und der Entwicklung einer bürgerlichen Kultur mit eigenen Moralvorstellungen und einem eigenen Ethos gesehen werden. Auch geistesgeschichtliche Wandlungsprozesse sind zu berücksichtigten, da sie zu einer Neubestimmung von tragischen Konflikten und ihrer Verursachung führen. Dazu gehören die Abwendung vom Mythos als Gegenstand des Dramas, die Hinwendung zur bürgerlichen Privatsphäre und die Ersetzung eines schicksalhaften Eingreifens in menschliche Geschicke durch Konflikte, die durch Menschen verursacht werden und sein Unglück als schuldhaft ausweisen (z. B. durch Intrigen).

Gottscheds Dramentheorie stand noch in der Tradition des französischen Klassizismus und seinen Normen, zielte aber auf eine eigene Dramenproduktion und auf die Einrichtung eines nationalen Theaters. **Lessing**, der sich von Gottsched abgrenzte, entwickelte in seiner *Hamburgischen Dramaturgie* (1767–1769) ein eigenes Dramenkonzept, in dem er sich vom französischen Klassizismus distanzierte und in seiner Neuinterpretation von Aristoteles die theoretischen Grundlagen für das bürgerliche Drama schuf. 1767 gründete er in Hamburg das Nationaltheater, das die erste stehende deutsche Bühne war. Er sah im Theater ein Medium der Selbstverständigung des Bürgertums. Für die Entwicklung des bürgerlichen Trauerspiels ist die Negation der Ständeklausel und damit der Privilegierung des Fürstengeschlechts als Helden von Dramen ein wichtiges Moment.

Das Theater wie auch die neu entstehende Gattung werden zu einem Forum des Mittelstandes, der sich aus Handwerkern und Kaufleuten, aber auch dem niederen Adel zusammensetzte; aus ihm werden die Figuren genommen.

Die in literaturgeschichtlicher Hinsicht so folgenreiche Ständeklausel lehnt Lessing ab und reformuliert sie in der *Hamburgischen Dramaturgie* im Zusammenhang mit seinen Überlegungen zur Katharsis. Seine Neukonzeption der **Wirkungs-/Mitleidstheorie** ist grundlegend für die Herausbildung des bürgerlichen Trauerspiels. Die aristotelischen Begriffe „Eleos“ und „Phobos“ interpretiert Lessing um und übersetzt sie als Mitleid und Furcht, dem eine reinigende Wirkung zukomme. Lessing definiert die Furcht folgendermaßen:

> /.../ es ist die Furcht, welche aus unserer Ähnlichkeit mit der leidenden Person für uns selbst entspringt; es ist die Furcht, daß die Unglücksfälle, die wir über diese verhängt sehen, uns selbst treffen können; es ist die Furcht, daß wir der bemitleidete Gegenstand selbst werden können. Mit einem Worte: diese Furcht ist das auf uns selbst bezogene Mitleid.
> (*Hamburgische Dramaturgie*, 75. Stück, 1959, 2. Bd., 649).

Der Held muss eine Ähnlichkeit mit dem Zuschauer haben, damit dieser Furcht empfinden kann, ein ähnliches Schicksal zu erleiden, und sich damit die intendierte kathartische Wirkung erfüllen kann. Da die Mitleidsfähigkeit des Zuschauers auf das tägliche Leben gerichtet ist, können nicht Fürsten und Heroen zur Rührung beitragen, sondern der bürgerliche Held, dessen Wirkungskreis die Familie ist und der Opfer absolutistischer Willkür wird. Voraussetzung für das einfühlende Mitleiden mit den Figuren als intendierter Wirkung der Tragödie ist die Aufhebung der sozialen Distanz zwischen Figuren und Publikum. Mit der Übersetzung von „éleos“ als „Mitleid“, das als übersetztes Lehnwort von Sympatheia auf Paulus zurückgeht und von der Aufklärung übernommen und philanthropisch erweitert wurde, erfährt diese Kategorie eine christliche und humanitär geprägte Umdeutung, die Aristoteles nicht mehr entspricht. Der Zweck der Tragödie liegt in der Katharsis, unter der die Umwandlung von Leidenschaften in tugendhafte Fertigkeiten verstanden wird. Der zum Mitleiden fähige Mensch gilt zugleich als der bessere Mensch.

Der mittlere Charakter, der weder besonders tugendhaft, noch besonders schlecht ist, spielt im 18. Jahrhundert als Mittelcharakter für die Entwicklung der bürgerlichen Tragödie ebenfalls eine wichtige Rolle und ermöglicht eine differenziertere Figurengestaltung. Er erleidet das Unglück aufgrund von Fehlern und Schwächen.

Mit *Miss Sara Sampson* (1755) schuf Lessing das erste bürgerliche Trauerspiel in Deutschland, dessen Geschichte jedoch in England begann. Mit George Lillos *Der Kaufmann von London* (1731) war eine neue Gattung entstanden, deren Kennzeichen die Bevorzugung für den bürgerlichen Stand und die Prosa als Ausdrucksmittel war und die bewusst mit den tradierten Vorstellungen der Tragödie brach (Szondi 1973). Lillo hatte einen großen Einfluss auf die Entwicklung des bürgerlichen Trauerspiels in Deutschland, die sich in zwei Phasen gliedert. In der ersten Phase bildete sich das empfindsame bürgerliche Trauerspiel heraus, für das exemplarisch *Miss Sara Sampson* steht. Bezeichnend für diesen Typ sind die Hinwendung zur Gegenwart und die Eingrenzung auf die Familie, das Häusliche und das Private und die Orientierung an Werten, die das Bürgertum für sich in Anspruch nimmt, wie Liebe innerhalb der Familie und tugendhafte Moral. In der Verbindung von Tugendhaftigkeit und dem Leiden des Helden, das aus bestimmten Fehlern und Schwächen resultiert, soll der Zuschauer „gerührt" und zum Mitleid angeregt werden. In der Rührung des Zuschauers und der Fähigkeit zum Mitleid liegt der Zweck des Trauerspiels. Das Attribut „bürgerlich" darf hier noch nicht als soziologische Kategorie verstanden werden, die den sozialen und beruflichen Stand der Figuren markiert, sondern bedeutet das Private und Gefühlvolle, das jedoch durchaus der Moralvorstellung des aufstrebenden Mittelstandes Mitte des 18. Jahrhunderts entsprach (Guthke 1972/^{6}2006).

Die zweite Phase in der Entwicklung des bürgerlichen Trauerspiels beginnt mit Lessings *Emilia Galotti* (1772), für das nicht mehr die Rührung und die Gegenüberstellung von Öffentlichkeit, repräsentiert durch den Hof, und Privatem, der Familie, konstitutiv ist, sondern der Konflikt zwischen Ständen. Nicht die Zugehörigkeit zu einem Stand ist das Entscheidende, sondern es ist die Haltung, das Ethos, die die Figuren jeweils zu Repräsentanten ihres Standes macht und deren Handeln begründet sowie den tragischen Konflikt schürt. Werte, die das Bürgertum für sich beansprucht, wie innerfamiliäre Liebe und Tugendhaftigkeit, werden als allgemein-menschliche Werte dem Adel entgegengesetzt.

So gehört Appiani zwar zum Adel, steht jedoch aufgrund seiner ethischen Haltung und Wertorientierung dem Bürgertum näher und distanziert sich bewusst vom Hof. Odoardo repräsentiert in seinem Moralkodex und seinen Erziehungsidealen das Bürgertum. Die vielfältigen Spannungen zwischen politischer Herrschaftsausübung und Machtmissbrauch auf Seiten des Adels und innerfamiliärer Restriktion auf Seiten des Bürgertums, das das Individuum und seinen Anspruch auf Entfaltung begrenzt und letztlich zur Zerstörung der Familie führt, sind strukturbestimmend für dieses Stück. In seiner Wirkung zielt das Trauerspiel auf das Mitleiden mit Emilia, die, nicht frei von sinnlicher Anfechtbarkeit, einen mittleren Charakter darstellt und deren Schicksal der Zuschauer für sich fürchtet.

Das bürgerliche Trauerspiel hat eine politische Dimension, indem es sich kritisch von der Aristokratie distanziert, aber auch vom Bürgertum seiner Bindung an Konventionen, seiner repressiven Familienstruktur und seiner politischen Passivität gegenüber der ständischen Ordnung. Der Sturm und Drang geht in seiner Gesellschaftskritik über Lessing hinaus und thematisiert den ständischen Konflikt zwischen Adel und Bürgertum. Repräsentanten dieser neuen Ausprägung des bürgerlichen Trauerspiels sind zum einen Schillers *Kabale und Liebe*, zum anderen Lenz mit *Der Hofmeister* (1778). Die Spannung zwischen dem Adel und dem bürgerlichen Mittelstand, zu dem der Kaufmann, der Handwerker, der Beamte, der Offizier gehören, verursacht den tragischen Konflikt. Themen sind z. B. die Liebe über Standesgrenzen hinweg.

3.7.4 Das epische Theater

Das Illusionstheater mit seiner angestrebten Identifikation und Einfühlung mit dem Helden verlor im 20. Jahrhundert angesichts veränderter Gesellschaftsprozesse zunehmend an Bedeutung. Stattdessen erfolgte mit Erwin Piscator eine Politisierung des Theaters, das auf Gesellschaftskritik und Veränderung setzte, und unterlief Bertolt Brecht mit seiner Theorie des epischen Dramas und Theaters Formen der einfühlenden Identifikation, indem er erzählerische Elemente einsetzte, um den Zuschauer zu distanzieren und das Drama zu entdramatisieren. Erzähler, Sänger, Chor und Lieder unterbrechen die Handlung und kommentieren sie durch projizierte Zwischentexte, Chöre, Songs und Ausrufe. Spruchbänder geben zusätzliche Informationen. In *Kleines Organon für das Theater* (1948) betont Brecht die Wichtigkeit der Fabel, die jedoch neu strukturiert werden muss, um den Zuschauer zu erreichen. Bei der epischen Dramenstruktur ist die Handlung nicht auf den Ausgang, sondern auf den Verlauf gerichtet, steht eine Szene für sich statt in Verbindung mit anderen und verlaufen die Geschehnisse nicht unbedingt linear. Durch Reihung von Einzelsequenzen soll die Aufmerksamkeit des Zuschauers auf das Verhalten des Menschen in bestimmten gesellschaftlichen Situationen gerichtet werden. Die Schauspieler sollen durch zitierendes Sprechen, Zeige-Gestus und Neben-Sich-Treten Einfühlung mit einer Figur verhindern.

Das epische Theater gestaltet die Beziehung von Drama und Theater um und zielt auf die Aktivierung des Zuschauers und Veränderung seines Bewusstseins und Verhaltens. Es verfährt antiillusionistisch, indem absichtsvoll theatralische **Verfremdungseffekte** eingesetzt werden, um die Illusion und den Schein von Wirklichkeit des Dargestellten zu brechen und beim Publikum einen Erkenntnisprozess auszulösen. Zu den Verfremdungsmitteln gehören der Einsatz von Prolog, Vorspiel und Titelprojektionen. Das Bühnenbild täuscht nicht mehr wirkliche Örtlichkeiten vor, sondern arbeitet z. B. mit einer Leinwand, auf der Texte und Bilddokumente zu sehen sind. Die Schauspieler verwandeln sich nicht vollständig in eine Figur. Manchmal bildet die Kulisse eine Figur ab. Auch die Figuren können sich verfremden, indem sie z. B. in der 3. Person von sich sprechen. Der Erzähler steht teils über dem Handlungsgeschehen, organisiert es, um seine Lehre zu demonstrieren, und wendet sich in seiner Reflexion direkt an das Publikum; zugleich kann er auch als Spielfigur auftreten. In seinen Anmerkungen zur Oper *Aufstieg und Fall der Stadt Mahagonny* (1931) fasst Brecht die Verschiebungen von der dramatischen zur epischen Form des Theaters zusammen. Während bei der dramatischen Form die Bühne einen Vorgang verkörpert und dem Zuschauer Gefühle, Erlebnisse und das Hineinversetzen in eine Handlung ermöglichen, erzählt die Bühne bei der epischen Form, erzwingt Entscheidungen beim Zuschauer, vermittelt ihm Kenntnisse, bringt ihn in eine Distanz zur Handlung und setzt auf das Argument statt auf Suggestion, auf Ratio statt auf Gefühl. Der Vorgang auf der Bühne „ist jetzt Erzählgegenstand der Bühne" (Szondi 1964, 117) und wird dem Zuschauer als Gegenstand gegenübergestellt.

3.7.5 Formen und Entwicklung des modernen Dramas

Das moderne Drama erteilt tendenziell dem Muster des traditionellen Dramas mit seiner Konfliktstruktur, dem Dialog, den Gegensätzen widerstreitender Parteien, der Lösung und dem tragischen Moment eine Absage. Es entwirft eigene Bilder von Wirklichkeit und entwickelt entsprechende Stilmittel dafür. Außer Brecht und seinem epischen Theater sind seit den 1950er Jahren verschiedene Richtungen, die mit dieser Tradition brechen, entstanden, wie das absurde Drama, das Dokumentarische Theater, das Volksstück und Ausprägungen, die unter dem Etikett des Postdramatischen subsumiert werden.

Zu den bedeutendsten Vertretern des **absurden Dramas** gehören Samuel Bekkett, auf dessen Stücke an mehreren Stellen dieser Ausführungen bereits hingewiesen wurde, Eugène Ionesco (*Die kahle Sängerin* 1950), Jean Genet (*Die Zofe* 1947) und Harald Pinter (*Der Raum* 1959). Sie unterlaufen mit ihren Stücken tradierte Formen, die auf Kohärenz, Gesamtzusammenhang, Handlung, klar umrissene Konflikte, psychologische Motivierung und dialogischen Austausch der Figuren setzen. Stattdessen wird im absurden Drama mit Wiederholungen, Inkohärenzen, Nonsens-Dialogen, Wortspielen, Abstraktheit und Unbewegtheit gearbeitet. Oft sind die Figuren eingesperrt und erschrecken vor dem, was außerhalb des Raumes liegt. Ihre Körper vergrößern sich oder werden verstümmelt. Die Handlung ist häufig kreisförmig und die Dialoge bestehen aus Geschwätz, Gemeinplätzen und Stereotypen. Sie drücken damit Kommunikationslosigkeit, Sinnverlust und Angst in einer existenziellen Situation aus. Bezeichnend für das absurde Drama ist die Abwertung der Sprache. Wichtiger als die Worte ist das, was auf der Bühne geschieht, wie beispielsweise das Anwachsen leerer Stühle in dem Stück *Die Stühle* (1952) von E. Ionesco. In S. Becketts *Warten auf Godot* wird keine Geschichte erzählt, sondern eine statische Situation, in der zwei alte Landstreicher an einem Baum auf einer Landstraße warten, in Szene gesetzt. Thematisiert wird damit das Warten und der Zeitfluss, der im Warten durchlaufen wird, ohne ein Ziel zu haben.

Während das **zeitgenössische Drama** bis in die späten 1960er Jahre im Wesentlichen durch Max Frisch und Friedrich Dürrenmatt repräsentiert war und sich unter dem Einfluss von Erwin Piscator und Bertolt Brecht die Politisierung der

Dramatik und des Theaters vollzog, setzte sich ab den 1970er Jahren eine Richtung durch, die als Neuer Realismus bezeichnet wird. Dazu gehören Martin Sperr, Rainer Werner Fassbinder und Franz Xaver Kroetz. Kroetz vertritt vor allem das Volksstück und den Bauernschwank mit *Hartnäckig und Heimarbeit* (1971), *Männersache* (1972) oder *Stallerhof* (1972) und war zeitweilig einer der meist gespielten Autoren auf deutschen Bühnen.

In den 1960er Jahren entwickelte sich die Form des **Dokumentarischen Theaters**, das historische, politische und soziale Ereignisse behandelte. Es bedient sich dabei dokumentarischen Materials, Interviews, Berichte und historischer Reportagen. Seiner Intention nach zielt es auf politische Aufklärung und teilweise auch Agitation. Vertreter des Dokumentarischen Theaters sind Rolf Hochhuth, der in seinem Dokumentarschauspiel *Der Stellvertreter* (1963) die Rolle des Papstes Pius XII während der NS-Diktatur behandelt, Peter Weiss mit seinem Stück *Die Ermittlung* (1965), in dem es um den Auschwitz Prozess geht, und Heinar Kipphardt *Bruder Eichmann* (1982), der einen NS-Verbrecher zum Gegenstand seines Stückes macht.

Peter Handke thematisiert als Vertreter des **Anti-Theaters** in seinen Stücken die Ablehnung von Theaterkonventionen. Er reduziert den theatralischen Vorgang auf Wörter und greift in seiner *Publikumsbeschimpfung* (uraufgeführt im Frankfurter Theater am Turm 1966) das herkömmliche Theater und das Publikum an, um damit die kommunikative Vereinbarung, dass Bühnenaufführung und Zuschauer aufeinander angewiesen sind und ihren Part der Kommunikation im Theater spielen, in Frage zu stellen. Er macht aus einem dramatischen Mittel, dem Sprechen *ad spectatores*, ein ganzes Stück:

> Hier wird nicht dem Theater gegeben, was des Theaters ist. Hier kommen Sie nicht auf Ihre Rechnung. Ihre Schaulust bleibt ungestillt. Es wird kein Funken von uns zu Ihnen überspringen. Es wird nicht knistern vor Spannung. Diese Bretter bedeuten keine Welt. Sie gehören zur Welt. Diese Bretter dienen dazu, daß wir darauf stehen.
> (P. Handke 1966, 18)

Es handelt sich um ein Sprechstück, das sich von handlungsarmen Stücken dadurch unterscheidet, dass es nur aus Text besteht. Handke lehnt auch das brechtsche Modell ab, weil es die Bühne zur Welt und zum Bedeutungsraum macht. Stattdessen zählt allein das Hier und Jetzt der dramatischen Aktion.

Der DDR-Dramatiker Heiner Müller vollzog ebenfalls eine Abkehr von Brecht und seinen Lehrstücken und näherte sich mit seinem **experimentellen Theater** verstärkt sinnlichen Effekten und körperlicher Erfahrung an. Zu den formalen Erneuerungen gehören die Auflösung der dramatischen Erzählung, der Handlung und der Botschaft zugunsten der Dominanz von Bildern, Klängen, Wortketten. In der *Hamletmaschine* (1977) setzt er sich mit einem großen dramatischen Text der Vergangenheit auseinander.

Weitere bedeutende Vertreter des zeitgenössischen Dramas sind Botho Strauß und Thomas Bernhard, die der sogenannten „Neuen Subjektivität" zugeordnet werden, einer literarischen Strömung, die sich in den 1970er Jahren verstärkt Subjektivität und inneren Vorgängen von Figuren zuwandte. Bei T. Bernhard dominiert das Selbstgespräch von Figuren, in dem sich Einsamkeit und Selbstquälerei spiegeln, so in *Ein Fest für Boris* (1970). *Minetti* (1976) oder *Der Weltverbesserer* (1980) tendieren zum Monodrama. Ein Grundthema bei B. Strauß ist immer wieder die fraglich gewordene Identität und das Scheitern von Liebesbeziehungen, wie in der *Trilogie des Wiedersehens* von 1977. Die Figuren sind unfähig, sich dialogisch zueinander in Beziehung zu setzen, mit sich beschäftigt, monologisieren sie oder erzeugen Quasi-Dialoge.

Viele neuere Stücke brechen mit Konventionen des Dramatischen, indem sie auf eine kontinuierliche Handlung verzichten, die Einheitlichkeit der Figuren auflösen und mit Zeitsprüngen arbeiten wie bei T. Bernhard, B. Strauß, H. Müller und E. Jelinek. Im Theater haben sich zunehmend gegenüber der Textvorlage theatralische Elemente wie Bilder, Medien, Klang- und Rauminstallationen durchgesetzt, die gleichberechtigt neben dem dramatischen Text stehen. H.T. Lehmann (1999) spricht von einem **postdramatischen Theater**.

3.8 Dramen- und Theaterdidaktik

3.8.1 Zur Geschichte der Dramendidaktik

Die Begründung des Dramenunterrichts, die Festlegung von Zielen und die Auswahl von dramatischen Texten unterliegen einem historischer Wandel, der einerseits von pädagogischen, bildungstheoretischen und ideologisch-politischen Vorstellungen und Konzepten geprägt ist, andererseits wesentlich durch den zugrunde gelegten Dramenbegriff. Es zeichnet sich eine deutliche Polarität von Ansätzen aus, die vom Drama als Lesetext und Gattung ausgehen, und jenen, die den Schwerpunkt auf das Theater und die Inszenierung des Dramas auf der Bühne legen. Erst seit den 1970er Jahren entwickelt sich eine Dramendidaktik, die vor dem Hintergrund ihres Verständnisses vom Drama als einer Partitur – so der oft verwendete Terminus –, die sich erst auf der Bühne realisiert, um eine Integration von Dramentext, Theaterinszenierung und dem Theatralischen bemüht ist.

Die Kunsterziehungsbewegung zu Beginn des 20. Jahrhunderts verstand in dezidierter Abwendung vom Drama als Lesetext das Drama vom Theater her; für sie war das Theater und nicht die Schule der Lernort (Rau 1923). Als Drama, das in diese Gattung einführen sollte, etablierte sich während dieser Zeit *Wilhelm Tell*, das bis in die 1960er Jahre als Einstiegsdrama im Unterricht fungierte und an dem sich immer wieder die Frage entzündete, mit welchem Drama die Schüler als erstes vertraut gemacht werden sollten.

Die Deutschkundebewegung, die Mitte der 1920er Jahre einsetzte, sprach sich ausdrücklich für die Ganzschrift aus und lehnte das Lesen von Textausschnitten ab. Sie entwickelte einen umfangreichen Kanon von Dramen für das Gymnasium, in den sowohl mittelalterliche Volksspiele, griechische Tragödien, bürgerliche Dramen von Lessing bis Hauptmann aufgenommen wurden als auch Dramen der Gegenwart von H. Ibsen, A. Schnitzler, F. Werfel oder H. v. Hofmannsthal. Nicht zuletzt sollte damit dem Primat der Klassiker entgegengewirkt werden. Selektionskriterien waren innerliterarische, ästhetische, literaturgeschichtliche und rezeptionsorientierte.

Drama und Theater gewannen in der NS-Zeit an erheblicher Bedeutung und wurden ideologisch funktionalisiert. Insbesondere dominierten Klassiker, wie *Maria Stuart, Faust, Wallenstein, Götz von Berlichingen* und *Der Prinz von Homburg*, während zeitgenössische Dramen ausgeklammert blieben. Leitende Aspekte der Erziehung, wie Rassenlehre, Deutschheit und das Führerprinzip, bestimmten auch die Auswahl von Dramentexten. So galt *Götz von Berlichingen* als „nordisch im Geiste", Kleist repräsentierte mit seinen Figuren die „tatenhafte Haltung" und wurde deshalb mit der *Hermannschlacht* und *Prinz von Homburg* für die gymnasiale Oberstufe vorgeschlagen (Frank 1973, 862 ff.). Im Themenkomplex „Ewiges Deutschland" wurde *Faust* als Lektüre empfohlen. Bevorzugte Bühnenfiguren waren der Bauer und der Soldat, beliebte Themen das Völkische und Heldische. Statt *Nathan der Weise* sollte Shakespeares *Der Kaufmann von Venedig* gelesen werden, weil dessen Hauptfigur Shylock als geldgierig und rachsüchtig galt. *Wilhelm Tell*, bis dahin ein Musterdrama, wurde 1941 verboten, da es als nicht konform mit nationalsozialistischem Gedankengut angesehen wurde. Die Abkehr von *Emilia Galotti* wurde damit begründet, dass hier das Führerprinzip verneint würde, die Lösung zu privatistisch sei und somit kein Vorbild mehr für die Jugend.

Die Geschichte der Dramendidaktik nach 1945 begann mit Robert Ulshöfer (1957), der vom Konzept der Dichtung als Lebenshilfe ausging und einen ersten systematischen Entwurf einer Didaktik und Methodik des Deutschunterrichts vorlegte. Als Zielvorstellung für die Behandlung des Dramas galt ihm die Identifikation mit dem Helden und dem Menschenbild. In diesem Kontext erfolgte eine Renaissance in der Rezeption von Goethes *Iphigenie auf Tauris* und *Wilhelm Tell* als Einstiegstext. Deutlich wurde die Tragödie gegenüber der Komödie bevorzugt.

Nicht zuletzt als Abwehrreaktion des Klassiker-Missbrauchs im Nationalsozialismus wurde in den 1950er/60er Jahren das Drama im Unterricht stark vernachlässigt. Erst Ende der 1960er Jahre wandte die Didaktik sich wieder verstärkt dem Drama zu. Als erster Didaktiker, der eine umfassende Darstellung vorgelegt hat und für diese Entwicklung wegbereitend war, ist Adolf Beiß (1960) zu erwähnen. Seiner dramendidaktischen Konzeption liegt ein Begriff von Drama zugrunde, der sich von der antiken Tragödie, dem Renaissancedrama und dem Drama der Klassik ableitet und auch typisch war für das 19. Jahrhundert. Danach ist die Konfliktstruktur das Wesentliche des Dramas. Diese Bestimmung ist offensichtlich nur an einem historischen Typ orientiert und gilt für viele Dramen von Lessing, Schiller, Goethe und Kleist, aber nicht für das moderne Drama mit seiner Handlungsarmut und Statik. Statt *Wilhelm Tell* schlägt Beiß als Einstieg in das Dramatische das Lustspiel wegen seiner größeren Lebensnähe und einfacheren Sprache vor. Bezeichnend für diese Phase bis zu Beginn der 1970er Jahre ist die Fokussierung auf das Drama als Lesetext und nicht in seinem Bezug zum Theater und zur Inszenierung.

In den 1960er Jahren begann eine verstärkte Brecht-Rezeption, die von weitreichendem Einfluss auf die Dramendidaktik war und mit zur Kanonisierung von Brecht beigetragen hat. Der Dramenunterricht baute auf den Thesen zum antiillusionistischen Theater und zum Modell- und Parabelcharakter seiner Stücke auf und übertrug sie als Lernmodelle auf den Unterricht. Ab 1972 sind Brecht und das epische Theater fest in den Lehrplänen verankert (Stein 1993, 46). Die Schule hat Brechts Dramaturgie sehr schnell aufgenommen und eine antiklassische Gegenposition aufgebaut. Brechts Thesen zur epischen Form von 1938 grenzen sich dezidiert von Formen des geschlossenen und klassischen Dramas ab und boten der Didaktik die argumentative Grundlage für eine Abwehr von Klassikern (in den 1970er Jahren galten Klassiker als antiquiert). Andererseits hat die hohe Brecht-Rezeption auch zu einer verstärkten Auseinandersetzung mit Lessings Rezeption von Aristoteles geführt und einer allmählichen Aufnahme z. B. von *Emilia Galotti* in den Lehrplänen der 1980er Jahre.

Neue Impulse erhielt die Dramendidaktik vom **Lesebuch** und den sich stellenden Fragen nach der Textauswahl für Lesebücher. Helmut Helmers (1966) ging wie Klaus Gerth (1966) von einer Systematik der Gattungen aus und legte diese der Konzeption von Lesebüchern zugrunde. In dieser struktur-/gattungsorientierten Richtung lag der Schwerpunkt auf der Erarbeitung von Gattungsmerkmalen, poetologischen Strukturen und Kategorien. Für die Grundstufe schlug Helmers das Kasperlespiel vor, für die 2. Bildungsstufe das Schulspiel, für die 3. das Hörspiel und Dramenausschnitte, für die 4. das Hörspiel, Drehbuch und Drama. Johannes Bauer (1969) empfahl für die frühen Klassenstufen das Bewegungsspiel, Stegreifspiel, Kasperle, dialogische Spiele und Einakter, für die Klassen 7–9 Kurzdramen, Hörspiel und Filmerzählungen. Die gattungstheoretische Fundierung der Dramendidaktik für das Lesebuch wurde wesentlich durch die Dramenforschung in der Literaturwissenschaft (u. a. Kayser 1948, von Wiese 1956, Emrich 1974) beeinflusst.

Die immer wieder strittige Frage, ob Dramenauszüge gelesen werden dürfen oder nur ganze Dramentexte, stellt sich für das Lesebuch nicht, da es als Buchmedium mit unterschiedlichen Aufgaben und der Strukturierung von Lernbereichen ohnehin nur mit Auszügen arbeiten kann. Das ausschnitthafte Lesen wird jedoch ausdrücklich von K. Gerth (1966) damit verteidigt, dass an Einzelszenen und Kernstellen exemplarisch Dramenelemente erarbeitet werden könnten. Auch Jürgen Hein (1975) plädiert für die Erarbeitung dramatischer Grundstrukturen für das Lesen von Dramenausschnitten. Die Gegenpositionen, u. a. vertreten von Gert Kleinschmidt (1970), halten das Lesen von ganzen Dramentexten aus hermeneutischen Gründen für unverzichtbar, weil damit erst die Kohärenz des Ganzen, innerhalb dessen sich einzelne Elemente, wie Figurenrede oder Konflikte, einordnen und damit verständlich werden, gesichert wird. Die Forderung nach Ganzschriften hat sich in der Bevorzugung von Einaktern und Monodramen im Unterricht umgesetzt.

In der Didaktik des Dramas der 1970er Jahre behauptete sich weiterhin der gattungstheoretische Ansatz zur Begründung einer Dramendidaktik, aber es erfolgte auch eine Neuorientierung, indem der Zusammenhang von Drama und Bühneninszenierung als gattungskonstitutiv betrachtet wurde. Erstmalig in der Dramendidaktik wurden Aspekte des Theaters, der Aufführung, des Publikumsbezugs, der raum-zeitlichen Simultaneität von Rezeption des Publikums und Aktion/Inszenierung im Theater sowie die Rezeptionsform des Sehens und Anschauens gegenüber dem Lesen von Texten zum Gegenstand des Unterrichts gemacht. Integriert wurden die Körperlichkeit des Darstellens, die Bewegung im Raum sowie Gestisch-Mimisches. Wegweisend für diese Richtung waren die Arbeiten von Karl Stocker (1972), Harro Müller-Michaels (1971), Jürgen Hein (1975), Rolf Geißler (1972) und Klaus Göbel (1977), die alle betonten, dass dramatische Texte nicht nur gelesen werden sollten, sondern in Sprache, Spiel und Handlung umzusetzen seien. Gegenüber der Klassikerhochschätzung im Deutschunterricht wurden im Hinblick auf Aktualität und Nähe zum Schüler verstärkt moderne Dramen in den Unterricht einbezogen, so bei Müller-Michaels (1971), der Ionescos *Die Nashörner* oder von Peter Weiss *Die Verfolgung und Ermordung des Jean Paul Marats* in seinen Lehrgang integrierte. Innovativ war in diesen Jahren auch die Berücksichtigung von dramatischen Formen in anderen Medien, wie Rundfunk, Film und Fernsehen. Entsprechend konstruierte Müller-Michaels ein Curriculum dramatischer Formen, das mit dem Puppenspiel und Stegreifspiel beginnt, weiter über das Hörspiel und das Film- und Fernsehspiel bis zu Dramen in der Sekundarstufe II geht, mit besonderer Bevorzugung der Kurzformen: Lehrstücke, Einakter und Szenen. Das Erkenntnisinteresse galt den Strukturen der dramatischen Gattung, allerdings wurde auch die historische Dimension berücksichtigt. Leitende Selektionskriterien für Dramen waren primär Inhalte, der Gegenwartsbezug und spezifische dramatische und theatralische Strukturen und Formen. Herta-Elisabeth Renk (1978) setzte einen weiteren Akzent, indem sie verstärkt non-verbale Ausdrucksformen einbezog und Einzelelemente des Dramas unter dem Gesichtspunkt ihrer Wirkung auf den Zuschauer untersuchte, wie die Exposition und ihre Funktion, Neugier und Spannung zu wecken und Informationen zu vermitteln. Zur methodischen Erneuerung gehörte die Betonung von Rezeptionshandlungen und Aktivitäten des Schülers (darstellendes Spiel). Die Behandlung der verschiedenen dramatischen Darbietungsarten, wie Figurentheater, Schattenspiel oder Pantomime sowie mediendramatische Formen (Hörspiel, Film-/Fernsehspiel), die Pfister ([11]2001, 33) als Epiphänomene bezeichnet, sind inzwischen selbstverständliche Gegenstände der Dramendidaktik.

Ab Mitte der 1980er Jahre bis zu den 1990er Jahren setzten sich zunehmend Konzepte und Verfahren durch, die Aspekte der Inszenierung und des Theaters in die Dramendidaktik aufnahmen und den Dramenunterricht nicht allein auf den Dramentext und seine Lektüre beschränkten. Walter Beimdick (1975) legte den Schwerpunkt auf die Wissensvermittlung über den Theaterbetrieb und die Funktionen von Schauspielern, Dramaturgen und Regisseuren. Ingo Scheller (1988; Neuauflage 2008) schlägt, ausgehend von der Annahme, dass durch Handeln Dramen interpretiert würden, Methoden der szenischen Interpretation vor. Dazu gehören das Ausmalen von Räumen, Nachstellen von Haltungen und Figurenkonstellationen, Standbilder, Rollentexte und -gespräche sowie szenische Darstellungen. Der Vorzug dieser Konzeption besteht in der Vielfalt von anregenden Verfahren des handelnden Umgehens mit Dramentexten und der Steigerung des Motivationspotentials, aber eine systematische Hinführung zum Drama unter gattungstheoretischen und theaterpädagogischen Gesichtspunkten fehlt.

Franz Josef Payrhuber kritisiert in seiner umfangreichen Monographie von 1991 wiederum die Vernachlässigung des Dramentextes zugunsten von Aspekten der Inszenierung. Er schlägt das Konzept der aufführungsbezogenen Lektüre mit theaterorientierten Methoden des Rollenlesens und der simulierten Inszenierung, in der dramatische Texte theatralisch umgesetzt werden und Schüler auf ihre Rolle als Zuschauer vorbereitet werden, vor. Für einen explizit produktiven Umgang mit dem Drama tritt Harald Frommer (1995) ein, der wiederum den Dramentext in den Mittelpunkt rückt und Schreibaufgaben im Hinblick auf den Lese- und Interpretationsprozess von dramatischen Texten formuliert.

Für einen theaterpädagogischen Ansatz, der auf eine praktische Einführung in das Theaterspiel zielt, steht Wolfgang Mettenberger (1993). Karl Schuster ([2]1996) akzentuiert die Theaterarbeit im Hinblick auf das Erzeugen von Körperbewusstheit bei Schülern. Frieder Schülein/Michael Zimmermann (2002) verstehen Theaterspielen als Teil der ästhetischen Bildung und ordnen ihm einen festen Platz im Deutschunterricht unter Berücksichtigung postmoderner Theaterentwicklungen, bei denen mit Mitteln der Videoprojektion, Musikcollagen, Montagetechniken, Fragmentarisierung und Bildelementen gearbeitet wird, zu. Günter Waldmann (2001) stellt ein geschlossenes Konzept einer Dramendidaktik vor, das im handlungs- und produktionsorientierten Ansatz fundiert ist und literaturtheoretisch begründet wird. Das In-Szene-Setzen von Teilen eines Dramas, das Nachsprechen von Dialogen und das szenische Rollenspiel sowie verschiedene Schreibverfahren in der Erzeugung von szenischen bzw. dramatischen Texten werden in das Repertoire der Dramendidaktik aufgenommen.

Einen neuen Ansatz für die Dramen- und Theatervermittlung legen Rudolf Denk und Thomas Möbius (2008) vor, indem sie einerseits nach den Grundelementen des Dramatischen fragen, aber gleichermaßen auch nach den Spezifika des Theatralischen, wie Raum und Schauspieler, die innerhalb des theatralen Prozesses zum Zeichen werden. Auf der Grundlage der Semiotik analysieren sie verschiedene Zeichen und Zeichenebenen von Drama, Dramatik und Theatralik und ihre Funktionen. Ihnen geht es um einen systematischen Aufbau von Kompetenzen des Dramatischen und Theatralischen.

Die deutliche Akzentuierung von produktiven und handlungsbezogenen Verfahren seit den 1970er/80er Jahren ist nicht nur Ausdruck des jeweils zugrunde gelegten Dramenbegriffs, der textanalytische Dramenarbeit und Spiel-/Theaterbezug als zusammengehörig betrachtet, sondern auch eines anderen Verständnisses von Unterricht, in dem das Subjekt von Lernprozessen, der Schüler, gegenüber dem Gegenstandsbezug in sein Recht gesetzt wird. Die literaturtheoretische Basis für diese Akzentuierung bildet die Rezeptionsästhetik, die vom aktiven Beitrag des Lesers in der Konstruktion von Sinnzusammenhängen ausgeht.

In der Gegenwart haben produktive Verfahren und verschiedene Varianten der Handlungsorientierung weiterhin ihre Gültigkeit, allerdings gewinnt der mediale Aspekt in der Verbindung von Theater, Aufführung, Film, Pantomime und Hörspiel ein größeres Gewicht und ordnet sich das Drama und seine Behandlung im Unterricht in den umfassenderen Kontext von Medien und ihrer Didaktik ein.

Gegen die lange Tradition der Privilegierung der Tragödie und Vernachlässigung der Komödie im Deutschunterricht argumentiert Wolf-Dietmar Stein (1993). Den Vorzug der Komödie sieht Stein in der Lösbarkeit von Konflikten, der optimistischen Grundstimmung, dem Bezug auf das wirkliche Leben, der Gesellschaftskritik, der befreienden Wirkung des Lachens und der Heiterkeit. Er schlägt einen Lehrgang für das Komische vor, das mit dem Kaspertheater beginnt und zu Grabbe, Sternheim und Dürrenmatt führt. Inzwischen hat die Komödie ihren wohlverdienten Platz in der Dramendidaktik erhalten, wie an Lehrplänen, Lesebüchern und dramendidaktischen Materialien zu sehen ist, wo der *Hauptmann von Köpenick* oder *Der Besuch der alten Dame* Spitzenplätze einnehmen. Neuere dramendidaktische Ansätze (Kammler 2003) beziehen explizit postdramatische Theaterstücke und Inszenierungen von R. Wilson, H. Müller, B. Strauß, E. Jelinek oder P. Handke, für die die innere Handlungslogik einer Geschichte nicht mehr im Zentrum steht, sondern Bilder, Klang, Rauminstallationen und Bewegungen im Raum ein Eigengewicht erhalten, in Abgrenzung vom traditionellen Kanon der Schulklassiker in ein Dramencurriculum mit ein. Gelesen werden sollten avancierte Dramentexte der 1980er und 1990er Jahre wie z.B. die Theaterfassung von Thomas Brussigs Roman *Helden wie wir* oder Dramen von Sarah Kane, Marius von Mayenburg und Urs Widmer, dessen Theaterstück *Top Dogs* (1996) sehr erfolgreich war. Auch sollte das Jugendtheater, wie beispielsweise das Berliner Grips-Theater (*Das hälste ja im Kopf nicht aus* (1975); *Linie 1* (1986)), im Unterricht behandelt werden.

Die Lehrpläne ab 1993 geben das Bild eines relativ homogenen und tradierten Kanons mit *Emilia Galotti, Nathan der Weise, Kabale und Liebe, Götz von Berlichingen, Wilhelm Tell* und *Woyzeck*. Der Naturalismus ist überwiegend mit Hauptmann vertreten. Die gegenwärtigen Lehrpläne der Bundesländer ab 2000 knüpfen einerseits an bewährte Traditionen an und führen damit einen etablierten Kanon an Dramentexten und Autoren fort, andererseits ist eine deutliche Akzentuierung des modernen Theaters zu erkennen mit B. Brecht, F. Dürrenmatt, M. Frisch, H. Ibsen, A. Miller, H. Kipphardt, P. Handke und B. Strauß.

3.8.2 Dramencurriculum in Lesebüchern

Die Lesebücher für den Literaturunterricht enthalten durch ihre Textauswahl und Zusammenstellung ein Curriculum für dramatische Texte und Autoren. Da Lesebücher auf der Basis von Lehrplänen und Erkenntnissen der Fachwissenschaft und -didaktik konzipiert werden, bilden sie einen Gradmesser für Tendenzen in der Kanonbildung dramatischer Texte und Autoren. Um Einblick in derartige Prozesse zu erhalten, wurden 14 Lesebücher für den Deutschunterricht mit je 1 bis 4/5 Einzelbänden des Zeitraumes 1990 bis 2002 im Hinblick auf das quantitative Vorkommen von Dramentexten und Autoren ausgewertet (s. Literaturverzeichnis). Zu den häufigsten Autoren gehören Schiller mit insgesamt 24 Auszügen aus Dramentexten, Brecht mit 23, Zuckmayer mit 14, Frisch mit 14 und Goethe mit 11. Danach kommen mit einer Häufigkeit von 5 bis 10 Texten vor: Dürrenmatt, Hauptmann, Lessing, Borchert, Shakespeare und Büchner. Schiller und Brecht nehmen die absoluten Spitzenplätze ein. Die folgende Tabelle zeigt die häufigsten Dramentexte (Tab. 32).

In der Hierarchie ganz oben stehen *Der Hauptmann von Köpenick* und *Andorra* (jeweils 10 Mal). Darauf folgen *Faust I, Wilhelm Tell* und *Draußen vor der Tür*. Brecht dominiert mit *Das Leben des Galilei* und *Mutter Courage* (zusammen 11 Mal). Da Brecht insgesamt mit 23 Texten vertreten ist, zeichnet sich hier eine gewisse Streuung von verschiedenen Dramentexten im Lesebuch ab. Anders dagegen bei Zuckmayer, von dessen insgesamt 14 dramatischen Texten 10 auf den *Hauptmann von Köpenick* entfallen. Lessing ist am stärksten durch *Nathan* vertreten und nicht mit seinen bürgerlichen Trauerspielen und der Komödie *Minna von Barnhelm*. Zeitgenössische Autoren sind im Lesebuch ab den 1990er Jahren

Tab. 32 Dramentexte in Lesebüchern 1990–2002

Autor:	**Texttitel:**	**Häufigkeit**
C. Zuckmayer	Der Hauptmann von Köpenick	10
M. Frisch	Andorra	10
J. W. Goethe	Faust I	8
F. Schiller	Wilhelm Tell	7
W. Borchert	Draußen vor der Tür	7
B. Brecht	Leben des Galilei	6
F. Dürrenmatt	Die Physiker	6
W. Shakespeare	Romeo und Julia	6
F. Schiller	Die Räuber	5
F. Schiller	Maria Stuart	5
B. Brecht	Mutter Courage	5
G. Hauptmann	Die Weber	5
G. Hauptmann	Der Biberpelz	4
G.E. Lessing	Nathan der Weise	4

deutlich unterrepräsentiert. Es herrscht das Dokumentarische Theater mit Hochhuth (*Der Stellvertreter*), Weiss (*Die Ermittlung*) und Kipphardt (*In der Sache J. Oppenheimer*) vor. Strauß kommt nur zweimal vor (*Groß und Klein*), Müller nur einmal mit seinem Minidrama *Herzstück*. Bernhard und Handke sind nur mit Kurzprosa und Romanauszügen aufgenommen.

Aufschluss über die Motivation der Auswahl von Dramentexten und Autoren geben die jeweiligen Kapitel, in die dramatische Texte innerhalb eines Lesebuchs eingebunden sind, und Lehrerkommentare, soweit sie vorliegen. Es überwiegen thematische, gattungs- und literatur-/epochenbezogene Gesichtspunkte. Thematische Selektionskriterien sind im Lesebuch *Der neue Kolumbus* für die Realschule Bd. 10 „Zeit und Gesellschaft“ (2004), dem zwei Auszüge aus Frischs *Andorra* zugeordnet sind. Weitere Themen sind Vorurteilsstrukturen, Toleranz, soziale Aspekte wie Unterdrückung und Aufstand/Protest (Hauptmann, Büchner, Zuckmayer), aber offensichtlich auch kulturelle, Kanon bezogene Aspekte wie im Fall von *Faust*, der als Repräsentant eines tradierten ranghohen Kanons ausgewählt ist. Gattungsbezogene Aspekte dominieren in *Wort und Sinn* für das Gymnasium Bd. 9/10 (2002), das ein Kapitel „Die „großen“ Formen der Literatur“ enthält, untergliedert in Novelle, Roman und Drama. Ausgewählt sind Passagen aus *Der Hauptmann von Köpenick, Andorra, Maria Stuart* und *Mutter*

Courage. Literaturgeschichtlich orientiert ist dagegen *Der neue Kolumbus* Bd. 8 (2004) mit dem Kapitel „Literatur in ihrer Zeit. Aufklärung – Sturm und Drang – Klassik“, in dem sich Auszüge aus *Nathan der Weise* (Ringparabel), *Faust* (Eingangsmonolog) und *Don Carlos* (Szene, in der Posa Gedankenfreiheit fordert) finden.

Payrhuber (1991, 176ff.) hat für den Zeitraum 1965 bis 1990 ebenfalls eine größere Anzahl von Lesebüchern untersucht. Bemerkenswert ist die Übereinstimmung in der Dramenauswahl: Auch in diesem Zeitraum nehmen Schiller und Brecht die Spitzenpositionen ein. Dagegen verschwindet Kleist ab den 1980er Jahren aus dem Lesebuch und *Nathan* wird zunehmend marginalisiert. Insgesamt dominieren: Schiller, Brecht, Dürrenmatt, Goethe, Hauptmann und Zuckmayer. Bei den Texten steht ebenfalls der *Hauptmann von Köpenick* an erster Stelle. Das Repertoire an Texten und Autoren hält sich offensichtlich im Lesebuch über einen großen Zeitraum konstant und bietet wenig Alternativen.

3.8.3 Ziele

Das Drama und das Theater als Institution und Ort eines sozialen Ereignisses haben in der europäischen Geschichte eine lange Tradition und sind Teil einer kulturellen Praxis, in der sich Formen der Selbsterzeugung und der Selbstvergewisserung einer Kultur spiegeln. Die archetypischen Konfliktlagen und Szenarien der Tragödie und ihre kulturgeschichtlich hohe Wirksamkeit, die einen Zeitraum von mehr als 2000 Jahren umfasst, rechtfertigen die Behandlung des Dramas im Unterricht. Der geschichtliche Wandel in den dramatischen Formen und der jeweiligen gesellschaftlichen Bedeutung des Theaters sowie die Auseinandersetzungen mit individuellen und gesellschaftlichen Fragen der Identität, des Selbstverständnisses, der Wert- und Normsysteme fordern zur Auseinandersetzung mit dem Drama und seiner Aufführung im Theater auf und tragen dergestalt zur literarischen und kulturellen Enkulturation bei. Eine Aufgabe des Deutschunterrichts besteht darin, Schüler zur Partizipation an dieser kulturellen Praxis und ihren Hervorbringungen zu befähigen und sie über die Schule hinaus mit jenen Kompetenzen auszustatten, die ihnen den kritischen und interessierten Umgang mit Dramentexten, Theaterinszenierungen, dem Theater als Institution, der Literaturkritik und aktuellen Debatten über Inszenierungen, ihre Interpretationen von Dramen, Regisseure und Autoren ermöglichen. Da das Drama auf seine Weise und mit seinen Mitteln Welt und Menschenbilder entwirft, interpretiert und gestaltet, dient seine Behandlung und Erarbeitung der Annäherung, Erkenntnis und Aneignung von Welt, was wiederum den Rückbezug auf eigene Lebenswelten, Erfahrungen und Identitätskonstruktionen sowie Deutungen und veränderte Wahrnehmungen impliziert, damit ein Erkenntnisgewinn möglich ist.

Neben der Erzeugung von Interessen und der Stabilisierung von Lesemotivation in Bezug auf Dramentexte, was sich in das allgemeine Aufgabenfeld der Lese- und Literatursozialisation einordnet und angesichts der Sperrigkeit, die Dramentexte der Schülerrezeption entgegen stellen, eine umso dringlichere Aufgabe ist, müssen interpretatorische Fähigkeiten entwickelt werden, um den dramatischen Text in seinen Grundkategorien erfassen, ihn epochal und historisch einordnen und die textinternen Bezüge zur Bühneninszenierung erkennen und szenisch imaginieren zu können. Neben dem Bereitstellen elementarer Begriffe zur Dramentextanalyse und -interpretation müssen auch Grundkategorien des Theatralischen und Kenntnisse historischer Dramenformen vermittelt werden.
Literaturgeschichtliche Kenntnisse können einerseits über Repräsentanten einer dramatischen Form/Gattung, wie *Emilia Galotti* für das bürgerliche Trauerspiel erworben werden, andererseits über jene dramatischen Texte, die mit tradierten Formen brechen, sie innovativ abwandeln oder zu völlig neuen Dramen- und Theaterkonzepten gelangen, wie das Stationendrama eines Strindberg, das absurde Theater oder Stücke der Postdramatik.
Eine Dramendidaktik muss die spezifische Interdependenz von Dramentext und Inszenierung auf der Bühne in Rechnung stellen, indem von der Doppelstruktur der Kommunikation „Lesen des Textes“ und „Schauen/Sehen der Aufführung“ und der Zweiteilung von Dramatischem und Theatralischem ausgegangen wird. Der Rezipient muss die eigene Doppelrolle von Leser und Zuschauer/Betrachter vergegenwärtigen, die ihrerseits teilweise zumindest durch den Dramentext mit strukturiert ist und sich in unterschiedlichen Kommunikationssituationen von privater und schulisch-öffentlicher Lektüre und Theater realisiert. Die unterschiedliche Kommunikation ist nicht nur durch verschiedene kognitive, mentale Handlungen und Wahrnehmungen bestimmt, sondern auch durch eine andere Raum- und Zeitstruktur. Zum Lesen gehört die Realisierung dessen, was der Haupttext beschreibt/aussagt, und damit die fiktive Spielwelt, sowie die der Bezüge auf die Inszenierung, wie Stellung der Figuren zueinander, Requisiten und Raum, wie sie im Nebentext formuliert sind. Zum Sehen und Hören gehört die Wahrnehmung der wechselseitigen Abhängigkeit von Spachlich-Gegebenem und Nicht-Sprachlichem, das zeichenhaft in Körperlichkeit, Mimik, Gestik, Bewegung und Akustik gegeben ist, von fiktiver Spielhandlung und konkretem Theater- und Bühnenraum und der eigenen Zuschauerrolle, damit zusätzliche Rezeptionsprozesse, das Gezeigte und Gehörte in ihrer Zeichenhaftigkeit zu erkennen und zu deuten, in Gang gesetzt werden.
Eine weitere Aufgabe des Deutschunterrichts besteht darin, Einblick in das Theater, seine Architektur und Geschichte zu geben, die eigenen theatralen Mittel, wie Schauspieler, Raum, Körperlichkeit, Licht und unterschiedliche Formen der Kommunikation zwischen Bühnengeschehen und Zuschauer zu vermitteln und Schüler somit mit Kompetenzen der Analyse von Bühnenaufführungen und der Eigenwahrnehmung als Rezipient auszustatten. Einen fundierten Begrün-

dungszusammenhang für die Arbeit mit klassischen Dramen in der Sekundarstufe II bieten die Behandlung der Rezeptionsgeschichte eines Dramas im Deutschunterricht und die Rekonstruktion von Kanonisierungs- und Dekanonisierungsprozessen. Zu *Wilhelm Tell* oder *Emilia Galotti* liegt reichliches Quellenmaterial vor (Göbel [3]1996; Korte 2000). Schüler würden damit in ein kulturelles Gespräch über ein Drama, seine Geschichte und seine Bedeutung einbezogen und Einblick in die Historizität von Bewertungsprozessen erlangen. Die Thematisierung der Kanongeschichte eines Textes und Lektüreerfahrungen öffnet eine kulturgeschichtliche Perspektive im Literaturunterricht und kann durch Analogiebildung auch zur Reflexion auf gegenwärtige Zusammenhänge von Literatur und Lebenswelt und kulturellen Praktiken anregen. Die Didaktik dramatischer Texte baut einerseits auf der theoretischen Bestimmung der Gattung und dem entsprechenden Dramenbegriff auf, andererseits auf angestrebten Zielen und Lernervoraussetzungen (Interessen, Vorwissen, Jahrgangsstufe). Da nach hier vertretener Auffassung eine Dramendidaktik stets die Zweipoligkeit des Dramas im Blick haben sollte, muss sowohl der Dramentext als Text behandelt und erarbeitet werden als auch seine Realisierung auf der Bühne und die im Text eingelassenen Bezüge auf die Inszenierung in Form von Nebentexten und alle Theater bezogenen Komponenten (Theatralisches). Vor diesem Hintergrund und auf der Basis der vorhergehenden Ausführungen zum Drama und Theater werden folgende **Kategorien und Strukturen** zur Vermittlung empfohlen; sie stellen eine Operationalisierung des Dramatischen und Theatralischen dar:

I. Der Dramentext, das Dramatische:

Handlungs-/Geschehnisebene	Handlung, Geschehen, Figuren, Raum, Zeit, Figurenanordnungen, Interaktionen
sprachliche, figurale Vermittlungsformen	Haupttext: Figurenrede (Monologe, Dialoge); Vers- vs. Prosaform
narrative Vermittlungsformen	Chor, Erzähler, Sänger, Prolog, Exposition; auktoriale, figurale
zwei Kommunikationssituationen	die theatralische und die innerfiktive Kommunikationsstruktur
szenische Umsetzung	Nebentexte mit Regieanweisungen zu Bewegung, Mimik, Gestik, Haltung
Aufbau/Gliederung des Dramas	Akt, Szene, Auftritt; Einheitsprinzip
Dramenformen/Untergattungen	Tragödie, Komödie, bürgerliches Trauerspiel, epische Form, absurdes Drama, Anti-Theater Dokumentarisches Theater,
Formtypen	offene vs. geschlossene Form des Dramas
Dramentheorie	Auszüge aus der Theorie der Tragödie von Aristoteles, Lessings *Hamburgische Dramaturgie*, Brechts Ausführungen zum epischen Theater

II. Das Theater und das Theatralische

Theater	Institution, Geschichte, kulturelle Praxis
Bühnenformen	antikes Theater, elisabethanisches Theater, Guckkastenbühne
szenische Präsentation	Schauspieler, Maske, Gestik, Musik, Kostüme, Bühnenbild, der theatrale Raum, Zeit, Kommunikation mit dem Publikum
Theatralisches	Performanz (Nachahmung der Handlung durch Handlung, Öffentlichkeit, Gleichzeitigkeit der Kommunikation, von Ereignis auf der Bühne und Sehen/Erleben beim Zuschauer; theatralische Kommunikationssituation
nicht-sprachliche, mediale Vermittlungsformen	Musik, Foto, Dokumente, Gestik, Mimik, Kinesik, Proxemik, Kostüm, Bühnenbild, Licht, Akustik und ihre Funktion
Dramen-/Theatergeschichte	Dramentext – Bühnenformen, Beziehung zwischen Bühnengeschehen und Publikum

3.8.4 Auswahlkriterien für Dramen

Ein wesentliches Auswahlkriterium für die zu behandelnden Dramentexte ist die thematische Relevanz. Themen, wie sie auch in Rahmenrichtlinien genannt werden, sind z. B. Ich und Welt, Individuum und Gesellschaft, Geschichte, Macht-/ Herrschaftsstrukturen, aber auch aktuelle Themen wie Atomkraft oder moderne Technologien. Ein zweites Auswahlkriterium ist der innovative Charakter eines einzelnen Dramas oder einer Dramenform, wie das bürgerliche Trauerspiel, aber auch Umbrüche und Erneuerungen im Theater, wie das epische Theater von B. Brecht oder das absurde Theater. Hinzu kommt die Repräsentativität eines Dramas für die Gattung bzw. für historische Formen und Typen, um damit nicht nur Gattungsspezifika in den Blick zu nehmen, sondern auch geschichtliche Kontexte, die zu der Ausprägung bestimmter Formen beigetragen haben, wie das Entstehen des bürgerlichen Trauerspiels und des Nationaltheaters. Inwieweit ein Erfahrungsbezug zur heutigen Schülergeneration hergestellt werden kann und Wirklichkeitsbilder im Drama heute vermittelbar sind, sind weitere zu beachtende Aspekte der Dramenwahl. Auch die Präsenz von einzelnen Dramen auf der Bühne und damit ihr Erfolg (Bühnenrelevanz) stellt ein Selektionskriterium dar. Von *Andorra* gab es im Aufführungsjahr 1962/63 47 Inszenierungen, einen weiteren Spitzenwert nehmen *Die Physiker*, *Minna von Barnhelm* und *Der Biberpelz* ein. Um die Teilhabe an einem literarischen Gespräch in seinen vielfältigen Formen der Theateraufführung, der Rezensionen und öffentlichen Diskussionen zu gewährleisten, sollten Schüler mit Dramentexten und Inszenierungen vertraut gemacht werden, die eine lange Rezeptionsgeschichte, einen hohen Erfolg und Verbreitungsgrad haben und möglicherweise aufgrund ihres provokativen Charakters öffentliche Debatten entzündet haben. Das Kriterium der Bühnenrelevanz bedarf jedoch noch einer Relativierung: Da es eine Reihe von modernen Theaterstücken gibt, die aufgrund ihrer Aktualität nur eine vorübergehende Bühnenpräsenz haben, aber gleichwohl aufgrund ihrer Thematik und ihres innovativen Gehalts für Schüler von Interesse sein könnten, sollten auch solche Stücke mit einbezogen werden. Dazu gehören postdramatische Stücke wie Urs Widmers *Top Dogs* (1996), Robert Schneiders Monodrama *Dreck* (1993), oder Nigel Williams *Klassenfeind* (1978). Hier sind einige Vorschläge zu den genannten Selektionskriterien:

1. Auswahl nach thematischen Gesichtspunkten:

– Konflikt Bürgertum – Adel	*Emilia Galotti, Kabale und Liebe*
– Ich-Identität – Gesellschaft	*Trilogie des Wiedersehens, Biografie, Kaspar Hauser*
– Individuum – Gesellschaft	*Don Carlos, Faust I, Woyzeck*
– Vorurteils-/Machtstrukturen	*Andorra, Biedermann und die Brandstifter Maria Stuart*
– Darstellung von Geschichte	*Götz von Berlichingen, Die Weber, Germania Tod in Berlin*
– Generationenkonflikt:	*Davor, Ein Kinderspiel*
– Randgruppen der Gesellschaft	*Stallerhof; März, ein Künstlerleben*
– Wissenschaft, Umweltthemen	*Die Physiker, R. Oppenheimer, Galilei*

2. Auswahl nach strukturellen und dramengeschichtlichen Gesichtspunkten:

– Neue Form des Theaters	*Mutter Courage, Der kaukasische Kreidekreis*
– Moderne Dramenformen	*Warten auf Godot, Groß und klein*
– Neue Form der Beziehung von Bühne und Publikum	*Publikumsbeschimpfung*
– Repräsentanten bestimmter Dramenformen (Tragödie, Trauerspiel, Lehrstück, Komödie)	*Emilia Galotti, Minna von Barnhelm, Der Jasager*
– Neugestaltungen von Dramen (Shakespeare *Hamlet*)	*Die Hamletmaschine*
– Bearbeitungen	Müller *Macbeth* (nach Shakespeare) *Trauer muss Elektra tragen*

3.8.5 Zur Methodik

Gegenüber systematischen und analytischen Verfahren der Erarbeitung und Anwendung von dramenspezifischen Kategorien empfehlen sich insbesondere beim Drama Formen der szenischen Umsetzung und Realisierung von Dramenauszügen. Waldmann (2001) bietet hierfür ein reiches Repertoire an Möglichkeiten. Dazu gehören das laute Lesen bzw. Sprechen mit verteilten Rollen, das Spielen von Szenen, Aufbau von Standbildern und Positionierungen im Raum. Das Schreiben hat innerhalb einer Dramendidaktik ebenfalls einen Platz, wobei es nicht nur um das Verfassen von Spielszenen und Dialogen/Monologen geht, sondern auch um das Schreiben von Theaterkritiken und kritische Sichtung von Theaterrezensionen zu einem Stück. Werkstätten sind geeignet, um selbst z.B. Rollenfächer und Figurenkonzepte zu erarbeiten und auf der Werkstattbühne zu erproben (s. Denk/Möbius 2008, 148ff.). Außerdem bieten sich ähnliche Formen des kreativ-produktiven Umgangs mit Dramentexten wie bei erzählenden Texten an, indem der weitere Handlungsverlauf antizipiert wird, verdeckte Handlungen in Szene gesetzt oder übersprungene Handlungen und Geschehnisse beschrieben werden. Vergleiche sind ein weiteres bewährtes Verfahren der Deutschdidaktik. Beispielsweise könnten zwei verschiedene mediale Realisierungen wie Max Frisch *Biedermann und die Brandstifter* als Hörspiel und Bühnenfassung miteinander verglichen werden oder ein Stoff in unterschiedlichen Dramenfassungen, wie der Don Juan-Mythos bei M. Frisch, die ältere Vorlage von T. von Molino und Bearbeitungen bei Grillparzer oder in der Musik bei Mozart (*Don Giovanni*).

15 Entwickeln Sie einen Vorschlag, wie Sie diese Szene aus M. Frischs *Andorra* (Drittes Bild) mit Schülern unter Berücksichtigung von Jahrgangsstufe, Zielen/Intentionen, thematischem Rahmen und in Bezug auf welche dramatischen und theatralen Kategorien erarbeiten möchten:

Man hört eine Fräse, Tischlerei, Andri und ein Geselle je mit einem fertigen Stuhl.

ANDRI Ich habe auch schon Linksaußen gespielt, wenn kein andrer wollte. Natürlich will ich, wenn eure Mannschaft mich nimmt.

GESELLE Hast du Fußballschuh? /.../

ANDRI Wegen meiner Lehrlingsprobe. Sie haben gesagt: Am letzten Sonnabend in diesem Monat. Hier ist mein erster Stuhl.

Der Tischler nimmt einen Stuhl.

Nicht dieser, Meister, der andere!

TISCHLER Tischler werden ist nicht einfach, wenn's einer nicht im Blut hat. Nicht einfach. Woher sollst du's im Blut haben. Das hab ich deinem Vater gleich gesagt. Warum gehst du nicht in den Verkauf? Wenn einer nicht aufgewachsen ist mit dem Holz, siehst du, mit unserem Holz – lobpreise eure Zedern vom Libanon, aber hierzuland wird in andorranischer Eiche gearbeitet, mein Junge.

ANDRI Das ist Buche.

TISCHLER Meinst du, du mußt mich belehren?

ANDRI Sie wollen mich prüfen, meinte ich.

TISCHLER *versucht ein Stuhlbein auszureißen.*

ANDRI Meister, das ist aber nicht meiner!

TISCHLER Da –

Der Tischler reißt ein erstes Stuhlbein aus.

Was hab ich gesagt?

Der Tischler reißt die anderen drei Stuhlbeine aus.

wie die Froschbeine, wie die Froschbeine. Und so ein Humbug soll in den Verkauf. Ein Stuhl vom Prader, weißt, was das heißt? – da. /.../

4 Grundlagen der Lyrik

4.1 Ziele

In dieser Einführung sollen Grundbegriffe vermittelt werden, die für die Interpretation von Gedichten gebraucht werden. Um eine Verdinglichung von Kategorien und Formelementen zu vermeiden, wie sie viele Kompendien zur Lyrik und typischerweise auch Internetangebote zur Lyrik charakterisiert, wird hier eine funktionale Perspektive eingenommen, indem Teilelemente in ihrem funktionalen Zusammenspiel mit anderen Elementen innerhalb eines Gedichts betrachtet werden. Der Einbau von Textbeispielen dient der Veranschaulichung des Gegenstandes und soll die Anwendbarkeit von Grundbegriffen erleichtern. Angestrebt wird der Aufbau von Kompetenzen im Umgang mit lyrischen Texten, die in praxisbezogener Perspektive der Qualifizierung von Lehramtsstudierenden dienen, indem eine fachsystematische Grundlage geschaffen wird für Entscheidungsprozesse im Lyrikunterricht. Im Einzelnen sollen Leser

1. Bestimmungsmerkmale von Lyrik kennenlernen, um Texte als zum Gegenstand der Lyrik zugehörig einstufen zu können.
2. grundlegende Kenntnisse über formale Mittel von Gedichten und deren Funktionen im Gesamtzusammenhang erwerben. Sie sollen elementare Formelemente von Lyrik in Gedichten identifizieren und beschreiben können: Verssegmentierung, Enjambement, metrische Grundformen, Strophe/ Strophenformen, Gedichtformen, Klangstrukturen.
3. metaphorische Redeweisen und verschiedene Metapherntheorien kennenlernen.
4. befähigt werden, die eingeführten Beschreibungskategorien auf ein Gedicht selbst anzuwenden und eine Formanalyse durchzuführen.
5. Grundkategorien der Personal- und Kommunikationsstruktur von Gedichten erwerben und strukturelle Einheiten in Gedichten identifizieren können.
6. an Grundkonzepte einer Didaktik der Lyrik herangeführt werden.

4.2 Begriffsgeschichte und Gattungsbestimmung

In der Antike war Lyrik ein gesungenes Lied, das begleitet von der Handharfe, der Lyra, vorgetragen wurde. Sie wurzelt in den Chorgesängen des religiösen Kultus, aus denen sich später durch Hinzutreten von Schauspielern die Tragödie entwickelt hat. Die enge Bindung von Lyrik und Musik spielt nicht nur in der Antike eine große Rolle, sondern bestimmt auch die frühe Lyrik im Mittelalter, wo der öffentliche Vortrag unter Musikbegleitung die vorherrschende Präsentationsform für das höfische Publikum war. Zur hohen Verbreitung der Lyrik im 18. Jahrhundert haben insbesondere auch die Vertonungen von Liedern und der vom Klavier begleitete Gesang im privaten Bereich beigetragen. Lyrik als Lesetexte bleibt einer späteren Entwicklung vorbehalten, die nicht zuletzt im Zusammenhang mit der Verbreitung von Literalität und dem Druck steht, wo gesprochene Laute in optisch und räumlich präsentierte Grapheme fixiert wurden.

Als eigene Gattung entstand die Lyrik erst in der Neuzeit und wurde in der Kunsttheorie des 18. Jahrhunderts durch die Umwandlung des ästhetischen Wertesystems bei Herder und durch Goethes Dreiteilung der Gattungen in Epik, Dramatik und Lyrik als Begriff gefestigt und im 20 Jahrhundert vor allem durch Emil Staiger und Käte Hamburger eingebürgert. Doch wurde mit Lyrik nur ein Teilbereich der Versgattungen, zu denen auch epische und dramatische Dichtung zählte, erfasst, ihr wurden vorrangig die kürzeren und sangbaren Reden zugeordnet. Da sich die Verse aus der erzählenden und dramatischen Literatur zunehmend zurückgezogen haben, wird Lyrik heute gerne mit Versen bzw. Versdichtung gleichgesetzt.

Eine eigene Forschung zur Lyrik hat sich erst spät entwickelt, nachdem die Germanistik als Fachdisziplin im 19. Jahrhundert bereits etabliert war. Zuvor war die Lyrik Gegenstand von Poetiken, einer neuen Liedästhetik bei Klopstock und Herder und der Kunstphilosophie zu Anfang des 19. Jahrhunderts bei Schelling und Hegel. Richard Maria Werner hat 1890 eine Arbeit zur Lyrikforschung vorgelegt mit dem Titel *Lyrik und Lyriker*, in dem es ihm vor allem um die Abgrenzung der Lyrik gegenüber Epik und Dramatik geht. In den 1920er Jahren entstehen die ersten Darstellungen zur Geschichte der Lyrik von Emil Ermatinger (1921) und Günther Müller (1925). Danach finden Spezialisierungen statt, indem Einzelinterpretationen zusammengestellt werden wie bei Benno von Wiese *Die deutsche Lyrik. Form und Geschichte. Interpretationen.* (1956) oder Jost Schillemeits *Interpretationen* (1965). Einen neuen Ansatz geben die Arbeiten von Karl Pestalozzi (1970), Kaspar H. Spinner (1975) und Bernhard Sorg (1984) sowie Hiltrud Gnüg (1983), die sich mit dem Entstehen und der Struktur des lyrischen Ich befassen, eine Kategorie, auf die in dieser Arbeit noch näher eingegangen wird. Den historischen Ausgangspunkt bilden die Gedichte Goethes aus der Sturm und Drang-Zeit, die als Muster des klassischen lyrischen Ich gelten.

Am Anfang von theoretischen Reflexionen und Bestimmungen des Gegenstandes steht für gewöhnlich die Frage „Was ist ein Gedicht?“. Solche Vorüberlegungen sind wichtig für die Analyse von Gedichten, damit der Interpret weiß, wo er ansetzen kann. Gesucht werden jene Merkmale, die spezifisch sind für ein Gedicht und die nicht auch für andere Textsorten, wie Prosaerzählungen, gelten. Spezifische Merkmale erlauben es, einen Text als Gedicht bzw. als lyrischen Text zu identifizieren und ihn der Gattung „Lyrik“ zuzuordnen. Da mit der Begriffsbestimmung zugleich viele Texte als nicht zur Lyrik gehörig ausgeschlossen werden und sich viele Texte der eindeutigen Zuordnung entziehen, ist diese Grenzziehung nicht unproblematisch.

Die Frage nach den Bestimmungsmerkmalen von lyrischen Texten ist in der Lyrik-Theorie unterschiedlich beantwortet worden. Einem älteren und nachhaltig wirksamen Ansatz zufolge ist Lyrik Ausdruck von Subjektivität, Empfindung und Selbstaussprache eines Ich. Dieser Ansatz wurde im 20. Jahrhundert vor allem von Emil Staiger (1946) und Wolfgang Kayser (1946) vertreten. Sie orientierten sich jedoch vorrangig an Gedichten der Klassik und Romantik von Goethe bis Mörike, aus denen sie Merkmale wie Subjektivität, Ich-Bezogenheit und Stimmung gewannen, und sind somit in ihrer Theorie einem historischen Typus von Gedicht, dem Erlebnisgedicht, verpflichtet, wobei die dialogisch konzipierte Lyrik (Liebeslyrik, Gesprächslyrik) unbeachtet bleibt. Da Subjektivität als ein Gattungsmerkmal einen großen Bereich von Lyrik ausschließt, wie die Reflexionslyrik oder politische Lyrik, hat auch Subjektivität als Definitionsmerkmal nur eingeschränkte Geltung.

Eine andere Richtung, für die die russischen und tschechischen Formalisten stehen, hebt hervor, dass die poetische Sprache durch Verfremdung und Deautomatisierung von eingespielten und fixierten Wahrnehmungen gekennzeichnet ist (Šlovskij 1971). Für Jan Mukařovský (1964) weicht die poetische Sprache in ihrer Wortwahl, ihren grammatischen Mitteln und durch Verwendung z. B. von Metaphern von der Standardsprache ab (Abweichungstheorie). Aber auch gegen eine solche Begriffsbestimmung gibt es Einwände; denn Metaphern oder Umstellungen und Substitutionen kommen ebenfalls in der Alltagssprache vor, einen ungewöhnlichen Sprachgebrauch mit Wortneuschöpfungen verwenden Werbetexte und Abweichungen von Normen der Alltagssprache finden sich nicht in aller Lyrik. So hat sich in den 1970er Jahren eine Lyrik-Generation entwickelt, die bewusst auf Alltag und Alltagssprache, die frei ist von Metaphern, Chiffren und Verrätselungen, zurückgreift und deren Gedichte unter dem Namen „Alltagslyrik“ in die Lyrik-Geschichte der Gegenwart eingehen. Zu ihren Vertretern gehören Nicolaus Born, Ludwig Fels, Wolf Wondratschek und Rolf Dieter Brinkmann. Insofern ist das Gattungsmerkmal der Abweichung von Regeln der Standardsprache auch epochenspezifisch einzugrenzen und kann nicht generell für Lyrik in Anspruch genommen werden.

Eine dritte Richtung definiert lyrische Texte durch formale Mittel der Metrisierung und Reimbindung. In gegenwärtigen Lyrik-Konzeptionen (Lamping 1989/ ^{3}2000) wird jedoch dieser Ansatz ebenfalls als unzulänglich zurückgewiesen, da es Gedichte ohne metrische Ordnung gibt. Ein großer Bereich der modernen Lyrik arbeitet nicht mit poetischen Mitteln von Reim und Versmaß und benutzt z. B. den freien Vers, der auf metrische Regeln verzichtet. Erneut also die Frage: Was ist ein Gedicht bzw. ein lyrischer Text?

Nach Dieter Lamping (^{3}2000) ist ein Gedicht durch seine Versstruktur gekennzeichnet. Er definiert das Gedicht als eine Rede, in der die Wörter zu Versen gebunden sind (gebundene Rede) im Unterschied zur ungebundenen Rede der

Prosa (Versrede) (a. a. O. S. 23ff.). Bereits in der rhetorischen Tradition galt die Verssprache als geregelte, gebundene Rede (*eloquentia ligata*). Diese Rede kann in schriftlicher oder mündlicher Form vorliegen und wird entsprechend gelesen oder gehört. Mit dieser Definition ist als eine formale Eigenschaft die Untergliederung eines Textes in Einheiten (= Verse) angesprochen. Die Zerlegung eines Textes erfolgt beim gesprochenen Text durch Pausen und bei einem schriftlichen Text graphisch durch den Zeilenbruch. Die Zeilen werden auf der rechten Seite nicht vollständig gefüllt, sondern sie brechen ab und kehren an den Anfang der nächsten Zeile zurück, so dass viel freier Raum bleibt. Eine Ausnahme bilden jedoch Kirchenlieder, die fortlaufend geschrieben sind. Die Untergliederung durch Pausen/Zeilenbrechung folgt nicht dem Satzbau und seinen syntaktischen Einheiten, so dass Zeilenbrechung eine spezifisch ästhetische Operation ist und eigene Bedeutungen erzeugt. Diese formale Bestimmung von Lyrik als einer Einzelrede in Versen (Burdorf [2]1997; Sorg 1999; Lamping [3]2000) erfasst eine große Bandbreite an lyrischen Formen, grenzt sie von der Prosa, der konkreten Poesie, bei der es sich nicht um Verskunst handelt, und von der Ballade aufgrund ihres dialogischen Charakters ab.

Die Differentia Specifica eines Gedichts ist also die **Verssegmentierung**, die daher im Folgenden näher untersucht werden soll. Sie ist graphisch präsentiert durch den Zeilenbruch am rechten Textrand. „Vers" kommt von lat. *versus*, das Partizip Präsens Passiv von *vertere*, das *wenden/umkehren* bedeutet. Der Vers kehrt an den Versanfang zurück im Unterschied zur Prosa (lat. *prorsa oratio*), die dem Wortsinn nach „die geradeaus laufende Rede" bedeutet. Die Prosazeile wird zwar auch gebrochen, aber das hat keine Bedeutung für den Text und ist eher willkürlich. Während die Segmentierung von sprachlichem Material durch den Vers einen semantischen Effekt hat. Das spezifisch Poetische liegt in der Form des Gedichts und seiner Versgliederung, wobei der Vers graphisch und phonetisch durch Klang und Rhythmus realisiert sein kann.

4.3 Formelemente und lyrische Formen

4.3.1 Verssegmentierung

Durch die Pause bzw. den Zeilenbruch wird der Text unabhängig von grammatischen Regeln in Verse zerlegt. Diese Fähigkeit, Einheiten (Verse) zu bilden, ist eine andere Fähigkeit als die des Satzes, der nach syntaktischen Regeln Einheiten bildet und diese Einheiten durch Interpunktion markiert.

Herbstlied
Die grünen Blätter sind gefallen,
Die Schwalben fortgezogen sind,
Da will zu seiner Heimat wallen,
Ein armes elternloses Kind.

Als Führer auf der weiten Reise,
Fliegt vor ihm hin ein Schmetterling,
Ihr Bündelchen trägt selbst die Waise,
Ihr Hab und Gut ist sehr gering.
(C. Brentano [2]1978, Bd. 1, 137)

In diesem Gedicht enthalten die erste und zweite Zeile der ersten Strophe einen grammatisch vollständigen Satz: *Die grünen Blätter sind gefallen*. Die Versgrenze stimmt mit dem Ende des Satzes überein. Aber der dritte Vers ist syntaktisch unvollständig, da das Subjekt zu *Da will* in der vierten Zeile steht: *Ein armes elternloses Kind*. Der Satz wird auf zwei Zeilen verteilt. In einem Gedicht stoßen zwei Ordnungen aufeinander: die Vers- und die Satzordnung, die einander auf verschiedene Weise zugeordnet sein können. Folgende Formen kommen vor:

Vers = Satz

Der Vers besteht aus einem Satz. Vers- und Satzgrenze stimmen überein. Jede Verszeile beinhaltet einen syntaktisch vollständigen Satz aus Subjekt (*Die grünen Blätter*; *ein Schmetterling*), Prädikat (*sind gefallen*, *fliegt hin*). Bei einer Übereinstimmung von Satz und Vers liegt ein Zeilenstil vor. Ein Satz kann jedoch über die Versgrenze hinauslaufen auf die nächste Verszeile, so dass Satzende und Versende nicht zusammenfallen wie im obigen Gedicht von Brentano, wo im dritten Vers das Prädikat (*will wallen*) eingeführt wird, das zugehörige Subjekt jedoch erst im vierten Vers steht. In dem Fall spricht man von **Zeilensprung** oder „Enjambement". Je nachdem, ob die Versgrenze einen Satz an seiner Phrasengrenze oder innerhalb eines Satzteils untergliedert, werden zwei Formen von Enjambements unterschieden:

Vers = Satzteil (schwaches Enjambement)

Ein schwaches Enjambement liegt vor, wenn der Vers einen Satz auftrennt und aus einer syntagmatischen Einheit besteht. Ein Syntagma besteht aus grammatisch und logisch zusammengehörigen Wortgruppen, wie Substantiv-Verb, Artikel-Substantiv. Die Wörter stehen in einer syntaktischen Beziehung zueinander und bilden einen Zusammenhang.

Es läuft der Frühlingswind
Durch kahle Alleen,
Seltsame Dinge sind
In seinem Wehn.
(H. von Hofmannsthal *Vorfrühling* [1892], 1979, Bd. 1, 17)

In diesem Fall läuft der Satz über die Versgrenze von 1/2 und 3/4 hinaus und wird auf mehrere Verszeilen verteilt. Auf jeder Zeile steht eine selbstständige Satzeinheit, ein Syntagma: *Durch kahle Alleen, In seinem Wehn*.

Vers = Divergenz von Versschluss und Satz (starkes Enjambement

Wird ein Satz am Ende eines Verses nicht an der Grenze einer Satzeinheit unterbrochen, sondern wird Zusammengehöriges, wie Subjekt und Verb oder Verb und Objekt, getrennt, dann liegt ein starkes Enjambement vor wie in den folgenden Versen, wo das zum Prädikat *gießt* des ersten Verses zugehörige grammatische Subjekt *er* erst im zweiten Vers steht:

> Aufsteigt der Strahl und fallend gießt
> Er voll der Marmorschale Rund,
> Die, sich verschleiernd, überfließt
> In einer zweiten Schale Grund.
> (C. F. Meyer *Der römische Brunnen* [1882],
> [2]1991, II, 88)

Versschluss und Satzstruktur divergieren und erzeugen eine Spannung zwischen den beiden Ordnungen von Vers und Satz. Der Vers wird gegen den Satz gegliedert und bildet eine eigene semantische Einheit (Bedeutungseinheit).

Strophensprung

Bisweilen ist die Bewegung so stark, dass das syntaktische Gefüge über das Ende einer Strophe hinausgeht. In dem Fall liegt ein Strophensprung vor:

> Wie ich dich liebe
> Mit warmem Blut,
> Die du mir Jugend
> Und Freud' und Mut
>
> Zu neuen Liedern
> Und Tänzen gibst.
> Sei ewig glücklich,
> Wie du mich liebst.
> (J. W. von Goethe *Maifest* [*Sesenheimer Lieder* 1771], 1981, Bd. 1, 30)

Der Satz, beginnend mit *Die du mir* im 3. Vers der 1. Strophe setzt sich in der zweiten Strophe des Gedichts fort, wo erst im 2. Vers das zugehörige Prädikat (*gibst*) folgt.

Durch die verschiedenen Formen, Vers- und Satzordnung entweder harmonisch in Übereinstimmung zu bringen oder die Beziehung aufzubrechen und eine Disharmonie zu erzeugen, machen sich Verse unabhängig von syntaktischen Regeln der Sprache. Sie lenken die Aufmerksamkeit auf die eigenen Regeln, die innerhalb der Lyrik zur Anwendung kommen, und tragen damit zur Poetisierung bei. Durch solche Mittel können Wörter oder Satzteile hervorgehoben werden und erhalten dadurch zusätzlich zu ihren inhaltlichen, wörtlichen Bedeutungen eine Bedeutung. Zeilen- und Strophensprünge dynamisieren ein Gedicht, indem sie eine Bewegung hineintragen. Zur näheren Funktionsbestimmung innerhalb eines Gedichts empfiehlt es sich, sich genau die Stellen anzuschauen, an denen der Satz über das Versende hinausläuft, im Vergleich zum Zeilenstil.

4.3.2 Metrische Regulierung/Versmaß

Der Vers ist ein Segment eines Verstextes. Das Versmaß ist ein metrisches Muster, das einem Vers zugrunde liegt; es wird bestimmt durch die Anzahl der Silben, die Anzahl der Versfüße und den Reim. Nach der antiken Metrik bauen Verse sich aus kleinen Einheiten auf, den Versfüßen, bestehend aus bestimmten Abfolgen von langen und kurzen Silben. Der Versfuß wiederum galt als ein wiederkehrendes Element eines Versmaßes (= Metrum), das die nächst höhere Einheit bildet.

Das Lautmaterial der Sprache wird nach bestimmten Regeln metrisch geordnet. Den Rahmen bilden dabei die zwei Einheiten: Wort und Satz. Als dritte Einheit kommt der Sprechtakt bzw. die Untergliederung durch Sprechpausen in Phrasierungseinheiten, den sogenannten „Kola“ (Sing. Kolon), hinzu. Die wichtigste phonetische Einheit des Textes ist die Silbe (eine Sprecheinheit). Silben können nach Akzent, Tonhöhe, Tonart oder Dauer klassifiziert werden.

In der griechischen Metrik wurden die Metren nach der Silbenlänge bestimmt: lange und kurze Silben. Gegenüber diesem zeitmessenden, **quantitierenden Prinzip**, bei dem die Dauer des Sprechens von Silben gemessen wird, werden in der deutschen Verskunst Silben nach ihrem akzentuellen Gewicht in schwere und leichte Silben bzw. betonte und unbetonte Silben eingeteilt. Das deutsche Sprachsystem folgt dem Stammprinzip, bei dem die Betonung auf der Stammsilbe liegt und festgelegt ist. Bei zwei- und dreisilbigen Substantiven liegt der Akzent immer auf der ersten Silbe: Wágen. Vorsilben sind zumeist unbetont (gewágt); ebenso wie Nachsilben (gewéndet). Unbetont sind in der Regel auch Präpositionen (vor, auf) und Konjunktionen (und).

Die Übertragung des griechisch-lateinischen Systems der quantitierenden Metrik auf das der deutschen Sprache ist ein komplizierter Vorgang, der sich über viele Jahrhunderte hinzieht. Die erste deutsche Versdichtung entstand in der frühchristlichen Zeit. Die Anpassung an das **akzentuierende Verfahren** geht auf die Versreform von Martin Opitz zurück. Er empfahl in seinem *Buch von der Deutschen Poeterey* (1624) den Stammsilben-/Wortakzent mit der Hebung des Metrums in Übereinstimmung zu bringen. Es waren vor allem Klopstock und Hölderlin, die deutsche Verse nach dem Vorbild antiker Metren und Strophenformen gemacht haben.

Es gibt verschiedene Beschreibungssysteme für das Versmaß (**Notation**). In der antiken Metrik wurden die langen Silben durch einen Querstrich gekennzeichnet und die kurzen Silben durch einen nach oben geöffneten Bogen. Diese Schreibweise wurde auf die deutsche Metrik übertragen und für die betonte Silbe der Querstrich gesetzt und für die unbetonte der Bogen:

> Füllest wieder Busch und Tal
> -   v   -   v   -   v   -
> (J. W. von Goethe *An den Mond* [1776–1778], 1981, Bd. 1, 129)

Eine Beschreibungskonvention geht auf Wolfgang Kayser zurück, der zunächst alle Silben eines Verses auszählte und für jede Silbe ein „x" schrieb, dann Akzente auf die betonten Silben verteilte. Ulrich Pretzel ([2]1962) schreibt entsprechend dem qualifizierenden Prinzip der deutschen Versmetrik für die Hebung ein großes „X" und für die Senkung ein kleines „x". Danach würde der obige Goethe-Vers schematisch so wiedergegeben werden: XxXxXxX. Andreas Heusler ([3]1968) gliedert den Vers in Takte mit gleichen Zeiteinheiten und notiert analog zur Notenschrift der Musik für die Hebungen Ikte. Eine andere Schreibweise, die vor allem zur Darstellung des Metrums ohne Text verwendet wird, setzt für jede Silbe ein x und ein Akzentzeichen oder Kreuz auf die betonten Silben. Angelehnt an die Notation von U. Pretzel, zur Erleichterung der Gestaltung des Typoskripts und zur Einübung im Rahmen dieser Einführung wird im Folgenden die Stelle für die schwere Silbe mit dem X-Zeichen und die Stelle für die leichte Silbe mit dem kleinen „x" notiert. In textbezogener Notation wird die metrische Hebung unterhalb der Verszeile mit einem Querstrich markiert; die sprachlich realisierten Akzente oberhalb.

Versmaß/Struktur des Verses

Die Struktur des Verses ist zum einen durch Pausen bzw. den Zeilenbruch bestimmt, zum anderen durch eine metrische Ordnung. Das Versmaß legt die Zahl der Hebungen fest. Die Verslänge bestimmt sich wiederum nach der Zahl der Hebungen: dreihebig, vierhebig etc. Zwischen die Hebungen sind ein- oder zweisilbige Senkungen eingelassen, so dass man zwischen zwei- und dreisilbigen Versfüßen unterscheidet. Der regelmäßige Wechsel zwischen Hebungen und einsilbigen Senkungen wird als „Alternation" bezeichnet:

Du bist wie eine Blume,	xXxXxXx
So hold und schön und rein;	xXxXxX

(H. Heine [*Die Heimkehr/Buch der Lieder XLVII* 1825], [2]1975, Bd. 1, 131)

Zur näheren Charakterisierung der Struktur von Versen bedarf es der Betrachtung des Versein- und -ausganges und des Überganges zum nächsten Vers.

Verseingang

Eine unbetonte Silbe zu Anfang eines Verses heißt „Auftakt". Beginnt ein Vers mit einer unbetonten Silbe und enthält eine Senkung zwischen den Hebungen, so liegt ein alternierender, auftaktiger Vers vor, der nach einer Versschreibung, die sich an antiken Metren orientiert, als **Jambus** bezeichnet wird:

Es schlug mein Herz, geschwind zu Pferde!	xXxXxXxXx

(J. W. von Goethe *Willkommen und Abschied* [1771], 1981, Bd. 1, 28)

Beginnt ein zweisilbiger Vers mit einer betonten Silbe, einer Hebung, auf die eine Senkung folgt, so liegt ein alternierender, auftaktloser Vers vor, **Trochäus** genannt:

Sah ein Knab' ein Röslein stehn XxXxXxX
(J. W. von Goethe *Heidenröslein* [1771], 1981, Bd. 1, 78)

Kleine Blumen, kleine Blätter XxXxXxXx
(J. W. von Goethe *Sesenheimer Lieder* [1771], 1981, Bd. 1, 25–26)

Bei den dreisilbigen Versfüßen sind zwei Doppelsenkungen zwischen die Hebungen eingelassen; damit wird die Alternation unterbrochen. Bei einem **Daktylos** handelt es sich um einen auftaktlosen Vers mit Doppelsenkungen.

Es zogen zwei rüstge Gesellen
/.../
Klingenden, singenden Wellen XxxXxxXx
Des vollen Frühlings hinaus.
(J. von Eichendorff *Die zwei Gesellen* [*Gedichte. Erste Abteilung* 1818], 1971, 56)

Der **Anapäst** beginnt dagegen mit einem Auftakt:

Nur einer, der trippelt und stolpert zuletzt xXxxXxxXxxX
Und trappelt und grapst an den Grüften
(J. W. von Goethe *Der Totentanz* [1813], 1981, Bd. 1, 288)

Eröffnet wird der Vers in diesem Beispiel allerdings mit einem Jambus, setzt sich dann aber als anapästisches Maß fort.

Wie bereits erwähnt, liegen der antiken Metrik und der deutschen Verskunst unterschiedliche Prinzipien zugrunde, so dass Schreibungen wie „Jambus" oder „Trochäus" für die deutsche, nicht-antikisierende Lyrik eigentlich unangemessen sind. Aufgrund der hohen Verbreitung dieser Terminologie in der Fachliteratur, in Schulbüchern und didaktischen Materialien, was auf die lange Tradition des altphilologischen Unterrichts und seiner Unterweisung von Schülern in antike Metren zurückverweist, wird jedoch auch in diesen Ausführungen auf sie verwiesen.

zweisilbige Versfüße	**dreisilbige Versfüße**
alternierender Vers mit Auftakt (Jambus: v-)	Vers mit Auftakt und zwei Senkungen zwischen den Hebungen (Anapäst: vv-)
alternierender Vers ohne Auftakt (Trochäus: -v)	Vers ohne Auftakt und zwei Senkungen zwischen den Hebungen (Daktylos: -vv)

Jedes Gedicht hat wiederum seinen eigenen Rhythmus, der sich im Wechsel von Betonungen realisiert, auch wenn es ein mit vielen anderen Gedichten identisches Metrum hat. Die Identifikation von auftaktigen und auftaktlosen Versen mit Doppelsenkungen ist nicht immer eindeutig, u. a. weil Elemente ausgelassen werden können und das Versmaß innerhalb eines Gedichtes wechselt. Daher müssen für die Bestimmung des Versmaßes immer auch die Verseingänge und -übergänge mit betrachtet werden.

Versübergang

Folgt auf eine Senkung am Versende eine Hebung zu Beginn des nächsten Verses oder umgekehrt, so liegt ein synaphischer oder gefugter Übergang vor:

so müd geworden, daß er nichts mehr hält.	xXxXxXxXxX
Ihm ist, als ob es tausend Stäbe gäbe	xXxXxXxXxXx

(R. M. Rilke *Der Panther* [*Neue Gedichte* 1903], 1966, Bd. 1, 261)

Stoßen beim Übergang vom Ende des einen Verses zum Anfang des folgenden zwei Senkungen oder zwei Hebungen aufeinander, spricht man von einem „ungefugten" oder „asynaphischen" Versübergang. In dem folgenden Vers stoßen am Anfang und Ende der Verszeilen jeweils eine Senkung aufeinander:

Es schlug mein Herz, geschwind zu Pferde!	xXxXxXxXx
Es war getan fast eh gedacht.	xXxXxXxX

(J. W. von Goethe *Willkommen und Abschied* [1771], 1981, Bd. 1, 28)

Zur Vermeidung eines solchen Staus kann der Versfuß am Versende um ein oder zwei Elemente verkürzt werden. In dem Fall liegt ein katalektischer Vers vor. Um die Alternation von Hebungen und Senkungen gleichmäßig zu halten, fällt manchmal ein unbetonter Vokal zwischen zwei Konsonanten aus: statt *flüchtigen – flücht'gen*; statt *ewiger – ew'ger*. Das bezeichnet man als „Synkope".

Der flücht'gen Stunden gleichgeschwungnes Joch.
(E. Mörike *Um Mitternacht* [1827], 1968, Bd. 1, 749)

Folgen zwei Wörter aufeinander, deren eines mit einem Vokal endet und deren anderes mit einem Vokal beginnt, so entsteht eine klangliche Härte, die durch Elision vermieden wird, indem der Vokal am Ende eines Wortes ausgelassen wird, z. B. statt *sehe ich – seh' ich.*

Versausgang

Endet eine Verszeile mit einer Hebung, so liegt ein männlicher Versausgang bzw. eine männliche Kadenz vor. Endet sie mit einer Senkung, so spricht man von einem weiblichen Versausgang.

Berühmte **Versformen** sind der Knittelvers, der Blankvers, der Alexandriner, der Hexameter und der Pentameter. Der Knittelvers findet eher in der Dramatik und Epik als in der Lyrik und vorwiegend in der Literatur der Frühen Neuzeit seine Verwendung. Er ist gekennzeichnet durch den Paarreim, die Zahl der Hebungen und eine nicht geregelte Alternation. Der Blankvers ist ein reimloser, fünfhebiger Jambus ohne feste Zäsur (xXxXxXxXxX(x)), der im England des 15. Jahrhunderts entwickelt wurde und das bevorzugte Versmaß von Shakespeare war. In Deutschland verdrängte er im 18. Jahrhundert zunehmend den vierhebigen Jambus. Er wird vorwiegend in Dramen verwendet, z. B. in Lessings *Nathan der Weise* und bei Schiller, Goethe, Hebbel. Bei dem Alexandriner handelt es sich um einen 12- oder 13-silbigen Vers, der nach der sechsten Silbe eine Zäsur hat und auf der sechsten und zwölften Silbe den Akzent trägt. Der Hexameter ist ein auftaktloser, reimloser und sechsfüßiger Vers, der überwiegend aus Daktylen besteht. Friedrich Gottlieb Klopstock hat den *Messias* (1745/46) und Goethe *Hermann und Dorothea* (1797) in Hexametern verfasst.

Der Pentameter ist ebenfalls ein auftaktloser, sechshebiger Vers, der durch den Zusammenprall zweier Hebungen halbiert ist. Er bildet zusammen mit dem Hexameter das Distichon, das Versmaß der Elegie.

4.3.3 Der Reim

Das Wort *Reim* stammt ursprünglich aus dem Alt-Fränkischen (*rim*), das *Reihe* oder *Zahl* bedeutet. Über das französische *rime* ist es in die europäischen Sprachen gelangt, wo sich der Reim ab dem 12. Jahrhundert durchsetzt. Gegenüber der Antike, wo der Reim nur eine untergeordnete Rolle spielte, wird er zu einem wesentlichen Element der deutschsprachigen Lyrik, die damit die Klangähnlichkeit und die enge Bindung an den Gesangsvortrag betonte. Der Reim erlangt seine Bedeutung erst beim Übergang vom quantitierenden zum neuen Betonungsprinzip der Tonhöhe, bei dem Silben rhythmisch nach ihrer Tonhöhe gegliedert wurden (Breuer 1981, 42). In der modernen Lyrik des 20. Jahrhunderts verlieren Reim und Versmaß zunehmend an Bedeutung. Allerdings gewinnt der Reim in der Moderne innerhalb der lyrischen Parodie als ironisches Mittel, in der Rap-Poetry und Spoken Word-Szene als Stilmittel wieder an Bedeutung.

Beim Reim unterscheidet man zwischen dem alliterierenden Reim und dem Endreim. Beim alliterierenden Reim stimmen die Anlaute der akzentuierten Silben überein: Lieb‘ - Leid. Der Stabreim, der u. a. in Dichtungen des Althochdeutschen verwendet wird, benutzt die Alliteration, die gleiche Anlaute von betonten Stammsilben im Vers fordert. Beim Endreim stimmt das Lautmaterial zweier Wörter am Versende überein. Es handelt sich um den Gleichklang von Vokalen und Konsonanten am Versende:

B-ückt	ge-ahnt	W-angen
Entr-ückt	gem-ahnt	verg-angen

Gerechnet wird dabei vom Vokal der letzten betonten Silbe an. Eine Waise ist ein Vers, der ungereimt bleibt. Steht die Reimentsprechung erst in der Folgestrophe, so handelt es sich um Körner. Beim Kehrreim werden die Verszeilen am Strophenschluss wiederholt. Nach der **Stellung des Reims** im Vers werden der Eingangsreim, bei dem die reimenden Wörter jeweils am Verseingang stehen, der Binnenreim, bei dem eines der Reimglieder im Versinneren steht, der übergehende Reim und der Ausgangsreim voneinander unterschieden. Beim übergehenden Reim reimen das Reimwort am Ende eines Verses und der Anfang des nächsten Verses miteinander. Beim Binnenreim sind zu unterscheiden: Schlagreim, Mittenreim, Mittelreim und Inreim.

Inreim: Beim Inreim reimt das Versende mit einem Wort innerhalb desselben Verses:

Lieb' und Leid im leichten Leben
Sich erheben, abwärts schweben,
Alles will das Herz umfangen,
Nur verlangen, nie erlangen
(C. Brentano *Frühes Liedchen* [2. Fassung 1802], [2]1978, Bd. 1, 130)

Mittenreim: Beim Mittenreim handelt es sich um einen Binnenreim, bei dem sich Versende und ein Wort des vorhergehenden oder folgenden Verses reimt, wie *hinter* und *Winter* im folgenden Gedicht:

Sei allem Abschied voran, als wäre er hinter
dir, wie der Winter, der eben geht.
(R. M. Rilke *Sonette an Orpheus* [1922], 1966, Bd. 1, 515)

Mittelreim: Ein Mittelreim liegt vor, wenn zwei Wörter im Innern zweier Verszeilen aufeinander reimen:

Mir ist zu licht zum Schlafen,
Der Tag bricht in die Nacht.

Schlagreim: Eine Sonderform des Binnenreims ist der Schlagreim, bei dem zwei reimende Wörter oder Silben innerhalb des Verses unmittelbar aufeinanderfolgen, wie in Rilkes *Der Panther*:

als ob es tausend Stäbe gäbe
und hinter tausend Stäben
(R. M. Rilke *Der Panther* [*Neue Gedichte* 1903], 1966, Bd. 1, 261)

Weiterhin differenziert man nach der **Funktion des Reims** für die Gliederung einer Versfolge zwischen:

Paarreim: aabb

Lieb' und Leid im leichten Leben
Sich erheben, abwärts schweben,
Alles will das Herz umfangen
Nur verlangen, nie erlangen,
(C. Brentano *Frühes Liedchen* [1802], [2]1978, Bd. 1, 130)

Kreuzreim:	abab	Es läuft der Frühlingswind Durch kahle Alleen, Seltsame Dinge sind In seinem Wehn. (II. von Hofmannsthal *Vorfrühling* [1892], 1979, Bd. 1, 17)
umschließender Reim: Blockreim	abba	Ich habe keine Geliebte, kein Haus, Keine Stelle auf der ich lebe. Alle Dinge, an die ich mich gebe, Werden reich und geben mich aus. (Rainer Maria Rilke, 2. Str. *Der Dichter* [*Neue Gedichte* 1905/06], 1966, Bd. 1, 267)
Schweifreim:	aabccb	Der Mond ist aufgegangen, Die goldnen Sternlein prangen Am Himmel hell und klar; (M. Claudius *Abendlied* [1778], ^{2}1981, 291)

Die reimenden Wörter werden dabei durch Buchstaben ersetzt.

Die **Funktion** des Reims besteht darin, die Einheit eines Verses zu unterstützen und durch die Erwartung eines zweiten Reimwortes eine Einheit höherer Ordnung zu schaffen. Sie stärken die Kohärenz (innerer Zusammenhalt) eines Gedichtes. Während das Enjambement Verszeilen verbindet, trennt der Reim Verszeilen und kann bei Binnenreimen die Bindung nach innen verstärken. Die Wirkungs- und Funktionsweise des Reims und damit spezifischer Klangstrukturen wird besonders deutlich an dem folgenden Gedicht von C. Brentano, von dem die ersten drei Strophen zitiert werden:

> Frühes Liedchen (1802)
> Lieb' und Leid im leichten Leben
> Sich erheben, abwärts schweben,
> Alles will das Herz umfangen
> Nur verlangen, nie erlangen,
>
> In den Spiegel all ihr Bilder
> Blicket milder, blicket wilder
> Jugend kann doch nichts versäumen
> Fortzuträumen, fortzuschäumen.
>
> Frühling muß mit süßen Blicken
> Sie beglücken, sie berücken,
> Sommer sie mit Frucht und Myrten
> Froh bewirten, froh umgürten.
> (C. Brentano *Frühes Liedchen* ^{2}1978, Bd. 1, 130)

Hier haben wir eine Häufung von Binnenreimen: *erheben – schweben; verlangen – erlangen; blicket milder – blicket wilder; träumen – schäumen; beglücken – berücken; bewirten – umgürten.* Die zu einer Verstärkung des Versinneren führen und damit zu einer Kohärenz auf der Links-Rechts-Achse. Parallel dazu werden durch die Endreime: *Leben – schweben; umfangen – erlangen; Bilder –*

wilder etc. die Verbindungen zwischen Verszeilen in der Richtung von oben nach unten verstärkt. Zugleich, da Endreime im Inneren der Verszeile wieder aufgenommen werden – *umfangen – verlangen – erlangen; Bilder – milder – wilder* – entsteht eine Kontinuität. Der Gleichklang läuft über die Verszeilen hinaus ins Versinnere und von dort aus wieder ans Ende des Verses und über Verszeilen hinweg in den nächsten Vers. Auf diese Weise werden vielfältige Sinnbeziehungen zwischen Wörtern, Satzeinheiten und Sätzen gestiftet und Musikalität erzeugt. Zu beachten ist, dass sowohl dem Vorkommen von Reimen als auch dem Fehlen Bedeutung zukommt.

Auf kunstvolle Weise hat Rilke in dem Gedicht *Der Panther* Binnen- und Endreime gestaltet:

> Sein Blick ist vom Vorübergehn der Stäbe
> So müd geworden, daß er nichts mehr hält.
> Ihm ist, als ob es tausend Stäbe gäbe
> und hinter tausend Stäben keine Welt.
> (R. M. Rilke *Der Panther* [*Neue Gedichte* 1903], 1966, Bd. 1, 261)

Stäbe – hält, tausend Stäbe gäbe, hinter tausend Stäben – Welt: Die einzelnen Wörter beziehen sich wechselseitig aufeinander und sind in ihren klanglichen Korrespondenzen so verdichtet, dass der Eindruck von einem Gefängnis entsteht.

Eine weitere wichtige Funktion des Reimes besteht in seiner Memorierleistung. Gereimtes prägt sich leichter ein, was zum einen für den mündlichen Vortrag bedeutsam ist, zum anderen nutzt die Werbung strategisch diese Gedächtnisleistung und Einprägsamkeit von Reimen für ihre Zwecke. Bevorzugt setzt der Rap, der etwa in den 1960er Jahren in afroamerikanischen Großstadtghettos entstand, den Reim und seine verschiedenen Reimformen ein: der Paarreim, Reime, die sich über mehrere Verszeilen (4–8) ziehen, Wiederholung eines Reimwortes am Ende einer Zeile zu Beginn der folgenden sowie die Wiederholung ein und desselben Reimwortes über mehrere Verszeilen.

Freie Verse und freie Rhythmen

Der **freie Vers** hat sich im 17. Jahrhundert in Frankreich als *vers libre* entwickelt und bezeichnet eine Form, die mit einem freien Reimschema und freier Hebungszahl arbeitet, aber nicht auf den Reim verzichtet. Der freie Vers löst sich zwar aus festen metrischen Bindungen, ist aber nicht regellos. Als eigenes Ordnungsprinzip kommt hier die Zeile ins Spiel, die einzelne Elemente verbindet und zugleich von anderen abgrenzt. Für die Konstituierung der Verszeile spielen syntaktische Mittel eine wesentliche Rolle, wie Phrasen-, Satzlänge und Inversionen, außerdem Wiederholungen, Parallelismen und klangliche Mittel, wie lange oder kurze Vokale und Konsonantenhäufung. Verse mit Reim, aber ohne metrische Bindung finden sich in der Lyrik von Ernst Stadler oder Else Lasker-

Schüler. Da in der Weiterentwicklung lyrischer Formen im 20. Jahrhundert auch zunehmend der Reim zurückgedrängt wurde, schlägt Schlawe (1972) vor, nur die Verse als freie Verse zu bezeichnen, die auf Reim und Metrik verzichten.

Unter **Rhythmus** wird die Gliederung sprachlicher Zeichen (Silben, Wort, Syntagma) nach klanglichen Gesichtspunkten der Betonung, der Tonstärke (laut-leise), der Tonhöhe und der Tondauer (langes-kurzes Sprechen von Silben) verstanden.

Gedichte mit **freien Rhythmen** verzichten auf Reimbindung und ein durchgehendes Versmaß. Die strophische Ordnung wird aufgelöst, indem eine freie Abfolge von Versen mit wechselnden Versmaßen gestattet ist. Die Entwicklung der freien Rhythmen ist eine der hervorragenden Leistungen F. W. Klopstocks, der eine neue Metrik nach antikem Muster bildete und in seinen Oden und Hymnen die freien Rhythmen verwendet. Klopstock war von nachhaltigem Einfluss auf die Lyrik bis zu Bertholt Brecht und Johannes Bobrowski.

Fragestrategien zur Bestimmung des Versmaßes

Da die Bestimmung des Versmaßes eines Gedichtes im Studium wie in der Schule immer wieder Schwierigkeiten bereitet, empfiehlt sich die Anwendung folgender Fragestrategien:

Tab. 33 Fragestrategien

Fragestrategien

1. Zählen Sie die Anzahl der Hebungen pro Vers.
   Wenn Sie unsicher sind, dann zählen Sie zuerst alle Silben eines Verses, sprechen ihn dann laut (leiernd) und achten darauf, wo Sie automatisch betonen.
2. Zählen Sie die Anzahl der Senkungen im Versinneren:
   a) Liegt eine regelmäßige Alternation mit den Hebungen vor?
   b) Sind Doppelsenkungen zwischen den Hebungen eingelassen?
   c) Liegt eine Füllungsfreiheit vor?
3. Prüfen Sie den Verseingang: Auftakt – ohne Auftakt?
4. Bestimmen Sie den Versausgang: männliches – weibliches Ende?
5. Bestimmen Sie den Versübergang: gefugt - ungefugt?
6. Prüfen Sie, ob ein Reim vorliegt:
   a) Liegt ein Binnenreim vor?
   b) Liegt ein Endreim vor? Wenn ja, um welches Reimschema handelt es sich?
   c) Welche Funktion hat der Reim: Markiert er das Versende, verstärkt er die Kohärenz des Versinneren, verbindet er Verszeilen untereinander?
   d) Welche Funktion/welchen Effekt hat das Fehlen des Reimes?
7. Prüfen Sie, ob ein Zeilenstil oder Zeilensprung vorliegt:
   a) schwaches Enjambement
   b) starkes Enjambement
   c) Welche Funktion haben Zeilensprünge?

Die vorgestellten Beschreibungskategorien und Fragestrategien gelten für das Repertoire der traditionellen Lyrik. In Bezug auf moderne Gedichte ohne Reime und ohne metrische Regulierung empfiehlt sich als Herangehensweise, auf die Verszeilen nach Zahl, Länge und Anordnung zu achten, dann die Hebungen zu identifizieren und zu prüfen, ob Regelmäßigkeiten vorliegen und Entsprechungen zwischen Verszeilen, durch die Beziehungen zwischen ihnen gestiftet werden. Einzelne Wörter, die allein auf einer Verszeile stehen, erhalten dadurch ein Gewicht und sind in ihrer Bedeutung zu hinterfragen.

16 Analysieren Sie die zwei Strophen von Joseph von Eichendorff unter Anwendung der obigen Fragestrategien nach:

1. **Zeilensprung**
2. **Metrum**
3. **Verseingang**
4. **Versende**
5. **Versübergang**
6. **Synkope/Elision**

Das zerbrochene Ringlein (1810)
In einem kühlen Grunde
Da geht ein Mühlenrad,
Mein Liebste ist verschwunden,
Die dort gewohnet hat.

Sie hat mir Treu versprochen,
Gab mir ein'n Ring dabei,
Sie hat die Treu gebrochen,
Mein Ringlein sprang entzwei.

4.3.4 Klangstrukturen (lautlicher Gleichklang)

Außer der metrischen Regulierung wird in der Lyrik von einem weiteren formalen Mittel vielfältiger Gebrauch gemacht: den Klangstrukturen und ihre Übereinstimmung. Klangbeziehungen werden aus der Lautstruktur der Wörter (Phonemstruktur) aufgebaut.

Prominente Formen lautlichen Gleichklangs sind die **Alliteration** und die **Assonanz**. Bei der Alliteration stimmen die anlautenden Konsonanten von Wörtern (betonte Stammsilben) überein: **K**ind und **K**egel. Ein bekanntes Beispiel dafür bietet J. v. Eichendorffs *Nachtblume*:

Nacht ist wie ein stilles Meer
Lust und **L**eid und **L**iebesklagen
kommen so verworren her
in dem **l**inden Wellenschlagen.
(J. von Eichendorff [1837], 1971, 186)

Bei einer Assonanz sind die Konsonanten nicht am Gleichklang beteiligt, sondern die Vokale der betonten Silben stimmen überein: M**a**cht – g**a**b. Folgende Assonanzen finden sich in der 2. Strophe von *Nachtblume*:

Schließ' ich nun auch H**e**rz und Mund,
Die so g**e**rn d**e**n St**e**rnen klagen:
Leise doch im H**e**rzensgrund
Bleibt das linde W**e**llenschlagen.

Stimmt das reimende Lautmaterial vollständig überein, so liegt ein reiner Reim vor: Eigensinn : Zigeunerin. Liegt nur eine partielle Übereinstimmung vor, so handelt es sich um einen unreinen Reim:

i : ü	Liebesblick – Glück.
e : ö	Löchern – Bechern

Weit verbreitet in der Lyrik, vor allem in der volkstümlichen, ist die **Lautmalerei** (griech. *Onomatopoiie*). Dabei werden natürliche Laute (akustische), aber auch Stimmungen, Tätigkeiten und Bewegungen phonetisch abgebildet:

Hopp hopp hopp zu Pferde,
wir reiten um die Erde.
Die Sonne reitet hinterdrein,
wie wird sie abends müde sein.
Hopp hopp hopp!
(Enzensberger [3]1977, 60)

Wie hier das Reiten lautmalerisch durch *hopp, hopp, hopp* nachgeahmt wird, so der Galopp des Reiters in der Ballade *Lenore* von A. Bürger durch *trapp, trapp, trapp*: „Und außen, horch! ging's trapp, trapp, trapp". Klangmalerei weist darauf hin, dass die Gedichte nicht in erster Linie gelesen, sondern gesprochen und gehört werden sollen, um bestimmte Inhalte sinnlich erfahrbar zu machen.

Auch Alliterationen sind ein Merkmal von Lautmalerei:

James Krüss: Das Feuer
Hörst du, wie die Flammen
knicken, **kn**acken, **kn**istern,
Siehst du,
Wie das Feuer
Trockene Hölzer **schl**ingt und **schl**uckt?
(s. Reger [3]1996, 176)

Insbesondere im Bereich der Kinderlyrik, zu der Kinderlieder, -reime, Sprach- und Klangspiele, Rätsel u. a. m. gezählt werden, wird von Klangstrukturen vielfältiger Gebrauch gemacht: Ketten- und Schüttelreime, Lautgedichte, Klangmalereien oder Abzählreime, wie *Ene mene minke tinke,/ wade rade rollke tollke,/ wiggel waggel weg.* Wie verschiedene poetische Mittel der Reimbindung, Alliteration, Assonanz und der Wechsel von Metren funktional zusammenspielen, um kindliches Spiel und rhythmische Bewegungen des Kindes zu imitieren, veranschaulicht das folgende Gedicht:

> **B**acke, **b**acke Kuchen,
> Der **B**äcker hat gerufen:
> **W**er **w**ill guten Kuchen **b**acken,
> der muß haben **s**ieben **S**achen
> Eier und Schmalz,
> Zucker und Salz,
> **M**ilch und **M**ehl
> Safran macht den Kuchen geel.
> (H.M. Enzensberger ³1977, 135)

Wir haben eine Fülle von Assonanzen und Alliterationen, sowie Reime mit männlichem und weiblichem Schluss, die überwiegend unreime Reime sind: *Kuchen – gerufen; backen – Sachen; Schmalz – Salz; Mehl – geel.* Das metrische Schema ist komplex, da unterschiedliche Verslängen vorliegen: 2-, 3- und 4-hebig, nur ein Auftakt im 2. Vers. Der Wechsel von Trochäen (Backe, backe; Wer will guten Kuchen backen) und Daktylen (Eier und Schmalz; Zucker und Salz). Durch die Gestaltung des Spieltextes wird die Bewegung des Laufens, Spielens und Abzählens imitiert und damit in der Form eingeholt, was das kindliche Spiel ausmacht.

Durch Assonanzen und Alliterationen werden auf der phonetischen Ebene Beziehungen zwischen Wörtern und Versen gestiftet. Klangstrukturen stellen Sinnbeziehungen her durch mimetische (nachahmende) Funktionen, durch Hervorrufen von Gefühlen und Stimmungen, durch Leitklänge, die ein Gedicht durchziehen, eine strukturierende Funktion übernehmen und Wörter untereinander zusammenschließen. Klangliche Mittel können auf der semantischen Ebene Inhalte verstärken und versinnlichen und dadurch ein Mehr an Bedeutungen erzeugen. In der Kinderlyrik wird nicht so sehr der begriffliche Inhalt von Wörtern hervorgehoben, sondern der sprachspielerische Charakter im Umgang mit Sprache, oft mit einem humorvollen Akzent. Die Aufmerksamkeit wird dabei auf Gestaltungsmittel von Lyrik, vor allem auf die phonetische Ebene von Sprache gelenkt.

Die Kinderlyrik hat in der jüngeren Vergangenheit erhöhte Beachtung in der Literatur (s. Enzensbergers Sammlung *Allerleirauh*), in der Literaturwissenschaft und in der Didaktik gefunden. Lautmalerei ist ein Gestaltungsmittel, das der Sprachschulung (Bewusstheit für Laute, Lautstrukturen und Rhythmus), Förderung der Sprachentwicklung von Kindern und der ästhetischen Erziehung in der Grundschule dient.

4.3.5 Graphisch-visuelle Gestaltungsmittel

Neben lautlichen Qualitäten von Wörtern spielen graphische Gestaltungsmittel in der Lyrik eine große Rolle, insbesondere in der konkreten Poesie. Typisch für die konkrete Poesie ist die Reduktion von Sprache auf Grundbestandteile wie Buchstaben und Wörter und die Hinwendung auf die Materialität der Sprachzeichen. Die Sprache hat keine Verweisfunktion mehr, sie beschreibt keine außersprachlichen Sachverhalte und Gegenstände, sondern sie selbst bildet den Gegenstand des Gedichtes. Einzelne Buchstaben und Wörter stehen für sich. Die Sprache und ihre phonetischen, visuellen und akustischen Dimensionen bilden das Material, aus dem die Texte gemacht sind. Ein typisches Verfahren besteht darin, die Wörter räumlich-visuell auf einer Seite zu verteilen. Durch diese Anordnung werden Beziehungen zwischen den Wörtern gestiftet, wie in Eugen Gomringers *Konstellationen* (1953). Figurengedichte beziehen die Schriftlichkeit mit ein, so dass der geschriebene Text eine Figur bildet. Sie haben eine lange Tradition und waren besonders im Barock beliebt, finden aber auch Verwendung im 20. Jahrhundert. Ein bekanntes Figurengedicht stammt von Christian Morgenstern: *Zwei Trichter.* Der geschriebene Text nimmt die Form eines Trichters an. Ein anderes Verfahren wendet Claus Bremer an, indem er das Wort „Film" graphisch so anordnet, dass ein Filmstreifen entsteht und somit eine ikonische Beziehung[9] zwischen Inhalt und Form besteht. Ein anderes Beispiel ist das folgende von Eugen Gomringer *schweigen* (1953):

schweigen schweigen schweigen
schweigen schweigen schweigen
schweigen   schweigen
schweigen schweigen schweigen
schweigen schweigen schweigen
(E. Gomringer 1969, 27)

Ein Effekt der konkreten Poesie, zu deren Vertretern außer Eugen Gomringer Ernst Jandl, Claus Bremer, Franz Mon und Oswald Wiener gehören, besteht in der Verfremdung, im Spielerischen und in der Reflexion auf Sprache. Zugleich handelt es sich um eine Lyrik, die nicht primär gelesen und gehört, sondern gesehen werden will.

Zur konkreten Poesie gehört neben der visuellen Poesie auch die akustische Poesie, die mit dem Lautmaterial der Sprache arbeitet. Dazu zählen Laut- und Buchstabengedichten, die die lautmalerischen Effekte der Sprache nutzen. Sie finden sich im Barock, im Dadaismus und in der Gegenwart vor allem bei Ernst Jandl: *schtzngrmm/schtzngrmm/t-t-t-t/t-t-t-t/grrrmmmmm.* Die akustische Poesie umfasst außerdem Dialektgedichte, die sind vor allem in der Wiener Gruppe (u. a. Hans Carl Artmann und Konrad Bayer) entstanden.

[9] In der Zeichentheorie bezeichnet ikonisch die Eigenschaft eines sprachlichen Zeichens, das Gemeinte in der Form abzubilden. Zeichen und bezeichneter Gegenstand stehen in einer Ähnlichkeitsbeziehung.

4.3.6 Strophe

Eine Strophe ist eine Zusammenstellung von Versen zu einer metrisch höheren Einheit, die einen ganzen Verstext gliedert. Sie ist metrisch geregelt und als Einheit wiederkehrend. Bei Strophen werden Silbenzahl, Verszahl und Reimschemata wiederholt. Eine Zusammenfügung von Versen, die metrisch nicht geregelt ist, aber graphisch deutlich als zusammengehörig markiert ist, wird als „Versgruppe" bezeichnet (Wagenknecht ^{4}1999). „Abschnitte" eines Gedichts sind ungleich lang und als Teile, die keine Strophen sind, äußerlich zu erkennen. Bekannte Strophenformen, die vor allem auch noch im 20. Jahrhundert verwendet werden, sind die vierzeiligen Quartette und die dreizeilige Strophe des Terzetts, die im Sonett vorkommen, die Liedstrophe, die Stanze und die Terzine. Im 18. Jahrhundert wurden die verschiedenen Formen der **Odenstrophe** in der deutschen Literatur verwendet, wie in Klopstocks berühmtem Gedicht *Der Zürchersee* (1750): *Schön ist, Mutter Natur, deiner Erfindung Pracht/Auf die Fluren verstreut, schöner ein froh Gesicht,/Das den großen Gedanken/Deiner Schöpfung noch einmal denkt.* Die reimlose Odenstrophe besteht aus vier Verszeilen, ist metrisch streng geregelt und variiert in der Silbenzahl.

Die **Volksliedstrophe** ist in Reimen gebunden, ihre Silbenzahl ist nicht vorgeschrieben, die Kadenzen sind geregelt und der Vers besteht aus drei bis vier Hebungen. Seit dem 17. Jahrhundert ist sie jambisch reguliert. H. Heine benutzt in seinem *Buch der Lieder* bevorzugt die vierzeilige Volksliedstrophe:

Aus alten Märchen winkt es abab
Hervor mit weißer Hand,
Da singt es und da klingt es
Von einem Zauberland:

Wo große Blumen schmachten
Im goldnen Abendlicht,
Und zärtlich sich betrachten
Mit bräutlichem Gesicht; –

(H. Heine *Buch der Lieder/Lyrisches Intermezzo* [1820/21], ^{2}1975, Bd. 1, XLIII, 92)

Zu Beginn des 20. Jahrhunderts benutzen S. George und R. M. Rilke bevorzugt die vierzeilige Strophe, wandeln sie jedoch in Abkehr von der Liedtradition ab. Die Strophenform besteht aus fünf Hebungen mit Kreuzreim. Die erste und dritte Zeilen haben einen weiblichen Versschluss, die zweite und vierte Ziele einen männlichen. Der Übergang von der ersten zur zweiten Verszeile und vom dritten zum vierten Vers ist asynaphisch (doppelte Senkungen), von der dritten zur vierten Verszeile jedoch synaphisch, indem auf die Hebung eine Senkung folgt, wie in Rilkes *Der Panther.*

Die aus der italienischen Dichtung kommende **Terzine** ist eine Strophenform, die aus drei Versen besteht, wobei der erste und der dritte Vers miteinander reimen, während der mittlere Vers sich mit dem Reimpaar der folgenden Strophe reimt: aba bcb cdc. Die Terzine besteht aus auftaktigen, alternierenden Versen (fünfhebig) und wurde gerne in der Lyrik der Jahrhundertwende bei George, Hofmannsthal und Rilke benutzt:

> Über Vergänglichkeit
>
> Noch spür ich ihren Atem auf den Wangen:
> Wie kann das sein, daß diese nahen Tage
> Fort sind, für immer fort, und ganz vergangen?
> Dies ist ein Ding, das keiner voll aussinnt,
> Und viel zu grauenvoll, als daß man klage:
> Daß alles gleitet und vorüberrinnt.
>
> (H. von Hofmannsthal 1979, Bd. 1, 21)

Zu erwähnen ist noch die aus dem Italienischen stammende **Stanze**, die aus acht Verszeilen besteht mit dem Reimschema: abababcc. Bezeichnend ist jedoch ihre Zweiteilung, die formal durch den Reimwechsel markiert ist und inhaltlich, indem das Schlusspaar einen Gegensatz zu den vorhergehenden sechs Versen oder eine Sentenz formuliert, wie in Goethes *Epilog zu Schillers Glocke*. Die **Chevy-Chase-Strophe** aus der englischen Balladendichtung besteht aus vier auftaktigen Verszeilen, Vers zwei und vier reimen sich, die erste und dritte Verszeile hat vier Hebungen, die zweite und vierte drei. Ihre Ausgänge sind nur männlich. Theodor Fontane, Graf von Strachwitz und Borries von Münchhausen benutzen sie in ihren Balladen. In der **Vagantenstrophe** wird das obige Schema variiert, indem der zweite und vierte Vers einen weiblichen Ausgang hat und die Alternation durch Doppelsenkungen beim Übergang vom zweiten zum dritten Vers durchbrochen wird. Diese Strophe hat sich zwar aus der mittelalterlichen Vagantendichtung entwickelt, findet sich aber auch im 20. Jahrhundert bei Hermann Hesse oder Christian Morgenstern.

Die Strophenform lässt sich nach folgenden Kriterien beschreiben:

1. Zeilenzahl der Strophen
2. Verse: Zahl der Hebungen und Senkungen
3. Reimfolge
4. Reimlosigkeit
5. Assonanzen

4.3.7 Gedichtformen

Die Vielfalt an lyrischen Formen lässt sich in die klassischen Formen der Lyrik gruppieren, zu denen die Ode, die Hymne und die Elegie gehören, dann das Volkslied und die Ballade, als Kunstform das Sonett und die kleinen Formen, wie das Epigramm und Haiku. Die **Ode** (dem Wortsinn nach „Gesang“) war in der Antike thematisch als Lobgedicht zu Ehren eines Gottes festgelegt und formal bestimmt; sie war strophisch gegliedert, ohne Reimbindung, hatte eine feste metrische Form und einen strengen, triadischen Aufbau. M. Opitz und A. Gryphius nutzten die Odenform, ebenso Klopstock, der sie zu aktuellem Anlass wie Weinabend oder Abreise eines Freundes in heiterem Ton verwendete.

Die **Hymne** entstammt ursprünglich dem kultischen Gesang, ist gehoben im Sprachstil und ohne Beschränkung in der metrischen Form. Ihre kultische Bedeutung hat sie im Laufe der Geschichte verloren und erhält ab dem 18. Jahrhundert ihren Platz innerhalb der Lyrik als eine Sonderform der Gedankenlyrik und eher als eine Stilform als eine Gedichtform. Eine berühmte Hymne ist Goethes *Ganymed* (1774).

Die **Elegie**, ein Trauer- und Klagegedicht, das zur Flötenmusik vorgetragen wurde, war ursprünglich im Distichon (ein Zweizeiler aus Hexameter und Pentameter) verfasst. Tod, Trennung und der Verlust einer geliebten Frau waren die Themen der Elegie. Durch die Gefühlskultur im 18. Jahrhundert und ihre Aufwertung der gemischten Empfindungen durch Thomas Abbt erlangte die Elegie, in der sich Jubel und Klage um die Abwesenheit oder Abweisung der Geliebten artikulieren, eine Renaissance. Wesentliches Merkmal ist der Vergangenheitsbezug und die Reflexion des lyrischen Subjekts auf einen erlittenen Schmerz, der in der Erinnerung gemildert wird. Schiller wertet die Elegie auf (*Der Spaziergang* 1800), ihren Höhepunkt erreicht sie in der Dichtung Friedrich Hölderlins ((*Der Wanderer* 1797) und im 20. Jahrhundert bei Rainer Maria Rilke (*Duineser Elegien* 1923).

Das **Epigramm** (= Aufschrift) ist eine eigene Gedichtform, die sich auf Grabmälern und Weihegeschenken findet und oft einen sprichwortähnlichen, moralisch-didaktischen Ton hat. Es wird der Gedankenlyrik zugeordnet, ist frei von Subjektivität und in Distichen gebildet. Das 20. Jahrhundert greift auch diese Kurzform auf, z. B. G. Grass und E. Fried.

Das **Volkslied** mit seiner typischen Strophenform (s. o.) war besonders in der Romantik beliebt. Die enge Verbindung von Volkslied und Musik zeigt sich in musikalischen Strukturmerkmalen der Wiederholung von Reim, Reimwörtern, Rhythmus und der Variation, wie zuvor am Beispiel von C. Brentanos Spinnerin-Lied verdeutlicht wurde, zu dem Eichendorff ein Gegenstück verfasst hat: *Das zerbrochene Ringlein* (1808). Auch verwendet Eichendorff in seinem Roman *Sternbalds Wanderungen* Instrumentenlieder (Posthornschall, Waldhornmelodie).

Eine Gedichtform, die in der Lyrik des 20. Jahrhunderts häufige Verwendung findet, ist das aus dem Italienischen stammende **Sonett** (G. da Lentino, 13. Jahrhundert), das eng mit der Liebesthematik verbunden ist. Das Sonett bestand ursprünglich aus 14 elfsilbigen Verszeilen, die durch einen Wechsel im Reim in zwei Blöcke gegliedert waren: eine Oktave mit einem binären Reim (ab) und einem Sextett mit einer triadischen Struktur (cde). Erst mit F. Petrarca etablierte sich die Zweiteilung aus zwei Quartetten mit dem Reimschema abba und den beiden

Terzetten mit zwei Varianten im Reimschema: cdc dcd; cde cde. Die Verszeilen bestanden aus einem fünfhebigen Jambus. In den Quartetten wird das Reimschema wiederholt. Die vierzeilige Strophe besteht aus fünfhebigen, auftaktigen Versen. Weiblicher (1. und 3. Zeile) und männlicher Versausgang (2. und 4. Zeile) wechseln sich ab. Die deutsche Dichtung hat dieses Schema von Petrarca imitiert. Das englische Sonett hat eine andere Richtung genommen: Es besteht aus drei Quartetten und einem Zweizeiler. Im Barock wurden Sonette nach französischem Vorbild mit dem Alexandriner gebildet. Im deutschsprachigen Raum fand im 18. Jahrhundert eine hohe Petrarca-Rezeption statt; G. A. Bürger hat wesentlich zu einer Erneuerung der Sonettform beigetragen und in seinen Sonetten den italienischen Endecasillabi, einem fünfhebigen Vers mit Auftakt und vorwiegend weiblichem Ausgang, benutzt.

In der Theorie des Sonetts wurde das Verhältnis von Quartetten und Terzetten unterschiedlich beschrieben. Ein Erklärungsansatz geht dahin, von einem Gegensatz oder einer Spannung der beiden Quartette zu sprechen, die in den Terzetten zu einer Auflösung und Entspannung führen. In einer anderen Richtung wird als innere Struktur eines Sonetts eine Dialektik angesehen; danach stellen die beiden Quartette These und Antithese auf, die in den Terzetten zu einer Synthese zusammengeführt werden.

Auch wenn das Sonett gattungsgeschichtlich eng an das Thema „Liebe" gebunden ist, so ist es darauf nicht beschränkt; Rilke benutzt diese Gedichtform z.B. für seine Dinggedichte.

Römische Fontäne (1906)

Zwei Becken, eins das andre übersteigend	xXxXxXxXxXx	abab
aus einem alten runden Marmorrand,	xXxXxXxXxX	
und aus dem oberen Wasser leis sich neigend	xXxXxxXxXxXx	
zum Wasser, welches unten wartend stand.	xXxXxXxXxX	

dem leise redenden entgegenschweigend
und heimlich, gleichsam in der hohlen Hand,
ihm Himmel hinter Grün und Dunkel zeigend
wie einen unbekannten Gegenstand;

sich selber ruhig in der schönen Schale — cdd
verbreitend ohne Heimweh, Kreis aus Kreis,
nur manchmal träumerisch und tropfenweis

sich niederlassend an den Moosbehängen — ede
zum letzten Spiegel, der sein Becken leis
von unten lächeln macht mit Übergängen.

(R.M. Rilke [*Neue Gedichte* 1903], 1966, Bd. 1, 285)

Das Gedicht besteht aus 14 Zeilen, die sich untergliedern in zwei Vierzeiler, den Quartetten, und zwei Dreizeilern, den Terzetten. Die Reimordnung der Quartette ist: abab abab; die der Terzette: cdd ede. Dieses Reimschema ist eine Variante, die dem französischen Sonett zugrunde liegt, während die obige Bestimmung das Gedichtmaß des italienischen Sonetts ist. Es liegt ein fünfhebiger Jambus vor.

Was leistet nun diese Form des Sonetts im Hinblick auf die inhaltliche Aussage und die Wirkung? Gegenstand des Gedichts, das 1906 in Paris entstand, ist ein Brunnen in der Villa Borghese. Dessen Bewegung von Fallen und Steigen wird verhalten sprachlich eingeholt. Ein einziger Satz verläuft übergangslos von Strophe zu Strophe und zieht sich durch das ganze Gedicht. Er enthält lange Partizipien: *entgegenschweigend, verbreitend, niederlassend.*

In der ersten Strophe neigt sich das Wasser des obersten Beckens zum Wasser des darunterliegenden Beckens. Das wiederum in der 2. Strophe ihm entgegen lächelt und den hinter dem Grün versteckten Himmel spiegelt. Es ist ihm zugewandt. *Hohle Hand* steht für den Wasserspiegel. In der 3. Strophe ruht das Wasser in seiner Schale und kreist in sich selbst. Die Bewegung des Fallens scheint zum Stillstand gekommen zu sein, aber dann kommt das Signalwort *nur manchmal,* das die Wendung einleitet. Aus dem in sich ruhenden Wasser der zweiten Schale fällt ein Tropfen über den Rand herab zur untersten Schale, die leicht überfließt, so dass die Bewegung von oben nach unten erneut beginnen kann.

Auffällig ist die Kommunikation zwischen dem Wasser in den jeweiligen Schalen: Sie wenden sich einander zu: *leis sich neigen – warten – reden – entgegen schweigen – zeigen – sich niederlassen – von unten lächeln.* Die verwendeten Verben sind Ausdruck von Kommunikation und Hinwendung zu dem Element in den Schalen; das Wasser wird leicht anthropomorphisiert, d. h. mit menschlichen Eigenschaften ausgestattet: *lächeln, träumerisch, ohne Heimweh.*

In der gegenseitigen Zuwendung, Abgabe und Aufnahme von Wasser, das sich selbst bewegt, und wo nur an einer Stelle indirekt durch das verdeckende Grün der Himmel sich spiegelt, entsteht auch durch die Kommunikationsbeziehungen zwischen dem Wasser in den drei Schalen eine Geschlossenheit und damit das Bild des in sich ruhenden Wassers.

4.3.8 Wort und Syntax

Waren zu Anfang dieser Ausführungen vor allem die vielfältigen Beziehungen und Spannungen zwischen Satzordnung und Versordnung thematisiert worden, so verdient als weiteres Element das Wort Aufmerksamkeit. Das Wort ist das elementare sprachliche Material eines Gedichtes. Es bezeichnet im Allgemeinen einen außersprachlichen Gegenstand. Aber diese Bezugnahme auf Wirklichkeit (Referenz) kann in der Lyrik unterlaufen werden, ebenso wie die Integration eines Wortes in einen Satzzusammenhang. Insbesondere in der modernen Lyrik erhält das Wort ein eigenes Gewicht, indem die Verse nicht mehr aus Sätzen und Satzteilen bestehen, sondern oft nur aus einem Wort, das sich wiederum in einem syntaktischen Zusammenhang befindet oder herausgelöst ist und unverbunden für sich steht, so in Johannes Bobrowskis Gedicht *Die Memel: Hinter den Fel-*

dern, weit,/hinter den Wiesen/der Strom. Der Strom steht syntaktisch isoliert auf einer Verszeile und wird allein dadurch hervorgehoben. Die Fokussierung wird zudem unterstützt durch die Lokalangabe in den beiden Verszeilen zuvor. Die Raumhinweise erfolgen, bevor das Objekt eingeführt ist. Die Wörter werden nach eigenen poetischen Spielregeln eingesetzt; ihre Funktion und Bedeutung sind nur aus dem Textzusammenhang des Gedichts zu erschließen.

Das poetische Prinzip der Wiederholung gilt nicht nur für den Reim, sondern auch für das Wort. Die Wiederholung eines Wortes oder auch mehrerer Wörter ist ein beliebtes Verfahren in der Lyrik; die Rhetorik bezeichnet sie als *figurae elocutionis*. Folgende Varianten der **Wortwiederholung** sind möglich:

1. Die Wiederholungen stehen direkt nebeneinander:	die Geminatio
2. Die Wiederholung steht am Versanfang:	die Anapher
3. Sie steht am Versende:	die Epipher
4. Am Anfang und Ende eines Verses wird jeweils ein Wort wiederholt und rahmt den Vers ein:	der Kyklos
5. drei oder mehr Glieder werden wiederholt, so dass eine Steigerung entsteht:	die Klimax

Eugen Gomringers Gedicht aus der konkreten Poesie spielt mit der Wiederholung von Wörtern und variiert diese:

worte sind schatten

worte sind schatten
schatten werden worte

worte sind spiele
spiele werden worte

sind schatten worte
werden worte spiele

sind spiele worte
werden worte schatten

sind worte schatten
werden spiele worte

sind worte spiele
werden schatten worte
(E. Gomringer 1969, 58)

Insgesamt kommen nur fünf Wörter in diesem Gedicht vor: drei Nomina (*schatten, worte, spiele*) und das Verb „sein" in zwei verschiedenen Flexionsformen: als Präsens Plural (*sind*) und als Futur Plural (*werden*). Im Verseingang wird das Wort *worte* einmal wiederholt (Vers 1 und 3), *sind* viermal jeweils in der ersten Zeile der Versgruppen 3-6 und *werden* viermal jeweils in der zweiten Zeile der Verse 6, 8, 10, 12. Die Zahl der Wiederholungen und der Wechsel der Verbformen korrespondiert mit der Inhaltsaussage, die syntaktisch unterstützt wird, indem jeweils das Objekt der ersten Zeile zum Subjekt der darauf folgenden Zeile wird.

Am Versende wiederum wird *schatten* zweimal wiederholt (Vers 1, 8, 9), *worte* fünfmal (Vers 2, 4, 5, 7, 10, 12) und *spiele* zweimal (Vers 3, 6, 11). Außerdem kommt hinzu, dass die Wörter in den ersten zwei Versgruppen vertauscht werden: Das Wort, das am Ende einer Verszeile steht, tritt am Anfang der folgenden Verszeile auf:

schatten – schatten
worte – worte
spiele – spiele

Durch die Wiederholungen am Anfang und Ende der Verse und die Vertauschung von Wörtern gehen die einzelnen Wörter jeweils neue Beziehungen ein und ergibt sich ihre Bedeutung aus diesem beziehungsreichen Spiel der Kombination, Wiederholung und Vertauschung. Je nach Gedicht liegt die Wirkung von Wortwiederholungen in der Bewegung und Steigerung. Bei Gomringer wird eine kreisförmige Bewegung initiiert, so dass am Ende das Spiel mit den Wörtern erneut beginnen kann.

Die Funktion von Wiederholungen besteht zum einen darin, dass ein lyrischer Text strukturiert wird, zum anderen wird auf Beziehungen von Wörtern untereinander verwiesen.

Syntax

Durch Abweichung von Regeln der Grammatik und Wortstellung wird eine Reihe von rhetorischen Figuren erzeugt: Parallelismus, Inversion und Chiasmus. Ein Parallelismus liegt vor, wenn gleichrangige syntaktische Einheiten symmetrisch wiederholt werden: *Meine Hemden wasch ich/meine Socken wasch ich* (Nicolaus Born *Erbmasse*). Bei der Inversion werden syntaktische Elemente vertauscht. *Röslein rot* (Goethe *Heideröslein*). Beim Chiasmus werden einander entsprechende Satzglieder kreuzweise angeordnet, wie in Paul Celans Gedicht: *Tau. /.../ der Herr brach das Brot/das Brot brach den Herrn.*

Auch Auslassungen (Ellipsen und Zeugma) sind lyrische Mittel, von denen die moderne Lyrik besonders gerne Gebrauch macht. Bei der Ellipse werden syntaktisch wichtige Satzglieder ausgespart, während sich beim Zeugma ein Satzglied auf mehrere andere Satzteile bezieht: *Der Havel das Eis, den Kröten den Mund/Öffnet April.* (Peter Huchel *Die dritte Nacht April*). Zu den syntaktischen Mitteln der Poesie gehören außerdem die Phrasenlänge und die Satzlänge. Lange Sätze werden in der Langzeilenpoetik des 20. Jahrhunderts kombiniert mit langen Verszeilen, so bei E. Stadler, F. Werfel und W. Höllerer.

4.4 Metaphorische Prozesse

In der Lyrik wird von der Möglichkeit, mit sprachlichen Mitteln Bilder zu erzeugen, vielfältiger Gebrauch gemacht. Bilder haben eine veranschaulichende Funktion und tragen Bedeutungen, die eine rein begriffliche Sprache alleine nicht ausdrücken könnte. Zu den bekannten bildhaften Formen gehören die Metapher, die Metonymie, der Vergleich, die Synästhesie, die Personifikation und die Allegorie.

Die Alltagssprache ist voller Metaphern, die wir jedoch häufig nicht mehr als Metaphern erkennen, wie z. B. Flaschenhals, Meeresarm, Häusermeer, Wolkenkratzer, Buchrücken. Sie sind ein fester Bestand unseres Wortschatzes geworden. Typisch ist die Kombination von Wörtern aus unterschiedlichen Bereichen: Bezeichnet „Rücken" ursprünglich den hinteren oder oberen Körperteil von Menschen und Tieren, so wird das Wort in „Buchrücken" mit einem Begriff aus einem ganz anderen Bereich kombiniert. Rücken ist ein Teil von belebten Wesen, das Buch dagegen unbelebt und gegenständlich. Die Verbindung von Wörtern aus verschiedenen Kontexten ergibt die Gesamtbedeutung: Rückseite des Buches. Ebenso sind in „Häusermeer" zwei entfernte Bereiche (Meer - Häuser) miteinander verknüpft und bezeichnen die Vielzahl von Häusern und ihre Ausdehnung.

Das Wort „Metapher" kommt aus dem Griechischen *metapérein*, das 'herüberbringen', 'anderswohin tragen' bedeutet. In Metapherntheorien spielt dieses Verfahren des Übertragens und des dadurch bewirkten Verfremdens eine zentrale Rolle. In der klassischen Rhetorik galt die Metapher als ein uneigentliches Sprechen. Danach ist eine Metapher ein Ausdruck, der in einem bestimmten Kontext in anderer als wörtlicher Bedeutung gebraucht wird (= uneigentliche Bedeutung) und den eigentlichen Ausdruck ersetzt. In dieser Perspektive steht ein Zeichen für ein anderes, ein Ausdruck für eine andere Bedeutung und würde seine ursprüngliche Bedeutung verlieren. Die aristotelische Theorie von der Übertragung eines Wortes auf einen anderen Bereich, in dem es eine uneigentliche Bedeutung annimmt, hält sich in vielen Sekundärquellen immer noch lebendig und ist auch innerhalb der Deutschdidaktik fest verankert. In vielen Schulbüchern finden sich Metapherndefinitionen, die von diesem Kernkonzept ausgehen, wie z. B. im Oberstufenband *Facetten*, in dem es heißt: „Wörter werden nicht in der eigentlichen, sondern in 'übertragener', uneigentlicher, bildhafter Bedeutung verwendet, gelegentlich auch als verkürzter Vergleich ohne 'wie' bezeichnet." (2001, 557). Jedoch entsprechen das Modell der uneigentlichen Bedeutung und die Auffassung von der Metapher als einem verkürzten Vergleich nicht mehr dem modernen Metaphernverständnis.

Ein kritischer Einwand gegenüber der aristotelischen Substitutionstheorie betrifft das zugrunde liegende Sprachweltbild, in dem ein Wort für einen Gegenstand steht und die Bedeutung die Sache ist, die ein Wort bezeichnet (die eigentliche Bedeutung). Wird ein Wort an einen anderen Platz verschoben, gibt es in dieser Sicht seine wörtliche Bedeutung auf und nimmt eine uneigentliche/übertragene Bedeutung an. Nach Aristoteles ist die Grundlage für diese Übertragung die Ähnlichkeitsbeziehung zwischen Sachverhalten. Als Beispiel führt er „Abend des Lebens“ an; dem Alter des Lebens entspricht der Abend des Tages. Bei der Metapher tritt an die Stelle von „Alter“ das Wort „Abend“ und nimmt seine Stelle ein: der Abend des Lebens. Das Wort „Abend“ befindet sich an einem Platz, zu dem es nicht gehört. Nach G. Kurz (1982) existieren jedoch beide Bedeutungen eines Ausdrucks – die eigentliche und die uneigentliche – weiter. Auch die Metapher erhält die eigentliche Bedeutung eines Wortes aufrecht. W. Stählin (1914) spricht von der doppelten Bewusstseinslage, indem durch die wörtliche Bedeutung hindurch die übertragene vergegenwärtigt wird. In „Meer des Vergessens“ aus Goethes Gedicht *Am Flusse* ist „Meer“ der uneigentliche, metaphorische Ausdruck, von dem jedoch nicht alle Teilbedeutungen auf „Vergessen“ übertragen werden, sondern nur bestimmte Merkmale, wie Tiefe oder Weite. Aber der metaphorische Ausdruck „Meer“ ist weiterhin in seiner Bedeutung lebendig und trägt auch emotionale Nebenbedeutungen.

Einen anderen Zugang zur Metapher nimmt die pragmatische Theorie [10] ein, die davon ausgeht, dass die Bedeutung eines sprachlichen Ausdrucks von der kommunikativen Situation mit ihrem Sprecher und Hörer/Leser sowie dem vorausgesetzten geteilten Wissen abhängt und nicht allein nach sprachimmanenten Regeln bestimmt werden kann. Z. B. kann der Satz „Peter ist ein Tiger.“ je nach Situation unterschiedlich verstanden werden. Bei einem Kind könnte „Tiger“ der Name für ein Stofftier sein, so dass der Satz wörtlich und nicht übertragen zu verstehen ist. Im Zoo könnte sich der Name „Tiger“ auf einen lebenden Tiger beziehen und hätte ebenfalls keine metaphorische Bedeutung. Wird jedoch ein Mensch damit bezeichnet, so läge eine metaphorische Verwendung vor und würden der Person bestimmte Eigenschaften eines Tigers zugesprochen. Die Metapher lässt sich nun dahingehend präzisieren, dass sie nicht von einer wörtlichen Bedeutung, sondern vom normalen, standardisierten Sprachgebrauch abweicht. Der Verstoß gegen die Regeln des Sprachgebrauchs setzt jedoch nicht die Regel außer Kraft, so dass die metaphorische Bedeutung die Standardbedeutung nicht aufhebt.

Der Gebrauch von Wörtern in verschiedenen Kontexten ist wiederum konventionalisiert, so dass der Sprachbenutzer bestimmte Erwartungen hat, welche Bedeutung ein Wort in einem bestimmten Kontext hat. Tritt das Wort entgegen dieser Konvention in einem fremden Kontext auf, wird die Erwartung gestört und die Differenz zwischen Wort und seiner konventionalisierten Bedeutung und

[10] In der Philosophie und Linguistik steht Pragmatismus für eine Sprach- und Bedeutungstheorie, nach der die Bedeutung eines sprachlichen Ausdrucks in seinem Gebrauch liegt. Damit wird die Kontextabhängigkeit von Bedeutungen herausgestellt und der Interpret mit einbezogen.

Kontext wahrgenommen. Bei inzwischen lexikalisierten Metaphern spüren wir die Differenz zwischen den Bereichen nicht mehr, aber bei neuen und vor allem poetischen Metaphern wird mit der Differenz zwischen den Bereichen, aus denen die Begriffe gewählt sind, bewusst gearbeitet, um auf diese Weise neue Bedeutungsbeziehungen zu stiften. Je weiter voneinander entfernt die Bereiche, aus denen die Wörter stammen, sind, desto stärker wird die Differenz zwischen ihnen erfahren, wie in *Fadensonnen* (Paul Celan).

Oft wird ein Ausdruck erst durch den Kontext zu einer Metapher. Die ungewöhnliche Verwendung eines Wortes in einem Kontext, der Bruch mit bestimmten Konventionen des Sprachgebrauchs, wie z. B. bei Paul Celan *In den Flüssen nördlich der Zukunft*, steuert gegen die Erwartung, die mit der Wortbedeutung verbunden ist. Erst aus der Spannung von Wort und einem Kontext, der gegenläufig zu der Erwartung arbeitet, kann die Metapher bestimmt und ihre Effekte beschrieben werden.

In dieser Charakterisierung von metaphorischem Sprachgebrauch ist bereits die Perspektive des Sprachbenutzers/Interpreten angelegt, die im weiteren Verlauf der Metaphernforschung noch stärker fokussiert wird. Da sich Konventionen ändern, Metaphern in den alltäglichen Sprachgebrauch eingehen und kaum noch kenntlich sind (Gipfelkonferenz, Autoschlange), ändern sich auch die Auffassungen, ob ein Ausdruck wörtlich oder metaphorisch aufzufassen ist. Letztlich entscheiden Sprachbenutzer/Interpreten darüber, wie ein Ausdruck zu verstehen ist und müssen aus der Situation heraus die verschiedenen Bedeutungskomponenten auch Nebentöne aktualisieren.

Gegen die Substitutionstheorie wendet sich auch die interaktionische Metapherntheorie (Black 1954/1996), die vor allem die von Aristoteles behauptete Analogiebeziehung zwischen Sachverhalten ablehnt und ebenfalls die These von der Ersetzung oder Tilgung einer wörtlichen Bedeutung. Max Black untersucht die Beziehung zwischen einem metaphorischen Wort (Fokus) und dem Satzkontext (Rahmen) und prüft, warum ein Wort in diesem Kontext eine metaphorische Bedeutung einnimmt und in einem anderen nicht. Nach Black drückt eine Metapher etwas Neues aus, indem sie bisher unerkannte und nicht-formulierte Zusammenhänge herstellt. Auf diese Weise ist sie ein Mittel der Erkenntnis. Durch ein Wort werden zwei Vorstellungen in einen gegenseitigen Zusammenhang gebracht und ein neues semantisches Verhältnis zwischen dem Wort und Rahmen gestiftet. Die Metapher setzt die Ähnlichkeit nicht voraus, sondern schafft sie erst. Interaktion bezieht sich zunächst auf die Beziehung zwischen Fokus und Rahmen, wird jedoch erweitert auf den Leser/Hörer als die Instanz, die die Beziehungen erst rekonstruieren muss. Metaphorizität ist insofern eine Frage der Interpretation durch einen Leser/Hörer, der zwei Vorstellungen miteinander verbinden muss, wobei ein Aspekt hervorgehoben wird. Die wörtliche Bedeutung bildet den Bezugspunkt gemeinsamen Wissens, von dem aus zwei verschiedene Begriffe und Wissensbereiche in einen interaktiven Zusammenhang gestellt werden.

Hilfreich vor allem im didaktischen Bereich ist nach wie vor die Beschreibung eines metaphorischen Prozesses als eine Verknüpfung von zwei Bildfeldern (Weinrich 1967): dem Bildspender und dem Bildempfänger. In dem Satz „Ein feste Burg ist unser Gott." ist *Burg* der Bildspender, von dem eine Eigenschaft (widerständig, feststehend, schützend) auf den Bildempfänger *Gott* bezogen und ihm zugeordnet wird:

Tab. 34 Bildfelder

Bildspender	Bildempfänger
metaphorisches Element	Zuordnung einer Eigenschaft
Burg	Gott

Innerhalb der Metaphernforschung hat seit den 1990er Jahren die kognitive Metapherntheorie (Lakoff/Johnson 1980/1998) international eine hohe Resonanz gefunden. Sie geht davon aus, dass Metaphern das Denken strukturieren (konzeptionelle Metaphern) und untersucht Metaphorik im alltäglichen Denken, Sprechen und Handeln, wo fortlaufend Erfahrungen und Wahrnehmungen metaphorisch gefasst sind: „etwas rüberbringen", „einen Standpunkt vertreten" oder „im Nebel tappen". Auch Emotionen drücken wir im Alltag durch Metaphern aus: Wir sind von Gefühlen überwältigt, kämpfen mit Gefühlen und sind am Boden zerstört. Nach einer grundlegenden Definition von Lakoff/Johnson besteht das Wesen der Metaphern darin, dass wir durch sie eine Sache oder einen Vorgang in Begriffen einer anderen Sache oder eines anderen Vorgangs verstehen und erfahren (1998, 13). Sie unterscheiden Gefäßmetaphern, bei denen der Mensch oder Objekte der Umwelt als räumlich begrenzt erfahren werden und die sich auf beliebig große Objekte (im Stadtkern, im Sonnensystem) beziehen können, und weitere Metapherntypen, wie Personifikation. In dem Konzept „Zeit ist Geld" wird „Zeit" als Gegenstand aufgefasst: „eine Menge Zeit", als eine Ressource „Zeitmangel" oder mit einer Wertung verbunden „ist kostbar". Von dem übergeordneten Konzept „Zeit ist Geld" lassen sich untergeordnete Konzepte ableiten; Zeit als Wertgegenstand, den man haben oder nicht verlieren möchte. Typisch sind auch Orientierungsmetaphern, in denen sich räumliche und zeitliche Vorstellungen ausdrücken; dazu rechnen Metaphern, die mit räumlichen Strukturierungen von oben-unten oder innen-außen arbeiten. Das Glück und das Gute sind oben lokalisiert („ich bin obenauf"); das Unglück und Trauer unten („ich bin niedergedrückt/down").

Es gibt verschiedene Arten von Metaphern, die nach bestimmten Eigenschaften voneinander abgegrenzt werden. Bei der toten Metapher ist der metaphorische Charakter nicht mehr bewusst (Handschuh); die lexikalisierte Metapher gehört auch zu den toten Metaphern, aber ihre Zweitbedeutung ist in den Wortschatz eingegangen; die kühne Metapher verknüpft zwei Bereiche, die als unvereinbar angesehen werden und zwischen denen nur eine geringe Schnittmenge vorliegt. Im literarischen Bereich finden die Ausdrücke 'dunkle Metapher' und 'absolute Metapher' häufig Verwendung, deren Ähnlichkeitsbezüge so weit hergeholt sind, dass sich der Bildspender verselbstständigt und die Metapher kaum noch auflösbar ist. Die hermetische Lyrik macht besonders häufig Gebrauch von absoluten oder dunklen Metaphern, wie bei P. Celan: *Ein baum-/hoher Gedanke/ greift sich den Lichtton.*

Außer der Metapher gibt es noch die **Metonymie** (wörtlich: *Umbenennung*), bei der ein Ausdruck innerhalb eines Bereichs verschoben wird. Im Unterschied zur Metapher besteht bei der Metonymie eine reale Beziehung zwischen zwei Ausdrücken: ein zeitlicher, räumlicher, logischer Zusammenhang. Oft wird der Autor an Stelle des Werks genannt: „Ich lese Grass." statt „der Butt". Weitere Typen von Substitutionen sind die von Raum und Rauminhalt, Gefäß und Inhalt (ein „Gläschen" trinken), Produkt und Material (eine „Jeans" tragen). Steht ein Teil für ein Ganzes oder umgekehrt, so liegt eine **Synekdoche** vor, z.B. „Ich nehme ihn unter mein Dach." statt „in mein Haus". Bei der Synekdoche geht es eher um quantitative Verschiebungen.

In dem Gedicht *Fragen eines lesenden Arbeiters* setzt B. Brecht die Metonymie gezielt ein:

> Der junge Alexander eroberte Indien.
> Er allein?
> Cäsar schlug die Gallier.
> Hatte er nicht wenigstens einen Koch bei sich?
> Philipp von Spanien weinte, als seine Flotte
> Untergegangen war. Weinte sonst niemand?
> Friedrich der Zweite siegte im Siebenjährigen Krieg. Wer
> Siegte außer ihm?
>
> (B. Brecht 1967, Bd. 9, 656)

Hier werden mehrere Feldherren genannt, die jeweils für ein Heer stehen. Die Frage, die ihnen jeweils zugeordnet ist, demaskiert den Gebrauch der Metonymie, die eben alle diejenigen unterschlägt, die Indien erobert, die Gallier geschlagen und im Siebenjährigen Krieg gesiegt haben. Die Metonymie wird wörtlich genommen und dadurch verfremdet mit der Intention, mögliche ideologische Implikationen freizulegen.

Bei einem **Vergleich** wird eine Beziehung zwischen zwei Sachverhalten gestiftet, die nicht miteinander identisch sind, aber eine Eigenschaft teilen: das sogenannte *tertium comparationis*, das direkt ausgedrückt werden kann, aber nicht muss. Erkennbar ist der Vergleich häufig an der Verwendung der Vergleichspartikel „wie" und „als" oder an der Präposition „gleich".

> Nacht ist wie ein stilles Meer,
> Lust und Leid und Liebesklagen
> /.../
> Wünsche wie die Wolken sind
> Schiffen durch die stillen Räume
> (J. v. Eichendorff *Nachtblume* [1837], 1971)

Die **Personifikation** ist ein Vorgang, bei dem einem nicht-menschlichen Gegenstand (Natur, abstrakter Begriff) eine menschliche Eigenschaft zugeordnet wird. Diese Zuordnung erfolgt häufig durch die Verwendung eines Verbs, das diese menschliche Eigenschaft impliziert, oder durch ein Substantiv. Im folgenden Gedicht von Mörike wird die Nacht personifiziert (*stieg, lehnt, träumend, Auge*):

> Gelassen stieg die Nacht an Land
> Lehnt träumend an der Berge Wand,
> Ihr Auge sieht die goldne Waage nun
> Der Zeit in gleichen Schalen stille ruhn;
> (E. Mörike *Um Mitternacht* [1827], 1968, Bd. 1, 749)

Eine beliebte Form der Metaphorisierung in der Lyrik ist die **Synästhesie**. Dabei werden verschiedene Sinnesbereiche vermischt: taktile, akustische, visuelle und geschmackliche. Die Synästhesie findet sich besonders häufig in der Romantik.

> Ihr klingt des Himmels Bläue süßer noch,
> Der flücht'gen Stunden gleichgeschwungnes Joch
> (E. Mörike *Um Mitternacht* [1827], 1968, Bd. 1, 749)

In diesen Verszeilen fließen akustische (*klingen*), visuelle (*Bläue*) und geschmackliche (*süßer*) Vorstellungen zusammen. Ein anderes Beispiel bietet Rilke:

> Die gläsernen Paläste klingen spröder
> an deinen Blick. Und aus den Gärten hängt
> (R. M. Rilke *Spätherbst in Venedig* [*Der Neuen Gedichte Anderer Teil* 1908], 1966, Bd. 1, 365)

Ein optischer Vorgang wird durch ein akustisches Phänomen (*klingen*) ausgedrückt; hinzu kommt das taktile Moment, das im Wort *spröder* enthalten ist.

Die **Allegorie** ist eine bildliche Form, die gegenüber der Metapher nicht ein Einzelelement eines Textes, sondern einen ganzen Text, und nicht einen Begriff, sondern eine Gedankenfolge umfasst. Dem Wortsinn nach bedeutet „Allegorie" (griech. *allo agoreuein*) *bildlich reden, anders sagen*. Die nähere Beschreibung und Konzeptualisierung des Sagens und zugleich Anderes-Sagen bildet den Kern von Theorien der Allegorie. Denen gemeinsam ist, dass sie von einer Zweideutigkeit ausgehen. In der Rhetorik galt die Allegorie als ein Tropus des uneigentlichen Sprechens: Etwas wird direkt gesagt und etwas anderes gemeint. In modernen Theorien der Allegorie (Kurz 1982/^{4}1997) wird diese Differenz von Sagen und Meinen abgelehnt und die Ebene des Wörtlich-Gesagten aufgewertet als etwas, das auch gemeint ist. Es besteht Konsens darin, dass bei der Allegorie zwei Bedeutungsebenen deutlich voneinander unterschieden sind: eine wörtliche Bedeutung und eine allegorische. Die Allegorie sagt etwas und das, was sie sagt, meint sie auch, aber zugleich meint sie noch ein anderes, das der Leser rekonstruieren muss. Quintilian hatte in *De institutione oratoria* (etwa 90 n. Chr.) bereits zwischen der reinen Allegorie (*allegoria tota*), bei der die allegorische Bedeutung nur implizit gegeben ist, und der gemischten Allegorie (*allegoria permixta*) unterschieden, bei der die allegorische Bedeutung expliziert wird. Kurz (^{4}1997, 40) spricht von implikativer und explikativer Allegorie. Bei implikativen Allegorien geben Inhalte und bestimmte Wörter, denen eine Schlüsselfunktion zukommt, Hinweise auf die allegorische Bedeutung. Sie lenken die Deutung auf das Gemeinte hin. Oft beruht die Beziehung zwischen diesen beiden Bedeutungsebenen auf Konvention. Eine implikative Allegorie ist Andreas Gryphius Gedicht *An die Welt*, bei dem im Bild des Schiffes im Sturm das menschliche Leben und seine Gefährdung sowie der Tod allegorisiert werden.

Eine weitere typologische Charakterisierung von Allegorien ist die Unterscheidung von narrativ und deskriptiv. Die narrative Allegorie stellt Geschehnisse und Handlungsfolgen dar, die deskriptive beschreibt Situationen und Räume. Barthold H. Brockes Gedicht *Die himmlische Schrift* aus *Irdisches Vergnügen in Gott* (1738) ist eine deskriptive, explikative Allegorie. Aus dem umfangreichen Gedicht werden hier nur kurze Auszüge zitiert:

> Des grossen Schöpfers Wunder=Wercke
> vermehren sich bey mir auf wunderbare Weise,
> wenn ich an die geschwinde Reise
> So grosser Cörper denck, und an die Stärcke,
> Die sie bewegen kann /.../
>
> Indessen müssen wir,
> zu unsers Schöpfers Ruhm, so lange wir noch hier,
> das Wunder=ABC der Sternen
> In Ehrfurcht buchstabiren lernen.
>
> (B. H. Brockes 1965, 118 und 122)

Zunächst wird das Planetensystem genau beschrieben: die Größe der wichtigsten Planeten im Sonnensystem, Maße und Daten der Erde. Jedes Element der Natur wird zum Zeichen der Allmacht Gottes. In einer allegorischen Darstellung werden aus Himmelskörpern Buchstaben, aus Blumen Edelsteine und aus Wolkenbildungen Fabeltiere. Die Allegorie des Weltbuches stellt die Elemente der Natur in eine christliche Ordnung. Man soll im Buch der Natur lesen, um die Schöpfung und Gottes Allmacht zu verstehen.

Als Ausdrucksmittel war die Allegorie in der Antike, dem Mittelalter und im Barock beliebt, doch auch die moderne Lyrik verwendet vielfältige Formen der Allegorie, so in Sarah Kirschs Gedicht *Trauriger Tag* (1977), in dem das Ich als Tiger allegorisiert wird, oder Wolf Biermanns Gedicht *Portrait eines alten Mannes* (1968). Allegorische Strukturen kommen nicht nur in der Lyrik vor, sondern auch in anderen literarischen Gattungen, wie Fabeln, Erzählungen, Romane und Dramen (A. Strindberg *Ein Trauerspiel* 1903), und in der bildenden Kunst, wo die Allegorie häufig in Form der Personifikation einen abstrakten Begriff sinnbildlich darstellt, wie die Frau mit verbundenen Augen, der Waage und dem Schwert die Gerechtigkeit verkörpert (Justitia). Einen expliziten Hinweis gibt K. P. Moritz im Titel seines Romans *Andreas Hartkopf. Eine Allegorie* (1785).

Das Verfahren der Interpretation einer Allegorie nennt man **Allegorese**. Der wörtlichen und allegorischen Bedeutung entsprechen auf Seiten des Lesers zwei Lesarten: eine naive Lesart in Bezug auf die wörtliche Bedeutung, die dabei auf einem geteilten Wissen und gemeinsamen Bezugssystemen beruht, und eine allegorische Lesart, bei der die allegorische Bedeutung erst rekonstruiert werden muss. Für die Interpretation einer Allegorie stützt sich der Leser bei verschiedenen Gattungen auf mehrere Merkmale und Signale eines Textes: Titel, Vorworte, Kommentare eines Autors, Schlüsselelemente, Gattungshinweise (Handlungsstrukturen, Reise als Allegorie des Lebens, Theater als Allegorie der Welt) oder Hinweise auf einen gemeinsamen Bezugsrahmen kulturellen Wissens.

4.5 Tradierte und neue lyrische Formen

Nach der Versreform von Opitz und der sich entwickelnden deutschsprachigen Poetik und Poesie, trug im Wesentlichen F. W. Klopstock zur Erneuerung des Formenbestandes der Lyrik bei, die von nachhaltigem Einfluss auf die Entwicklung der Lyrik war.[11] Er löste die Poesie aus dem Metrum und der strophischen Bindung, erweiterte die Versmaße und Strophenformen, erneuerte die Sprache durch Inversionen, Substantivierungen, Kontraste und Neologismen und schuf die freien Rhythmen mit ihrer freien Abfolge von Versen und wechselnden Versmaßen. Er zielte damit auf die verstärkte Abgrenzung der Poesie von der Prosa. Der metrische Formenbestand hat sich nach Goethe kaum verändert, aber im 19. und vor allem in der ersten Hälfte des 20. Jahrhunderts findet eine Abkehr von Traditionen statt. Bereits Arno Holz und Detlef von Liliencron fühlten sich nicht an mehr an klassische Versmaße gebunden. Arno Holz konzipiert Gedichte mit einer Mittelachse. Ernst Stadler, Franz Werfel und Bertolt Brecht drängen die Reimbildung zurück und gehen zu überlangen Versen über:

[11] Es ist hier nicht der Ort, die Geschichte der Lyrik nachzuzeichnen, aber es sollen einige Entwicklungslinien skizziert werden, um das Zusammenspiel von tradierten Formen, Innovationen, Brüchen, Bildern, Sprache, Weltbezug und Reflexion zu umreißen, die immer wieder neu justiert werden, um Gedichte zu schreiben und das lyrische Subjekt zu konstituieren.

> Die Uhren schlagen sieben. Nun gehen überall in der Stadt die Geschäfte aus.
> Aus schon umdunkelten Hausfluren, durch enge Winkelhöfe aus protzigen Hallen drängen sich die Verkäuferinnen heraus.
>
> (E. Stadler *Abendschluss*. In: Pinthus 1959, 47)

Auch der Expressionismus verzichtet auf metrische Bindungen, arbeitet mit asyndetischen Reihungen, vielen Interjektionen, die ein gewisses Pathos ausdrücken, und Bildern, die sich nicht zu kohärenten Einheiten zusammenfügen, sondern dissonant wirken. Inhaltlich lassen sich jedoch in ihrer ausdrucksstarken Subjektivität und Ich-Bezogenheit der expressionistischen Lyrik wieder Verbindungslinien zur Erlebnislyrik und zur Gefühlskultur des 18. Jahrhunderts herstellen. Der französische Symbolismus mit Stéphane Mallarmé, Arthur Rimbaud und Charles Baudelaire hat einen hohen Einfluss auf die Lyrik der Jahrhundertwende von Stefan George, Rainer Maria Rilke und Hugo von Hofmannsthal und auf die hermetische Lyrik im deutschsprachigen Raum nach 1945 (Gottfried Benn, Karl Krolow, Paul Celan, Ingeborg Bachmann) ausgeübt. Die hermetische Lyrik widersetzt sich der bruchlosen Vereinnahmung von Sprache und ihre Abnutzung im Alltag und distanziert sich von epigonalen Erlebnis- und Bekenntnisgedichten. Zu ihren Verfahren gehören das Spiel mit Worten, die Entgegenständlichung, die Ablösung der Sprache von ihren referenziellen Bezügen und damit verbunden eine Negation von Wirklichkeit, die Verrätselung, Bilder und Chiffren, die sich kaum auflösen lassen: *DAS GEDUNKELTE Splitterecho,/hirnstrom-/hin* (Paul Celan). Die Sprache wird sich selbst zum Thema und fordert vom Rezipienten eine Reflexion auf die Sprache, die Machart und die Struktur des Rätselhaften und Dunklen, statt der Suche nach Auflösungen und griffigen Inhalten. Celan und Bachmann stehen mit ihrer freien Versgestaltung wiederum den freien Rhythmen nahe.

In den 1950er Jahren setzt eine hohe Rezeption von Rilke, die mit zu seiner Kanonisierung in der Schule beiträgt, und damit verbunden eine Renaissance des Sonetts und der Elegie ein.

Parallel zur Entwicklung moderner lyrischer Formen lebt aber das traditionelle Gedicht auch im 20. Jahrhundert fort u.a. bei Hans Carossa, Werner Bergengruen, Wilhelm Lehmann oder auch Günter Eich, in dessen Gedicht *Die Häherfeder* (1948) die traditionelle Reimbindung mit Kreuzreim, die Strophenform und ein Versmaß, das zwischen alternierenden Versen mit und ohne Auftakt wechselt, vorkommt: *Ich bin, wo der Eichelhäher/zwischen den Zweigen streicht,/einem Geheimnis näher,/das nicht ins Bewußtsein reicht* (Eich 2006, 56). Die Sprache ist verständlich und der Inhalt direkt nachvollziehbar: Ein Ich, das sich gleich in der ersten Verszeile einbringt, spricht sich in der Natur aus und drückt sein Erleben aus. Zum Vergleich den Anfang eines Gedichts von G. Eich, das diese traditionellen Formen unterläuft:

Tage mit Hähern (1955)

Der Häher wirft mir
die blaue Feder nicht zu.

In die Morgendämmerung kollern
die Eicheln seiner Schreie.
Ein bitteres Mehl, die Speise
des ganzen Tags.

(G. Eich 2006, 128)

Statt Strophenformen werden Abschnitte verwendet, auf Reim und Versmaß wird verzichtet. Die Sprache wird verschlüsselt und verhindert ein unmittelbares Verstehen dessen, was gesagt wird. Die Schreie des Hähers und die kollernden Eicheln sind schwer auflösbare Bilder, die voneinander entfernte Bereiche verknüpfen.

Ab Mitte der 1960er Jahre entstehen neue lyrische Formen. Die hermetische Lyrik gerät zunehmend durch ihre Verdunkelung, metaphernschwere Sprache und ihren Widerstand gegen eine unverbrüchliche Verständlichkeit in Kritik, bevorzugt werden die Versachlichung der Aussage, Entemotionalisierung und eine Entpoetisierung. Die späte Lyrik von G. Eich und K. Krolow steht für diesen Stil. Walter Höllerer distanziert sich ebenfalls vom Hermetismus und produziert Langzeilengedichte, die graphisch weiträumig gestaltet und durch ihren Wirklichkeitsbezug charakterisiert sind. Die Muster des tradierten Schriftbildes von Lyrik werden durchbrochen und damit auch die Wahrnehmung des Lesers umkodiert, so dass eine andere Rezeptionshaltung erzeugt wird. Insgesamt wird die Lyrik wieder dialogischer und kommunikativer.

Seit etwa 1968 entsteht im Rahmen der politischen Studentenbewegung eine politische Lyrik und Agitprop-Lyrik mit Bertholt Brecht, Stephan Hermlin, Erich Fried, Günter Grass, Hans Magnus Enzensberger und Wolf Biermann. Der Aufstieg von B. Brecht in den späten 1950er Jahren verdankt sich nicht nur seinen Dramen, sondern wesentlich seiner Lyrik. Brecht arbeitet mit einer Vielfalt an lyrischen Formen: Knittelvers, Blankvers, Hexameter, Terzine, Sonett und freie Rhythmen.

Auf die konkrete Poesie, als einer weiteren Richtung im modernen Formen- und Strukturbestand der Lyrik, wurde bereits eingegangen, ebenso wie auf das Entstehen der Neuen Subjektivität und Alltagslyrik in den 1970er Jahren, für die eine nüchterne Sprache, die Hinwendung zu alltäglichen Gegenständen und Abläufen, der prosahafte Zeilenstil und die Verwendung von realen und fiktiven Zitaten bezeichnend sind: *Es hat aufgehört zu regnen/die Markisen des Cafés tropfen/Decken und Klappstühle sind/eingeholt.* (N. Born *Zweimal im September*, 1990, 18). Das Subjekt, das sich in diesen Zeilen artikuliert, registriert Banalitäten seiner nahen Umwelt und verortet sich darin.

In den 1980er Jahren gibt es wiederum eine Rückkehr zu tradierten Formen. Karl Krolow, Peter Maiwald, teilweise auch Ulla Hahn und Günter Kunert verwenden den Endreim, der ebenfalls mit dem Refrain ein bevorzugtes Mittel der Rap-Poetry (*eins für den rap, zwei für die bewegung/von klein auf geprägt durch die umgebung*), der lyrischen Parodie und der experimentellen Sprachpoesie eines Ernst Jandl oder Oskar Pastior ist. Die Bedeutung von tradierten lyrischen Formen innerhalb einer Popularkultur muss im Zusammenhang mit der Rückkehr von Mündlichkeit und dem Sprechgesang in der Lyrikproduktion gesehen werden. Hinzu kommen andere mediale Verbreitungsformen, die andere Formen von Öffentlichkeit schaffen, und eine Technologie, die die Produktion von lyrischen Texten mitbestimmt. Damit ändert sich die kommunikative Grundstruktur in Bezug auf den Rezipienten, der bei interaktiven Formen der digitalen Lyrik zum konstitutiven Teil eines jeweils neu entstehenden Textes wird. Zu den Verbreitungsformen gehören jedoch nicht nur die neueren Kommunikationsmedien, sondern auch Orte, wie Kinos, Leinwände, Bilder, Gemälde in Talkshows und Radiosendungen, Literaturclubs, Lese-/Vortragsorte im Hinterzimmer von Szenevierteln (Prenzlauer Berg z.B.).

Die 1980er Jahre sind auch die Zeit, in der die Sprache wieder als Medium von Botschaften verwendet wird, bevorzugt in den Naturgedichten, die Naturzerstörung, Umweltkatastrophen und Ökologie zum Thema haben, wie beispielsweise in Jürgen Beckers *Natur-Gedicht: In der Nähe des Hauses,/der Kahlschlag, Kieshügel, Krater/erinnern mich daran –/nichts Neues; kaputte Natur,/aber ich vergesse das gern,/solange ein Strauch steht* (zit. nach E. Marsch 1980, 239–240).

Eine Sonderstellung nimmt Sarah Kirsch und ihre Naturlyrik ein, in der die Natur zu einem Raum poetischer Selbstreflexion wird. In den 1990er Jahren tritt die Naturlyrik deutlich zurück, die hermetische Lyrik wird wieder entdeckt und es entsteht eine andere Schreibpraxis, die die Sprache und das Schreiben selbst reflektiert. Vertreter dieser Richtung sind vor allem Durs Grünbein, Friederike Mayröcker und Elke Erb. Ihre Lyrik ist sperrig und widerständig. Parallel zu diesen Entwicklungen ist seit den 1970er Jahren eine Migrationslyrik entstanden, die mehrsprachig ist wie bei José Oliver, die mit Wortneuschöpfungen arbeitet wie bei Zehra Çirak). (*firmt, gesetzbucht*) oder Franco Biondi (*wo ich aufenthaltserlaubt werde, Stummisierung*). Die Sprachverwendung steht im Zusammenhang mit dem Anliegen, migrationsbedingte Erfahrungen, die fremde Sprache und Fragen der Identitätsbildung in den Gedichten zu thematisieren.

Formen der Dialogizität werden intensiviert und verändern teilweise ihren Charakter durch mediale Verbreitungs- und Adaptionsformen und die Art ihrer Anspielungen auf Bestände der lyrischen Tradition. Die in Frankreich bereits in den 1980er Jahren veröffentlichte und zunehmend auch in Deutschland praktizierte digitale Poesie stellt eine Erweiterung lyrischer Formen dar, indem durch Multimedia und Internet Hybrid-Texte mit elektronischen Mitteln erzeugt, verbreitet und rezipiert werden (Block 2000). Intertextuelle Verweise werden integriert, wie bei Enzensberger, der in dem Gedicht *Ein Notfall in Barcelona* (2009) Hölderlins Hymne *Patmos* zitiert (*wächst das Rettende auch)*, ein Austausch mit verschiedenen lyrischen Gattungen findet statt und aus audiovisuellen Medien werden bestimmte Schnitttechniken und eine rasche Bilderfolge adaptiert und in Sprache umgesetzt, wie bei Thomas Kling. F. Mayröcker führt ein vielfaches Gespräch mit Dichterkollegen, denen sie Gedichte widmet:

> *für Walter Höllerer zum 65. Geburtstag am 19.12. 1987*
>
> Im Mai des Jahres dieses Jahrs im Speisesaal des
> Berolina, er sasz mit Heiner Müller, als ich eintrat sprang
> er lachend auf, breitete die Arme gegen mich, er war ein solcher
> Freund in diesem Augenblick wie nie zuvor : ich grüsze ich umarme
> ihn
>
> (F. Mayröcker 2004, 504)

Durs Grünbein knüpft in seiner Liebeslyrik an die barocke Tradition des Liebesgedichts (der *Blason*) an, in der der Sänger alle Schönheiten der angebeteten Frau nach und nach aufzählt und ihre Schönheit preist, verbunden mit einer Reminiszenz an Vermeer: *Hier ein Grübchen, das vom Lächeln übrigblieb, dem Tenor/Einer Stimme gleich noch in der Luft, ein Augenpaar,/Venezianisch gut maskiert, und dort ein schmales Kinn,/Mit den Sommersprosseninseln wie ein Kiebitz-Ei gefleckt* (2008, 73). Eine Rückkehr zur klassischen Antike lässt sich im 21. Jahrhundert beobachten, wenn Durs Grünbein in seinen *Strophen für übermorgen* (2007) Catull übersetzt.

Bevorzugte lyrische Elemente in der modernen Lyrik sind die syntaktische Wiederholung, verfremdete Sprachbilder, eine die Syntax unterlaufende Sprachverwendung und der Zeilenbruch, der virtuos gehandhabt wird als ein dialektisches Mittel der Grenzüberschreitung, wo sich mit dem Umspringen des Verses auf die nächste Zeile der Blickpunkt ändert und vom Rezipienten immer erneute Anstrengung fordert, die Art der Grenze, die immer neu gesetzt und überschritten wird, zu bestimmen.

Modellanalyse

Die eingeführten Beschreibungskategorien sollen auf das folgende Gedicht von Joseph von Eichendorff aus dem Jahr 1832, das in der Abteilung *Geistliche Gedichte* erschienen ist und vielfach vertont wurde, exemplarisch angewandt werden.

Verseingang	Mondnacht (1837)		Versende	Übergang	
Auftakt	Es war, als hätt' der Himmel	a	H-immel	xXxXxXx	ungefugt
	Die Erde still geküßt,	b		xXxXxX	gefugt
	Daß sie im Blütenschimmer	a	Sch-immer	xXxXxXx	
	Von ihm nun träumen müßt.	b		xXxXxX	
	Die Luft ging durch die Felder,				
	Die Ähren wogten sacht,				
	Es rauschten leis die Wälder,				
	So sternklar war die Nacht.				
	Und meine Seele spannte		sp-annte		
	Weit ihre Flügel aus,				
	Flog durch die stillen Lande,		L-ande		
	Als flöge sie nach Haus.				

Strophe: Das Gedicht besteht aus drei Strophen mit jeweils vier Verszeilen. Da die erste und zweite Strophe im Konjunktiv stehen, umarmen sie die im Indikativ stehende Mittelstrophe.

Reim: Als Reimschema wird der Kreuzreim verwandt (abab). Während die zweite Strophe rein gereimt ist, liegt in der ersten Strophe ein unreiner Reim von *Himmel* und *Schimmer* vor: el - er und in der dritten Strophe ein unreiner Konsonantismus: te -de.

Verseingang: mit Auftakt

Versende: Das Versende wechselt zwischen weiblicher Kadenz (*Himmel – Schimmer*) und männlichem Ende: *geküßt – müßt*.

Versmaß: Dem Vers liegt ein alternierender, zweisilbiger, dreihebiger Vers mit Auftakt zugrunde (Jambus), gebrochen durch die Synkope in 4,3:
Es war als hätt' der Himmel/Die Erde still geküßt,

Versübergang: Der Versübergang ist jeweils zwischen der 1. und 2. Verszeile und und der 3. zur 4. Zeile ungefugt: zwei Senkungen stoßen jeweils am Versende und – anfang aufeinander. Der Übergang von der 2. zur 3. Verszeile jedoch ist synaphisch bzw. gefugt. Auf eine Hebung (*geküßt*) folgt eine Senkung (*daß*). Dieses Muster gilt auch für die anderen beiden Strohpen.

Zeilensprung: In der ersten Strophe liegt jeweils zwischen dem 1./2. Vers und dem 3./4. Vers ein schwaches Enjambement vor; ebenso in der 3. Strophe beim Übergang vom ersten zum zweiten Vers. In der Mittelstrophe dagegen stimmen Satz- und Versgrenze überein, so dass kein Zeilensprung vorliegt: *Die Luft ging durch die Felder,/Die Ähren wogten sacht/Es rauschten leis die Wälder/So sternklar war die Nacht.*

Klang: Assonanzen liegen vor bei: *Himmel – Schimmer; spannte – Lande.*

Metaphorik: Personifikation von *Himmel* durch: *geküßt* (allerdings in konjunktivischer Form *als hätt'*); personifiziert wird die Erde: träumen.

Zitate/Intertextuelles: Die 1. Strophe spielt auf den Mythos von Uranus und Gaia an. Der Topos der beflügelten Seele hat seinen Ursprung in der Antike. Es taucht in Wackenroders *Herzensgießungen eines kunstliebenden Klosterbruders* auf. Der Trennungsmythos von Himmel und Erde steht in der Romantik für das verlorene Paradies. *Nach Hause* steht für die Heimkehr des Menschen, die sich hier im Medium der Poesie realisiert (Frühwald 1984).

Einordnung: Reihe der Tradition der Mond-Gedichte im 18. Jh., die später von H. Heine parodiert werden.

An diesem Gedicht lassen sich noch weitere Bezüge erarbeiten, wie der Blick des Betrachters über die Felder und Wälder, das Ich das sich in der 3. Strophe einbringt, die Bewegungsrichtungen in den Strophen, die in der 1. Strophe von oben nach unten verläuft und in der letzten Strophe von unten nach oben. Doch dafür bedarf es noch weiterer Beschreibungskategorien, die im nächsten Schritt vorgestellt werden sollen.

17 Bitte analysieren Sie das Gedicht von G. Trakl nach folgenden Gesichtspunkten:

a) Strophenform
b) Reimschema
c) metrisches Muster
d) Zeilensprünge
e) Klangstrukturen

Verfall (1913)

Am Abend, wenn die Glocken Frieden läuten,
Folg ich der Vögel wundervollen Flügen,
Die lang geschart, gleich frommen Pilgerzügen,
Entschwinden in den herbstlich klaren Weiten.

Hinwandelnd durch den dämmervollen Garten
Träum ich nach ihren helleren Geschicken
Und fühl der Stunden Weiser kaum mehr rücken.
So folg ich über Wolken ihren Fahrten.

Da macht ein Hauch mich von Verfall erzittern.
Die Amsel klagt in den entlaubten Zweigen.
Es schwankt der rote Wein an rostigen Gittern,

Indes wie blasser Kinder Todesreigen
Um dunkle Brunnenränder, die verwittern,
Im Wind sich fröstelnd blaue Astern neigen.

4.6 Kommunikationsstrukturen

4.6.1 Lyrische Rede

Gedichte enthalten eine unterschiedliche Tiefe an Bedeutungen, die durch ein Zusammenspiel von formalen, sprachlichen und inhaltlichen Elementen erzeugt wird. Die ausschließliche Konzentration auf formale Merkmale von Lyrik birgt die Gefahr der Verdinglichung, wenn einzelne Merkmale identifiziert und gesammelt werden, ohne ihre Funktion im Gesamtzusammenhang eines Gedichtes zu betrachten. Um dieses leisten zu können, müssen außer den genannten formalen Elementen noch strukturelle Merkmale betrachtet und miteinbezogen werden. Unter dem Blickwinkel, dass Gedichte eine Rede/Redeweise sind, kommen Fragen ins Spiel, die in Lyrikkonzeptionen des 20. Jahrhunderts eine hervorragende Rolle spielen: Wer spricht? Wer wird angesprochen? Worüber wird gesprochen?

Traditionell wird die Instanz, die in einem lyrischen Text „ich" sagt, als „lyrisches Ich" bezeichnet, eine Kategorie, die in Margarete Susmanns Abhandlung *Das Wesen der modernen deutschen Lyrik* (1910) erstmals erscheint. Susmann grenzt sich damit von einem biographischen Verständnis von Lyrik ab und trennt das lyrische Ich strikt von einem empirischen Ich. Oskar Walzel (1912) hat den Begriff aufgenommen und dahingehend differenziert, dass es auch eine Lyrik ohne Ich gibt, wie bei Georg Trakl, in dessen Gedichten oft kein Ich vorkommt, sondern ein Du: *O! dann neige auch du die Stirne/Vor der Ahnen verfallenem Marmor.* (*Im Park*, Trakl, [19]2008, 58). O. Walzel hebt zudem die Bedeutung der anderen Personalpronomina in einem Gedicht hervor und erweitert damit den Rahmen kommunikativer Instanzen, die ein Gedicht strukturieren. Das „lyrische Ich" ist eine Kategorie, die inzwischen aufgrund ihrer Konnotationen und ihrer Bindung an die Erlebnislyrik als höchst problematisch angesehen wird, die gleichwohl die Lyriktheorie und den Lyrikbegriff im 20. Jahrhundert maßgeblich beeinflusst hat. Für das Verständnis dieser Zusammenhänge bedarf es eines Schrittes in die Lyrikgeschichte[12] zurück.

Das Entstehen und die Bedeutung der Erlebnislyrik im 18. Jahrhundert muss im Kontext einer neuen Gefühlskultur, die unter dem Einfluss von Empfindsamkeit und Pietismus im 18. Jahrhundert entsteht, gesehen werden. Es findet eine Ablösung von einem christlichen Selbst- und Weltverständnis statt, eine Aufwertung von Affekten und eine Subjektivierung von Welterfahrung, die einer neuen Erlebnissprache den Weg ebnet. Seelische Vorgänge werden aus ihrer Bindung an eine religiöse Transzendenz freigesetzt. Die Natur repräsentiert nicht mehr eine Schöpfungsordnung, sondern wird zu einem neuen Erfahrungsraum, dem sich das Ich nun zuwendet. Das Ich spiegelt sich in der Natur und kann sich darin in seiner Identität konstituieren. Die Hinwendung zu Affekten und zum Subjektiven geht bei Klopstock mit einer formalen Erneuerung einher, indem er sich von alten poetologischen Normen von Strophik, Prosodik und Bildlichkeit freisetzt und Verse in freien Rhythmen bildet. Als Typ des Erlebnisgedichts wird Goethes *Mayfest* (1771) aus der Sesenheimer Lyrik angesehen, in dem das Ich das Erlebniszentrum bildet.

Die literarische Empfindsamkeit, beginnend mit James Thomsons *The Seasons* (1726) hatte einen hohen Einfluss auf die Romantik und ihr Naturverständnis. Die Natur wird zu einem zeichenhaften und poetisch verdichteten Raum, wie in Eichendorffs *Wünschelrute*:

---

[12] Einen instruktiven Überblick über die Geschichte der deutschen Lyrik bietet der Band von F.-J. Holznagel et al. (2004).

Schläft ein Lied in allen Dingen,
Die da träumen fort und fort,
Und die Welt hebt an zu singen,
Triffst du nur das Zauberwort.

Eichendorff, [4]1971, 103)

Die Bindung an Empirisches tritt in der Romantik zunehmend zugunsten einer poetischen Stimmung zurück, in die äußere Dinge das Subjekt versetzen. Im Unterschied zum Erlebnis harmonieren in der Stimmung Seele und Dinge, nichts Störendes tritt dazwischen. Der Mond, die Wälder und nächtliche Sterne werden zu Stimmungsträgern romantischer Naturlyrik. Durch Intensivierung poetischer Mittel (Klang, Bilder) werden Poetizität und Musikalität gesteigert, um die Poesie selbst zum Gegenstand des Gedichts zu machen, wie zuvor an Brentano aufgezeigt wurde. Insbesondere die Naturgedichte von Eichendorff verkörpern diesen Typ eines naturhaften Stimmungsgedichtes, in dem das Erlebnis zu einer Stimmung poetisiert wird. Doch zunehmend werden die Bilder und die Sprache der Erlebnislyrik stereotypisiert und drohen klischeehaft zu erstarren. Heinrich Heine parodiert die bekannten Topoi der romantischen Lyrik. Das Erlebnisgedicht endet mit Conrad F. Meyer, der das Erlebnis an lebensweltliche Dinge bindet. Von Meyer und Mörike aus entwickelt sich das sog. Dinggedicht, das seinen Höhepunkt in den *Neuen Gedichten* von Rainer M. Rilke erreicht.

Die Erlebnislyrik und ihr Entstehen muss auch im Kontext von Subjektivitätstheorien und poetologischen Positionen des 18. Jahrhunderts gesehen werden, die Subjektivität in Verbindung mit Natürlichkeit und Unmittelbarkeit der Lyrik zuordnet. Nach Schelling (*Philosophie der Kunst* 1802/03) geht lyrische Poesie vom Subjekt aus. Für Hegel galt Lyrik als Paradigma von Subjektivität. Das alte religiöse Weltverständnis und seine soziale Hierarchie werden abgelöst von Vorgängen der Individualisierung und der Freisetzung von religiöser Transzendenz. Eine Gegenposition zu subjektbezogenen und den emotionalen Kern von Lyrik betonenden Konzeptionen nimmt allerdings Schiller in seiner Rezension von F. Matthissons Gedichten (1794) ein, der für die Überwindung des bloß emotionalen und subjektiven Ausdrucks in einem Gedicht zugunsten einer Verankerung von Subjektivität in der objektiven Welt argumentiert, und markiert damit die Wende vom Sturm und Drang zur Klassik.

Die Erlebnislyrik bildet kulturgeschichtlich betrachtet nur eine Episode. Die begleitenden poetologischen Diskussionen konzentrierten sich ausschließlich auf die monologische Lyrik. Dialogizität und Aspekte der intertextuellen Verweise von Gedichten bleiben in diesem Diskurs unbeachtet und damit der große Bereich der Gesprächs- und Liebeslyrik, die dialogisch konzipiert ist, und die um 1806/07 entstehenden Zeitgedichte, die sich zu einer eigenen politischen Lyrik entwickeln. Ausgespart bleibt des Weiteren eine Lyrik, die geselliges Tun (Tätigkeiten, Beisammensein) durch gemeinsames Singen rhythmisch untermauert, statt die Einsamkeit eines Ich zu besingen, wie die Wander-, Arbeits-, Tanz- und Trinklieder (Asmuth [4]1976, 120).

Zur Geschichte des Erlebnisbegriffes sei an dieser Stelle nur auf Wilhelm Dilthey und dessen geistesgeschichtliches Dichtungskonzept in *Das Erlebnis und die Dichtung* (1906) verwiesen, in dem der Erlebnisbegriff eine primäre Stellung einnimmt. Vom Erlebnis aus lässt sich nach Dilthey Kunst interpretatorisch erschließen. Aufgabe des Lesers besteht darin, sich in Erlebnisvorgänge hineinzuversetzen. Dilthey macht mit diesem Ansatz das Erleben zur Grundlage von Interpretation.

Emil Staiger hat in seiner *Poetik der Grundbegriffe* (1946) sein Begriffsinventar und seine poetischen Wertmaßstäbe aus dem Paradigma der Erlebnis- und Stimmungslyrik des 18./19. Jahrhunderts abgeleitet, einer Lyrik, in der das Ich das Zentrum von Subjektivität und Erleben bildet. Dass die in dieser Poetologie entwickelten Beschreibungskategorien einen großen Teil der Lyrik ausschließen, weil sie nicht von Erlebnissen, Stimmungen und subjektbezogenen Äußerungen her verfasst sind, sondern z. B. von komplexen Gedankenzusammenhängen, ist eine wesentliche Kritik an Emil Staiger, dessen Grundverständnis von Lyrik jedoch die gängigen Schulauffassungen von Lyrik nachhaltig bestimmen.

Käte Hamburger (1957) geht von einem anderen Erlebniskonzept als Dilthey aus und grenzt sich von dessen psychologischer Dichtungstheorie ab. Ihr geht es um die Aussagelogik der Dichtung. Zentral für die Ordnung der Gattungen ist für Hamburger die Wirklichkeitsaussage, die das Wesentliche der Lyrik in Abgrenzung von den Fiktionsgattungen 'Drama' und 'Epik' ausmacht. Das Ausgesagte bildet den Erlebnisbereich eines Subjekts; daher ist Lyrik Erlebnislyrik. Hamburger fasst das Aussagesubjekt der Lyrik ebenfalls als Erlebnissubjekt, setzt jedoch das lyrische Ich mit dem empirischen Autor gleich. Heinrich Henel (1958/1966) verbindet Ich-Form und Erlebnisdichtung: „Das entscheidende Kennzeichen der Erlebnisdichtung ist also die Ich-Form: der Dichter spricht in der ersten Person und verbürgt sich damit für die Echtheit der mitgeteilten Empfindung." (1966, 223).

Diese Identifikation des Dichters mit der ersten Person in einem Gedicht verwischt die grundsätzliche Trennung von Text und Außertextuellem, von Ich als einem Element des Textes und dem empirischen Verfasser eines Textes. Allerdings hat Henel einen neuen und wichtigen Akzent gesetzt, indem er von einer stofflich-substantialisierten Kategorie „Erlebnis" zu einem Vorgang übergegangen ist. Untersuchungen der 1980er Jahre zum lyrischen Ich rücken die Frage „Wie das Ich ästhetisch in einem Text erscheint und sich in ihm manifestiert?" in den Vordergrund (Pestalozzi 1970; Spinner 1975; Gnüg 1983; Sorg 1984). Pestalozzi (1970) untersucht unter Bezugnahme auf Susmanns Arbeit die geschichtliche Entwicklung des lyrischen Ich von Dante bis zum 20. Jahrhundert. Spinner (1975) geht von einem rezeptionsästhetischen und kommunikationstheoretischen Ansatz aus und bestimmt von dort aus das „lyrische Ich“ als einen funktionalen Teil innerhalb des Textzusammenhanges und in Bezug auf seine Rezeption als konstitutiv für Prozesse der Identitätsbildung. Sorg (1984) siedelt das lyrische Ich zwischen empirisch faktischer Subjektivität und poetischer Gegenwärtigkeit an und fällt darin hinter die von Susmann erreichte Position zurück. Gnüg (1983) bezieht zwar geschichtsphilosophische Bezüge in ihrer Darstellung der Geschichte des lyrischen Ich mit ein, aber sie verwendet Begriffe wie „Erlebnis“, „Erlebnislyrik“ oder „Stimmungslyrik“ uneingedenk ihrer problematischen Herkunft und Begriffsinhalte etwas zu sorglos.

Gegenüber diesen Konzeptionen eines lyrischen Ich wird in gegenwärtigen Theorien der Lyrik (Burdorf [2]1997; Lamping [3]2000) eine grammatische und strukturelle Beschreibung zur Identifikation der Sprecherinstanz vorgezogen, nicht zuletzt um einen objektiven, überprüfbaren Zugang zu lyrischen Texten zu ermöglichten, der frei ist von Erlebnis- und Subjektivitätskategorien. Diese Instanzen der lyrischen Rede werden im Folgenden näher untersucht.

Wer spricht? (Redesubjekt)

Zur Struktur der Rede gehört eine Sprecher-Instanz, die sich in Gedichten auf unterschiedliche Weise artikuliert. Sie kann als Ich in der Textoberfläche erscheinen, aber sie muss es nicht. Oft bleibt der Sprecher nur implizit und tritt dadurch hervor, dass er spricht. Sprachliche Mittel der Artikulation eines Redesubjekts sind Personalpronomina (ich, meiner, mir, mich), Possessivpronomina (mein, meine) und Eigennamen. Mit ihrer Hilfe kann der Leser ermitteln, wer spricht.

Der Spinnerin Nachtlied (1802)

Es sang vor langen Jahren
Wohl auch die Nachtigall,
Das war wohl süßer Schall,
Da wir zusammen waren.

Ich sing' und kann nicht weinen,
Und spinne so allein
Den Faden klar und rein
So lang der Mond wird scheinen.

So oft der Mond mag scheinen,
Gedenk ich dein allein,
Mein Herz ist klar und rein,
Gott wolle uns vereinen.

Seit du von mir gefahren
Singt stets die Nachtigall,
Ich denk bei ihrem Schall
Wie wir zusammen waren.

Gott wolle uns vereinen,
Hier spinn ich so allein,
Der Mond scheint klar und rein,
Ich sing und möchte weinen!

Da wir zusammen waren,
Da sang die Nachtigall,
Nun mahnet mich ihr Schall
Daß du von mir gefahren.

In diesem Gedicht von Clemens Brentano (^{2}1978, Bd. 1, 131), das etwa 1802 entstand, artikuliert sich das Redesubjekt als Ich in der 1. Person Singular im ersten Vers der zweiten Strophe. Zuvor jedoch wird von *wir* gesprochen, in dem bereits das Ich enthalten ist. Der Titel gibt einen Hinweis auf die Identität dieses Ich (Spinnerin). Allerdings ist bis zu diesem Zeitpunkt nicht ganz klar, wer mit dem *wir* gemeint ist und ob es einen anderen oder mehrere umfasst. Aber das Gedicht enthält Signale, die in unserem Kulturraum mit dem Thema 'Liebe' und Liebeslyrik verknüpft sind: *Nachtigall, süßer Schall.* Sie deuten darauf hin, dass sich im *wir* das Ich als Teil einer Zweiheit von Ich und Du einbringt. Bestätigt wird diese Vermutung im 2. Vers der 3. Strophe: *Gedenk ich dein allein.* Die Klage und Trauer über die Trennung (*seit du von mir gefahren*) sind Gegenstand des Gedichtes. Das Ich wird zu einem personalen Ich aufgebaut, das sich räumlich in ihrer Stube befindet und eine Erinnerungsperspektive einnimmt, erkennbar am Tempus der Vergangenheit (*sang*). Es trauert um den Verlust des Geliebten. Die Klage um das verlorene Glück wird von Strophe zu Strophe variiert. Um an dieser Stelle die zuvor beschriebenen formalen Mittel funktional einzubinden: Durch Reime, Reimwörter, Rhythmen und Wiederholungen wird die Klage der Spinnerin klanglich instrumentiert und ihr Einbeschlossensein verstärkt.

In dem Gedicht nimmt die Sprecherinstanz die Rolle einer Figur ein, die im Titel benannt bzw. eingeführt wird: die Spinnerin. Gedichte dieses Typs, in denen die Rede einer fiktiven Figur (Knabe, Wanderer, Schäfer) zugeordnet wird, werden als **Rollengedicht** bezeichnet. Das Rollen-Ich kann eine einzelne Figur oder Repräsentant einer Gruppe oder Klasse sein, die in bestimmten kulturgeschichtlichen und kommunikativen Zusammenhängen eine Bedeutung haben. Mit solchen Rollen in einem Gedicht verändert sich auch die kommunikative Leistung, indem nicht nur darüber etwas ausgesagt wird, wovon die Figur spricht, sondern die Rolle selbst und ihre Wahrnehmungen von Welt werden charakterisiert.

Das Ich eines lyrischen Textes ist nicht gleich Ich. Es kann sich in unterschiedlichen Situationen befinden und Unterschiedliches an Reflexionen, Haltungen, Wahrnehmungen und Gefühlen ausdrücken. Es kann im Vordergrund stehen und sich selbst und sein Erleben und seine Wahrnehmungen aussprechen oder sich zurücknehmen und distanziert-sachlich Vorgänge beschreiben. Es kann sich als personenhaftes Ich konfigurieren, als ein abstraktes, verallgemeinertes Ich oder als Ding sprechen wie bei Rilke: *Ich bin die Laute. Willst du meinen Leib/*

beschreiben, seine schön gewölbten Streifen (1966, 367). Die Konzepte der Sprecher-Instanz wandeln sich im Laufe der Zeit und in Abhängigkeit von der jeweiligen lyrischen Gattung: Liebes-, Naturlyrik oder politische Lyrik.

Auch das Wir kann Unterschiedliches meinen: einen Einzelnen (du) oder mehrere andere (ihr); es kann exklusiv sein und allein ein Du einschließen und andere ausschließen. Eine weitere Variante, die sich häufig in Kirchenliedern, Chorälen, politischer und geselliger Lyrik findet, ist das Aufgehen eines Ich in einem verallgemeinerten Wir: *Ein feste Burg ist unser Gott.*

Festzuhalten bleibt, dass das Ich als Subjekt von Aussagen ein strukturelles Element eines lyrischen Textes ist und die zugrunde liegende Kommunikationssituation mit konstituiert. Es ist identifizierbar durch sprachliche, deiktische Mittel. Es ist nicht identisch mit einem außertextuellen empirischen Autor. Eine andere Art von Redeinstanz findet sich in der Ballade, in der häufig ein fiktiver Erzähler auftritt, der das Geschehen berichtet (Fontane *John Maynard*). Kein Sprecher-Ich tritt hervor, sondern das Erzählgeschehen wird über ein erzählerisches Medium vermittelt. Mehrere Sprecher kommen in Rollengedichten vor und treten in eine Wechselrede miteinander, wie in Goethes *Erlkönig.*

Wer wird angesprochen?

Die lyrische Rede kann monologisch aufgebaut sein, indem das Ich für sich spricht, oder sie ist dialogisch strukturiert, indem das Ich ein Gegenüber, ein Du, anredet. Es wird jemand oder etwas angesprochen. Für das Du gibt es mehrere Anredeformen: du, ihr, Sie oder ein Eigenname. Bezeichnenderweise wird in der Liebeslyrik die 2. Person verwendet. In dem obigen Gedicht von Brentano wendet sich das Ich an ein Du, das als Angesprochenes zunächst im *wir* und *dein* enthalten ist, aber in der vierten Strophe ausdrücklich als Du benannt ist: *Seit du von mir gefahren.* Ein Wir kann auch eine Gruppe bezeichnen, häufig in der politischen, religiösen und rhetorischen Lyrik.

Die Sie-Anrede kommt eher selten vor. In dem Gedicht *Reisen* von Gottfried Benn wird sie verwendet: *Meinen Sie Zürich zum Beispiel/sei eine tiefere Stadt,/wo man Wunder und Weihen/immer als Inhalt hat?* Die skeptische Frage an einen Reisenden/Touristen, ob er Zürich für eine tiefere Stadt halte, distanziert von touristischem Reisen und verallgemeinert den Adressaten zu einer Gruppe oder Allgemeinheit.

Taucht ein Name im Gedicht auf, kann die damit bezeichnete Person fiktiv sein oder historisch nachweisbar. In vielen Gedichten von Else Lasker-Schüler tauchen Dichternamen auf: Franz Werfel, Paul Zech. Ihre Giselheer-Gedichte spielen auf Gottfried Benn an und Georg Trakl wird in der Figur des Prinzen von Theben poetisiert.

Bei dem Adressaten kann es sich um Gott, die Natur, ein Tier, ein Ding, einen Menschen handeln. Primär ist das Gegenüber der/die Geliebte. In Ingeborg

Bachmanns *Anrufung des Großen Bären* wird ein Sternbild angesprochen: *Großer Bär, komm herab, zottige Nacht, / Wolkenpelztier mit den alten Augen.* Der Mond wird in vielen Gedichten der Empfindsamkeit, wie in Klopstocks *Die frühen Gräber* adressiert: *Willkommen, o silberner Mond, / schöner, stiller Gefährt der Nacht!* Rilke wendet sich in *Herbsttag* an Gott: *Herr, es ist Zeit.*

Viele Gedichte sind als Zwiegespräch des Ich mit sich selbst in Form von Frage und Antwort oder Vorwurf und Rechtfertigung gestaltet, so in E. Mörikes *An einem Wintermorgen, vor Sonnenaufgang* aus dem Jahre 1825:

> O flaumenleichte Zeit der dunkeln Frühe!
> Welch neue Welt bewegest du in mir?
> Was ist's, daß ich auf einmal nun in dir
> Von sanfter Wollust meines Daseins glühe?
>
> (E. Mörike 1967, Bd. 1, 665)

Formen der Selbstanrede finden sich in vielen Varianten; das Ich kann zu Körperteilen von sich sprechen (Herz, Seele) oder sich spalten und als Doppelgänger im Spiegel auftreten.

In der appellativen Lyrik wird der Leser direkt angesprochen, um ihm bestimmte Einsichten oder eine Lehre zu vermitteln, wie auch im Fall von Benns Reise-Gedicht.

In Dialoggedichten, wie in der Rollenlyrik, treten mehrere Stimmen auf: ein oder mehrere fiktive Sprecher und die Gegenstimmen, bei denen es sich um eine einzelne Stimme oder um eine Gruppe (bei Chören) handeln kann.

Worüber und wovon wird gesprochen (Redegegenstand)?

Zum Sprechen gehört nicht nur eine Instanz, die spricht, und ein Angesprochenes, sondern auch der Gegenstand, über den gesprochen wird. Mit sprachlichen Mitteln wird Bezug genommen auf Außersprachliches und darüber etwas ausgesagt (Referenz und Prädikation). Der Redegegenstand kann die Natur sein, Liebe, Freundschaft, Tiere, Dinge, Umwelt oder Alltag. Betrachtet man die einzelnen Verse und was in ihnen gesagt ist, so ist im Gedicht von Brentano zunächst die Rede von der Nachtigall, die vor langen Jahren sang. Weiterhin vom *süßen Schall,* da *wir zusammen waren.* In der zweiten Strophe ist der Redegegenstand das Ich, das Redesubjekt, über das ausgesagt wird, dass es singt, nicht weinen kann und spinnt. Sukzessive wird von Strophe zu Strophe eine Situation aufgebaut: Die Situation von einem Mädchen, einer Spinnerin, das verlassen wurde, jetzt alleine spinnt und die die Nachtigall an das verlorene Zusammensein erinnert. Über dem, was konkret gesagt wird, baut sich eine abstraktere thematische Ebene auf, die abgeleitet werden muss und die sich in der Aussage bündeln lässt: Trauer/Schmerz um verlorene Liebe oder verlorenes Glück. Bezieht man noch den einzigen Optativ des Gedichts *Gott wolle uns vereinen* in Vers 4 der 3. Strophe und Vers 1 der 5. Strophe mit ein, dann wird das Liebesthema erweitert um den Zusammenhang von Liebe und Religion.

Wird von einem Gegenstand gesprochen, ohne dass eine Sprecher-Instanz und ein Adressat an der Textoberfläche in Erscheinung treten, so handelt es sich um eine **Er-Form**. Der Gegenstand wird in dem Fall nicht in eine Kommunikationssituation eingebettet. Das folgende Gedicht von Bodo Morshäuser ist in der Er-Form geschrieben. Es kommt weder ein Sprecher-Ich noch ein Adressat vor.

Blues in der Mittagspause (1979)

Er kommt herein
zieht die Haare aus dem Gesicht
und hat sie mit einem streifenden Blick
als „seinen Typ“ erkannt.

Sie schaut ihm interessiert zu
(Was er sieht) und geht mit der Zigarette
auf den Aschenbecher los, als dieser
streifende Blick von ihm kommt.

Er ruft dem Kellner seine Bestellung zu
und schaut auf das Fenster zur Straße
auf dem er sie in Ruhe betrachten kann
(Was sie auf einem anderen Fenster sieht).

Auch sie bestellt einen Weinbrand
und schaut auf eine andere Fensterscheibe
in der er gut beleuchtet sitzt
(Was er längst weiß).

Er entdeckt nach dem dritten Weinbrand
ein näher gelegenes Fenster, in dem sie
ausführlicher sitzt (was sie nicht weiß)
und mit Streichhölzern kämpft.

Sie zahlt zwei Bestellungen später
drückt die letzte Zigarette aus
und verläßt das Lokal
durch alle vorhandenen Scheiben.

(B. Morshäuser 1979, 53)

Beschrieben werden in der Er-Form zwei Figuren, die nur durch die Personalpronomina *er* und *sie* gekennzeichnet sind. Sie sitzt in einem Lokal und sieht ihn hereinkommen. Sie beobachten sich wechselseitig in der Fensterscheibe und wissen das auch voneinander. Beide kommunizieren nur indirekt, bis sie später geht, ohne dass es zu einem direkten Kontakt kommt. Eingebettet in eine fast alltägliche Situation werden Wahrnehmungen und Beobachtungen beschrieben, aber die inneren Gefühle, Sehnsüchte oder Wünsche der Beiden bleiben ausgespart. Die Er-Form trägt dieser Distanz und dem angedeuteten Thema der indirekten Kommunikation, der fehlenden Kontakt- und Beziehungsaufnahme, des spielerischen Flirts oder – je nach Interpretationssicht – der Entfremdung Rechnung.

Auch in dem Zusammenspiel von Sprecher-Ich, Adressat und Gegenstand der Rede gibt es Varianten in der Lyrik, je nachdem auf welchem dieser strukturellen Elemente der Fokus liegt. In der Erlebnislyrik bilden das Ich und seine Selbstaussprache den Mittelpunkt; in einer anderen Variante tritt der Gegenstand hervor und wird geradezu losgelöst von einer Rede- und Kommunikationssituation beschrieben. Diese Form des Gedichts wird als Dinggedicht bezeichnet, das sich mit Mörike und Meyer im 19. Jahrhundert entwickelt hat und, wie bereits erwähnt, in Rilkes Sammlung *Neue Gedichte* (1907/08) einen Höhepunkt erreicht. Objekte sind Pflanzen (Hortensie, Tiere (Flamingos), Gegenstände (Brunnen) und Kunstobjekte (Torso). Ein berühmtes und vielzitiertes Beispiel dafür ist *Der Panther*, das R. M. Rilke 1905 geschrieben hat.

Bei der Untersuchung des Redegegenstandes muss zum einen die Inhaltsebene (Wirklichkeitsbezüge, Raum, Zeit) eines Gedichtes erschlossen werden, zum anderen die Einbettung oder Nicht-Einbettung in eine Kommunikationssituation überprüft werden. Für die Erarbeitung von lyrischen Texten sind in dieser Perspektive drei Fragestellungen leitbildend:

1. Wovon ist die Rede?
2. Was wird darüber ausgesagt?
3. Ist der Redegegenstand an eine explizite Redesituation in Form der Personalpronomina der ersten und zweiten Person (Sprecher-Adressat) gebunden oder nicht?

Die Redesituation und Raum-/Zeitvorstellungen

Konkrete Hinweise auf eine Rede- und Kommunikationssituation sind nicht immer gegeben, aber bisweilen wird deutlich, dass eine situative Verankerung z. B. in einem Café, am Fenster, in einer Stube oder an einem Fluss erfolgt. Mit einem solchen situativen Rahmen wird die einem lyrischen Text zugrunde liegende Kommunikationsstruktur in einer Wirklichkeit verortet, die wiederum durch unterschiedliche Eigenschaften gekennzeichnet ist. Sie kann eine große Nähe zur empirischen Erfahrungswelt suggerieren und die Vorstellung von konkreten, gegenständlichen Räumen nahelegen oder ein Gedicht evoziert fiktive Räume, die aufgrund ihrer Symbolik und kunstvollen, poetisierenden Stilmitteln weit entfernt von erfahrbaren Welten gestaltet sind. Das Sprecher-Ich kann sich in der Natur befinden oder in einer historisch fixierbaren Stadt, wie in den Großstadt-Gedichten von Ernst Stadler und Erich Kästner: *Er saß in der großen Stadt Berlin/an einem kleinen Tisch./Die Stadt war groß, auch ohne ihn. (Sozusagen in der Fremde* 1931). Es können imaginative Räume sein, wie bei Else Lasker-Schüler, oder künstliche, preziöse Räume eines Stefan George.

Die Rede kann auch für sich stehen ohne Raum- und Zeitangaben wie in vielen Liebesgedichten. Raum- und Zeitangaben helfen, die Redesituation zu lokalisieren, bezeichnen das Thema (*Im September, Um Mitternacht*), stellen Nähe oder Ferne zur Wirklichkeit her, markieren Zeitabläufe in einem Gedicht oder greifen einen Zeitmoment heraus und verdichten die Situation auf diesen einen Augenblick.

Viele Gedichte sind Zeitgedichte (Jahres- und Tageszeiten): Sie sprechen vom Frühling oder vom Herbst (Hofmannsthal *Vorfrühling*; Rilke *Herbsttag*), vom Abend oder der Nacht (Goethe *An den Mond*; Eichendorff *Nachts*). Sie können auf eine vergangene Zeit verweisen und metaphorisch einen Zeitablauf ausdrükken: *Fließe, fließe, lieber Fluss!*, oder sich auf einen Augenblick konzentrieren, der aus dem Kontinuum von Zeit hervorsticht.

Sprachliche Mittel, die Zeitbezüge markieren und Zeitlichkeit ausdrücken, sind: Die Tempora der Verben, Präpositionen (seit, während, nach), Zeitadverbien (schon, jetzt, nach, erst, dann) und lokale Adverbien (hier, da). In *Der Spinnerin Nachtlied* wird die Erinnerung durch das Präteritum gekennzeichnet (*sang*), während das Präsens für die Gegenwart steht (*sing'*). Die abendliche und nächtliche Situation wird durch bekannte Topoi der Romantik beschrieben: Mond, Nachtigall. Für die Konstituierung von Räumen spielen in lyrischen Texten deiktische Mittel eine hervorragende Rolle, weil sie das Ich in seiner Origo verankern und Richtungs- und Bewegungsverläufe markieren (s. Kap. 1). In *Der Spinnerin Nachtlied* zeigt die Deixis *hier* den Standort des Ich in der Stube an, das Adverb *nun* stellt den zeitlichen Bezug auf die gegenwärtige Situation des entschwundenen Glückes her, das in den Strophen beklagt wird.

Festzuhalten bleibt, dass die lyrische Rede sich durch drei Instanzen konstituiert und die Verankerung in einer räumlich-zeitlichen Situation unterschiedlich markiert und ausgedrückt wird:

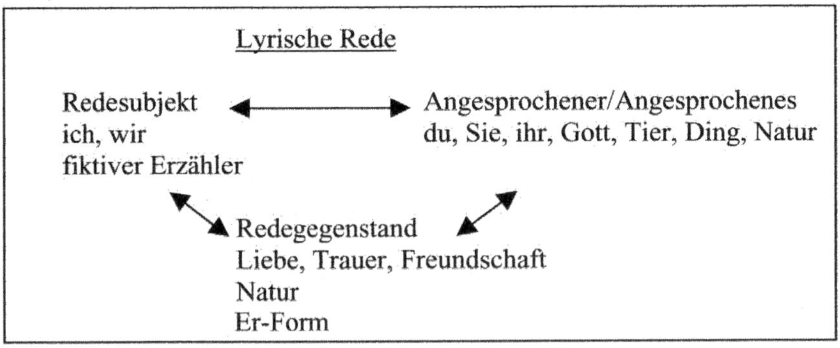

Abb. 11 Lyrische Rede

In Bezug auf die lyrische Redeweise lassen sich Fragestrategien zur Erschließung von Gedichten formulieren:

Tab. 35 Fragestrategien

	Frage-/Interpretationsstrategien
Redeinstanz/Ich	Wer spricht? Wie artikuliert sich ein Sprecher in einem Gedicht: ich, wir, mein, mir? Welche Informationen erhalten wir über das Ich?
Angesprochenes	Zu wem oder was spricht wer? Wie wird das Gegenüber angesprochen: du, ihr, Sie, Name? Wer ist das Gegenüber: Geliebter, Freund, Gott, Natur, Selbst?
Rede-Gegenstand	Wovon ist die Rede? Worüber wird gesprochen? Tier, Pflanze, Freund, Himmelskörper ...? Wie verändert sich das Thema im Laufe des Gedichts?
Gesprächssituation	Gibt es Hinweise auf eine konkrete Situation: Raum-/ Zeitangaben?

18 Untersuchen Sie in dem folgenden Gedicht von Günter Eich die strukturellen Einheiten der lyrischen Rede:

a) Redesubjekt
b) Angesprochenes/Gegenüber
c) Redegegenstand
d) Sprache, Form
e) Situation

Inventur

Dies ist meine Mütze,
dies ist mein Mantel,
hier mein Rasierzeug
im Beutel aus Leinen.

Konservenbüche:
Mein Teller, mein Becher,
ich hab in das Weißblech
den Namen geritzt.

Geritzt hier mit diesem
kostbaren Nagel,
den vor begehrlichen
Augen ich berge.

Im Brotbeutel sind
ein Paar wollene Socken
und einiges, was ich
niemand verrate,

so dient es als Kissen
nachts meinem Kopf.
Die Pappe hier liegt
zwischen mir und der Erde.

Die Bleistiftmine
lieb ich am meisten:
Tags schreibt sie mir Verse,
die nachts ich erdacht.

Dies ist mein Notizbuch,
dies meine Zeltbahn,
dies ist mein Handtuch,
dies ist mein Zwirn.

4.6.2 Der Leser

Gegenüber der erzählenden Literatur befindet sich der Leser eines lyrischen Textes in einer anderen Situation und steht vor anderen Aufgaben, um den Gegenstand zu konstituieren. Ein wesentliches Differenzmerkmal betrifft die Zeitlichkeit des Lesens, die Illusionsbildung, den Lektüreumfang und den Aufbau fiktiver Welten. Während die erzählende Literatur dominant durch ihre Referenzen auf eine außersprachliche Wirklichkeit gekennzeichnet ist, ist die Lyrik hochgradig selbstreflexiv und sprachbezogen.

Ein Gedicht ist eine „Gestalt" von begrenztem Umfang, die in ihrem Schrift- und Textbild visuell wahrnehmbar ist und die eigene formale Gestaltungs- und Ausdrucksmittel verwendet, um bedeutungstragende Effekte zu erzeugen. In einem Gedicht dominiert das Sprachzeichen und erhält als Zeichen ein Eigengewicht gegenüber der Bezugnahme auf Außersprachliches.

Die Zeitlichkeit spielt beim Lesen eines Gedichts selbstverständlich auch eine Rolle, da sukzessive ein Gedicht gelesen werden muss, aber durch die Kürze und die besondere optisch wahrnehmbare Form gewinnen die Räumlichkeit eines lyrisches Textes und das Schrift-/Textbild an Bedeutung: Verslänge und ihre mögliche Variation, Verszahl, Abschnitte, Strophen, Anordnung auf einer Textseite. In der konkreten Poesie gewinnt der räumliche Aspekt in der Wahrnehmung noch eine gesteigerte Relevanz durch Verzicht auf den Aussagecharakter von Sprache, vor allem in Text-/Figurengedichten. Optisch-wahrnehmbare Signale der Textgestalt und der räumlichen Anordnung von Wörtern, Phrasen, Versen lenken die Rezeption des Lesers und können aufgrund von Gattungskonventionen Erwartungen bezüglich des Gegenstandes erzeugen. Vom Zeitfluss her betrachtet, ist es eher ein Innehalten, ein Verweilen und Reflektieren, während das

Lesen erzählender Texte schnell und anhaltend verläuft und der Leser sich potentiell in die Illusion fiktionaler Welt fallen lassen kann, um dort ein Eigenleben mit Emotionen, Vorstellungsbildern, Spannungen und wissensbezogenen Anteilen zu führen. Die Besonderheit eines in die Lektüre versunkenen und von Glücksgefühlen begleiteten Lesens wird auch als Flow-Erlebnis beschrieben.

Gegenüber der erzählenden Literatur muss der Leser bzw. Rezipient lyrischer Texte andere Leistungen erbringen und andere Aufgaben lösen, um den Gegenstand als Gegenstand konstituieren zu können. Dazu gehört die Identifikation von formalen Mittel und Ordnungsprinzipien (Versifikation, Klangstrukturen, Bildlichkeit, poetische Syntax, Redesituation, lyrische Instanzen), die Bestimmung ihres Wechselverhältnisses und ihrer Funktion im Gesamtzusammenhang eines Gedichts. Die zuvor vorgestellten Frage- und Interpretationsstrategien stellen zugleich Teilleistungen und Teilschritte des Rezipienten dar. Hinzu kommen die Berücksichtigung historischer Aspekte, poetologischer Positionen und unterschiedlicher Auffassungen von Lyrik, Subjektivität, Weltbezogenheit, Gefühlen, des Verhältnisses zur Natur und der jeweils besonderen Beziehung zwischen Ich und Welt.

Unterschiedliche Grade der Verständlichkeit, der Zugänglichkeit und der Orientierung kennzeichnen die jeweiligen lyrischen Formen. Wie das Wort bereits sagt, verschließt sich die hermetische Lyrik der unverbrüchlichen Verständlichkeit, arbeitet mit Verrätselungen, die ihrerseits den Gegenstand der Wahrnehmung und Reflexion bilden, hingegen das Lied gerade durch seine Sprache, Rhythmisierung und Klangstrukturen inhaltlich leicht zugänglich ist.

4.7 Didaktik der Lyrik

Lyrik hat in der Schule ihren festen Platz, wie ein Blick in die Lehr- und Rahmenpläne, Lesebücher und Unterrichtsmaterialien bezeugt, auch wenn von didaktischer Seite immer wieder die schwere Zugänglichkeit lyrischer Texte und Unbeliebtheit bei Schülern beklagt wird und als eine der Haupterschwernisse des Lyrikunterrichts betrachtet wird (Stocker 1993, 57; Wintersteiner 1993, 29; Hohmann 1994, 458). Dem steht auf der anderen Seite eine rege Lyrikproduktion in vielfältigen Formen der populären Kultur von Hip Hop, Rap, Poetry Slam und der medialen Präsentation im Internet entgegen. Auch der Lyrikunterricht steht vor dem Problem der Legitimation angesichts schwindenden Interesses an Literatur, der tendenziellen gesellschaftlichen Marginalisierung von Literatur und im Umfeld moderner Medienkulturen. Lyrik durch anregenden Unterricht schmackhaft zu machen, wie die Fülle an produktiven und handlungsbezogenen Verfahren es versuchen, ist sicher ein Weg, klärt aber nicht die Frage nach dem Warum und Wozu von Lyrik in der Schule, die sich letztlich aus der Besonderheit des lyrischen Gegenstandes, seiner Tradition und Formenvielfalt ableitet. Ohne einen Begriff von 'Lyrik' kann auch der Lyrikunterricht nicht fundiert werden.

Die Frage ist, wie können Grundbegriffe der Lyrik auf Gedichte angewandt und im Unterricht zur Verfügung gestellt werden, dass Schüler selbstbestimmt lyrische Texte lesen, sehen und hören können? Ziele orientieren sich auf der einen Seite am Fachgegenstand und der Fachsystematik, auf der anderen Seite am Lernprozess und seiner Optimierung im Hinblick auf angestrebte Qualifikationen und unter Berücksichtigung von Lernervoraussetzungen. Daher wurde zu Beginn dieses Kapitels von der Frage ausgegangen, was Lyrik überhaupt ist und welche Elemente konstitutiv sind für Lyrik. Doch über die Vermittlung von grundlegenden Kategorien und Strukturen und der Befähigung zur Analyse und Interpretation lyrischer Texte hinaus, stellt sich auch die Frage, welchen Bildungswert die Auseinandersetzung mit Gedichten hat. Eine Besonderheit von Lyrik liegt in der hohen Bewusstheit und Reflexion im Umgang mit Sprache und in der gestalterischen Handhabung von sprachlichen und formalen Mitteln wie Vers, Rhythmus, Reim, Bilder etc., die eine poetische Funktion haben. Ein Bildungsziel, das sich von dort her gesehen mit Lyrik verbindet, ist die Schulung einer ästhetischen Wahrnehmung, die Ermöglichung ästhetischer Erfahrung und einer Sprachreflexion. Zugleich konstituiert sich in der lyrischen Rede ein anderes, fremdes Subjekt mit seiner Welthaltung und Wahrnehmung. Sich damit auseinanderzusetzen und diese Andersheit in ihrem Eigenen zu erkennen und zu reflektieren, gehört mit zu den produktiven Leistungen der Auseinandersetzung mit einem Gedicht und ist ein eigenes Bildungsziel.

Der Umgang mit einem Gedicht und das Sich-Einlassen auf ein Gedicht erfordern, wie zuvor dargelegt, eine andere Lese- und Rezeptionshaltung als bei einem erzählenden Text, wo der Leser im Fluss der Zeit in verschiedene Situationen und Erlebnisse verstrickt wird. Bei einem Gedicht geht es um ein Innehalten, ein genaues Beobachten und Sammeln, um in der Stagnation der Lesebewegung in die Tiefe zu gehen und im Zusammenspiel verschiedener Elemente und Verfahren Bedeutungen aufzuschließen. Das genaue Lesen eines Gedichtes und die verstehende Annäherung sind eine konstruktive Leistung des Lesers. Die zuvor entwickelten Grund- und Beschreibungskategorien und Fragestrategien sind Hilfestellungen (Strategien), um zu wissen, wie kann sich ein Leser einem Gedicht nähern, wie kann er fragen, worauf sollte er achten und aus welchen Hinweisen kann er Antworten rekonstruieren. Der Leser muss durch eine Reihe von Teilschritten die strukturellen Bestandteile der Rede – Ich, Gegenüber, Redegegenstand, Situation, Raum, Zeit – aus sprachlichen Mitteln, wie Anredeformeln, Personal- und Possessivpronomina oder Imperative – konstituieren. Des Weiteren muss er aus den sprachlichen, formalen und strukturellen Mitteln das sich in einem Gedicht artikulierende Ich in seiner Eigenheit und für den Leser Andersheit und den fiktiven Raum als Raum zur Vorstellung bringen. Es ist ein anderes Ich, das sich in einem Gedicht zur Sprache bringt und das nicht mit dem eigenen, mit eigener Biographie gefüllten Leser-Ich in eins zu setzen ist. Diese Differenz, die je nach Wahrnehmungsdisposition und Erleben eines realen Lesers ein gewisses Maß an Fremdheit und Beunruhigung mit sich bringen kann, kann produktiv genutzt werden und einen Impuls für literarisches Lernen bilden, indem es potentiell zu einer Erweiterung des Eigenen führt.

Um mit einem Gedicht kommunizieren und in einen lebendigen Dialog treten zu können und sich wiederum mit anderen über die eigenen Wahrnehmungen, Deutungen oder Fragen zu verständigen, bedarf es einer intersubjektiven Verständigungsgrundlage. Basis dafür sind gattungskonstitutive Merkmale, Regeln und Konventionen. Dem unterrichtlichen Gespräch kommt eine Doppelfunktion zu: Auf der einen Seite öffnet es dem Einzelnen Raum, um sich in seiner Subjektivität und in seinen Wahrnehmungen einzubringen und die eigene Individualität zu entwickeln, zugleich findet durch die Interaktionen mit anderen ein Prozess der Sozialisierung statt, der Infragestellung durch andere und des anderen, des Zuhörens und sich Einlassens auf andere Sichtweisen und damit verbunden der Relativierung eigener Deutungen, Einstellungen und Meinungen sowie des gemeinsamen Praktizierens von Problemlösungsversuchen. In wechselseitigen Bezugnahmen aufeinander und prüfen von Plausibilitäten von Interpretationshypothesen am Text entsteht Intersubjektivität, das, was sprichwörtlich Subjekte teilen und ihnen eine gemeinsame Verständigungsbasis sichert.

Die Literaturwissenschaft- und -didaktik der vergangenen Jahre hat so nachhaltig die Mehrdeutigkeit von Literatur betont, sich so vehement gegen die Festlegung auf eine Interpretation ausgesprochen und so sehr die Subjektivität des Schülers ins Zentrum gerückt, dass diese Positionen zum akzeptierten Bestand der Literatur-/Lyrikdidaktik gehören, hinter den nicht zurückgefallen werden sollte und der auch an dieser Stelle nicht bekräftigt werden muss. Und doch sei es gestattet, einmal gegenzusteuern und dem Schüler das Recht auf ein Nein gegenüber dem unabschliessbaren Prozess der Sinnbildung zuzugestehen und seine Freiheitsgrade im Deuten zu begrenzen. Das Bedürfnis nach Stabilisierung des eigenen Textverstehens und dem Wunsch nach einer Gewissheit, so könnte es sein, verdient respektiert zu werden.

4.7.1 Zur Geschichte des Lyrikunterrichts

Didaktische Konzeptionen für den Umgang mit Lyrik im Unterricht stehen zum einen in enger Beziehung zur Lyriktheorie, zum anderen in Verbindung mit den vielfältigen historischen Formen und Ausprägungen von Lyrik, wie Volkslied, Sonett, Ode, Epigramm, das politische Gedicht, die konkrete Poesie oder postmoderne lyrische Formen. Betonte der Deutschunterricht im 19. Jahrhundert vor allem das Auswendiglernen von Gedichten und rhetorische Schreibübungen, so akzentuierte die Reformpädagogik zu Beginn des 20. Jahrhunderts die ästhetische Erfahrung, das Erlebnis von Dichtung und das eigene Gestalten von Gedichten. Nach 1945 beeinflussten die werkimmanente Methode und die Lebensphilosophie auch die Didaktik der Lyrik, der existenzielle Bedeutung attestiert wurde (Nentwig 1960). Mittels Einfühlung und innerer Ergriffenheit sollten Schüler zu einem Verständnis lyrischer Texte hingeführt werden. Hören und Sprechen stellten die Wege zu Gedichten dar. Entsprechend dieser theoretischen Grundlage bildete die Tradition des Erlebnisgedichtes das bevorzugte Reservoir für die Textauswahl. Durch die Orientierung an der Werkimmanenz wurde Wert auf eine genaue, objektive Strukturanalyse lyrischer Texte im Unterricht gelegt, wobei motivationale Aspekte völlig vernachlässigt wurden. Ab Mitte der 1960er Jahre setzte sich der gattungsorientierte Ansatz in der Lyrikdidaktik in Abgrenzung von einem Lyrikunterricht, der auf Stimmungen und Gefühlen aufbaute, durch. Er zielte auf die Aneignung poetologischer Grundbegriffe und Analysetechniken und eine Versachlichung von Unterricht. Der Kanon an lyrischen Texten und Autoren wurde durch Integration moderner Lyrik erweitert. Zu den vorrangig sachbezogenen Lernzielen gehörten das Entschlüsseln gattungsspezifischer Codes, das Erlernen analytischer Verfahren und strenger Schemata der Texterschließung. Demgegenüber schlug Pielow (1965) in den 1960er Jahren bereits Verfahren eines produktiven und handelnden Umgangs mit lyrischen Texten vor, wie Inszenieren, Vertonen und Rezitieren. Vor allem in den 1970er Jahren wurde die Werkimmanenz heftigst kritisiert und rückten literatursoziologische Betrachtungen und emanzipatorische Ziele in den Vordergrund. Im Rahmen dieser gesellschaftspolitischen Gesamttendenz gewann das politische Gedicht an Bedeutung (Fingerhut/Hopster 1972). Die sich in den 1960er Jahren im Rahmen der allgemeinen Hinwendung zum Subjekt und zur Subjektivität entwickelnde Alltagslyrik (Brinkmann, Born u. a. m.) war wiederum eine Gegenreaktion auf die Studentenbewegung. Bezeichnend für die Alltagslyrik ist, dass alltägliche Erfahrungen und Momente in lyrischen Texten (nasser Kragen, Baukräne, Straßenbahnschienen) organisiert werden. Durch ihre am Prinzip der Natürlichkeit und Zeitnähe orientierte Sprache fand sie Eingang in den Literaturunterricht (Hein 1973).

Ansonsten hatte die Lyrik in der Literaturdidaktik der 1970er Jahre keinen hohen Stellenwert und wurde teilweise als Abwehrreaktion der Erlebnispädagogik als zu subjektiv abgewertet. Die 1980er Jahre betonten die handwerkliche Seite im Erschließen von lyrischen Texten und die Förderung von Verstehensfähigkeiten. Der handlungs-/produktionsorientierte Ansatz, der sich in den späten 1980er Jahren entwickelte, hatte in der Lyrik sein bevorzugtes Paradigma gefunden (Waldmann 1988) und prägt den Lyrikunterricht bis zur Gegenwart mit einer Vielzahl an methodischen Aufgaben und anregenden Ideen für einen lebendigen Unterricht (Haas 1997; Spinner [3]1997). Er bot damit dem lehrerzentrierten Interpretationsgespräch eine Alternative und ermöglichte Schülern neue Zugänge zu lyrischen Texten. Lyrische Lese- und Verstehensfähigkeiten sollten gefördert werden, aber auch die Freude am Lesen. Die vielfach vorgebrachte Kritik an kreativen Verfahren und die Hinweise auf einen drohenden Subjektivismus und die Gefahr der Beliebigkeit ist stets verbunden mit der Forderung nach Ergänzung oder komplementär zu handhabenden systematischen Formen der Interpretation.

Ein anderes Konzept der Lyrikdidaktik betont den Widerstandscharakter von Lyrik und die Differenz (Waldmann 1988; Payrhuber 1993; Giehrl/Müller 1994, Spinner ³1997). U. Abraham (2000) spricht von lyrischer Alterität, die am Anfang von didaktischen Überlegungen stehen sollte. Dieser Ansatz ist jedoch insofern zu relativieren, als ein Bestimmungsmerkmal von Lyrik zur Basis des Lyrikunterrichts gemacht wird.

Generell bedarf es neben kreativen, produktiven Formen des Umgangs mit lyrischen Texten immer auch der Vermittlung von Grundstrukturen und den entsprechenden poetologischen Fachtermini sowie des Einblicks in historische Formenvielfalt und Entwicklungen. Wie an der Darstellung der Metapherntheorien erkennbar geworden ist, ändern sich die Konzepte und Vorstellungen, was eine Metapher ist. Auch solche theoretischen Grundfragen sollten Gegenstand des Unterrichts werden und die überholte Substitutionstheorie durch moderne Positionen ersetzt werden.

Während die Grundschule verstärkt erlebnisbezogene und spielerische Umgangsformen mit Sprachspielen, Rätseln, Gedichten einsetzt mit dem Ziel der Sensibilisierung für spezifisch poetische Mittel, der ästhetischen Bildung (Rhythmus, Klang, Bild, Wiederholungsstrukturen) und der Sprachförderung, gilt es im Sekundarbereich I zur Lyrik und ihren Bestimmungsmerkmalen hinzuführen, formale und strukturelle Elemente von Lyrik kennenzulernen, Kompetenzen der selbstständigen Erschließung von Gedichten zu erwerben, selber Schreiben von Gedichten zu praktizieren und Kreativität zu fördern sowie für spezifisch poetische Mittel zu sensibilisieren. In künftigen Entwürfen zur Arbeit mit lyrischen Texten sollten auch verstärkt moderne lyrische Formen der Postmoderne, der Popkultur (Rap, Hip Hop) und der Intermedialität berücksichtigt werden. Lohnenswert ist ein kritischer Blick auf Internetangebote, die Gefahr laufen, das poetische Grundinventar von Lyrik zu verdinglichen, auf die Metrik zu verkürzen und lyrische Texte nicht in ihrer ursprünglichen Textform, sondern verzerrt darzustellen, indem z.B. die Sonettform eines Gedichts aufgehoben wird oder große Zeilenabstände zwischen den Verszeilen bestehen. Oft werden die Interpunktion und Groß- oder Kleinschreibung am Anfang von Verszeilen nicht korrekt wiedergegeben. Es geht um die Frage der Authentizität von Texten und der Textgestalt. Wie in der Werbung mit Reimen, Assonanzen und Alliterationen gearbeitet wird, um Marktstrategien zu realisieren, bietet eine gute Verknüpfung von Lyrikunterricht und Sprachdidaktik mit ihrer Analyse von Werbetexten.

4.7.2 Lyrischer Kanon und Auswahlkriterien

Lyrische Texte haben im Unterricht, in Unterrichtsmaterialien und in Lesebüchern eine hohe Präsenz. Lange Zeit galt der hohe Kanon von der Klassik, Romantik bis zum Biedermeier als verbindlich für den Deutschunterricht. Aber nach 1945 fand parallel zu den Entwicklungen der modernen Lyrik zunehmend die moderne Lyrik mit R. M. Rilke, I. Bachmann, P. Celan, H. M. Enzensberger, B. Brecht, S. Kirsch, K. Krolow Eingang in didaktische Lyrikkonzeptionen. Einige Autoren sind ohnehin nur über die Lyrik kanonisiert (Rilke, Hofmannsthal, Benn, Celan).

Ein leitendes Kriterium, nach dem Gedichte ausgewählt und sequenziert werden, so dass sich im schulischen Curriculum (spiralförmig) ein Kanon lyrischer Texte herausbildet, ist die Frage, wofür ein Gedicht stehen soll: für ein Thema, für bestimmte Formelemente als Spezifika von Lyrik, für eine Gedichtform wie Lied oder Sonett, für die Tradition oder Moderne. In der Grundschule hat die Kinderlyrik mit ihrer Bandbreite unterschiedlicher Formen ihren Platz: Sprachspiel, Witz, Rätsel, Lied u. a. m. Im unteren Sekundarbereich gehören Lieder und vor allem die Ballade zum festen Repertoire, im oberen Sekundarbereich zunehmend auch Gedichte der Moderne.

Zu den Auswahlkriterien für lyrische Texte und Autoren gehören: die Repräsentanz für die Gattung, eine Epoche, Epochenumbrüche oder eine Stilrichtung; Themen und Motive, wie Liebe oder Natur; Reflexion über Sprache und das Gedicht selbst; der Gegensatz von Tradition und Moderne. Typische didaktische Selektionskriterien betreffen die Zielsetzungen, angestrebte Kompetenzen, lyrische Kenntnisse, Berücksichtigung von Schwierigkeitsgraden eines Gedichts, motivationale Aspekte, Wertbewusstsein und mögliche Gegenwarts-/Erfahrungsbezüge (Freundschaft, Umwelt, Natur, Krieg, Großstadt).

Ein alternatives Vorgehen zur herkömmlichen Behandlung von Lyrik nach Epochen besteht darin, von Paradigmen auszugehen und über diese kulturelle Zusammenhänge, wie Verbreitungsformen und – medien (Anthologien, Lesebücher, Journale, Musikabende), poetologische Positionen, Wandlungen in Form, Genre, Gattung, Themenbindung, Subjektivitäts-/Gefühlskonzepte und monologische vs. dialogische Formen von Lyrik, zu erarbeiten. Zu den Paradigmen gehören die Erlebnis- und Stimmungslyrik, das Dinggedicht, das Sonett, die Ballade, die konkrete Poesie, politische und appellative Lyrik.

4.7.3 Strukturierung von Lyrikunterricht

Für die Arbeit mit lyrischen Texten im Unterricht bedarf es grundlegender Kategorien für die Erschließung und Interpretation. Aufbauend auf den vorhergehenden Ausführung zur Lyrik sollen auch an dieser Stelle die wesentlichen Grundbegriffe im Überblick zusammengestellt werden:

Tab. 36 Grundkategorien der Lyrik

Grundkategorien der Lyrik	
Vers	Versmaß Versübergänge Enjambement Versformen
Strophe / Abschnitte	Odenstrophe, Volksliedstrophe Terzine, Stanze, Chevy-Chase-Strophe
Gedichtformen	Ode, Hymne, Elegie, Lied, Sonett
Klangstrukturen	Reim (Klassifikation nach Position und Funktion) Alliteration Assonanz
Graphisch-visuelle Mittel	Schriftbild räumliche Anordnung von Zeichen
das Wort	Wiederholungen (Anapher, Epipher, Kyklos, Klimax)
Syntax	Parallelismus Chiasmus Inversion Auslassungen
metaphorische Redeweise	Metapher, Vergleich Metonymie, Personifikation Synästhesie, Allegorie
Redesituation	Sprecher, Adressat Redegegenstand Er-Form Raum, Zeit Wirklichkeitsbezug
Wirkungen auf den Leser	Gefühle, Reflexionen Aufmerksamkeitslenkung Distanz, Differenzerfahrungen

Eine Möglichkeit der Gestaltung von Unterricht besteht darin, lyrische Texte nach Motiven auszuwählen: Naturlyrik (traditionelle wie moderne); Abschied; Brunnen. Ein weiteres Verfahren stellt Gedichte nach Gattungen und Genres zusammen, wie die Ballade oder Sonette. Auch Themen sind ein Gliederungsprinzip: Liebe, Tod, Umwelt, Großstadt, Krieg.

Vertreter bestimmter Epochen oder historischer Ausprägungen eines Typs von Gedicht, wie das Erlebnisgedicht oder das Dinggedicht, bilden einen weiteren Ansatz. Intertextualität, bei dem Gedicht sich wechselseitig aufeinander beziehen und sich zitieren, könnte am Beispiel der vielen Nachdichtungen und Bezugnahmen auf Bertholt Brechts *An die Nachgeborenen* aus den *Svendborger Gedichten* behandelt werden: Paul Celan *Ein Blatt*, Erich Fried *Gespräche über Bäume*, Hans Magnus Enzensberger *Weiterung* und Rose Ausländer *Über Bäume*.

Die Behandlung der konkreten Poesie bildet vielfältige Möglichkeiten auch für kreative Weiterbearbeitungen (Hein 1973). Für die interkulturelle Arbeit mit lyrischen Texten, in der Fremdheitserfahrungen vor dem Hintergrund von Migrationsgeschichten thematisiert werden, eignen sich Gedichte von Gino C. Chiellino, Aras Ören, Aysel Özakin oder Yüksel Pazarkaya. Fragen der Identität, der kulturellen Zugehörigkeit, des Woher und Wohin artikulieren sich im Medium der Lyrik: *Was geschieht mit den Wurzeln/wollen sie alle der Erde müde/in den Himmel ragen?* (Zehra Çirak). Dieser Ansatz ist besonders gut geeignet für den Unterricht mit sprachlich und kulturell heterogenen Lerngruppen.

Eine Begründung für die Arbeit mit Alltagslyrik besteht darin, dass ein direkter, spontaner und leichter Einstieg durch Sprache und Thematik gewährleistet ist. Die Auseinandersetzung mit einem Gedicht dieser Richtung könnte darin bestehen, eine Distanz zu den eigenen Realitätserfahrungen herzustellen und Möglichkeiten, subjektive Wahrnehmungen von Außenwelt auszudrücken, zu öffnen.

4.7.4 Zur Methodik

Die Lyrik-Didaktik der vergangenen Jahrzehnte ist gekennzeichnet durch die Ansätze, die einen systematischen, regelorientierten Zugang zur Lyrik und analytische und interpretative Verfahren der Erschließung lyrischer Texte bevorzugen. Teils in Abgrenzung dazu und teils in Ergänzung haben handlungs- und produktionsorientierte Verfahren in den letzten zwanzig Jahren eine Prominenz gewonnen.

analytische Zugriffsweisen

Für einen regelorientierten und analytisch aufgebauten Unterricht können Grundbegriffe in Form von Frage- und Interpretationsstrategien vermittelt werden, die sich induktiv an Gedichten gewinnen lassen, dann aber in Übersichtstabellen eine Lernhilfe bzw. ein Instrumentarium für einen selbstbestimmten Umgang mit Lyrik bereitstellen. Solche Fragestrategien müssen im Hinblick auf die Zielgruppe sprachlich und inhaltlich angepasst werden. Z. B. könnte statt der Frage „Wer spricht?“ der abstraktere Terminus „Redeinstanz“ verwendet werden.

Interpretative Verfahren

Die Interpretation eines Gedichts geht über die Analyse hinaus, wie in Abschnitt 2.9.1 dargelegt wurde. Sie umfasst integrative Leistungen der verschiedenen Teilaspekte, die zuvor in der Analyse einzeln betrachtet wurden, wie Reim, Enjambement, Metrum, Metaphorik, Syntax, Kommunikationsstruktur und Weltbezüge, ihre Bezogenheit aufeinander, diverse Spannungen, die sich daraus ergeben, und immer wieder den funktionalen Gesichtspunkt, welche Bedeutung/ Funktion das einzelne Element im Zusammenhang eines Gedichts hat.

Auch wenn das Zerlegen und wieder Zusammenfügen lange Zeit diskreditiert wurde, weil es ein ganzheitliches Erleben eines Gedichts verhindere, so wird hier die Position vertreten, dass das Interpretieren eine Tätigkeit der Sinnkonstruktion ist, die für sich schon Sinn macht, dass Ganzheitlichkeit anzustreben ist, aber neben Gefühltem und sinnlich Wahrgenommenem die Reflexion und Erkenntnis im Lyrikunterricht ihren verdienten Platz haben – nicht zuletzt in Respekt von der Lyrik, die nicht begriffsleer ist. Letztlich möchte ich mit Brecht der Skepsis gegenüber dem Deuten von Gedichten entgegenhalten: „Gedichte sind /.../ ganz besonders lebensfähig und können die eingreifendsten Operationen überstehen. /.../ Zerpflücke eine Rose und jedes Blatt ist schön.“ (1967, Bd. 19, 393).

Zur Interpretation gehören selbstverständlich auch Kenntnisse der Lyrikgeschichte, des Wandels lyrischer Formen, der poetologischen Positionen, die sich oft in Gedichten selbst reflektieren, oder explizit formuliert werden, wie bei Gottfried Benn, Bertholt Brecht oder Hilfe Domin, die zweifelnd fragt „Wozu Lyrik heute?“ (1968).

Produktive und handlungsorientierte Verfahren

In Bezug auf Formelemente von Gedichten gibt es eine Vielzahl an produktiven und handlungsbezogenen Vorschlägen in der Fachliteratur, die die Eigengestaltung von lyrischen Texten, die Veränderung von Gedichten, mögliche Neuzusammensetzungen und Umwandlungen in andere Medien zum Inhalt haben, aber auch auf kreative Weise auf die Leistungen von Metaphern, Vergleichen oder Personifikationen hinführen möchten (Waldmann 1988, Spinner [3]1997). Das vielfältige Aufgabenangebot lässt sich nach den folgenden Bereichen ordnen: formale Elemente, metaphorische Redeweisen, Inhalte/Themen, Kommunikations-/Personalstruktur. Einige Beispiele mit einer Funktionsangabe seien hier genannt:

Tab.37 methodische Verfahren

Grundbegriffe	Intention/Funktion	Verfahren
Vers	Bewusstmachen von Verssegmentierung	eine Prosaversion eines Gedichtes in Verszeilen segmentieren und anordnen lassen
Zeilensprung	Hinführen auf den Unterschied von Vers-/Satzordnung	Einführen der Kategorien; dann ein Gedicht mit Zeilenstil so anordnen lassen, dass starke und schwache Enjambements entstehen; den Effekt beschreiben lassen
Reim	Hinführen zu verschiedenen Reimformen und ihre Funktion Effekte	Reime in einem Gedicht weglassen und ergänzen lassen; Wörter geben und sie zu einem reimenden Gedicht ordnen lassen; Reimspiele
Strophe	Strophenformen kennenlernen	Zeilenpuzzle: durcheinander gewürfelte Verszeilen zu einer Strophe ordnen lassen, vergleichen

Ein beliebtes Verfahren, um Inhalte/Themen von Gedichten zu erarbeiten, ist der Vergleich, der in der Deutschdidaktik eine lange Tradition hat. Der Vergleich ist ein Verfahren, das darauf zielt, zwischen zwei Gegenständen oder Sachverhalten Gemeinsamkeiten und Unterschiede herauszuarbeiten. Das Vergleichen ist eine Methode, die das entdeckende Lernen fördert und auf Mehreres bezogen sein kann:

1. auf gleiche Themen und Motive
2. auf die Form: Aufbau, Strophen, Reimbindung
3. auf Metaphern, Vergleiche und Symbole
4. auf Gedichtformen: Sonett oder Ballade
5. auf Typen von Gedichten wie das Erlebnis- oder Dinggedicht und sein Wandel
6. auf Gattungen: Vergleich eines Märchens und eines Märchengedichtes

Folgende Gedichte bieten sich zum Vergleich an:

Thema „Abschied“:	R. M. Rilke *Abschied* und F. Werfel *Der Mensch ist stumm*
Thema „Winter“:	D. Liliencron *Heide im Winter* und G. Trakl *Im Winter*
Thema „Brunnen“:	G.F. Meyer *Der römische Brunnen* und R.M. Rilke *Römische Fontäne*
Thema „Nacht“	M. Claudius *Abendlied* und J. v. Eichendorff *Die Nachtblume* oder J. W. v. Goethe *An den Mond* und Klopstock *Züricher See*

Es gibt viele Mond- und Liebesgedichte, die sich immer wieder zum Vergleich anbieten.

Eine kreative Aufgabe in Bezug auf die Personalität und Kommunikationsstruktur in einem Gedicht besteht darin, die Sprecher-Positionen zu verändern oder auch die Rolle des Adressaten. Das bereits zitierte Gedicht von B. Morshäuser ist in der Er-Form geschrieben; es kommt kein Sprecher-Ich und kein Adressat vor. Als Aufgabe könnte man formulieren: Schreibe das Gedicht um, indem das Er durch ein Ich ersetzt wird und das Sie durch ein Du.

Leserbezug

Ein wichtiger Aspekt schulischen Umgangs mit Lyrik besteht darin, dass die Lerner sich persönlich in ihrem Erleben und ihrer Wahrnehmung eines Gedichtes einbringen können, so dass in Erweiterung der obigen Fragestrategien, die zunächst am lyrischen Text und seiner Erarbeitung orientiert waren, folgende Strategien vermittelt und praktiziert werden können:

Tab. 38 Fragestrategien: Leserbezug

Fragestrategien: Leserbezug	
Wirkungen	Wie wirkt das Gedicht auf mich? Worauf spreche ich an? Was spricht mich an?
Reaktionen	Wie reagiere ich: positiv, negativ?
Aufmerksamkeit	Was fällt mir besonders auf?
Vorstellung	Welche Bilder werden in meiner Vorstellung wachgerufen?
Erleben/ innere Beziehung	Wie erlebe ich die Stimmung oder die Situation des Gedichts? Kann ich mit dem Inhalt und der Sprache etwas anfangen? Wie nah oder fern ist das Gedicht für mich?
Identifikation	Kann ich mich identifikatorisch in das Ich oder Wir hineinversetzen? Fülle ich den Ich-Raum des Gedichts mit eigenen Erfahrungen, Erlebnissen, Vorstellungen?
Verständlichkeit	Wie verständlich/nachvollziehbar oder unverständlich ist das Gedicht für mich?

4.8 Die Ballade

Da die Ballade eine Sonderstellung innerhalb der Gattungen einnimmt, zudem ein beliebter Gegenstand des Deutschunterrichts ist und auf eine lange Geschichte zurückblicken kann, soll ihr ein eigener Abschnitt gewidmet werden. In kultur- und sozialgeschichtlicher Perspektive lassen sich von der Ballade, ihren Funktionen und medialen Präsentationsformen Verbindungen zu Formen der populären Kultur der Gegenwart, wie Chanson, Protestsong, Kabarett, herstellen.

4.8.1 Zur Geschichte der Ballade

Der Wortbedeutung nach ist die Ballade in der romanischen Tradition ein Tanzlied (ital. *ballata; provençalisch ballade*), aber viele Volksballaden wie auch die englischen *ballads*, unter denen eine volkstümliche Erzählung in Liedform verstanden wurde, wurden nicht tanzend vorgetragen. In Deutschland hat sich der englische Begriff *ballad* durchgesetzt.

Die Ballade lässt sich auf verschiedene Traditionen zurückführen. In der einen Richtung hat sie eine volkstümliche Herkunft. Im späten Mittelalter und in der Frühen Neuzeit gab es Volkslieder, die von wundersamen und interessanten Geschehnissen erzählten; sie wurden später im 19. Jahrhundert **Volksballaden** genannt. Die Volksballade ist durch eine volkstümliche Sprache, vierzeilige Strophenform, Wiederholungen und eine dialogische Struktur gekennzeichnet. In ihrer älteren Variante behandelt sie Sagenstoffe von Helden und spielt in der Welt des Rittertums. Im 15./16. Jahrhundert zeichnet sich jedoch eine soziale Veränderung ab, indem sie von Bauern und Bürgern statt von adligen Helden erzählt. Zu ihren Themen gehören: Familien-/Liebeskonflikte, Abschied, eheliche Treue, Rache, Verbrechen, Unterdrückung und Not.

Als eine Nebenform der Volksballade entstand im 16. Jahrhundert das **Zeitungslied**, das von aktuellen Geschehnissen handelte, über kriegerische Ereignisse oder Naturkatastrophen berichtete und öffentlich von einem Sänger vorgetragen wurde. Zeitungslieder wurden auf fliegenden Blättern gedruckt und verkauft; sie dienten eher der Information als der Unterhaltung. Eine Weiterentwicklung fand im 17. Jahrhundert im **Bänkelsang** statt. Der Bänkelsänger war ein Schauspieler von niedrigem sozialen Stand, der auf Jahrmärkten oder Messen auf einer Holzbank, dem Bänkel, mit Musikbegleitung (Harfe, Geige, Gitarre) seine Lieder von Liebesgeschichten, Verbrechen und Unglücksfällen sensationsbetont vortrug. Typisch für den Bänkelsang, aus dem sich später das Chanson entwickelt hat, ist in formaler Hinsicht die Verbindung von Lied und Bild, in inhaltlicher Hinsicht die Thematisierung des einfachen, naiven Menschen, der in Konflikt gerät mit einem gesellschaftlichen Normen- und Wertesystem und am Ende scheitert. Auch die Moritat wurde auf Jahrmärkten vorgetragen und hat eher aktuelle skandalöse Geschichten (zumeist ein Mord) zum Inhalt. Zwischen der Volksballade, dem Zeitungslied und dem Bänkelsang gibt es zeitliche und sachliche Übergänge. Ihnen gemeinsam sind das **Medium** des öffentlichen Vortrags und **Funktionen** der Unterhaltung, Information und moralischen Belehrung.

In einer anderen Traditionslinie beginnt die Ballade mit dem **Heldenlied**, wie dem althochdeutschen *Hildebrandslied* (um 800 aufgeschrieben), das aus Langzeilen besteht und den Stabreim[13] verwendet. Zu den Stoffen der Heldenlieder gehören Völkerschicksale während der germanischen Völkerwanderungszeit und

[13] Beim Stabreim müssen drei von vier betonten Stammsilben (=Stäbe) eines Verses alliterieren.

Themen wie Gefolgschaftstreue und Tapferkeit. Im Unterschied zur Volksballade ist das Heldenlied eine Kunstgattung, da es von einem Berufssänger stammt, der selbst ein adliger Gefolgsmann war. Aus ihm entwickelt sich die spätere Heldenballade.

Johann Gottfried Herder war von großem Einfluss auf die Entwicklung der **Kunstballade** zum einen durch seine Sammlung europäischer Volkspoesie (*Volkslieder* 1773–79), zum anderen, indem er für die Volkspoesie Normen aufgestellt hat, die Gottfried August Bürger als erster in der berühmten Ballade *Lenore* (1773) dichterisch umgesetzt hat. Daher gilt er als Begründer der Ballade als einer eigenständigen Literaturgattung. Lautmalerei, Alliterationen, Vergleiche, elliptischer Satzbau, Ausrufe und Wiederholungen sind die Stilmittel, die zur geforderten Verlebendigung des Geschehens beitragen.

Im Zusammenhang mit dem Entstehen der Kunstballade müssen Johann Wilhelm Ludwig Gleim und Ludwig Christoph Heinrich Hölty genannt werden. Gleim übersetzte spanische und französische **Romanzen** von Góngora und Moncrif und verfasste nach diesem Vorbild eigene Romanzen (*Marianne* 1756), ebenso Hölty (*Adelstan und Röschen* 1772)[14].

Bezeichnend für die Kunstballade ist nicht nur, dass es einen namentlichen Autor gibt und dass sie als Text in Journalen, Almanachen und Gedichtsammlungen erscheint, sondern auch ihre Verwendung im literarischen Salon, in der gemeinsamen Lektüre im Familienkreis und als Liedtext zur Hausmusik. Z. B. hat Franz Schubert *Die Bürgschaft* von Schiller vertont.

Das Jahr 1797 ist besonders produktiv in der Erzeugung von Balladen. Es entstanden berühmte Balladen wie *Der Taucher* und *Der Handschuh* von Friedrich Schiller oder *Der Totentanz* und *Der Zauberlehrling* von Wolfgang von Goethe. Goethe und Schiller konzipierten die Ideenballade in thematischer und formaler Hinsicht als Gegentyp zur Volksballade. Goethe dagegen verwendet in seinen frühen Balladen eher einen lyrischen, volksliedhaften Ton (*Der König von Thule*).

Das Erscheinen von *Des Knaben Wunderhorn* von Achim von Arnim und Clemens Brentano (1807) war von großem Einfluss auf die Balladendichtung des 19. Jahrhunderts. Diese Sammlung von Volksliedern enthielt sehr viele Volksballaden, wie z. B. die *Ballade vom Totenritt* (die Vorlage zu *Lenore*) oder *Zu Straßburg auf der Schanz*. Brentano und Eichendorff standen der Volksballade besonders nahe, von der sie die Strophen- und Zeilenbindung und die refrainartige Wiederholung übernahmen.

[14] Im Spanischen wurden unter *romance* volkstümliche Geschichten in Liedform verstanden, die nicht in lateinischer Sprache, sondern in der Volkssprache, der *lingua romana*, verfasst waren. Im 19. Jh. wurde jedoch nicht streng zwischen Romanze und Ballade unterschieden; Bürger, Schiller, Goethe und Fontane verwendeten beide Begriffe synonym. Zu beachten ist, dass vor allem die Romantiker unter einer Romanze eine bestimmte Form – vierhebiger Trochäus, fortlaufend assonierend – verstanden. C. Brentano (*Romanzen vom Rosenkranz*) und H. Heine (*Don Ramiro*) verwenden diese Form.

Im 19. Jahrhundert erfolgte eine Hinwendung zur Geschichte, für die die Veröffentlichung von Ludwig Uhlands *Gedichte* (1815) einen wichtigen Impuls geliefert hat. Das Entstehen der **Geschichtsballade** muss im Zusammenhang mit der Nationalstaatsbewegung, der Reichsgründung und dem zunehmenden historischen Bewusstsein im 19. Jahrhundert gesehen werden, die zu einem Interesse an der eigenen Geschichte bis ins Mittelalter führte. Die Geschichte galt als Exempel für menschliches Verhalten. Zu den bevorzugten Themen der Balladen gehörten: Karl der Große, Roland, die Staufer, die Reformation und die Befreiungskriege. Typisch für die Geschichts- und Heldenballade, die eine Untergattung der Geschichtsballade ist, sind historisches Kolorit in den Landschaften und Orten (Tempel, Gerichte, Klostergänge) und das Auftreten von Königen, Landsknechten, Ketzern und Gauklern, wie in Conrad Ferdinand Meyers *König Etzels Schwert* oder Ludwig Uhlands *Des Sängers Fluch* (1814).

Die Ballade gewinnt in der Biedermeierzeit hohes Ansehen. Sie orientiert sich jedoch eher an Schiller und Bürger als an Goethe. Zu ihren Vertretern gehören u.a. Adelbert von Chamisso *Die Sonne bringt es an den Tag*, Ludwig Uhland *Schwäbische Kunde*, Annette von Droste-Hülshoff, deren Ballade *Der Knabe im Moor* bereits zu den kanonisierten Texten in Schulanthologien des 19. Jahrhunderts gehörte.

Die Heldenballade prägt die Gattung insbesondere im 19. Jahrhundert und später im Nationalsozialismus aufgrund ihrer konservativen, nationalen und patriotischen Werthaltung, erstarrte jedoch zunehmend inhaltlich und formal. Eine Wiederbelebung ständischen Rittertums erfolgte in den 1840er Jahren bei Moritz Graf Strachwitz, der seine Stoffe aus dem mittelalterlichen Heldentum bezog, wie z.B. *Das Herz von Douglas.*[15] Innovativ wirkte Heinrich Heine, der parodistische und ironische Stilmittel in der Ballade (*Tannhäuser, Schelm von Bergen*) integrierte und in seiner Thematisierung der Deklassierten und der Halbwelt bereits Momente der späteren Entwicklung bei B. Brecht vorweggenommen hat. Aber auch der späte Fontane hat einen Gegentyp zum Pathos der traditionellen Balladenproduktion entwickelt, indem er den kleinen, stillen Helden zeigt, der sich im Alltag bewähren muss (*John Maynard*).

Im 20. Jahrhundert gab es zwei Bemühungen um eine Wiederbelebung der Ballade. Zum einen war es der Göttinger Kreis um 1900 (Börries von Münchhausen, Agnes Miegel, Lulu v. Strauß und Torney), der alte ritterliche und heldische Motive wieder aufnahm. Der konservative und völkische Ton in den Balladen machte diesen Typ der Geschichts- und Heldenballade, insbesondere auch im Nationalsozialismus, zu einer bevorzugten Gattung und hat sie damit diskreditiert. Ihre epigonalen Balladentexte fanden raschen Eingang in die Schullesebücher. Zum anderen und fast zeitgleich waren es Arno Holz, Christian Morgenstern

[15] Moritz Graf Strachwitz gehörte wie Fontane zur literarischen Gesellschaft des 'Tunnels über der Spree'. Strachwitz war die zentrale Identifikationsfigur

und Frank Wedekind, die zur Erneuerung der Ballade beitrugen. Sie wandten sich von der Helden-/Geschichtsballade des 19. Jahrhunderts und ihrer Ideologiehaltigkeit ab. 1902 erschien von A. Holz *Die Blechschmiede*; 1901 trat F. Wedekind dem Kabarett „Die elf Scharfrichter" in München bei und trug seine Balladen selbst zur Laute vor. A. Holz und F. Wedekind knüpften an die Traditionslinie der Moritat, des Bänkelsangs und des Zeitungsliedes an (Riha 1965). Die Verbindung aus Wort, Bild und Musik sowie die spektakulären Inhalte (Kindstötung, Verbrechen) und den marktschreierischen Gestus nahmen sie aus dieser Tradition auf und variierten diese Elemente bis zur Parodie bei F. Wedekind (*Brigitte B.*). In *Der Tantenmörder* wird der Rollenmonolog des Bänkelsangs wieder belebt. Es handelt sich um einen in der Ich-Form einer fiktiven Person, die als Verbrecher verurteilt ist, vorgetragenen Bericht, der den Hergang eines schauerlichen Verbrechens darlegt und sich selbst unter den Galgen als ein warnendes Beispiel hinzu stellt. A. Holz und F. Wedekind waren von weit reichendem Einfluss auf Erich Kästner, Bertolt Brecht, Günter Kunert, Günter Grass und die heutigen Liedermacher mit ihren Protestballaden: Wolf Biermann, Friedrich J. Degenhart, Konstantin Wecker. Typisch für das engagierte Lied sind die Verwendung von Alltagsstoffen und literarischen Trivialformen, politisches Anliegen und bänkelsängerische Elemente, wie die Anrede an die Zuhörer und Schilderung eines tragischen Geschehens in *Tonio Schiavo von* Degenhardt. Den appellativen Gestus setzt auch W. Biermann ein, der sich selbst in einer Linie mit François Villon, einem Außenseiter, Rebell und Balladendichter des 15. Jahrhunderts in Frankreich), sieht (*Ballade auf François Villon*).

4.8.2 Die Gattung Ballade und ihre Kennzeichen

Die Frage, was eine Ballade ist, wurde im Laufe der Geschichte und der theoretischen Auseinandersetzung mit der Ballade unterschiedlich beantwortet, da zum einen unterschiedliche Kriterien der Gattungsbestimmung zugrunde gelegt wurden, zum anderen oft eine Orientierung an einem bestimmten Typ von Ballade, der als repräsentativ für die Gattung betrachtet wurde, erfolgte. Zudem erwies sich die Gattungsbestimmung immer wieder als schwierig, weil die Ballade jeweils Elemente aus den drei Großgattungen – Epik, Dramatik, Lyrik – in sich bindet, die unterschiedlich gewichtet wurden, so dass die einen die Ballade eher der Lyrik (Müller 1980; Burdorf ^{2}1997) und die anderen eher der Epik zuordneten (Hamburger 1957; Freund 1978; Weißert ^{2}1993). Die Verwendung des Refrains war ein Argument für die Zuordnung zur Lyrik. Goethes Bestimmung von der Ballade als einem Ur-Ei[16], in dem die Gattungen, Lyrik, Epik und Drama, noch nicht getrennt seien, war äußerst einflussreich auf die Balladenforschung.

[16] In: Kunst und Altertum II von 1821.

Um welche Elemente es sich handelt, soll im Folgenden an einem Balladentext von Friedrich Schiller, den er kurz nach dem *Taucher* 1797 verfasst hat[17] entwikkelt werden *Der Handschuh*:

Vor seinem Löwengarten,
Das Kampfspiel zu erwarten,
Saß König Franz,
Und um ihn die Großen der Krone,
Und rings auf hohem Balkone
Die Damen in schönem Kranz.

Und wie er winkt mit dem Finger,
Auf tut sich der weite Zwinger,
Und hinein mit bedächtigem Schritt
Ein Löwe tritt,
Und sieht sich stumm
Rings um,
Mit langem Gähnen,
Und schüttelt die Mähnen,
Und streckt die Glieder,
Und legt sich nieder.

Und der König winkt wieder,
Da öffnet sich behend
Ein zweites Tor,
Daraus rennt
Mit wildem Sprunge
Ein Tiger hervor,
Wie der den Löwen erschaut,
Brüllt er laut,
Schlägt mit dem Schweif
Einen furchtbaren Reif,
Und recket die Zunge,
Und im Kreise scheu
Umgeht er den Leu
Grimmig schnurrend;
Drauf streckt er sich murrend
Zur Seite nieder.

Und der König winkt wieder,
Da speit das doppelt geöffnete Haus
Zwei Leoparden auf einmal aus,
Die stürzen mit mutiger Kampfbegier
Auf das Tigertier,
Das packt sie mit seinen grimmigen Tatzen,
Und der Leu mit Gebrüll

[17] Die Wahl dieser Ballade begründet sich zum einen mit der Kürze, die sie m. E. für die Analyse in einem Einführungsband empfehlenswert macht, auch um den Interpretationsaufwand gering zu halten, zum anderen mit der Zugehörigkeit zur klassischen Ballade als einem Muster von Ballade. Ein weiterer Grund ist der hohe Verbreitungsgrad dieser Ballade im Lesebuch, in der Schule, in Unterrichtsmaterialien.

Richtet sich auf, da wirds still,
Und herum im Kreis,
Von Mordsucht heiß,
Lagern sich die greulichen Katzen.

Da fällt von des Altans Rand
Ein Handschuh von schöner Hand
Zwischen den Tiger und den Leun
Mitten hinein.

Und zu Ritter Delorges spottenderweis
Wendet sich Fräulein Kunigund:
„Herr Ritter, ist Eure Lieb so heiß,
Wie Ihr mirs schwört zu jeder Stund,
Ei, so hebt mir den Handschuh auf."

Und der Ritter in schnellem Lauf
Steigt hinab in den furchtbarn Zwinger
Mit festem Schritte,
Und aus der Ungeheuer Mitte
Nimmt er den Handschuh mit keckem Finger.

Und mit Erstaunen und mit Grauen
Sehens die Ritter und Edelfrauen,
Und gelassen bringt er den Handschuh zurück.
Da schallt ihm sein Lob aus jedem Munde,
Aber mit zärtlichem Liebesblick –
Er verheißt ihm sein nahes Glück –
Empfängt ihn Fräulein Kunigunde.
Und er wirft ihr den Handschuh ins Gesicht:
„Den Dank, Dame, begehr ich nicht",
Und verläßt sie zur selben Stunde.

(F. Schiller 1966, Bd. II, 783–84)

Schiller stützt sich bei dieser Ballade auf eine historische Vorlage von Saint-Foix aus dem Jahr 1759, nimmt jedoch gegenüber der historischen Quelle einige Veränderungen vor: Es treten nicht nur Löwen, sondern noch andere Raubkatzen auf und die Ballade endet nicht mit einer Verbindung zwischen dem Ritter und der Dame, sondern mit einem Bruch. Abweichend von den meisten Balladen, die typischerweise die Volksliedstrophe verwenden, besteht diese Ballade nicht aus Strophen, sondern aus Abschnitten, die sich hinsichtlich ihrer Verszahl, -länge, Reime und Metren unterscheiden. So beträgt die Verszahl im Löwenabschnitt 10, im Tigerabschnitt 16 und im Leopardenabschnitt 11. Die Ballade ist folgendermaßen gegliedert:

1. Exposition mit der Situationsangabe.
2.–4. Erster Teil des Geschehnisberichts. Der Auftritt der Raubkatzen.
5. Zweiter Teil des Geschehnisberichts mit dem überraschenden Ereignis, dass der Handschuh zwischen die wilden Tiere fällt.
6.–8. Dritter Teil des Geschehnisberichts. Die aus dem Ereignis sich ergebende Folge, Handlung des Ritters Delorges.

Der Geschehnisaufbau ist auf das in dem abschließenden Teil erkennbare Ziel hin organisiert (= finalistische Struktur), so dass die Abschnittsgliederung mit der Handlungslogik übereinstimmt. Ein Aufbau der Spannung erfolgt in den Abschnitten zwei bis vier, dann wird die Spannung wieder abgebaut. Der Höhepunkt liegt im 5. Abschnitt, eingeleitet mit *Da fällt*; es ist zugleich die kürzeste mit nur vier Verszeilen. Um diesen Abschnitt gruppieren sich die anderen Teile. Eine direkte Rede kommt nur an zwei Stellen vor: in der 6. Strophe die Aufforderung der Dame, den Handschuh aufzuheben, und in der Schlussstrophe die Antwort des Ritters darauf: *Den Dank, Dame, begehr ich nicht.*

Als Metrum wird der Trochäus verwendet, aber die Senkungsfüllungen und der Auftakt werden unterschiedlich gehandhabt. Es gibt in dieser Ballade zweihebige, dreihebige und vierhebige Verse. Die reimenden Verse weisen die gleiche Hebungszahl und -länge auf, wie z. B. die beiden ersten Verszeilen, die beide drei Hebungen enthalten: *Vor seinem Löwengarten,/Das Kampfspiel zu erwarten.* Paarreime und Kreuzreime wechseln ab, wie in der dritten Strophe. Der Schlussabschnitt wird eröffnet mit einem Paarreim, darauf folgen zwei ineinander greifende Dreireime. Die Ballade arbeitet auch mit Wiederholungen von Verszeilen und Reimen, wie der Vers *Und der König winkt wieder* in Abschnitt drei und vier. Durch Reime werden Verbindungen zwischen Abschnitten geschaffen, aber auch Abschnitte abgeschlossen, so dass eine Korrespondenz zur Handlungsführung besteht.

Für das Verständnis dieser Ballade, deren Vorgänge von einem auktorialen Erzähler berichtet werden, muss die soziale Differenz zwischen Ritter und Dame mit einbezogen werden.[18] Der Ritter ist der sozial Schwächere und Abhängigere gegenüber der adligen Dame. Diese Sozialstruktur gestattet ihm keine Auflehnung gegenüber der Dame. Er tritt jedoch aus der ihm zugewiesenen Rolle heraus und agiert selbstbestimmt, indem er die Dame zurückweist. Damit wird die Dame in ihrem schicksalsherausfordernden, das Leben eines Menschen leichtfertig aufs Spiel setzenden Handeln entblößt und kritisiert. Die Tat des Ritters ist weder durch einen in Aussicht gestellten Lohn noch eine angedrohte Strafe, sondern durch Normen und Werte des Ritters bestimmt. Das Verhalten der Dame wird als verwerflich qualifiziert, weil sie angesichts der Gefahrensituation leichtfertig mit dem Leben des Ritters und seiner Zuneigung spielt. Der Handschuhwurf demaskiert die adlige Frau und ist zugleich ein Akt der Befreiung. Es ist die Aufwertung und die Autarkie des Einzelnen, der sich nicht zum Spielball von Eitelkeit und Oberflächlichkeit der sozial Mächtigeren machen lässt. Die Pointe dieser Ballade hat gleichsam eine das Verhalten der Mächtigen kommentierende Funktion.

[18] Zu erwähnen ist, dass der Name Kunigunde häufig im Bänkelsang vorkommt; auch der publikumswirksame Schauder, der erzeugt wird, ist eine Anleihe aus dem Bänkelsang. Der Ausdruck „mit zärtlichem Liebesblick“ klingt etwas trivial-verkitscht und verweist auf das Vokabular der Kolportage.

Der **Publikumsbezug** hat in der Geschichte der Ballade immer wieder eine wichtige Rolle gespielt. Auch Schiller setzt das Sensationelle und den Nervenkitzel in Anlehnung an den Bänkelsang gezielt als eine massenwirksame Technik ein. Doch ist es nicht ein Spektakel, das hier vorgeführt wird, um die Aufmerksamkeit des Publikums zu gewinnen, sondern es soll eine menschliche Leistung (eine Idee) in einer Grenzsituation demonstriert werden (Mecklenburg 1980).

Mehrere Merkmale, die konstitutiv sind für die Gattung Ballade, lassen sich an dieser Ballade gewinnen: Die Ballade enthält erstens **erzählende Elemente**: Dazu gehören Handlungen, Handlungsträger (Figuren) und besondere Ereignisse. Die Handlungen sind abgeschlossen, steuern auf einen Höhepunkt zu, der eine Konfliktsituation zum Inhalt hat, wie hier die Spannung zwischen der Herausforderung der Dame und der Entscheidung des Ritters, den Handschuh aus dem Zwinger herauszuholen und sich der tödlichen Gefahr auszusetzen. Das Geschehen wird durch diese Zuspitzung dramatisiert. Die Ballade enthält eine Wende (der Handschuhwurf) in dem Sinne, dass der erwartete Handlungsablauf nicht eintritt, sondern die Handlung in eine überraschende andere Richtung gebracht wird. Erzählt wird eine Geschichte und sie weist strukturell alle Merkmale einer Geschichte auf (s. Kap. 1). Die Geschehnisse werden chronologisch erzählt, aber es findet eine Reduktion auf bestimmte Szenen statt, die herausgehoben sind. Schauplatz des Geschehens ist eine Kampfarena, historisch rückverlagert in eine mittelalterliche Zeit.

Als Zweites kommt ein **lyrisches Element** hinzu. Wie in den Ausführungen zur Lyrik bereits dargelegt, ist die Verssegmentierung das entscheidende Bestimmungsmerkmal für die Lyrik. Aufgrund dieses formalen Kriteriums ordne ich die Ballade ebenfalls der Lyrik zu. Von der Lyrik unterscheidet sie sich wiederum dadurch, dass es einen fiktiver Erzähler bzw. ein Erzählmedium gibt, der/das die Geschehnisse vermittelt.

Die Ballade enthält außer den Erzählpartien Szenen und Dialoge, die sie in die Nähe des **Dramas** rücken, ebenso wie die Dramatisierung der Handlung durch Zuspitzung auf eine Konfliktsituation und durch Spannungsschürung. Bereits die Volksballade verwendete den Wechsel von Rede und Gegenrede, z.B. zwischen Herr und Magd, ohne erzählende Passagen (*Edward, Ich will zu Land ausreiten*). Die Handlung erwächst aus der Rede. *Lenore* besteht zu vier Fünfteln aus direkter Rede. Im 20. Jahrhundert jedoch tritt die Dialogstruktur z.B. bei Brecht zurück. Im *Handschuh* sind die Dialogpartien ebenfalls nur gering vertreten im Unterschied zum *Erlkönig*, wo Dialoge zwischen Vater und Sohn mit den Reden des Erlkönigs wechseln. Das mag einer der Gründe gewesen sein, dass Schiller diese Ballade eine Erzählung nannte im Unterschied zum *Taucher*, die er als Ballade einstufte. Als **Definition** kann festgehalten werden: Eine Ballade ist ein erzählendes Gedicht, in dem eine Geschichte durch einen Erzähler vermittelt wird und das in einfachen Vers-, Reim- und Strophenstrukturen gestaltet ist. Aufgrund der Verssegmentierung gehört sie zur Lyrik, auch wenn sie narrative Partien enthält, die sie in die Nähe der erzählenden Gattung rückt. Von der Lyrik unterscheidet sie sich wiederum durch das Auftreten eines fingierten Ich-/Er-Erzählers.

Die Ballade beinhaltet zudem in Szene, Dialog und Spannungsschürung durch Zuspitzung eines Konfliktes dramatische Elemente. Dem Dramatischen kommt jedoch eine geringere Bedeutung zu, da Dialoge auch Teil szenischen Erzählens sind.

Der Ballade liegt eine eigene **Kommunikationsstruktur** zugrunde, da neben dem Erzähler noch die Stimmen von erzählten Figuren zur Sprache kommen (als Rollen-Ich). Die Instanz des fiktiven Erzählers kann eine unterschiedliche Präsenz haben: In der Schiller-Ballade hält sich der Erzähler völlig zurück, aber es gibt auch Balladen, in denen ein fiktiver Erzähler sprachlich-textuell identifizierbar ist, wie in Fontanes *John Maynard*. Der Erzähler eröffnet den Handlungs- und Sprechraum durch seinen Ausruf *John Maynard!*. In B. Brechts *Schneider von Ulm* perspektiviert der Erzähler das Geschehen, indem er die Sichtweise der Leute wiedergibt: *Und er stieg mit so'nen Dingen/Die aussahn wie Schwingen/ Auf das große, große Kirchendach.*

In vielen Balladen treten mehrere Figuren als Rollen-Ich auf und führen eine Wechselrede, wie im *Erlkönig*, in dem ein fiktiver Erzähler die Ballade beginnt (*Wer reitet so spät durch Nacht und Wind?)*, darauf folgen bange Fragen des Sohnes, beschwichtigende Antworten des Vaters und dazwischen die Stimme des lockenden, verführerischen Geistes.

In der Balladenforschung wurde wiederholt beobachtet, dass sich moderne Balladen des 20. Jahrhunderts formal und inhaltlich von den Balladen des 18. und 19. Jahrhunderts unterscheiden. Um dieser Differenz Rechnung zu tragen, hat H. Piontek (1964) den Terminus „Erzählgedicht" eingeführt. Erzählgedichte sind für ihn Nachfahren der älteren Ballade. Zu ihren Merkmalen gehören die Sachlichkeit und Genauigkeit in der Berichterstattung, die Alltäglichkeit, der negative Held und der Verzicht auf Traumatisches. Eine Theorie des Erzählgedichtes hat H. Graefe (1972) entwickelt. Für ihn ist das entscheidende Differenzmerkmal zwischen der Ballade und dem Erzählgedicht der Leser-/Wirkungsbezug. Der Ballade ordnet er Unmittelbarkeit zu; sie will durch ihre bewegte Handlung den Leser berühren und durch Stilmittel des Pathos und der Beschwörung seine affektive Zustimmung erlangen. Das Erzählgedicht dagegen setzt auf die Distanz zum Leser, der seine Gefühle kritisch reflektieren soll. Dieses Unterscheidungsmerkmal gilt jedoch nur für bestimmte Typen von Balladen und ist somit in seiner Reichweite beschränkt. Der Terminus „Erzählgedicht" hat sich aufgrund seiner mangelnden Trennschärfe in der Forschung nicht durchgesetzt. Auch in didaktischen Kontexten findet sich in neueren Publikationen und Unterrichtsmaterialien durchgehend der Terminus „Ballade".

19 Bitte analysieren Sie die Ballade *John Maynard* von T. Fontane (1886) nach folgenden Kriterien:

a) lyrische Elemente

b) Dramatisches

c) Narratives

d) Mittel der Spannungserzeugung

Belegen Sie, wo welche Elemente in der Ballade vorkommen.

John Maynard

John Maynard!
„Wer ist John Maynard?"
„John Maynard war unser Steuermann,
Aus hielt er, bis er das Ufer gewann
Er hat uns gerettet, er trägt die Kron',
er starb für uns, unsre Liebe sein Lohn.
John Maynard."

Die „Schwalbe" fliegt über den Eriesee,
Gischt schäumt um den Bug wie Flocken von Schnee;
Von Detroit fliegt sie nach Buffalo –
Die Herzen aber sind frei und froh,
Und die Passagiere mit Kindern und Fraun
Im Dämmerlicht schon das Ufer schaun,
Und plaudernd an John Maynard heran
Tritt alles: „Wie weit noch, Steuermann?"
Der schaut nach vorn und schaut in die Rund':
„Noch dreißig Minuten … Halbe Stund'."

Alle Herzen sind froh, alle Herzen sind frei –
Da klingt's aus dem Schiffsraum her wie ein Schrei,
„Feuer!" war es, was da klang,
Ein Qualm aus Kajüt' und Luke drang,
Ein Qualm, dann Flammen lichterloh,
Und noch zwanzig Minuten bis Buffalo.

Und die Passagiere, buntgemengt,
Am Bugspriet stehn sie zusammengedrängt,
Am Bugspriet vorn ist noch Luft und Licht,
Am Steuer aber lagert sich's dicht,
Und ein Jammern wird laut: „Wo sind wir? Wo?"
Und noch fünfzehn Minuten bis Buffalo. –

Der Zugwind wächst, doch die Qualmwolke steht,
Der Kapitän nach dem Steuer späht,
Er sieht nicht mehr seinen Steuermann,
Aber durchs Sprachrohr fragt er an:
„Noch da, John Maynard?"
„Ja, Herr. Ich bin."

„Auf den Strand! In die Brandung!"
„Ich halte drauf hin."
Und das Schiffsvolk jubelt: „Halt aus! Hallo!"
Und noch zehn Minuten bis Buffalo. –

„Noch da, John Maynard?" Und Antwort schallt's
Mit ersterbender Stimme: „Ja, Herr, ich halt's!"
Und in die Brandung, was Klippe, was Stein,
Jagt er die „Schwalbe" mitten hinein.
Soll Rettung kommen, so kommt sie nur so.
Rettung: der Strand von Buffalo!

Das Schiff geborsten. Das Feuer verschwelt.
Gerettet alle. Nur *einer* fehlt!

Alle Glocken gehen; ihre Töne schwell'n
Himmelan aus Kirchen und Kapell'n,
Ein Klingen und Läuten, sonst schweigt die Stadt,
Ein Dienst nur, den sie heute hat:
Zehntausend folgen oder mehr,
Und kein Aug' im Zuge, das tränenleer.

Sie lassen den Sarg in Blumen hinab,
Mit Blumen schließen sie das Grab,
Und mit goldner Schrift in den Marmorstein
Schreibt die Stadt ihren Dankspruch ein:
„Hier ruht John Maynard! In Qualm und Brand
Hielt er das Steuer fest in der Hand,
Er hat uns gerettet, er trägt die Kron',
Er starb für uns, unsre Liebe sein Lohn.
John Maynard."

(Fontane 1964, 6. Bd., 287–289)

Die Geschehnisse in *John Maynard* haben einen historischen Kern, auch wenn sie in dieser Weise nicht geschehen sind. Es hat sich tatsächlich am 9. August 1841 eine Katastrophe des Raddampfers „Erie", der auf dem Weg von Buffalo nach Detroit war, ereignet. Allerdings kamen die meisten Passagiere bei dieser Schiffskatastrophe ums Leben, nur der Kapitän und der schwer verletzte Steuermann konnten sich retten. In der Nachfolge gab es mehrere literarische Bearbeitungen dieses Stoffes, die schrittweise bestimmte Elemente hinzu nahmen und den ursprünglichen Stoff abänderten. Dazu gehören der Name John Maynard, das Überleben der Passagiere und der Tod des Steuermanns. Das Neue an dieser Ballade betrifft den Typus des einfachen Helden im Unterschied zum heroischen Helden der Geschichtsballade, die Aktualität des Themas statt eines historischen Stoffes und die Verlegung des Geschehens in die neue Welt statt in die Geschichte.

4.8.3 Typologie der Ballade

Es gab eine Reihe von Anstrengungen, Balladen zu klassifizieren und eine Typologie von Balladen zu entwickeln. Die Kriterien, nach denen eine solche Gruppierung vorgenommen wird, sind entweder inhaltlich-stoffliche, formale oder funktionale. Eine der ältesten Typologien stammt von Paul Kämpchen (1930), der nach inhaltlichen Gesichtspunkten die natur- und totenmagische Ballade und Schicksalsballade, zusammengefasst als numinose Ballade, von der Ideenballade und der psychologischen Ballade unterschied. Trotz ihrer zweifelhaften Systematik sei sie hier referiert, weil sie zu den häufig zitierten Einteilungen vor allem auch in Unterrichtsmaterialen gehört, ohne dass ihre Problematik mit reflektiert wird, und ihre Terminologie auch in der gegenwärtigen Forschung immer wieder bemüht und zur Beschreibung von Balladen ins Spiel gebracht wird, wie numinos oder magisch. W. Kayser knüpft in seiner Geschichte der deutschen Ballade (1936) an diese Typologie an.

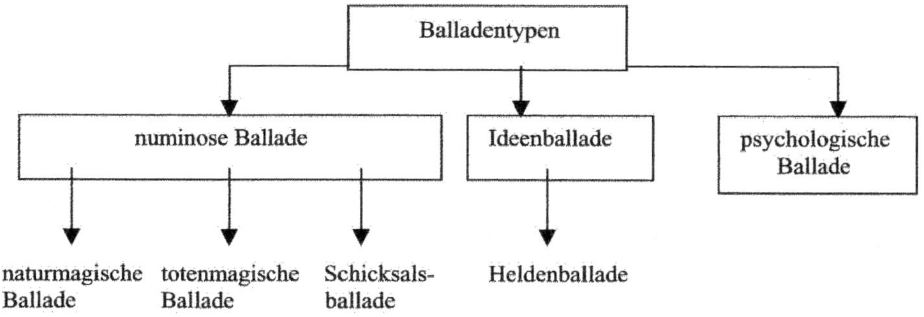

Abb. 12

Die numinose Ballade thematisiert das, was aus der vertrauten Welt heraus fällt und als das Andere oder das Draußen hervor tritt. Der Mensch begegnet diesem Anderen in übermenschlichen Wesen und Kräften, die vor allen in der Natur leben, oder er ist mit einem Toten konfrontiert, wie in *Lenore*. Das Motiv des Wiedergängers und des toten Bräutigams, das teilweise mit einer sozialen Anklage z.B. gegen den Krieg verbunden ist, wird häufig verwendet und findet sich in Geister- und Gespensterballaden. Zur Moderne hin wandelt sich das Gegenüberstehende; im Expressionismus ist es nicht die Natur, sondern die Stadt, die dämonisiert wird. Zur naturmagischen Ballade, in denen die Natur als geheimnisvoll und bedrohlich erfahren wird, gehören beispielsweise Goethes *Erlkönig* und A. von Droste-Hülshoff *Der Knabe im Moor*. Die Heldenballade thematisiert sittlich-moralisches Verhalten von Helden in besonderen Situationen. Die psychologische Ballade ist mit seelischen Vorgängen befasst.

Eine andere Unterteilung nimmt Walter Hinck (1968) vor, der zwischen der nordischen und der legendenhaften Ballade unterscheidet. Zur nordischen Ballade zählt Hinck Balladen, die an vorchristliche Weltbilder anknüpfen und heidnische Elemente enthalten. Legendenhafte Balladen sind durch ihren christlichen, demutsvollen Ton und aufopferndes Verhalten des Helden gekennzeichnet. Zu ihr rechnet Hinck Goethes *Der Gott und die Bajadere* und *Die Braut von Korinth*. Die Systematik von W. Hinck muss ebenfalls relativiert werden, weil ihr einerseits eine regionale Kategorie (nordisch) und andererseits eine gattungsbezogene (Legende) zugrunde gelegt wird. Zudem gibt es viele Ballade, die nicht nur das germanische Heldentum darstellen, sondern ihre Stoffe aus der antiken und orientalischen Welt genommen haben, wie H. Heine *Belsatzar*.

W. Freund (1978) wendet funktionale Kriterien an, um Balladen zu Typen zu ordnen. Nach Freund ist die Ballade durch eine soziale und sozialgeschichtliche Perspektive, sowie durch ihren Adressatenbezug gekennzeichnet. In der Ballade spiegeln sich in dieser Sicht die Hoffnungen, Konflikte, Selbstdeutungen und das Selbstverständnis des Bürgertums, das einerseits ökonomisch erstarkt und andererseits in seinen politischen Handlungsmöglichkeiten beschnitten ist. Die von Freund vorgeschlagenen Funktionstypen – kompensatorische, didaktische, appellative, defätistische Ballade – leiten sich aus seinem historisch-gesellschaftlichen Interpretationsansatz ab.

Es werden in der Forschung zur Ballade unterschiedliche und überwiegend uneinheitliche Kriterien für die Klassifikation von Balladen zugrunde gelegt. Das führt zu einer Unschärfe und Unübersichtlichkeit der vorgeschlagenen Typologien mit der Folge, dass eine Vielzahl von Balladen sich nicht in die Systematik einordnen lässt oder aber ein und dieselbe Ballade je nach Akzentuierung unterschiedlichen Typen zugeordnet wird. In der einen Richtung werden vorwiegend inhaltliche Aspekte ins Spiel gebracht, wie die gewählten Stoffe, Motive und Themen. Danach wird die Geschichtsballade aufgrund ihres historischen Stoffes z.B. von der sozialen Ballade unterschieden, für deren Konfliktbildung der Standesunterschied konstitutiv ist. In einer zweiten Richtung werden formale Merkmale zugrunde gelegt, wie z.B. die Verwendung von Dialogen oder Stilmerkmale, wie ‘rührend’, ‘naiv’ oder ‘schaurig’ (Töne nach Sengle 1972, 592ff.).[19] Dass sich Ton-/Stillagen als subjektiv erweisen und somit kein verlässliches Klassifikationskriterium sind, ist offensichtlich, aber auch die anderen formalen Merkmale reichen nicht aus, um einzelne Balladen jeweiligen Klassen zuzuordnen. In der dritten Richtung gilt das Merkmal der Wirkung und der besonderen Kommunikationssituation als bestimmend. Danach wurde z.B. die Kabarett-Ballade von der appellativen Ballade getrennt (Freund 1978). Beide Merkmale können jedoch nur dann zugrunde gelegt werden, wenn sie nachweislich einen Einfluss auf Form und Inhalt einer Ballade haben.

[19] Sengle (1972) spricht von Tönen und unterscheidet danach u. a. die rührende, die naive oder die schaurige Ballade.

4.8.4 Didaktik der Ballade

Die Ballade gehört zu den beliebten Gattungen des Deutschunterrichts. Die Gründe, die für die Behandlung der Ballade im Laufe ihrer Geschichte angeführt wurden, ändern sich mit den jeweiligen Kontexten. Im 19. Jahrhundert wurden volkspädagogische Absichten mit der Ballade verbunden; das führte dazu, dass die Ballade die Fabel und die Parabel als Unterrichtsstoff zunehmend verdrängte. Schiller und Bürger sind Vertreter dieser Ausrichtung. Die Ballade war für sie ein Mittel der volkstümlichen Bildung gegenüber der hohen Literatur in der Schule. Ein weiterer Grund für den Erfolg dieser Gattung lag in der Bewertung der Ballade als Möglichkeit, den Nationalcharakter der Deutschen auszudrücken. Diese These wurde durch die Produktion der vielen Balladen gestützt, die die Nationalgeschichte zum Thema machten. Balladen mit Stoffen der Heldensagen und einer idealisierten Geschichtsüberlieferung wurden in der Weimarer Republik und im Nationalsozialismus für eine staatspolitische Erziehung instrumentalisiert. 1936 bezeichnet W. Kayser die Ballade sogar als eine „deutsche Gattung". R. Ulshöfer (1952) hat in den 1950er Jahren zur Legitimation der Ballade im Unterricht auf das Stoffliche und Dramatische, das nach seiner These den Interessen des Kindes entgegenkomme, rekurriert; darauf aufbauend sollte der symbolische Gehalt der Ballade sichtbar gemacht werden. Ulshöfer stützte sich auf die von C. Bühler 1918 aufgestellte Theorie vom Lesealter, die nach 1945 neue Popularität gewann. Die Ballade wurde der Altersphase 12–15 zugeordnet, weil sie in dieser Sicht die für diese Altersphase typische Befindlichkeit von Gefährdung und Bedrohtsein thematisiert. Die These, nach der sich bestimmte Gattungen und Lektüren einer Altersphase zuordnen lassen, wie z.B. der Struwwelpeter-Phase, ist inzwischen vor allem durch die Lesesozialisationsforschung widerlegt worden (Graf 2007), die nachweisen konnte, dass die Leseentwicklung und bestimmte Präferenzen für Lektüren nicht altersabhängig, sondern kontextabhängig sind, d.h. soziale, psychologische und historische Bedingungen beeinflussen das Leseverhalten.

Ab den 1960er Jahren tritt die Ballade in den Hintergrund. Das verringerte Interesse an der Ballade hängt vor allem mit ihrer Diskreditierung durch den Nationalsozialismus zusammen.

Ebenfalls überholt ist eine didaktische Position, die der Ballade einen moralischen Bildungswert zusprach (P. Lang 1942). In den 1970er Jahren wurde die Ballade in ideologie- und gesellschaftskritischer Perspektive für den Unterricht fruchtbar gemacht. Dieser neue Ansatz einer Balladendidaktik wandte sich gegen die formalistische Strukturbeschreibung und werkimmanente Methode der 1960er Jahre und betonte sozial-/wirkungsgeschichtliche und gesellschaftliche Zusammenhänge der Ballade. Vor diesem Hintergrund gewann die soziale Ballade an Bedeutung gegenüber der klassischen Kunstballade. Zu den Vertretern dieser Richtung gehören G. Köpf (1976), G. Fritsch (1976) und W. Freund

(1978), die jeweils eigene Monographien zur Ballade verfassten und in ihrer gesellschaftskritischen Sicht weitgehend auf emotionale, sinnliche und ästhetische Aspekte der Auseinandersetzung mit Balladen verzichteten. Die Freisetzung von der Ideologieträchtigkeit der Ballade hat ab den 1990er Jahren wieder zu einer stärkeren Hinwendung zur Kunstballade geführt und zu einer Verringerung von modernen Balladen.

Eine neue Position in der Didaktik der Ballade nehmen F. Hassenstein (1986) und darauf aufbauend N. Berger (1991) ein, die zugleich Impulse des handlungs- und produktionsorientierten Ansatzes integrierten. Zu den von ihnen angegebenen Lernzielen gehören das Kennenlernen der Ballade und ihrer wesentlichen Merkmale, der verschiedenen Typen von Balladen sowie der Geschichte der Ballade und der epochalen Zuordnung. Sie differenzieren Lernziele noch weiter aus und ergänzen sie um die Aspekte: Erschließen struktureller Merkmale, Erwerb von Erzählmustern, Einschätzen der Wirkung darstellerischer Mittel oder auch Fähigkeiten des Zusammenfassens und Wiedergebens von Inhalten. Wurde die Ballade in früheren Zeiten vorwiegend in der 7. und 8. Jahrgangsstufe behandelt, so zeichnet sich jetzt eine breitere Verteilung der Ballade ab der 5. bis zur 9./11. Jahrgangsstufe ab. Ein Indiz dafür sind die *Stundenblätter Balladen* von N. Berger aus dem Jahr 1991. Berger schlägt z.B. vor, Goethes *Zauberlehrling* und *Totentanz* sowie den *Schneider von Ulm* und Chamissos *Riesen-Spielzeug* in der 5./6. Jahrgangsstufe zu behandeln, dagegen in der 7./8. Jahrgangsstufe *John Maynard, Die Bürgschaft,* Heines *Belsatzar* und *Der Knabe im Moor* von Droste-Hülshoff. Für die 9.–11. Jahrgangsstufe schlägt Berger wiederum den *Erlkönig* vor, sowie die *Lore Lay* von Brentano und *Leonore* von Bürger. Hinzu kommen moderne Balladen von Grass, Kunert, Brecht, Biermann und Wedekind.

Für die Motivation, Balladen im Unterricht zu behandeln, werden wiederholt die leichtere Zugänglichkeit der Ballade gegenüber lyrischen oder dramatischen Texten angeführt. Die Handlungsdominanz und Weltbezogenheit der Ballade mag mit zu ihrer Popularität bei Schülern beigetragen haben.

Kanonisierung von Balladen in der Schule

Ein Indikator für die Bedeutung der Ballade im Unterricht, die Kanonisierung von Balladentexten und Autoren sind Lehrmaterialien, didaktische Interpretationen und Lesebücher für den Deutschunterricht. Wie schon in Bezug auf das Drama (3. Kap.) wurden die dort untersuchten Lesebücher auch für die Prüfung des Vorkommens von Balladen zugrunde gelegt (s. Literaturverzeichnis zum 3. Kapitel). Die Auswertung ergab, dass von insgesamt 283 Balladen in Lesebüchern der Jahre 1990 bis 2002 79 aus dem 20. Jahrhundert stammen, die restlichen aus dem 19. und 18. Jahrhundert. Von den Autoren ist Goethe am häufigsten vertreten mit 17,31 %, an zweiter Stelle folgen die Balladen von Fontane (15,19 %) und an dritter Stelle steht Schiller mit 11,66 %. Die weitere Abfolge der

Häufigkeit von Balladenautoren sieht folgendermaßen aus: Brecht 8,48 %, Droste-Hülshoff 6,36 %, und Heine 4,59 %. Eichendorff fehlt völlig, Brentano und Meyer sowie Mörike und Chamisso spielen eine untergeordnete Rolle. Das 20. Jahrhundert ist breit vertreten mit prominenten Autoren wie R. Biermann (3,18 %), O. Ernst (1,41 %), E. Kästner (2,83 %), P. Hacks (2,12 %).

Von den Balladentexten kommt *Der Zauberlehrling* mit insgesamt 6,01% am häufigsten in den Lesebüchern vor. An zweiter Stelle steht Fontanes *Herr von Ribbeck auf Ribbeck im Havelland* mit 5,3 %. An dritter Stelle folgt dann der *Erlkönig* von Goethe (4,95 %), danach *John Maynard* (4,59 %) und *Der Handschuh* (4,59 %) Den nächsten Rang nehmen die Ballade *Die Brück' am Tay* (4,24 %) und *Der Knabe im Moor* von Droste-Hülshoff ein (4,24 %) ein. In der nächsten Gruppe der häufigsten Balladen befinden sich *Der Schneider von Ulm* (3,89 %) und *Belsatzar* von H. Heine (3,53 %). Zu jeweils 2,12 % kommen in den Lesebüchern die folgenden Balladen vor: *Die Vergeltung* von Droste-Hülshoff, *Die Füße im Feuer* von C. F. Meyer, *Der Feuerreiter* von E. Mörike, *Der Fischer* und *Der Totentanz* von Goethe, *Ritter Kauz von Rabensee* von P. Hacks.

Intentionen und Begründung des Balladenunterrichts

Eine Begründung für die Behandlung der Ballade im Unterricht ist die Auseinandersetzung mit grundlegenden Fragen menschlicher Existenz und unterschiedlichen Weltdeutungen.

Zu den Lernzieldimensionen einer Balladendidaktik gehören der Erwerb spezifischer Kompetenzen und Kenntnisse, die sich folgendermaßen differenzieren lassen:

- Wissen über verschiedene Typen von Balladen und erste Ansätze einer Typologisierung;
- Aneignung von Kenntnissen über die Gattung Ballade und ihre konstitutiven Merkmale und die Fähigkeit, diese in Texten identifizieren zu können;
- historisches Bewusstsein über die Ballade und ihre Geschichte und die jeweiligen Innovationen;
- Erwerb narrativer und lyrischer Grundkategorien;
- Einblick in sozialgeschichtliche Hintergründe, Entstehen von Balladen und Erkennen ihrer Funktionen;
- Erfassen wirkungs- und rezeptionsgeschichtlicher Zusammenhänge;
- Kompetenzen erwerben, einen Balladentext zu analysieren und zu interpretieren;
- Verbindungen herstellen zur Popularkultur der Gegenwart und ihren medialen Präsentationsformen;
- Erkennen von Intertextualität in Balladentexten.

Auswahlkriterien

Die Auswahlkriterien, die der Kanonisierung von Balladentexten für den Unterricht zugrunde liegen, hängen von den angestrebten Zielen, den Lernervoraussetzungen und der Jahrgangsstufe ab. Ein erstes Selektionskriterium für Balladentexte besteht in ihrer Repräsentanz für die geschichtliche Entwicklung und Innovationen der Ballade (Fontane, Heine, Wedekind) und die Ausprägung eines bestimmten Typs von Ballade (Geschichts-/Heldenballade). Als weitere Selektionskriterien werden Exemplarität und Aktualität vs. Zeitlosigkeit wiederholt ins Spiel gebracht. Exemplarisch kann eine Ballade für die Gattung bzw. eine Unterart der Gattung, für eine Epoche, für einen Dichter selbst und sein Werk, für eine moralische Problematik oder die Behandlung eines Stoffes bzw. Motivs sein. Das Aktualitätskriterium unterliegt großen Schwankungen, da es sich mit den Kontexten und der Erfahrungs- und Interessenlage von Schülern ändert. So kann die einstmals als konservativ und verstaubt geltende Heldenballade angesichts der vielfachen medialen Bearbeitungen von Stoffen der Heldensagen durchaus wieder an aktuellem Wert gewinnen. Die soziale Ballade mit dem Motiv des Kindsmordes – Bürger *Des Pfarrers Tochter von Taubenhain*, Goethe *Vor Gericht*, Schiller *Die Kindsmörderin*, Brecht *Von der Kindsmörderin Marie Farrar* – gewinnt vor dem Hintergrund der häufigen Vorfälle von Kindestötung in der Gegenwart eine neue Relevanz und kann mit den jeweiligen sozialen Hintergründen und Motiven zum Thema gemacht werden.

Zeitübergreifend sind Entwürfe von Menschentum und Deutung von Welt, wie sie teilweise die in den 1970er Jahre geschmähte Kunstballade bietet, die in jeweils gegenwärtigen Rezeptionszusammenhängen zu neuen Interpretationen und Wahrnehmungen führen können.

Für den Erwerb von Erschließungskompetenzen und Hinführen zu Gattungsmerkmalen empfehlen sich Balladen, die strukturelle Unterschiede aufweisen: die Dialogballade vs. Balladen mit geringen dialogischen Partien, aber hohen erzählerischen Anteilen; Balladen mit einem unterschiedlichen Eingang: Exposition und Szenerie im Eingang, wie in Schillers *Handschuh* und *Taucher*, oder die These, wie in Brechts *Der Schneider von Ulm: Bischof, ich kann fliegen*; Balladen mit unterschiedlichem Erzählverhalten (Rollenmonolog des Bänkelsangs (Ich-Form) vs. Er-Form und einem fiktiven Erzähler).

Die Thematisierung der Kanonisierung von Balladentexten und ihre Hintergründe (Dominanz der Geschichts-/Heldenballade im 19. Jahrhundert oder die ausgeprägte Ideologisierung in der NS-Zeit sowie die Rezeptionsverläufe bestimmter Balladen und Balladenautoren bieten sich vor allem für den gymnasialen Unterricht an, um hier eine Reflexion auf Kanonisierungsprozesse, ihre Instanzen und Mechanismen in Gang zu setzen und derart ein Kanonwissen und -bewusstsein zu erzeugen. Ein weiterer Zugang besteht darin, über die Tradition des Bänkelsangs und der Moritat und ihrer Erneuerung bei Wedekind und

Brecht Anschlüsse an die populäre Kultur der Moderne herzustellen und Teilaspekte zu erarbeiten wie, Öffentlichkeit, Schauplätze, Darbieter, Publikumsbezug, mediale Präsentationsformen und Funktionen (Sensation, Unterhaltung, Information). Protestsong, Kabarettlied und Chanson könnten in kultur-/sozialgeschichtlicher Perspektive auf ihre Funktionszusammenhänge, Darbietungsformen, Mediennutzung, Schauplätze hin untersucht werden. Die moderne Protestballade und der Song können anhand der Liedermacher F. Degenhardt, W. Biermann oder K. Wecker erarbeitet werden. Auch moderne Balladen von Günter Grass (*Die Ballade von der schwarzen Wolke*), Günter Kunert (*Neuere Ballade infolge älterer Sage*) oder Christa Reinig (*Die Ballade vom blutigen Bomme*) gehören mit in diesen Zusammenhang.

Unter historischem Gesichtspunkt könnte der Aspekt der Intertextualität von Gattungen am Beispiel von Goethes *Der König von Thule* zum Gegenstand gemacht werden, wo sich das Gattungsmuster des Volksliedes und des Kunstliedes mischen. Sozial- und gesellschaftskritische Zugänge bieten immer wieder Wedekind und Brecht. Brecht hat in seiner Ballade *Der Schneider von Ulm* mit dem Untertitel *Ulm 1592,* die 1934 im dänischen Exil bei Svendborg entstand und 1939 in den Svendborger Gedichten veröffentlicht wurde, einen historischen Vorfall von 1811, wo der Schneidermeister Ludwig A. Berblinger einen Gleitflieger konstruierte und bei der Vorführung des Flugs abstürzte, stofflich verarbeitet.

Gegenüber dem historischen Ereignis nimmt Brecht entscheidende Veränderungen vor, indem er das Geschehen auf das Jahr 1592 rückverlegt und den Schneider sterben lässt, der in Wirklichkeit mit dem Leben davongekommen ist. Im historischen Ordnungssystem wurde der Verstoß gegen die göttliche Ordnung verurteilt und somit galt auch der Tod als eine gerechte Strafe für den Schneider, der mit seinen Flugversuchen eben diese gottgewollte Ordnung in Frage stellte. Die Parteinahme der Ballade liegt beim Schneider, der am Ende durch die Geschichte bestätigt wird. Mit dem Motiv von Tod und Strafe wird an die Tradition der Moritat angeknüpft, aber zugleich wird die Gattungsregel der Moritat gebrochen, indem der Tod nicht als Strafe hingestellt wird. Fragen nach der historischen Wahrheit und Macht werden aufgeworfen. Die Zusammenhänge lassen sich interpretativ auf der Grundlage historischen Materials und der Bedeutung der Abänderungen in der Ballade erschließen.

Methodik der Erschließung von Balladentexten

Für die Erschließung von Balladen helfen Fragestrategien, die dem Lerner eine Orientierung geben, wie er an einen Balladentext herangehen und worauf er achten kann, und somit als Interpretationsstrategien gelten. Sie bauen auf den zuvor entwickelten Grundbegriffen und Strukturen auf:

Tab. 39 Fragestrategien Ballade

Frage-/Interpretationsstrategien	
Entstehungskontext	Wann wurde die Ballade geschrieben und wo veröffentlicht? Existiert eine historische Stoffvorlage? Wenn ja, wurde sie verändert/abgewandelt?
typologische Einordnung	Zu welchem Typ von Ballade gehört eine Ballade?
sozialgeschichtliche Voraussetzungen	Welche medialen Präsentationsformen gehören zur Ballade? Welche Funktion hatte die Ballade? Wer war das Publikum?
inhaltliche Aussage	Was sind die Kernaussagen in den Strophen? Was ist der Schauplatz? Welche Figuren treten auf? Was sind die Hauptereignisse? Worin besteht der Konflikt? Welcher Art ist die Lösung? Wie ist der Schluss zu bewerten? Wie ist die Argumentationsführung? Lässt sich eine Moral/ein Lehrsatz/eine Synthese ableiten?
formaler Aufbau	In wie viele Teile lässt sich die Ballade untergliedern? Gibt es eine Exposition? Gibt es einen Rahmen und eine Binnenhandlung?
Themenführung	Welche Motive und Bilder durchziehen die Ballade? Was ist das übergreifende Thema der Ballade?
Kommunikationsstruktur	Wer ist die Sprecherinstanz: fiktiver Erzähler, fiktive Figuren (Rollen-Ich)?
Strukturen/Gattungsmerkmale differenziert nach:	
a) lyrische Anteile	Aus wie vielen Strophen oder Abschnitten besteht die Ballade? Gibt es wiederkehrende Strophenformen? Welches Reimschema wird verwendet? Wiederholen sich Reimbindungen? Welches Metrum wird verwendet/wird es einheitlich verwendet? Wiederholen sich einzelne Verszeilen? Gibt es einen Kehrreim oder Refrain?

b) narrative Anteile	Tritt ein fiktiver Erzähler in Erscheinung? – An welchen Stellen, in welcher Form und mit welchem Verhalten? An welchen Stellen wird das Geschehen erzählerisch vermittelt? Wie hoch ist der Anteil der Erzählpartien und wie verteilen sie sich auf die Ballade? Wo werden Wenden eingeleitet bzw. liegen Einschnitte vor? Worin besteht der Konflikt?
c) dramatische Anteile	Kommen Dialogteile vor? Wie hoch ist der Dialoganteil in der Ballade? An welchen Stellen treten Dialoge auf? Wie wechseln sich Erzählbericht und Dialogteil ab? Was ist der dramatische Höhepunkt?

Derartige Strategien für eine erste Annäherung und Analyse von Balladen sind nicht nach einem starren Schema und in der obigen Abfolge anzuwenden, sondern je nach didaktischer Intention, Machart und Thematik einer Ballade zu variieren und zudem durch handlungsbezogene Ansätze zu ergänzen, die neben ihrem motivationsfördernden Effekt die Auseinandersetzung mit einer Ballade intensivieren können. Gerade die Ballade lädt zum szenischen Vortragen mit verschiedenen Rollen und Medien ein. Balladen mit hohen Dialoganteilen lassen sich mit verteilten Rollen sprechen und inszenieren; der weitere Geschehnisverlauf kann an der Stelle, an der der Held sich entscheiden muss, antizipiert werden; das Geschehen kann in eine andere Zeit mit dem Austausch von Figuren und Orten verlegt werden; eine Zeitungsmeldung kann zu einem Balladengeschehen verfasst werden. Bei der modernen Protestballade, dem Song und dem Kabarettlied sollten unbedingt Hörkassetten bzw. CDs der jeweiligen Sänger einbezogen werden. Ein beliebtes Verfahren ist der Vergleich von motivgleichen Balladen, wie die Lorelei-Balladen von Brentano und Heine und Goethes *Der Fischer*, die wiederum in übergreifende thematische Sequenzen zur Wasserfrau (Undinen und Melusinen) in der Literatur (Fouqués *Undine*, *Die kleine Seejungfrau* von Andersen) integriert werden können.

5 Anhang

5.1 Lösungsschlüssel

A1:

1. Die Geschichte, die ich Ihnen erzählen will	expliziter Erzähler und Anrede „Ihnen“: Leser; Damit wird eine Erzähl-/Kommunikationssituation geschaffen
2. ... ich muss sie Ihnen erzählen	Gegenstand: eine Geschichte Betonen der Relevanz für den Erzähler, damit Aufmerksamkeitslenkung des Lesers auf die Geschichte.
3. Vor zehn Jahren ... vor wenigen Tagen...	Geschehnisse beginnen in der Vergangenheit und schließen sich jetzt.

A2:

Text: Rapunzel	**Erzähleinheiten**
Es war einmal /.../ gefürchtet ward.	Orientierung/Ausgangssituation
Eines Tages stand die Frau an diesem Fenster /..../ so sterbe ich.	Komplikation
Der Mann, der sie lieb hatte, dachte /.../ noch einmal in den Garten steigen.	1. Lösungsschritt
Er machte sich also in der Abenddämmerung wieder hinab /.../	2. Lösungsschritt
Da ließ die Zauberin in ihrem Zorne nach und sprach zu ihm /.../ gab dem Kinde den Namen Rapunzel und nahm es mit sich fort.	Lösung

A3:

Eine Episode ist z. B. die folgende:

Eines Tages stand die Frau an diesem Fenster und sah in den Garten hinab, da erblickte sie ein Beet, das mit den schönsten Rapunzeln bepflanzt war /.../ und das größte Verlangen empfand, von den Rapunzeln zu essen.	Ausgangssituation

/.../ „Ach," antwortete sie, „wenn ich keine Rapunzeln aus dem Garten hinter unserm Hause zu essen kriege, so sterbe ich."	Konflikt
Der Mann, der sie lieb hatte, dachte 'eh du deine Frau sterben lässest, holst du ihr von den Rapunzeln, es mag kosten, was es will.'	Lösung

Diese Episode ist nur eine kleinere Teileinheit innerhalb der Vorgeschichte des Rapunzel-Märchens, ihr gehen andere Episoden voraus und es folgen weitere.

A4:

Momo wird als Sympathieträgerin und Identifikationsfigur aufgebaut: Wuschelkopf, wunderschöne, pechschwarze Augen. Ihr Äußeres wird als seltsam charakterisiert und damit abgegrenzt von einem Äußeren, das weniger auffällig, abweichend und seltsam ist. Da der Erzähler die Figur beschreibt, kommt seine positive Einstellung ebenfalls in der Beschreibung zur Geltung.

A5:

1. Konkreter Raum: Naturraum, Landschaft
2. Inventar: alter Bau, Haus
3. Gliederung: draußen, vorne-hinten, distant zum Betrachter
4. Räumlicher Standort: innerhalb des Raumes
5. Semantik des Raumes:
   a) Handlungsraum (reiten);
   b) Wahrnehmungsraum: Betrachter nimmt Landschaft und Haus wahr; Haus Ascher wird auf den Betrachter bezogen und erhält dort einen Stimmungs-/Erlebniswert
   c) Stimmungsraum: bedrohlich, verlassen, düster

A6:

Es handelt sich um einen Zeitsprung, da die Zeit von einem Sommer zum nächsten übergangen wird und nichts darüber erzählt wird, was in dieser Zeit passiert.

A7:

Es handelt sich um auktoriales Erzählverhalten. Bestimmungsmerkmale: Leseransprache, Rückblende auf das zuvor Berichtete und Ausblick nach vorne als Merkmal eines allwissenden Erzählers, der sich kommentierend einbringt.

A8:

Sandmann

1. Interne Fokalisierung; Träger der Wahrnehmung ist die Figur Nathaniel.
2. Die Figur beobachtet äußere Vorgänge (Vater, Coppelius, Schlafrock, Schrank) und zugleich wird Einblick in das Innere gegeben: *Es geht grausig in der Seele auf.*
3. Das Verb *sehen* bindet die Perspektive an die Figur, aber auch *lauschen* und die Mitteilung dessen, was gehört wird.

A9:

Spät um Mitternacht – es mochte im Herbste des Jahres 1680 sein – wurde an dieses Haus hart und häßlich angeschlagen, daß es im ganzen Flur laut widerhallte. – Baptiste, der in des Fräuleins kleinem Haushalt Koch, Bedienten und Türsteher zugleich vorstellte, war mit Erlaubnis seiner Herrschaft über Land gegangen zur Hochzeit seiner Schwester, und so kam es, daß die Martiniere, des Fräuleins Kammerfrau, allein im Hause noch wachte.	Erzählbericht
/.../ da vernahm sie ganz deutlich die Stimme des Anpochenden: „Um Christus willen, so macht doch nur auf!"	direkte Rede
„In der Tat," dachte die Martiniere, „so spricht doch wohl kein Räuber; wer weiß, ob nicht gar ein Verfolger /.../	Personenrede Gedankenwiedergabe
Sie öffnete ein Fenster und rief hinab, wer denn da unten in später Nacht so an der Haustür tobe und alles aus dem Schlafe wecke, indem sie ihrer tiefen Stimme so viel Männliches zu geben sich bemühte, als nur möglich.	Erzählbericht indirekte Rede

A10:

Fragen	**Antwort**	**Inferenztyp**
1. Wie fühlt sich der König?	Verzweifelt, weil er sterben muss.	Gefühle; Gründe
2. Was will der König?	Leben.	Ziele
3. Was tut er?	Ruft einen Magier zu Hilfe.	Reaktion, untergeordnetes Ziel

A11:

ERSTER AUFZUG	Aufzug-/Szenenzählung: Majuskeln
Die Szene: ein Kabinett des Prinzen *Erster Auftritt*	Kursivschrift.
Der Prinz an einem Arbeitstische voller Briefschaften und Papieren, deren einige er durchläuft	Schauplatz, Regieanweisung zum Tun

Klagen, nichts als Klagen! Bittschriften, nichts als Bittschriften! – Die traurigen Geschäfte; und man beneidet uns noch! – Das glaub ich; wenn wir allen helfen könnten, dann wären wir zu beneiden. – Emilia? *(Indem er noch eine von den Bittschriften aufschlägt und nach dem unterschriebenen Namen sieht)* Eine Emilia? – Aber eine Emilia Bruneschi – nicht Galotti: Nicht Emilia Galotti! – Was will sie, diese Emilia Bruneschi? *(Er lieset)*	Regieanweisung zum Tun; in Klammern, Kursivschrift

A12:

Es handelt sich bei dem Drama *Die Weber* von G. Hauptmann um eine offene Form mit den Merkmalen: viele Figuren; niedriger sozialer Stand der Weber. Die Weber sprechen ihren schlesischen Dialekt; ihre Sprache ist zudem durch Merkmale von Mündlichkeit charakterisiert: mit Verschleifungen, Weglassungen und unvollständigen Sätzen.

A13:

MORTIMER (*zur Amme*). Entfernt Euch, haltet Wache vor der Tür,	appellativ: Befehl
Ich habe mit der Königin zu reden.	
MARIA (*mit Ansehn*). Hanna, du bleibst.	appellativ: Aufforderung
MORTIMER. Habt keine Furcht, Mylady. Lernt mich kennen.	
(*Er überreicht ihr eine Karte*)	
MARIA (*sieht sie an und fährt bestürzt zurück*),	
Ha! Was ist das?	expressiv: überrascht; rhet. Frage
MORTIMER (*zur Amme*). Geht, Dame Kennedy.	
Sorgt, daß mein Oheim uns nicht überfalle!	
MARIA (*zur Amme, welche zaudert und die Königin fragend ansieht*),	
Geh! Geh! Tu was er sagt.	appellativ: Aufford.
(zit. nach F. Schiller 1966, Bd. III, S. 257)	

A14:

a) Es ist ein explizit figurales Darstellungsverfahren.
b) Der Soldat rechtfertigt sich für sein Handeln (tötet Andri) und ist selbstgerecht. Er hat kein Schuldbewusstsein, im Gegenteil, er hält an seinem Vorurteil gegenüber Andri fest. Er zeigt sich als grob, unmenschlich, brutal

A15:

Jahrgangsstufe 9 oder 10

Die Szene untersuchen nach folgenden Kategorien und Merkmalen: Figurenkonstellation, Interaktionen der Figuren und Beziehungen, Figurenrede, Charakterisierung der Figuren: Eigenschaften, Einstellungen, Verhalten, Handeln, Darstellungsverfahren, wie Informationen zu Figuren vermittelt werden, Art des Konflikts.

Thematischer Rahmen: Vorurteile, Ausgrenzung, Toleranz, Gesellschaft und Konflikte;

Kreative und aufführungsbezogene Verfahren (einige Vorschläge):

Rollen der Figuren/Schauspieler und Sprechhaltungen erarbeiten; mit verteilten Rollen sprechen; die Szene inszenieren, wobei räumliche Aspekte, Raumgestaltung, Requisiten, Standort, Bewegung und Körperhaltung der Schauspieler im Raum bestimmt werden müssen. Eine Theateraufführung besuchen, das Bühnengeschehen interpretieren und mit dem Lesetext vergleichen.

A16:

Das zerbrochene Ringlein		
		abab
In einem kühlen Grunde	xXxXxXx	ungefugt
Da geht ein Mühlenrad,	xXxXxX	ungefugt
Mein Liebste ist verschwunden,	xXxXxXx	
Die dort gewohnet hat.	xXxXxX	ungefugt
Sie hat mir Treu versprochen,		
Gab mir ein'n Ring dabei,		
Sie hat die Treu gebrochen,		
Mein Ringlein sprang entzwei.		

1. Zeilensprung: 1./2. Vers der 1. Strophe: schwaches Enjambement; ansonsten: Zeilenstil
2. Verseingang: mit Auftakt in allen Verszeilen
3. Metrum: alternierender zweisilbiger Vers mit Auftakt (Jambus) 3-hebig pro Vers; im 2. Vers beider Strophen entfällt ein Element (die Senkung)
4. Versende: Wechsel von weiblicher und männlicher Kadenz; Reim: Kreuzreim abab
5. Versübergang: Übergang vom 1. zum 2. Vers und vom 3. zum 4. Vers ist in beiden Strophen ungefugt/asynaphisch, d. h. einer Senkung am Versende folgt eine Senkung am Versanfang
   Der Übergang von der 2. zur 3. Zeile ist in beiden Strophen gefugt, indem die Alternation von der Hebung am Ende zur Senkung am Verseingang weiterläuft.
6. Synkope: In der 2. Strophe im 2. Vers entfällt ein unbetonter Vokal zwischen zwei Konsonanten, insofern liegt eine Synkope vor: ein'n.

A 17:

Georg Trakl
Verfall

		abba
Am Abend, wenn die Glocken Frieden läuten,	xXxXxXxXxXx	gefugt
Folg ich der Vögel wundervollen Flügen,	XxxXxXxXxXx	
Die lang geschart, gleich frommen Pilgerzügen,	xXxXxXxXxXx	ungefugt
Entschwinden in den herbstlich klaren Weiten.	xXxXxXxXxXx	

Hinwandelnd durch den dämmervollen Garten
Träum ich nach ihren helleren Geschicken
Und fühl der Stunden Weiser kaum mehr rücken.
So folg ich über Wolken ihren Fahrten.

Da macht ein Hauch mich von Verfall erzittern. cdc
Die Amsel klagt in den entlaubten Zweigen.
Es schwankt der rote Wein an rostigen Gittern,

Indes wie blasser Kinder Todesreigen ded
Um dunkle Brunnenränder, die verwittern,
Im Wind sich fröstelnd blaue Astern neigen.

Strophenform: Sonett

Reim: umarmender Reim in den Quartetten: abba
Schweifreim in den Terzetten: cdc ded

Kadenz: weibliches Ende durchgehend

Metrum: 5-hebiger Jambus, aber nicht einheitlich
durch Inversion liegt ein Trochäus vor:
Folg ich ...
Träum ich ...
Hinwandelnd ...
Da macht ...

Versübergang: In den Quartetten sind der 1./2. Vers jeweils gefugt; die anderen Versübergänge sind ungefugt.
In den Terzetten handelt es sich um ungefugte/asynaphische Übergänge (zwei Senkungen stoßen jeweils aufeinander).

Zeilensprung: schwaches Enjambement

Strophenenjambement: zwischen den Terzetten:
Es schwankt der rote Wein in rostigen Gläsern,
Indes wie

Alliteration: **F**olg ich der **V**ögel wunder**v**ollen **F**lügeln

Assonanzen: F**o**lg ich ... wunderv**o**llen
Am **A**bend
l**a**ng gesch**a**rt
f**ü**hl ... r**ü**ck

A 18:

a) Redesubjekt: ein Sprecher artikuliert sich als Ich; identifizierbar am „Ich" in 3/Str. 4, 3/4 Str., 3/Str. 4, 2/Str. 2; des Weiteren an der Häufung von Possessivpronomina: mein, meine.

b) Ein Adressat existiert nicht. Es ist insofern ein monologisches Sprechen.

c) Gesprochen wird durchgehend von Gegenständen, die aufgezählt werden: Mütze, Mantel, Rasierzeug, Beutel etc. Es handelt sich um Gegenstände des täglichen Gebrauchs, insbesondere um Kleidungsstücke. Auch Tätigkeiten mit Gegenständen werden benannt: Geritzt mit dem Nagel, verbergen. Der Besitzanspruch wird deutlich ausgedrückt durch das vorherrschende Possessivpronomen „mein".
Der Sprecher trifft in Bezug auf einige Gegenstände eine Wertung: Er liebt die Bleistiftmine am meisten, weil sie ihm das Verse-Schreiben ermöglicht. Das sprechende Ich gibt sich als ein poetisches, dichtendes Ich zu erkennen, spielt damit auf Traditionen des nächtlich dichtenden Poeten an. Gegenüber der Inventur wird eine ironische Sicht eingenommen.

d) Der Sprachduktus ist lakonisch, hinweisend, gestisch: *Dies ist, hier.* Eine verknappte, nüchterne Sprache. Formale Elemente: Vorherrschend ist das Enjambement und die Anapher (Wiederholung z. B. von „dies" in der letzten Strophe).

e) Zur innertextuellen Situation: Das Sprecher-Ich befindet sich in seinem Alltag und mit vielen Gegenständen des alltäglichen Nahbereichs umgeben. Es bilanziert durch einfache Addition von banalen Dingen: ein Versuch der Orientierung. Durch die gehäufte Verwendung deiktischer Mittel (dies, mein, hier) wird die Sprechsituation an eine mündliche Situation gebunden mit dem Ich als Origo, dem Ausgangspunkt für die Verweisgesten und damit der Strukturierung der unmittelbaren Situation.
Zur außertextuellen Situation ist zu sagen, dass das Gedicht 1948 verfasst wurde und in der Sammlung „Abgelegene Gehöfte" steht. Es gehört zur Trümmerlyrik.

A19:

Die Ballade ist zwischen 1875 und 1886 entstanden. Ihr Thema ist die Schiffskatastrophe und die Rettung aller bis auf den Steuermann, dem sie die Rettung verdanken. Die Ballade gehört zum Typ der historischen Ballade; es handelt sich jedoch um einen einfachen, bescheidenen Heldentypen.

a) Die lyrische Form erkennt man an der Versifikation. Die Ballade lässt sich in drei Teile untergliedern. Der erste hat die Funktion einer Exposition, der zweite Teil schildert die eigentliche Handlung und im dritten Teil wird der Dank der Geretteten thematisiert und das Andenken an den Toten.

b) Die Ballade enthält viele Dialogteile. Gerade der erste Teil ist gekennzeichnet durch das Gespräch zwischen einem Erzähler und dem Einwurf von Zeitgenossen, wer denn John Maynard sei. Ihnen antworten wieder die Geretteten.

c) Das Narrative entfaltet sich vor allem im Mittelteil der Ballade, wo die Reisesituation und die Reisegesellschaft geschildert werden und die zugespitzte Gefahrensituation ausgedrückt und gesteigert wird. Der Erzähler gibt sich gleich im ersten Anruf zu erkennen: „John Maynard!"

d) Zur Erzeugung der Spannung werden mehrere Mittel eingesetzt: Die Wiederholung der Zeitangaben: „Noch dreißig Minuten /.../ Halbe Stund.", „Und noch zwanzig Minuten bis /.../", der Wechsel des Schauplatzes (Bugspriet, Steuerrad), aber auch der Wechsel zwischen Erzählerbericht und Dialog. Zu den inhaltlichen Merkmalen der Spannungssteigerung gehören die Zuspitzung auf die Katastrophe, die zunehmende Gefährdung bis zum Höhepunkt in Strophe sieben, in der die Rettung der Passagiere und der Besatzung des Schiffes erfolgt und zugleich der Tod von John Maynard.

5.2 Literaturverzeichnis

1 und 2: Grundlagen der Erzähltheorie I und II

Primärliteratur

Achim von Arnim: Sämtliche Romane und Erzählungen. Hrsg. von Walther Migge. 2. Bd., München: C. Hanser1963.

Martin Baltscheit/Aljoscha Blau *Der Winterzirkus*. Frankfurt a. M.: Fischer-Verlag 2005.

Heinrich Böll. Werke. Romane und Erzählungen 1953–1959. Hrsg. Bernd Balzer. Köln: Kiepenheuer & Witsch 1989.

Wolfgang Borchert: Das Gesamtwerk. Hamburg: Rowohlt ^{8}2006.

Jorge Luis Borges: Sämtliche Erzählungen. München: Hanser 1970.

Brüder Grimm. Kinder- und Hausmärchen. München: Winkler 1977.

Agatha Christie *Alibi*. Bern: Scherz. ^{7}2001.

Charles Dickens *Oliver Twist*. München: Winckler 1957.

Michael Ende Momo. Stuttgart: Thienemann ^{20}1982.

Joseph von Eichendorff. Werke. Hrsg. von Wolfdietrich Rasch. München: C. Hanser ^{4}1971.

Henry Fielding. Sämtliche Romane in vier Bänden. Hrsg. von Norbert Miller. München: C. Hanser 1966.

Gustave Flaubert *Madame Bovary*. München: Winkler 1959.

Theodor Fontane. Romane und Erzählungen in acht Bänden. Hrsg. von Peter Goldammer u. a. Berlin: Aufbauverlag 1973.

Max Frisch. Gesammelte Werke in zeitlicher Folge 1931–1985. Hrsg. von Hans Mayer. Frankfurt: Suhrkamp 1998.

Johann Wolfgang von Goethe. Werke. Hamburger Ausgabe. Bd. 6. München: dtv 1982.

Dashiell Hammett *Der Malteser Falke*. Zürich: Diogenes 1974.

Hermann Hesse *Der Steppenwolf*. Frankfurt: Suhrkamp 1961.

E.T.A. Hoffmann: Gesamtausgabe in vier Bänden. Frankfurt: Insel: 1967.

Arno Holz/Johannes Schlaf *Papa Hamlet. Ein Tod*. Stuttgart: Reclam 1963.

Gert Jonke *Der ferne Klang*. Hamburg: Residenz Verlag 1979.

Erich Kästner. Parole Emil. Romane für Kinder I. Hrsg. von Franz Josef Görtz. München: C. Hanser1998.

Franz Kafka: Sämtliche Erzählungen. Frankfurt: Fischer 1990.

Frank Kafka *Der Prozeß*. Hrsg. von Malcolm Pasley. Frankfurt: S. Fischer 1990.

Heinrich von Kleist: Sämtliche Werke und Briefe, hrsg. von Helmut Sembder. München: C. Hanser, Bd. 2, 1977.

Thomas Mann: Die Erzählungen. Erster Band. Frankfurt: S. Fischer 1967.

Hermann Melville *Moby Dick oder Der Wal*. München: Winkler 1964.

Edgar Allan Poe: Das gesamte Werk in zehn Bänden, hrsg. Von K. Schuhmann/H. -D. Müller. Band 2. Olten: Walter Verlag 1966.

Heinz Risse *Buchhalter Gottes. Erzählungen.* München: Langen-Müller 1958, 115–118.

Gianni Rodori *Das fabelhafte Telefon.* Berlin: Wagenbach 1993.

Artur Schnitzler: Das erzählerische Werk. Frankfurt: S. Fischer, Bd. 2, 1978; Bd. 6, 1981.

Adalbert Stifter: Studien. Bd. 1. München: dtv 1975.

Theodor Storm: Sämtliche Werke in zwei Bänden. München: Winkler 1967.

Patrick Süskind *Das Parfum. Die Geschichte eines Mörders.* Zürich: Diogenes 1985.

Patrick Süskind *Drei Geschichten und eine Betrachtung.* Zürich: Diogenes 2005.

Martin Walser *Ein fliehendes Pferd. Novelle.* Frankfurt: Suhrkamp 1993.

Christoph Martin Wieland: Werke. Hrsg. von Fritz Martini und Hans Werner Seiffert München: C. Hanser 1964.

Jacqueline Wilson *Das Kofferkind.* München: dtv 2004.

Stefan Zweig: Meisternovellen. Frankfurt: S. Fischer 2001.

Dieter Wellershoff *Die Schattengrenze.* Köln: Kiepenheuer & Witsch 1969.

Lesebücher

Deutschbuch (erweit. Ausgabe, R, G), (1997ff.): Hrsg. von Heinrich Biermann/Bernd Schurf. Berlin: Cornelsen-Verlag.

Seitenwechsel (G), (1997ff.): Erarb. v. Winfried Bauer/Hans J. Busch/Marina Dehmer u. a. Hannover: Schroedel-Verlag.

Unterwegs (R, G), (1992ff.): Erarb. von Elke Bleier-Staudt/Kathrin Bothe/Günter Lange u. a. Stuttgart: Klett-Verlag.

Sekundärliteratur

Bal, Mike (1985): Narratology. Introduction to the Theory of Narrative. Toronto: University of Toronto Press.

Bartlett, Frederic C. (1932): Remembering. A study in experimental and social psychology. Cambridge: Cambridge University Press.

Barthes, Roland (1966): Einführung in die strukturale Analyse von Erzählungen. In: Das semiologische Abenteuer. Frankfurt: Suhrkamp (frz. 1966).

Barthes, Roland (1966): Introduction to the Structural Analysis of Narrative. Birmingham: UP.

Becker, Tabea (2005): Kinder lernen erzählen. Zur Entwicklung der narrativen Fähigkeiten von Kindern unter Berücksichtigung der Erzählform. Baltmannsweiler: Schneider Verlag.

Booth, Wayne C. (1961/[2]1974): Die Rhetorik der Erzählkunst. Heidelberg: Quelle & Meyer (amerikan.1961).

Boueke, Dietrich/Schülein, Frieder (1988): „Story Grammars". Zur Diskussion um ein erzählstrukturelles Konzept und seine Konsequenzen für die Erzähldidaktik. In: Wirkendes Wort 1, 125–143.

Boueke, Dietrich/Schülein, Frieder/Büscher, Hartmut/Terhorst, Evamaria/Wolf, Dagmar (1995): Wie Kinder erzählen. Untersuchungen zur Erzähltheorie und zur Entwicklung narrativer Fähigkeiten. München: W. Fink.

Bremond, Claude (1972): Die Erzählnachricht. In: Ihwe, Jens (Hrsg.): Literaturwissenschaft und Linguistik. Frankfurt: Athenäum, 177–217 (frz. 1964).

Broich, Ulrich (1983): Gibt es eine „neutrale Erzählsituation"? In: Germanisch-romanische Monatsschrift 33, 129–145.

Brooks, Cleanth/Warren, Robert Penn (1943): Understanding Fiction. New York: Appleton-Century-Crofts.

Bühler, Karl (1934): Sprachtheorie. Die Darstellungsfunktion der Sprache. Jena: Gustav Fischer.

Chatman, Seymour (1978): Story and Discourse: Narrative Structure in Fiction and Film. Ithaca, NY: Cornell University Press.

Chatman, Seymour (1986): Characters and Narrators. Filter, Center, Slant, and Interest-Focus. In: Poetics Today 7, 189–204.

Cohn, Dorrit (1978): Transparent Minds. Narrative Moods for Presenting. Consciousness in Fiction. Princeton, NJ: Princeton University Press.

Cohn, Dorrit (1981): The Encirclement of Narrative. In: Poetics Today 2.2, 157–182.

van Dijk, Teun A. (1976): Philosophy of Action and Theory of Narrative. In: Poetics, 6, 287–338.

van Dijk, Teun A. (1980): Story Comprehension: An Introduction. In: Poetics 9, 1–21.

van Dijk, Teun A./Kintsch, Walter (1977): Cognitive Psychology and Discourse. Recalling and Summarizing Stories. In: Wolfgang U. Dressler (ed.): Current Trends in Textlinguistics. Berlin/New York: de Gruyter, 61–81.

Ehlers, Swantje (2006): Inferentielle Aktivitäten beim Lesen narrativer Texte. In: Dieter Wolf (Hrsg.): Mehrsprachige Individuen – vielsprachige Gesellschaften. Frankfurt: Peter Lang, 121–133.

Ehlers, Swantje (2007): Lesetheorien, Lesekompetenz und Narrative. In: Lothar Bredella/Wolfgang Hallet (Hrsg.): Literaturunterricht, Kompetenzen und Bildung. Trier: WVT, 107–127.

Ehlich, Konrad (Hrsg.) (1984): Erzählen in der Schule. Tübingen: G. Narr.

Ehlich, Konrad (1985): Literarische Landschaft und deiktische Prozedur: Eichendorff. In: Harro Schweizer (Hrsg.): Sprache und Raum. Stuttgart: J.B. Metzler, 246–261.

Fludernik, Monika (2006): Einführung in die Erzähltheorie. Darmstadt: WBG.

Friedemann, Käte (1910/1965): Die Rolle des Erzählers in der Epik. Darmstadt: WBG.

Friedman, Norman (1955): Point of View in Fiction. The Development of a Critical Concept. In: Publications of the Modern Language Association 70, 1160–1184.

Frommer, Harald (1992): Erzählen. Eine Didaktik für die Sekundarstufe I und II. Frankfurt: Cornelsen-Verlag.

Füger, Wilhelm (1972): Zur Tiefenstruktur des Narrativen. In: Poetica 5, 268–292.

Füger, Wilhelm (1993): Stimmbrüche: Varianten und Spielräume narrativer Fokalisation. In: Herbert Foltinek (ed.): Tales and their telling difference. Festschrift für Franz K. Stanzel, Heidelberg: Winter, 43–59.

Genette, Gérard (^{2}1998): Die Erzählung. München: Fink (frz. 1972).

Gerth, Klaus (1983): Elemente des Erzählens. Lesen und Verstehen epischer Texte (Sekundarstufe I). Hannover: Schroedel.

Graesser, Arthur C./Singer, Murray/Trabasso, Tom (1994). Constructing inferences during narrative text comprehension. In: Psychological Review 101, 371–393.

Gülich, Elisabeth (1974): Überlegungen zur Anwendung von Methoden und Ergebnissen textlinguistischer Forschung im Französischunterricht der Sekundarstufe II. In: Die Neueren Sprachen 73, 285–316.

Haas, Gerhard (1984): Handlungs- und produktionsorientierter Literaturunterricht in der Sekundarstufe I. Hannover: Schroedel.

Hamburger, Käte (1957): Die Logik der Dichtung. Stuttgart: Klett.

Ingarden, Roman (1931): Das literarische Kunstwerk. Tübingen: Max Niemeyer.

Iser, Wolfgang (1972): Der implizite Leser. München: UTB.

Ihwe, Jens (Hrsg.) (1972/1973): Literaturwissenschaft und Linguistik. Bd. 1 und 2. Frankfurt: Fischer.

Jannidis, Fotis (2004): Figur und Person. Beitrag zu einer historischen Narratologie. Berlin: de Gruyter.

Jeßing, Benedikt/Köhnen, Ralph (2003): Einführung in die Neuere deutsche Literaturwissenschaft. Stuttgart: J. B. Metzler.

Kablitz, Andreas (1988): Erzählperspektive – Point of View – Focalisation. In: Zeitschrift für französische Sprache und Literatur. Bd. 98, 237–255.

Klein, Klaus-Peter (1978): Erzählen lehren? Anmerkungen zum Stand der Erzähldidaktik. In: Jahrbuch für Didaktik des Deutschen, hrsg. von Harro-H. Müller. Königstein/Ts.: Scriptor, 47–57.

Kindt, Tom/Müller, Hans-Harald (2006): The Implied Author. Concept and Controversy. Berlin/New York: Walter de Gruyter.

Kintsch, Walter/van Dijk, Teun (1978): Towards a model of text comprehension and production. In: Psychological Review, 87–98.

Krüger, Anna (1967): Bausteine des Erzählens. In: Zeitschrift für Jugendliteratur H. 4, 194–212.

Labov, William/Waletzky, Joshua (1973): Erzählanalyse: mündliche Versionen persönlicher Erfahrung. In: J. Ihwe (Hrsg.) Bd. 2, 78–127.

Lämmert, Eberhard (1955, [8]1991): Bauformen des Erzählens. Stuttgart: J.B. Metzler.

Lange, Günter/Steffens, Wilhelm (Hrsg.) (1995): Moderne Formen des Erzählens in der Kinder- und Jugendliteratur der Gegenwart unter literarischen und didaktischen Aspekten. Würzburg: Königshausen und Neumann.

Leubner, Martin/Saupe, Anja (2006): Erzählungen in Literatur und Medien und ihre Didaktik. Baltmannsweiler: Schneider Verlag.

Lévi-Strauss, Claude (1967): Strukturale Anthropologie. Frankfurt: Suhrkamp (frz. 1958).

Link, Hannelore (1976): Rezeptionsforschung. Eine Einführung in Methoden und Probleme. Stuttgart: W. Kohlhammer.

Lorck, Etienne (1921): Die „erlebte Rede“. Eine sprachliche Untersuchung. Heidelberg: C. Winter.

Lubbock, Percy (1921/1966): The Craft of Fiction. London: Jonathan Cape.

Ludwig, Otto (1891): Formen der Erzählung. In: Studien I. Gesammelte Schriften, Bd. 5, hrsg. von Adolf Stern. Leipzig: Grunow.

Lüthi, Max (1947): Das europäische Volksmärchen: Form und Wesen. Tübingen: Francke.

Martinez, Matias/Scheffel, Michael (1999): Einführung in die Erzähltheorie. München: C.H. Beck.

Miller, James E. (1972): Theory of Fiction: Henry James. Lincoln: University of Nebraska Press.

Müller, Günther (1946/1968): Morphologische Poetik. Gesammelte Aufsätze. Darmstadt: WBG.

Nieragden, Göran (2002): Focalization and Narration: Theoretical and Terminological Refinements. In: Poetics Today 23 (4), 685–697.

Nünning, Ansgar (1990): '*Point of view*' oder '*focalization*'? Über einige Grundlagen und Kategorien konkurrierender Modelle der erzählerischen Vermittlung. In: Literatur in Wissenschaft und Unterricht 23, 248–268.

Nünning, Ansgar (1997): „But why *will* you say that I am mad?" On the Theory, History, and Signals of Unreliable Narration. In: AAA 22.1, 83–105.

Nünning, Ansgar (Hrsg.) (1998): Unreliable Narration. Studien zur Theorie und Praxis unglaubwürdigen Erzählens in der englischsprachigen Erzählliteratur. Trier: WVT.

Nünning, Ansgar/Nünning, Vera (2002): Neue Ansätze in der Erzähltheorie. WVT-Handbücher zum literaturwissenschaftlichen Studium 4. Trier: WVT.

Pascal, Roy (1977): The Dual Voice. Free indirect speech and its functioning in the nineteenth-century European novel. Manchester: Manchester University Press.

Petersen, Jürgen H. (1993): Erzählsysteme. Eine Poetik epischer Texte. Stuttgart: J.B. Metzler.

Petersen, Jürgen, H. (³2002): Max Frisch. Stuttgart: J.B. Metzler.

Petsch, Robert (1934): Wesen und Formen der Erzählkunst. Halle/Saale: Niemeyer.

Pfister, Manfred (1977/¹¹2001): Das Drama. Theorie und Analyse. München: Fink.

Propp, Vladimir (1972): Morphologie des Märchens. München: C. Hanser (russ. 1928).

Quasthoff, Uta M. (1980): Erzählen in Gesprächen. Tübingen: Gunter Narr.

Rimmon-Kenan, Shlomith (1983): Narrative Fiction: Contemporary Poetics. London/New York: Merhuen.

Ritter, Alexander (Hrsg.) (1975): Landschaft und Raum in der Erzählkunst. Darmstadt: WBG.

Schmid, Wolf (1973): Der Textaufbau in den Erzählungen Dostoevskijs. München: Fink.

Schütz, Alfred (1932): Der sinnhafte Aufbau der sozialen Welt. Eine Einleitung in die verstehende Soziologie. Wien: Springer.

Spielhagen, Friedrich (1883): Beiträge zur Theorie und Technik des Romans. Leipzig: Staackmann.

Spitzer, Leo (1928): Stilstudien. München: Max Hueber.

Stanzel, Franz K. (1955): Die typischen Erzählsituationen im Roman. Dargestellt an Tom Jones, Moby Dick, The Ambassadors, Ulysses u. a. Wien/Stuttgart: Braumüller.

Stanzel, Franz K. (1964): Typische Formen des Romans. Göttingen: Vandenhoeck & Ruprecht.

Stanzel, Franz K. (1979, ²1982): Theorie des Erzählens. Göttingen: Vandenhoeck & Ruprecht (UTB).

Sekretariat der Ständigen Konferenz der Kultusminister der Länder in der BRD (Hrsg.) (2003): Bildungsstandards im Fach Deutsch. Bonn.

Steffens, Wilhelm (1991): Fortschreitende Differenzierung der Erzählstrukturen im modernen realistischen Kinderroman. In: Wissenschaftliche Zeitschrift der Pädagogischen Hochschule Erfurt/Mühlhausen, H. 28, 141–156.

Todorov, Tzvetan (1972): Die strukturelle Analyse der Erzählung. In: Ihwe, Jens (Hrsg.), Bd. 2, 265–275.

Todorov, Tzvetan (1973): Die zwei Prinzipien des Erzählens. In: Neue Hefte für Philosophie 4, 123–139.

Vogt, Jochen (1972, [8]1998): Aspekte erzählender Prosa. Eine Einführung in die Erzähltechnik und Romantheorie. Opladen: Westdeutscher Verlag.

Waldenfels, Bernhard (1997): Topographie des Fremden. Studien zur Phänomenologie des Fremden I. Frankfurt: Suhrkamp.

Waldmann, Günter (1984): Grundzüge von Theorie und Praxis eines produktionsorientierten Literaturunterrichts. In: Handbuch „Deutsch" für Schule und Hochschule. Sekundarstufe I. Hrsg. v. Norbert Hopster. Paderborn: Schöningh, 98–141.

Waldmann, Günter (2003): Neue Einführung in die Literaturwissenschaft. Baltmannsweiler: Schneider Verlag.

Waldmann, Günter/Bothe, Katrin (1992): Erzählen. Stuttgart: Klett.

Wenzel, Peter (Hrsg.): (2004): Einführung in die Erzähltextanalyse. Kategorien, Modelle, Probleme. Trier: WVT.

van Wright, Georg Henrik (1967): The Logic of Action: A Sketch. In: N. Rescher (ed.): The Logic of Decision and Action. Pittsburgh: Pittsburgh U.P., 121–146.

Zenke, Jürgen (1976): Die deutsche Monologerzählung im 20. Jahrhundert. Köln/Wien: Böhlau.

Zymner, Rüdiger (2003): Gattungstheorie. Probleme und Positionen der Literaturwissenschaft. Paderborn: Mentis.

3 Grundlagen des Dramas

Primärliteratur

Samuel Beckett *Das letzte Band.* Regiebuch der Berliner Inszenierung. Frankfurt: Suhrkamp 1970.

Bertolt Brecht: Gesammelte Werke in 20 Bänden. Frankfurt: Suhrkamp 1967.

Max Frisch: Gesammelte Werke in zeitlicher Folge. Frankfurt: Suhrkamp 1998.

Johann Wolfgang von Goethe: Werke. Hamburger Ausgabe. München: C.H. Beck'sche Verlagsbuchhandlung 1981.

Peter Handke: Publikumsbeschimpfung und andere Sprechstücke. Frankfurt: Suhrkamp 1966.

Gerhart Hauptmann: Dramen. Berlin/Darmstadt/Wien: Deutsche Buch-Gemeinschaft 1966.

Gotthold Ephraim Lessing: Gesammelte Werke, hrsg. von Wolfgang Stammler. München: Hanser Verlag 1959.

Friedrich Schiller: Werke in drei Bänden. München: Hanser 1966.

Sophokles: Die Tragödien. Übers. V. Heinrich Weinstock. Stuttgart: Kröner [4]1962.

Botho Strauß *Trilogie des Wiedersehens/Groß und klein.* Zwei Theaterstücke. München: dtv [2]1982.

Lesebücher

Blickfeld Deutsch (G), (1995ff): Hrsg. von Peter Mettenleiter/Stephan Knöbel. Paderborn: Schöningh-Verlag.

Der neue Kolumbus (R), (2003ff): Hrsg. von Hans Gerd Rötzer. Bamberg: C. C. Buchner Verlag.

Deutsch. Texte – Literatur-Medien (R, H, G), (1997 ff.): Hrsg. von Winfried Bütow. Berlin: Volk und Wissen .

Deutschbuch (erweit. Ausgabe, R, G), (1997 ff.): Hrsg. von Heinrich Biermann/Bernd Schurf. Berlin: Cornelsen-Verlag.

Deutschstunden (R, G), (1997 ff.): Hrsg. von Joachim Cornelißen/Petra Cornelißen u. a. Berlin: Cornelsen-Verlag.

Das Hirschgraben-Lesebuch (Fö, M, R), (1990 ff.): Bearb. von Horst Haller, Peter Kohrs, Konrad Lohrer, Karl Stocker. Berlin: Cornelsen-Verlag

Lesen Darstellen Begreifen (H, R, G), (1991 ff.): Hrsg. von Friedrich Hebel. Berlin: Cornelsen-Verlag.

LesArt (G), (1994 ff.): Bearb. von Gerd Rötzer. Bamberg: C. C. Buchner Verlag.

Seitenwechsel (G), (1997 ff.): Erarb. v. Winfried Bauer/Hans J. Busch/Marina Dehmer u. a. Hannover: Schroedel-Verlag.

Tandem (R, GS, O, M), (1995 ff.): Hrsg. von Jakob Ossner/Rudolf Denk/ Manfred Fink. Paderborn: Schöningh-Verlag.

Treffpunkte (R), (1997 ff.): Bde. 5–10: Hrsg. v. Wolfgang Menzel. Hannover: Schroedel-Verlag.

Unterwegs (R, G), (1992 ff.): Erarb. von Elke Bleier-Staudt/Kathrin Bothe/Günter Lange u. a. Stuttgart: Klett-Verlag.

Wort und Sinn (G, Sek I.), (1998 ff): Hrsg. v. P. Mettenleiter. Paderborn: Schöningh-Verlag.

Wege zum Lesen (Sek I), (1997 ff.): Erarb. v. Rolf Friedrichs. Frankfurt: Diesterweg Verlag

Sekundärliteratur

Aichele, Klaus (1971): Das Epeisodion. In: W. Jens (Hrsg.), 47–83.

Aristoteles (1994): Poetik. *Griechisch/Deutsch*. Übersetzt und hrsg. von Manfred Fuhrmann. Stuttgart: Reclam.

Asmuth, Bernhard (1980; 5 1997): Einführung in die Dramenanalyse. Stuttgart: J.B. Metzler.

Bauer, Johannes (1969): Handbuch zu schwarz auf weiß (7.bis 9. Schuljahr. Hannover: Schroedel.

Beimdick, Walter (1975): Theater und Schule. Grundzüge einer Theaterpädagogik. München: Ehrenwirth Verlag.

Beiß, Adolf (1960). Einführung in das große Bühnenstück. In: Alexander Beinlich (Hrsg.): Handbuch des Deutschunterrichts im ersten bis zehnten Schuljahr. Emsdetten: Lechte, 1041-1096.

Bogdal, Klaus-Michael/Kammler, Clemens (2002): 3. Dramendidaktik. In: Klaus-Michael Bogdal/Hermann. Korte (Hrsg.): Grundzüge der Literaturdidaktik. München: dtv, 177–189.

Buddecke, Wolfram/Fuhrmann, Helmut (1984): Zur Geschichte und Didaktik des zeitgenössischen deutschsprachigen Dramas. In: Der Deutschunterricht H. 3, 3–21.

Denk, Rudolf/Möbius, Thomas (2008): Dramen- und Theaterdidaktik. Eine Einführung. Berlin: Erich Schmidt-Verlag.

Dörpfeld, Wilhelm/Reisch, Emil (1966): Das griechische Theater. Aalen: Scientia Verlag (Neudruck der Ausgabe Athen 1896).

Emrich, Wilhelm (1974): Drama und modernes Theater. Mainz: Verlag der Akademie der Wissenschaften und der Literatur.

Esslin, Martin (1965): Das Theater des Absurden. Von Beckett bis Pinter. Hamburg: Rowohlt.

Fischer-Lichte, Erika (1983): Semiotik des Theaters. 3 Bde. Tübingen: Narr.

Frank, Horst Joachim (1973): Geschichte des Deutschunterrichts. Von den Anfängen bis 1945. München: C. Hanser.

Freytag, Gustav (1863): Die Technik des Dramas. Leipzig: Autorenhaus-Verlag.

Frommer, Harald (1995): Lesen und Inszenieren. Produktiver Umgang mit dem Drama auf der Sekundarstufe. Stuttgart: Klett.

Fuhrmann, Manfred (²1992): Die Dichtungstheorie der Antike. Aristoteles – Horaz – 'Longin'. Eine Einführung. Darmstadt. WBG

Gerth, Klaus (1966): Die Arbeit mit dem Lesebuch im siebenten bis neunten Schuljahr. Interpretationen – didaktische Überlegungen – methodische Vorschläge zum „Lesebuch 65". Hannover: Schroedel-Verlag.

Geiger, Heinz/Haarmann, Hermann (1978): Aspekte des Dramas. Eine Einführung in die Theatergeschichte und Dramenanalyse. Opladen: Westdeutscher Verlag.

Geißler, Rolf (1972): Das Drama im Unterricht. In: Erich Wolfrum (Hrsg.): Taschenbuch des Deutschunterrichts. Esslingen: Burgbücherei Schneider, 362–376.

Göbel, Klaus (Hrsg.) (1977): Das Drama in der Sekundarstufe. Kronberg/Ts.: Scriptor.

Göbel, Klaus (³1996): Emilia Galotti. München: Oldenbourg.

Greiner, Norbert/Hasler, Jörg/Kurzenberger, Hajo/Pikulik, Lothar (1982): Einführung ins Drama. Handlung – Figur – Szene- Zuschauer. Bd. 1 und Bd. 2. München: C. Hanser.

Guthke, Karl S. (1972, ⁶2006): Das deutsche bürgerliche Trauerspiel. Stuttgart: Metzler.

Hamburger, Käte (1957): Die Logik der Dichtung. Stuttgart: Klett.

Hein, Jürgen (1975): Dramatische Formen im Unterricht. In: Bernhard Sowinski (Hrsg.): Fachdidaktik Deutsch. Köln/Wien: Böhlau, 290–301.

Helmers, Hermann (1966): Didaktik der deutschen Sprache. Einführung in die Theorie der muttersprachlichen und literarischen Bildung. Stuttgart: Klett.

Henze, Walter (1987): Dramen lesen – Dramen spielen. Dramentexte in der Sekundarstufe I. Hannover: Schroedel-Verlag.

Hinck, Walter (1968): Das deutsche Lustspiel im 18. Jahrhundert. In: H. Steffen (Hrsg.), 7–26.

Hinck, Walter (Hrsg.) (1977): Die deutsche Komödie. Vom Mittelalter bis zur Gegenwart. Düsseldorf: August Bagel Verlag.

Höfele, Andreas (1991): „Drama und Theater. Einige Anmerkungen zur Geschichte und gegenwärtigen Diskussion eines umstrittenen Verhältnisses." In: Forum Modernes Theater 6, 3–23.

Hübler, Andreas (1973): Drama in der Vermittlung von Handlung, Sprache und Szene. Bonn: Bouvier.

Ingarden, Roman (⁴1972): Das literarische Kunstwerk. Tübingen: Max Niemeyer.

Jakobson, Roman (1960): Linguistics and Poetics. In: Thomas A. Sebeok (ed.): Style in Language. Cambridge, Mass.: Technology Press of Massachusetts Institute of Technology [u. a.], 350–377.

Jauß, Hans-Robert (1976): Über den Grund des Vergnügens am komischen Helden. In: W. Preisendanz/R. Warning (Hrsg.), 103–132.

Jens, Walter (Hrsg.) (1971): Die Bauformen der griechischen Tragödie. München: W. Fink.

Joerden, Klaus (1971): Zur Bedeutung des Hinterszenischen. In: W. Jens (Hrsg.), 369–412.

Kammler, Clemens (2003): Zeitgenössische Theaterstücke. In: Praxis Deutsch 181, 30. Jahrgang, 6–13.

Kayser, Wolfgang (1948): Das sprachliche Kunstwerk. Eine Einführung in die Literaturwissenschat. Bern: Francke.

Kleinschmidt, Gert (1970): Das Drama im literarischen Unterricht der Grund- und Hauptschule. In: Ursula Walz (Hrsg.): Der Literaturunterricht in der Sekundarstufe. Stuttgart: Klett, 53–71.

Klotz, Volker (1960): Geschlossene und offene Form im Drama. München: C. Hanser.

Korte, Hermann (2000): Ein Festspiel auf dem Kanon-Gipfel. Schillers „Wilhelm Tell". In: Jürgen Förster (Hrsg.): Schulklassiker lesen in der Medienkultur. Stuttgart: Klett, 119–152.

Lämmert, Eberhard (1955, [8]1991): Bauformen des Erzählens. Stuttgart: J. B. Metzler.

Latacz, Joachim (1993): Einführung in die griechische Tragödie. Göttingen: Vandenhoeck & Ruprecht.

Lehmann, Hans-Thies (1999): Postdramatisches Theater. Frankfurt: Verlag der Autoren.

Lessing, Gotthold Ephraim (1959): Hamburgische Dramaturgie. In: Gesammelte Werke. 2. Band, hrsg. von Wolfgang Stammler. München: C. Hanser.

Mettenberger, Wolfgang (1993): Tatort Theater. Ein praktischer Leitfaden für die Schul- und Amateurbühne. Offenbach/Main: Burckhardt-Laentare-Verlag.

Müller-Michaels, Harro (1971): Dramatische Werke im Deutschunterricht. Stuttgart: Klett.

Payrhuber, Franz-Josef (1998): Dramen im Unterricht. In: Günter Lange et al. (Hrsg.) Taschenbuch des Deutschunterrichts. Band 2. Baltmannsweiler: Schneider Verlag, 647–668.

Payrhuber, Franz-Josef (1991): Das Drama im Unterricht. Aspekte einer Didaktik des Dramas. Analysen und empirische Befunde – Begründungen – Unterrichtsmodelle. Rheinbreitbach: Dürr & Kessler.

Pfister, Manfred (1977/[11]2001): Das Drama. München: W. Fink.

Pikulik, Lothar (1982): Einführung ins Drama. Bd. 1 Handlung. München: C. Hanser.

Plessner, Helmuth (1941, [3]1961): Lachen und Weinen. Eine Untersuchung nach den Grenzen menschlichen Verhaltens. Bern/München: Francke Verlag.

Preisendanz, Wolfgang/Warning, Rainer (Hrsg.) (1976): Das Komische. (Poetik und Hermeneutik 7). München: Fink.

Pütz, Peter (1970): Die Zeit im Drama. Zur Technik dramatischer Spannung. Göttingen: Vandenhoeck & Ruprecht.

Rau, Sigismund (1923): Prosa und Poesie im deutschen Unterricht. München, Leipzig: Rösl.

Renk, Herta-Elisabeth (1978): Dramatische Texte im Unterricht. Vorschläge, Materialien und Kursmodelle für die Sekundarstufe I und II. Stuttgart: Ernst Klett Verlag.

Rode, Jürgen (1971): Das Chorlied. In: W. Jens (Hrsg.), 85–115.

Scheller, Ingo (1996): Szenische Interpretation. In: Praxis Deutsch, H. 136, 22–32.

Scheller, Ingo (1988): Wir machen unsere Inszenierung selber. Szenische Interpretation von Dramentexten. 2 Bände. Oldenburg. Universität Oldenburg, Zentrum für päd. Berufspraxis.

Schmidt, Hans Werner (1971): Die Struktur des Eingangs. In: W. Jens (Hrsg.), 1–46.

Schülein, Frieder/Zimmermann, Michael (2002): Spiel- und theaterpädagogische Ansätze. In: Klaus-Michael Bogdal/Hermann Korte (Hrsg.): Grundzüge der Literaturdidaktik. München: dtv, 258–271.

Schulz, Georg-Michael (2007): Einführung in die deutsche Komödie. Darmstadt: WBG.

Schuster, Karl (²1996): Das Spiel und die dramatischen Formen im Deutschunterricht. Baltmannsweiler: Schneider Verlag.

Steffen, Hans (Hrsg.) (1968): Das deutsche Lustspiel. Erster Teil. Göttingen: Vandenhoeck & Ruprecht.

Stein, Wolf-Dietmar (1993): Die Komödie im Deutschunterricht. Didaktische Bedeutung und Möglichkeiten der Vermittlung. Frankfurt: Peter Lang.

Stocker, Karl (1972): Die dramatischen Formen in didaktischer Sicht. Donauwörth: Auer.

Szondi, Peter (1956): Theorie des modernen Dramas. Frankfurt: Suhrkamp.

Szondi, Peter (1973): Die Theorie des bürgerlichen Trauerspiels im 18. Jahrhundert. Band 1. Frankfurt: Suhrkamp.

Ulshöfer, Robert: Methodik des Deutschunterrichts. Stuttgart: Klett. Bd. 2 Mittelstufe I, 1952; Bd. 3. Mittelstufe II, 1957.

Waldmann, Günter (2001): Produktiver Umgang mit dem Drama. Baltmannsweiler: Schneider Verlag.

Warning, Rainer (1976): Elemente einer Pragmasemiotik der Komödie. In: W. Preisendanz/ R. Warning (Hrsg.), 279–333.

von Wiese, Benno (Hrsg.) (1956): Deutsche Dramaturgie. Tübingen: Niemeyer.

4 Grundlagen der Lyrik

Anthologien

Allerleirauh. Viele schöne Kinderreime. Versammelt von Hans Magnus Enzensberger. Frankfurt: Insel Taschenbuch ³1977.

Moderne deutsche Naturlyrik. Hrsg. Von Edgar Marsch. Stuttgart: Reclam 1980.

Museum der modernen Poesie. Hrsg. v. Hans Magnus Enzensberger. Frankfurt: dtv 1960.

Pinkerneil, Beate: Das große deutsche Balladenbuch. Königstein/Ts.: Athenäum 1978.

Pinthus, Kurt: Menschheitsdämmerung. Ein Dokument des Expressionismus. Hamburg: Rowohlt 1959.

Lesebücher

Facetten. Lese- und Arbeitsbuch Deutsch für die Oberstufe. Erarbeitet von Brigitte Bialkowski u. a. Stuttgart: Klett 2001.

Primärliteratur

Friedrich Block (Hrsg.): Poesis. Internationale digitale Poesie. Ausstellungskatalog. Kassel: Verlag Winfried Jenior

Nicolas Born: Gedichte. Frankfurt: Suhrkamp 1990.

Clemens Brentano: Werke. Bd. 1. Hrsg. v. Wolfgang Frühwald, Bernhard Gajek, Friedhelm Kemp. München: Carl Hanser ²1978.

Bertold Brecht: Gesammelte Werke in 20 Bänden. Hrsg. v. Suhrkamp Verlag. Frankfurt: Suhrkamp 1967.

Barthold Heinrich Brockes: Auszug der vornehmsten Gedichte aus dem irdischen Vergnügen in Gott. Hamburg 1738. Faksimilie-Neudruck. Stuttgart: Metzler 1965.

Matthias Claudius *Der Wandsbecker Bote.* Frankfurt: Suhrkamp [2]1981.

Günter Eich: Sämtliche Gedichte. Frankfurt: Suhrkamp 2006.

Joseph von Eichendorff: Werke. Hrsg. v. Wolfdietrich Rasch. München: Carl Hanser [4]1971.

Hans Magnus Enzensberger *Rebus. Gedichte.* Frankfurt: Suhrkamp 2009.

Theodor Fontane: Sämtliche Werke. Sechster Band. Darmstadt: WBG 1964.

Durs Grünbein *Strophen für übermorgen. Gedichte.* Frankfurt: Suhrkamp 2007.

Durs Grünbein *Liebesgedichte.* Frankfurt: Insel Verlag 2008.

Johann Wolfgang von Goethe: Werke. Hamburger Ausgabe in 14 Bänden. Bd. 1. München: dtv 1981.

Eugen Gomringer: *worte sind schatten die konstellationen 1951–1968.* Hamburg: Rowohlt 1969.

Ulla Hahn *Herz über Kopf. Gedichte.* Stuttgart: Deutsche Verlags-Anstalt 1981.

Heinrich Heine: Sämtliche Schriften, hrsg. v. Klaus Briegleb. München: dtv, Bd. 1, [2]1975.

Hugo von Hofmannsthal: Gesammelte Werke. Bd. I. Hrsg. v. Bernd Schoeller. Frankfurt: Fischer 1979.

Friederike Mayröcker: Gesammelte Gedichte 1939–2003. Hrsg. Von Marcel Beyer. Frankfurt: Suhrkamp 2004.

Conrad Ferdinand Meyer: Sämtliche Werke II. München: Artemis & Winkler Verlag [2]1991.

Bodo Morshäuser *Alle Tage. Gedichte.* Berlin: Rotbuch Verlag 1979.

Eduard Mörike: Sämtliche Werke in zwei Bänden. München: Winkler, Bd. 1, 1968.

Rainer Maria Rilke: Werke in 3 Bänden. Bd. 1. Frankfurt: Insel Verlag 1966.

Friedrich Schiller: Werke in drei Bänden. Bd. II. Hrsg. von G. Göpfert. München: C. Hanser 1966.

Georg Trakl: Das dichterische Werk. Frankfurt: dtv [19]2008.

Sekundärliteratur

Abraham, Ulf (2000): Das a/Andere W/wahrnehmen. Über den Beitrag von Literaturgebrauch und literarisches Lernen zur ästhetischen Bildung (nicht nur) im Deutschunterricht. In: Mitteilungen des deutschen Germanistenverbandes 1, 10–22.

Asmuth, Bernhard ([4]1976): Aspekte der Lyrik. Mit einer Einführung in die Verslehre. Opladen: Westdeutscher Verlag.

Baumgärtner, Alfred C. (1964): Ballade und Erzählgedicht im Unterricht. München: List.

Behrmann, Alfred (1989): Einführung in den neueren deutschen Vers. Von Luther bis zur Gegenwart. Stuttgart: Metzler.

Berger, Norbert (1988): Motivgleiche Gedichte im Unterricht. München: bsv.

Berger, Norbert (1991/ [7]2001): Stundenblätter Balladen. Unterrichtsmodelle für die Klassen 5 – 11. Stuttgart: Klett-Verlag.

Black, Max (1996): Die Metapher. In: Anselm Haverkamp (Hrsg.): Theorie der Metapher. Darmstadt: WBG, 55–79 (engl. 1954).

Bräutigam, Kurt (1963): Die deutsche Ballade. Wege zu ihrer Deutung auf der Mittelstufe. Frankfurt: Diesterweg.

Bräutigam, Kurt (1977): Zugänge zum sozialkritischen und politischen Gedicht. Eine didaktische Einführung mit Modellinterpretationen für die Sekundarstufe. Freiburg: Herder.

Breuer, Dieter (1981): Deutsche Metrik und Versgeschichte. München: W. Fink.

Burdorf, Dieter (²1997): Einführung in die Gedichtanalyse. Stuttgart: Metzler.

Dilthey, Wilhelm (¹⁴1965): Das Erlebnis und die Dichtung. Göttingen: Vandenhoeck & Ruprecht.

Domin, Hilde (1968): Wozu Lyrik heute. Dichtung und Leser in der gesteuerten Gesellschaft. München: R. Piper & Co. Verlag.

Ermatinger, Emil (1921): Die deutsche Lyrik in ihrer geschichtlichen Entwicklung von Herder bis zur Gegenwart. Leipzig/Berlin: Weidmannsche Buchhandlung.

Fingerhut, Karlheinz/Hopster, Norbert (1972): Politische Lyrik. Arbeitsbuch. Mit einer Einführung in Verfahren zur Erarbeitung politischer Gedichte. Frankfurt: Diesterweg.

Frank, Horst J. (1991): Wie interpretiere ich ein Gedicht? Tübingen: A. Francke Verlag.

Freund, Winfried (1978): Die deutsche Ballade. Theorie, Analysen, Didaktik. Paderborn: Schöningh.

Freund, Winfried (Hrsg.) (1982): Deutsche Balladen. Arbeitstexte für den Unterricht. Stuttgart: Reclam.

Fritsch, Gerolf (1976): Die deutsche Ballade zwischen Herders naturaler Theorie und später Industriegesellschaft. Ein literaturdidaktischer Kurs. Stuttgart: J. B. Metzler.

Frühwald, Wolfgang (1984): Die Erneuerung des Mythos. Zu Eichendorffs Gedicht „Mondnaht". In: Gedichte und Interpretationen 3, hrsg von Wulf Segebrecht. Stuttgart: Reclam, 394–407.

Giehrl, Hans E./Müller, Erhard Peter (1994): Poesie im Unterricht. Gedichte, Balladen, Songs. Interpretationen und Analysen für den Deutschunterricht der 5. Bis 10. Jahrgangsstufe. München: Ehrenwirth.

Gnüg, Hiltrud (1983): Entstehung und Krise lyrischer Subjektivität. Vom klassischen lyrischen Ich zur modernen Erfahrungswirklichkeit. Stuttgart: J. B. Metzler.

Graefe, Heinz (1972): Das deutsche Erzählgedicht im 20. Jahrhundert. Frankfurt: Thesen-Verlag.

Graf, Werner (2007): Lesegenese in Kindheit und Jugend. Einführung in die literarische Sozialisation. Baltmannsweiler: Schneider-Verlag.

Grimm, Gunter E. (Hrsg.) (1988): Gedichte und Interpretationen. Deutsche Balladen. Stuttgart: Reclam.

Haas, Gerhard (1997): Handlungs- und produktionsorientierter Literaturunterricht. Theorie und Praxis eines „anderen" Literaturunterrichts für die Primar- und Sekundarstufe. Seelze: Kallmeyer.

Hamburger, Käte (1957): Die Logik der Dichtung. Stuttgart: Klett.

Hassenstein, Friedrich (1986): Die deutsche Ballade: Grundlagen und Beispiele (Sekundarstufe I). Hannover: Schroedel.

Hassenstein (1998/⁸2003): Gedichte im Unterricht. In: Günter Lange/Karl Neumann, Werner Ziesenies (Hrsg.): Taschenbuch des Deutschunterrichts. Bd. II. Baltmannsweiler: Schneider Verlag, 621–646.

Hein, Jürgen (1973): Visuelle Poesie. In: Praxis Deutsch 1, 49–50.

Henel, Heinrich (1958/1966): Erlebnisdichtung und Symbolismus. In: Reinhold Grimm (Hrsg.): Zur Lyrik-Diskussion. Darmstadt. WBG, 218–255.

Heusler, Andreas (1925–27/³1968): Deutsche Versgeschichte. Berlin: de Gruyter.

Hinck, Walter (1968): Die deutsche Ballade von Bürger bis Brecht. Göttingen: Vandenhoeck & Ruprecht.

Hirschenauer, Rupert/Weber, Albrecht (Hrsg.) (1963): Wege zum Gedicht. Bd. 2. Interpretationen von Balladen. München/Zürich: Schnell und Steiner.

Hohmann, Joachim S. (1994): Das Mauerblümchen Poesie. Vom Elend der Lyrik in Lesebüchern – Ein Rückblick. In: Wirkendes Wort 3, 457–481.

Holznagel, Franz-Josef/Kemper, Hans-Georg/Korte, Hermann/Mayer, Matthias/Schnell, Ralf/Sorg, Bernhard (2004): Geschichte der deutschen Lyrik. Stuttgart: Reclam.

Katthage, Gerd (2004): Didaktik der Metapher. Perspektiven für den Deutschunterricht. Baltmannsweiler: Schneider Verlag.

Kämpchen, Paul (1930): Die numinose Ballade. Versuch einer Typologie der Ballade. Bonn: Röhrscheid.

Kaiser, Gerhard (1988): Geschichte der deutschen Lyrik von Goethe bis Heine. Ein Grundriß in Interpretationen. 3 Bände. Frankfurt: Suhrkamp.

Kaiser, Gerhard (1991): Geschichte der deutschen Lyrik von Heine bis zur Gegenwart. Ein Grundriß in Interpretationen. 3 Bände. Frankfurt: Suhrkamp.

Kayser, Wolfgang (1935): Schillers Balladen. In: ZfdB II, 502–512.

Kayser, Wolfgang (1936): Geschichte der deutschen Ballade. Berlin: Junker und Dünnhaupt.

Kayser, Wolfgang (1946): Kleine deutsche Versschule. Bern: A. Francke.

Köpf, Gerhard (1976): Die Ballade: Probleme in Forschung und Didaktik. Kronberg/Ts: Scriptor.

Korte, Hermann (2002): Lyrik im Unterricht. In: Klaus-Michael Bogdal/Hermann Korte (Hrsg.): Grundzüge der Literaturdidaktik. München: dtv, 203–216.

Kügler, Hans (1983): Lyrik des Alltags – alltägliche Lyrik? In: Praxis Deutsch 60, 50–56.

Kurz, Gerhard (1982/^{4}1997): Metapher, Allegorie, Symbol. Göttingen: Vandenhoeck & Ruprecht.

Lakoff, George/Johnson, Mark (1998): Leben in Metaphern. Konstruktion und Gebrauch von Sprachbildern. Heidelberg: Carl-Auer-Systeme (engl. 1980).

Lamping, Dieter (1989/^{3}2000): Das lyrische Gedicht. Definitionen zu Theorie und Geschichte der Gattung. Göttingen: Vandenhoeck & Ruprecht.

Lott, Martin (1996): Poetische Grundbegriffe. Erschließung lyrischer Texte. Hamburg: Dr. Kovaç.

Ludwig, Hans-Werner (1979): Arbeitsbuch Lyrikanalyse. Tübingen: Gunter Narr.

Lang, Paul (1942): Die Balladik. Basel: Helbing & Lichtenhahn.

Mecklenburg, Norbert (1980): Balladen der Klassik. In: W. Müller-Seidel (Hrsg.), 187–203.

Moenninghoff, Burkhard (2004): Metrik. Stuttgart: Reclam.

Müller, Günther (1925/1959): Geschichte des deutschen Liedes. Vom Zeitalter des Barock bis zur Gegenwart. Darmstadt (Repro).

Müller, Joachim (1980): Romanze und Ballade. Die Frage ihrer Strukturen, an zwei Gedichten von Heine. In: W. Müller-Seidel (Hrsg.), 216–232.

Müller-Seidel, Walter (Hrsg.) (1980): Balladenforschung. Königstein/Ts: Verlagsgruppe Athenäum.

Mukařovský, Jan (1964): Standard Language and Poetie Language. In: Donald Cary Freeman (ed.): Linguistics and Literary Style. New York: Holt, Rinehart and Winston 1970.

Nentwig, Paul (1960): Dichtung im Unterricht: Grundlegung und Methode. Braunschweig: Westermann.

Oellers, Norbert (1976): Der „umgekehrte Zweck“ der ‘Erzählung’ „Der Handschuh“. In: Jahrbuch der Schillergesellschaft 20, 387–401.

Payrhuber, Franz-Josef (1993): Gedichte im Unterricht – einmal anders. Praxisbericht mit vielen Anregungen für das 5. Bis 10. Schuljahr. München: Oldenbourg.

Pestalozzi, Karl (1970): Die Entstehung des lyrischen Ich. Studien zum Motiv der Erhebung in der Lyrik. Berlin: de Gruyter.

Petzoldt, Leander (1974): Bänkelsang. Stuttgart: J.B. Metzler.

Piedmont, Ferdinand (1966): Ironie in Schillers Ballade „Der Handschuh“. In: Wirkendes Wort XVI, 2, 105–112.

Piontek, Heinz (Hrsg.) (1964): Neue deutsche Erzählgedichte. Stuttgart: Deutsche Verlagsanstalt.

Pielow, Winfried (1965): Das Gedicht im Unterricht. Wirkungen, Chancen, Zugänge. München: Kösel.

Pretzel, Ulrich (^{2}1962): Deutsche Verskunst. In: Wolfgang Stammler u. a. (Hrsg.): Deutsche Philologie im Aufriß. Bd. 3, Berlin: Erich Schmidt, 2357–2546.

Reger, Harald (^{3}1996): Kinderlyrik in der Grundschule. Baltmannsweiler: Schneider Verlag.

Riha, Karl (1965): Moritat Song Bänkelsang. Zur Geschichte der modernen Ballade. Göttingen: Sachse & Pohl-Verlag.

Schillemeit, Jost (Hrsg.) (1965): Interpretationen. Deutsche Lyrik von Weckherlin bis Benn. Frankfurt: Fischer.

Schlawe, Fritz (1972): Neudeutsche Metrik. Stuttgart: J. B. Metzlersche Verlagsbuchhandlung.

Sengle, Friedrich (1972): Biedermeierzeit. Deutsche Literatur im Spannungsfeld zwischen Restauration und Revolution. Bd. 2. Formenwelt. Stuttgart: J.B. Metzler.

Šlovskij, Viktor (1971): Kunst als Verfahren. In: Jurij Striedter (Hrsg.): Russischer Formalismus. München: W. Fink, 3–35.

Sorg, Bernhard (1984): Das lyrische Ich: Untersuchungen zu deutschen Gedichten von Gryphius bis Benn. Tübingen: Max Niemeyer.

Sorg, Bernhard (1999): Lyrik interpretieren. Eine Einführung. Berlin: Erich Schmidt.

Spinner, Kaspar Heinrich (1975): Zur Struktur des lyrischen Ich. Frankfurt: Akademische Verlagsgesellschaft.

Spinner, Kaspar H. (^{3}1997): Umgang mit Lyrik. Baltmannsweiler: Schneider Verlag.

Stocker, Karl (1993): Wege zum kreativen Interpretieren: Lyrik. Baltmannsweiler: Schneider Verlag.

Stählin, Wilhelm (1914): Zur Psychologie und Statistik der Metapher. In: Archiv für die gesamte Psychologie 31, 297–425.

Staiger, Emil (1946): Grundbegriffe der Poetik. Zürich: Atlantis.

Susman, Margarete (1910): Vom Wesen der modernen deutschen Lyrik: Stuttgart: Strecker & Schröder.

Susman, Margarete (1965): Vom Geheimnis der Freiheit. Gesammelte Aufsätze 1914–1964. Hrsg. Von Manfred Schlösser. Darmstadt: Aurora Verlag.

Ulshöfer, Robert (1952/^{9}1972): Methodik des Deutschunterrichts. Zweitens. Mittelstufe I. Stuttgart: Klett.

Walzel, Oskar (1912): Leben, Erleben und Dichten. Ein Versuch. Leipzig: Haessel.

Waldmann, Günter (1988): Produktiver Umgang mit Lyrik. Baltmannsweiler: Schneider Verlag.

Wagenknecht, Christian (⁴1999): Deutsche Metrik. Eine historische Einführung. München: C.H. Beck.

Weinrich, Harald (1967): Semantik der Metapher. In: Folia Linguistica 1, 3–17.

Weißert, Gottfried (²1993): Ballade. Stuttgart: J.B. Metzler.

Wintersteiner, Werner (1993): Die Überwindung der Schwerkraft. (Kinder-)Lyrik in der Schule. In: ide. Informationen zur Deutschdidaktik 4, 29–36.

von Wiese, Benno (Hrsg.) (1956): Die deutsche Lyrik. Form und Geschichte. Interpretationen. Düsseldorf: Bagel.

5.3 Register der Fachausdrücke